Julius Reinhard Dieterich

Die Geschichtsquellen des Klosters Reichenau

Bis zur Mitte des elften Jahrhunderts

Julius Reinhard Dieterich

Die Geschichtsquellen des Klosters Reichenau
Bis zur Mitte des elften Jahrhunderts

ISBN/EAN: 9783743420755

Hergestellt in Europa, USA, Kanada, Australien, Japan

Cover: Foto ©ninafisch / pixelio.de

Manufactured and distributed by brebook publishing software (www.brebook.com)

Julius Reinhard Dieterich

Die Geschichtsquellen des Klosters Reichenau

Die Geschichtsquellen

des

KLOSTERS REICHENAU

bis zur Mitte

des elften Jahrhunderts

von

Julius Reinhard Dieterich.

Giessen 1897.
Verlag der C. v. Münchow'schen Hof- u. Universitätsdruckerei.

OSWALD HOLDER-EGGER

gewidmet.

Vorwort.

Der Plan, die Geschichtschreibung des Klosters Reichenau zu behandeln, und die erste Niederschrift der vorliegenden quellenkritischen Darstellung gehören noch dem Jahre 1895, der Zeit meiner Mitarbeiterschaft bei den Mon. Germ. hist., an. Den Anstoss dazu gaben Studien, die lose mit meinen Vorarbeiten für die Ausgabe der Streitschriften des indirekt auch von der Reichenau aus und durch Hermanns des Lahmen Chroniken beeinflussten Honorius von Autun für die Mon. zusammenhingen. Welchen Wert damals für den zuerst nur unsicher auf dem gefährlichen Felde der Konjectur und Quellenkritik sich Bewegenden die Aufmunterung und der Beirat des Gelehrten besitzen musste, dessen Namen an die Spitze meines Buches gesetzt ist, weiss nur der von uns Jüngeren zu ermessen, der selbst einmal im lebhaften Zwiegespräche mit ihm seine Ansichten erörtert, vertieft und geläutert hat. Dem Entgegenkommen und der Nachsicht meines damaligen Vorgesetzten, Herrn Geh. Rat Dümmler, verdankte ich es dann, dass ich meine Studien noch während meines Berliner Aufenthaltes im Wesentlichen beenden durfte.

Widrige Umstände haben die Fertigstellung des Buches bis heute verzögert. In anderen Zweigen unserer Wissenschaft würde ein solcher Aufschub die Gefahr einer Kollision mit Mitstrebenden in sich schliessen. Nicht so auf dem Gebiete der mittelalterlichen Quellenkritik. Die rühmliche, stille und anspruchslose Thätigkeit Einzelner abgerechnet, ist hier fast alles Leben erloschen.

So kommt es, dass ich meine Ausführungen nur in einem nebensächlichen Punkte zu berichtigen habe. H. Bresslau, der Forscher, mit dessen Arbeiten sich die folgenden Blätter des Öftern beschäftigen werden, hat inzwischen in seinen 'Bamberger Studien' im 21. Band des 'Neuen Archivs' überzeugend dargethan, dass nicht Ekkehard von Aura, sondern dessen älterer Zeitgenosse und Ordensbruder Frutolf von Michelsberg der Kompilator und Verfasser des ersten, grösseren Teiles der seither unter jenes Namen gehenden umfangreichen, berühmten Weltchronik sei. An Stelle Ekkehards ist deshalb, da nur der ältere, unselbständige Abschnitt der Chronik sie angeht, in meine Darstellung überall der Name Frutolfs einzusetzen.

Der verspätete Druck der letzten Bogen hatte für mich die unliebsame Folge, dass meine zumteil auf den Ergebnissen dieses Buches fussende Habilitationsschrift 'Die Polenkriege Konrads II. und der Friede von Merseburg' vor dessen Erscheinen ausgegeben wurde und nicht im Buchhandel vertrieben werden konnte. Ich hoffe, in ihr an einem einzelnen Falle nachgewiesen zu haben, dass meine quellenkritischen Untersuchungen auch auf die Darstellung der politischen Geschichte Einfluss haben müssen. Andere Fragen der darstellenden Historie sind im Buche selbst gestreift oder mehr und minder ausführlich behandelt worden. Der diplomatische Exkurs am Schlusse hängt mit einer solchen Frage auf's Engste zusammen. Weitere Erörterungen dieser Art werden in Bälde an anderer Stelle folgen.

Zum Schlusse spreche ich den Herrn, die sich um die Korrektur des Druckes verdient gemacht haben, meinem Freunde Bibliothekskustos Dr. Ebel und Prof. Dr. Frank, meinem lieben Vetter, den besten Dank für ihre Bemühungen aus.

Giessen, Mai 1897.

Dr. Julius Reinhard Dieterich.

Inhalt.

I. **Die sogenannten schwäbischen Reichsannalen und ihre Ableitungen** 3
   1. Das Verhältnis der Würzburger Chronik zur Epitome und zur Chronik Hermanns von Reichenau 5
   2. Die sogenannten schwäbischen Reichsannalen und ihr Verfasser 20
   3. Das Verhältnis der Ableitungen der sogenannten Reichsannalen zu einander und zu diesen selbst 45

II. **Die Gesta Chuonradi et Heinrici imperatorum Hermanns von Reichenau** 67
   1. Die Zeugnisse für Hermanns Autorschaft 68
   2. Die Spuren des verlorenen Werkes in dem Aufbau und der Darstellungsweise der Chronik Ottos von Freising . . 80
   3. Die Spuren der Gesta Chuonradi et Heinrici imperatorum in dem Inhalte der Chronik Ottos von Freising 92

III. **Die Beziehungen der Gesta Chuonradi imperatoris Wipos zu den historischen Werken Hermanns des Lahmen und zu den Ann. Sangall. mai.** 114
   1. Der Zusammenhang zwischen Wi, HE und S und die Zeit ihrer Abfassung 120
   2. Kritische Untersuchung der Wi, HE und S gemeinsamen Nachrichten 134

IV. **Die verlorenen Annales Alamannici Augienses** 163
   1. Die Ann. Alam. Aug. bis zum Jahre 799 165
   2. Eine verlorene Ableitung der Ann. Alam. Aug. . . . 173
   3. Die Kölner Gruppe 198
   4. Die süddeutschen Tochterquellen der Ann. Alam. Aug. 207
   5. Die Ann. Alam Aug. von 966 bis 1041 234

Anhang 251
   I. Das Verhältnis von HES zu den Ann. Hildesh. mai. . 252
   II. Die Anfänge der böhmischen und polnischen Annalistik . 260
   III. Zu St. 1975 und 1991 285

Die Geschichtsquellen des Klosters Reichenau bis zur Mitte des elften Jahrhunderts.

I.
Die sogenannten schwäbischen Reichsannalen und ihre Ableitungen.

Im Jahre 1529 gab Johannes Sichard sein heute selten gewordenes Buch 'En damus chronicarum divinum plane opus eruditissimorum auctorum repetitum ab ipso mundi initio ad annum usque salutis MDXII'[1]) heraus und veröffentlichte darin nach einer jetzt verschollenen Handschrift ein Werk, das er für die ungedruckte Chronik Hermanns des Lahmen von Reichenau hielt und demgemäss benannte[2]). Als 'Sanctgaller Auszug'[3]) dieser Chronik hat es auch bis auf unsre Zeit allgemein gegolten, trotzdem schon G. H. Pertz[4]) in seiner Ausgabe Hermanns nachgewiesen hatte, dass der angebliche Epitomator eine ganze Anzahl von Quellen selbständig benutzt haben müsse. H. Bresslau[5]) hat dann in seinen 'Beiträgen zur Kritik deutscher Geschichtsquellen des elften Jahrhunderts' die völlige Unabhängigkeit der sogenannten Epitome von Hermanns Chronik erwiesen. Der angebliche 'Auszug'

---

[1]) Ich habe das Exemplar der Berliner Kgl. Bibliothek benutzt, in meinem Aufsatze aber, da Sichards Ausgabe unübersichtlich ist, nach dem freilich nicht immer zuverlässigen Abdruck bei Pistorius-Struve (Rer. Germ. S. S. Ratisp. 1728 I, 113 ff.), von 779 ab nach Bresslaus Ausgabe (Chron. Suev. univ., Mon. Germ. S. S. XIII, 61 ff.) citiert. — [2]) Vgl. die Vorrede S. 3 ff. Die Kenntnis Hermanns verdankte Sichard den unzuverlässigen Angaben des Abts Trithemius (de SS. ecclesiast. c. 321). [3]) Der Titel Epitome Sangallensis beruht auf einem Missverständnisse der Worte Sichards bei Urstisius (Germ. hist. illustr. I, 229). Vgl. Wattenbach, DGQ[6] II, 46. [4]) Mon. Germ. S. S. V, 73. [5]) Neues Archiv II, 539 ff.

ist nämlich an vielen Stellen reichhaltiger, an nicht wenigen mit den ursprünglichen Quellen näher verwandt als jene. An der Folgerung, dass der Epitome der Rang eines der Reichenauer Chronik Hermanns ebenbürtigen Werkes einzuräumen sei, wird in Zukunft nicht mehr zu rütteln sein.

Der weitere Schluss, dass H und E_1, mit diesen Buchstaben werde ich künftig beide Quellen bezeichnen, auf eine gemeinsame reichhaltige Quelle, 'schwäbische Reichsannalen' oder eine 'schwäbische Reichschronik', wie Bresslau später das von ihm endgültig in die historische Literatur eingeführte verlorene Geschichtswerk umbenannte, zurückzuführen seien, ergab sich fast von selbst. Seitdem Giesebrechts nicht näher begründeten Einwürfe[7]) verstummt sind, gilt die Existenz dieser verschollenen Jahrbücher als vollkommen gesichert. Bresslau selbst hatte freilich in seinem Aufsatze[8]) noch eine zweite Möglichkeit in's Auge gefasst, die nämlich, dass Hermann von Reichenau auch E_1 geschrieben habe, aber nur, um sie sofort rundweg zu verneinen. Im Vorworte zu seiner Ausgabe des Chronicon Suevicum universale[9]), wie er E_1 betitelt hat, weist er dagegen diese Möglichkeit mit nicht ganz der gleichen Schroffheit von der Hand.

Von einer verlorenen schwäbischen Reichschronik, die den Gesta Chuonradi imperatoris Wipos, den grösseren Sanctgaller Jahrbüchern und dem letzten Teile der Chronik Hermanns von Reichenau (1024—1039) zu Grunde liegen sollte, hatten schon vor Bresslau E. Steindorff[10]) und J. v. Pflugk-Harttung[11]) gehandelt. Die Ergebnisse, die sie auf verschiedenen Wegen gewonnen hatten, passten auf's Beste zu den Beobachtungen Bresslaus, der diese schwäbische Reichschronik auch für die Zeit vor Konrad II. gesichert zu haben glaubte.

Die Verdienste Hermanns von Reichenau, dem man bis dahin die erste grosse Weltchronik zuschrieb — noch

---
[7]) Gesch. d. deutschen Kaiserzeit II⁵, 563. [8]) a. a. O. S. 575. [9]) S. S. XIII, 67. [10]) Forschungen zur deutschen Gesch. VI, 477 ff., VII, 559 ff., Jahrbb. des deutschen Reiches unter Heinrich III., I. 418 ff. [11]) Studien zur Gesch. Konrads II., Bonn 1876.

in der neusten Auflage von Wattenbachs 'Geschichtsquellen' wird er als Universalhistoriker gerühmt —, schrumpften damit zusammen und mussten für volle neun Zehntel seines Werkes auf 'passende Auswahl beim Excerpieren und die sprachliche Glättung'[12]) beschränkt werden. Nur die Jahresberichte von etwa 1043 ab verblieben ihm als unbestrittenes Eigentum.

Er konnte sich mit seinem Zeitgenossen Wipo trösten, dem die oben genannten Forscher den wichtigsten Teil seiner Gesta Chuonradi abgesprochen haben, um ihn ebenfalls den neuentdeckten schwäbischen Reichsannalen zuzuweisen.

Gegen diese allgemein anerkannten Sätze erheben die nachfolgenden Untersuchungen Einspruch. Aus dem Nachweise, dass das Chronicon Wirziburgense[13]) — im Folgenden mit E_2 bezeichnet — von der Epitome, als deren Ableitung es seither gegolten hat, unabhängig und notwendig mit E_1 und H auf die gleiche Vorlage zurückzuleiten sei, ergab sich, nachdem so in E_2 ein wichtiges Hülfsmittel zur Beurteilung der verlorenen Quelle gewonnen war, das überraschende Resultat, dass wir es in dieser mit einem ersten Entwurfe oder vielmehr der Materialiensammlung zur Chronik Hermanns von Reichenau zu thun haben. Diesem muss sonach künftighin die Urheberschaft auch der sogenannten schwäbischen Reichsannalen zugeschrieben werden. Der Beweis dafür wird in dem ersten Teile dieser Arbeit angetreten. Einem weiteren bleibt die Klarlegung der Beziehungen Hermanns von Reichenau zu Wipo und den grösseren Sanctgaller Jahrbüchern vorbehalten.

1. Das Verhältnis der Würzburger Chronik zur Epitome und zur Chronik Hermanns von Reichenau.

In seiner Ausgabe der Würzburger Chronik hat G. Waitz festgestellt[14]), dass der Chronist neben der Epitome eine Anzahl anderer Quellen selbstthätig herangezogen

---

[12]) Bresslau, 'N. A.', II, 576.   [13]) S. S. VI, 17 ff.   [14]) Ebda.

haben müsse. Trotzdem hielt Waitz an dem Abhängigkeitsverhältnis zwischen E_2 und E_1 fest, dem dann in G. Buchholz[13]) der neueste Vertheidiger erwachsen ist.

Freilich hat Buchholz dem Gegner seiner Hypothese selbst die besten Waffen in die Hand gegeben, indem er nachwies, dass der Verfasser von E_2 in noch viel höherem Grade, als man nach der Ausgabe von Waitz annehmen konnte, von seiner angeblichen Vorlage abweicht. Nicht nur müsste er, wenn er wirklich E_1 ausgeschrieben hat, seine Quelle häufig gekürzt, im Ausdrucke geändert, oft ungeschickt zusammengezogen, eine Reihe der wichtigsten Thatsachen ausgelassen, andere umgestellt haben, er müsste auch noch weit mehr, als man bisher annahm, auf eigene Faust aus den Urquellen, d. h. den Quellen seiner Vorlage, gearbeitet haben. Besonders die mittlere Partie des Werkes ist stellenweise reicher als E_1, in nicht wenigen Fällen besser unterrichtet. Anderswo steht E_2 dem Wortlaut der Urquellen näher als die angebliche Vorlage. Immer aber, und das sei hier zum erstenmale ausdrücklich betont, schöpfte E_2 seine Belehrung genau aus denselben Quellen wie E_1, trotzdem dem Würzburger, wie wir sehen werden, eine Fülle anderer zu Gebote gestanden haben muss.

Allerdings führte die Menge und das Gewicht der Stellen, an denen E_2 von E_1 abweicht, auch Buchholz zuerst zur Annahme einer gemeinsamen Unterlage für beide. Der Schluss auf die eben entdeckten schwäbischen Reichsannalen als die E_1 und E_2 gemeinsame Vorlage lag nahe, wurde aber von dem neuesten Kritiker, nachdem er auch die weitere Ableitung dieser verlorenen Quelle, Hermanns Chronik, zum Vergleiche herangezogen hatte, aus schwer verständlichen Gründen verworfen. Buchholz griff dann auf die Ansicht von Waitz zurück[14]) und liess seinen Würzburger Chronisten E_1 zwar als Leitfaden benutzen, daneben aber fast alle Hauptquellen dieser Vorlage auf eigne Faust und in einer Weise heran-

---

[13]) Die Würzburger Chronik, Leipzig 1879.   [14]) a. a. O. S. 7 ff.

ziehen, die er selbst 'zeitraubend, mühsam und dabei doch unzweckmässig und dürftig' nennt [17]). Er suchte freilich, aber mit wenig Glück, diese sonderbare Arbeitsweise dadurch annehmbarer zu machen, dass er den Chronisten bei der Lektüre der Reservequellen vielfach am Rande seines Epitomeauszuges Glossen machen liess, 'die dieser dann dem Texte seines Werkes einverleibte.' [18])

Waitz hat ausser zwei fabelhaften Nachrichten aus der Gotengeschichte [19]), die sich in etwas andrer Gestalt auch in den Quedlinburger Jahrbüchern finden, nur solche Zusätze durch grösseren Druck hervorgehoben, die aus dem Würzburger Bischofskataloge [20]) stammen. Er scheint also nur diese Abschnitte dem Würzburger Bearbeiter zuweisen zu wollen, während Buchholz der Ansicht ist, ein und derselbe Mann, den er den 'Würzburger Chronisten' nennt, habe den Auszug aus E_1 gefertigt und mit sämmtlichen Abweichungen und Zusätzen, Würzburger und Nichtwürzburger Ursprungs, versehen.

Nun sind aber die Nachrichten aus dem Würzburger Kataloge, wie folgende Beispiele erweisen mögen, auf's ungeschickteste dem Rahmen des Ganzen eingefügt,

---

[17]) S. 8. Vgl. S. 14. Der Chronist schlug, während er E_1 'einfach und im fortlaufenden Zuge excerpierte', die Urquellen nach, 'um hier und da aus ihrem reichen Schatze ein Sätzchen' (manchmal auch nur ein Wörtchen!), 'dann und wann aber auch einen grösseren Passus, meist verkürzt, herüberzunehmen und dadurch seine Vorlage zu bereichern, manchmal auch zu berichtigen.' [18]) S. 15. Die Breite des Randes mag man daraus ermessen, dass die 'Glosse' zu Heraclius 26 allein 14 Zeilen der Monumentenausgabe umfasst! Im Anschluss hieran sei bemerkt, dass auch Chr. Volkmar (Forsch. z. deutschen Gesch. 24, 81 ff.) bei Hermann von Reichenau die gleiche Arbeitsweise voraussetzt. 'Diese Manier mittelalterlicher Chronisten zu arbeiten, scheint Bresslau(SS. XIII, 61) ganz zu verwerfen, aber warum?' fragt Volkmar (S. 103, 1). Ich denke dieses 'Warum' wird im Folgenden hinreichende Beantwortung finden. [19]) Martian. cum Valent. 2; Zeno 3. Die Stelle Gaius 4: Herodes tetrarcha — merore periit stammt nicht, wie Waitz will, aus Josephus, sondern aus Beda (ed. Stevenson II, 169). Heraclius 26 geht auf Fredegar zurück und findet sich stark gekürzt auch in H. [20]) Aus diesem mögen auch die Nachrichten vom Tode der Heiligen Adalbert und Bruno stammen.

während die übrigen zahllosen Zusätze der Chronik, wenn ich so sagen darf, organisch eingegliedert sind.

I. E_2. S. 25, 41 ff. Annus Domini 686. Justinianus minor, filius Constantini, ann. 10.

2. Sanctus Kylianus cum sociis suis passus est anno videlicet Domini 688.

3. Hic, heresi pollutus, catholicos persequitur et cum Sarracenis pacem fecit.

II. S. 26, 41 ff. Pipinus 9. Karlomannus... Romam pergens... se monachum fecit.

10. Sanctus Burchardus accepit pontificatum anno Domini 751. Isdem temporibus Radgisus Langobardorum rex similiter fecit.

Der heilige Kilian als Ketzer und Christenverfolger, König Ratchis als Bischof! Eine solche Gedankenlosigkeit kann kaum einem andern als dem Abschreiber zur Last gelegt werden. Hier, wenn irgendwo, wäre die Vermutung von Buchholz am Platze gewesen, dass die einzelnen Notizen ursprünglich auf den Rand des 'Auszuges' gesetzt waren, um erst später beim Abschreiben in den Text hineingezogen zu werden. Wäre aber wirklich, wie Buchholz annimmt, auch alles Übrige, das über das Eigentum von E_1 überschiesst, Zusatz eines Einzigen, wie konnte da in dem zweiten Beispiele der Satz vom hl. Burkard so unglücklich zwischen zwei Notizen geraten, die in E_1 fehlen, demnach Eigentum desselben 'Würzburger Chronisten' sein müssten, der auch den Satz vom hl. Burkard eingeschoben haben soll?[21])

---

[21]) Mit ähnlichem Ungeschick ist die Notiz zu Otto I, 15 (951) zusammengestellt. Zu der auch bei H und E_1 nicht fehlenden Nachricht: Beringer apud Augustam in conventu Otthoni ad deditionem venit (952), fügt E_2 mit unverkennbaren Anklängen an die Ann. Hersf. 964 hinzu: Inde cum regina coniuge eius Willa nomine ad castellum Babenberch deductus praesentem vitam clausit (Ann. Hersf.: Isto anno [964] Berengarius... cum vi deductus una cum regina eius cohabitatrie Willa in Baioariam ad castellum Bavenberg, ibique novissimum diem praesentis vitae dimisit). Weitere Spuren einer Benutzung der Ann. Hersf.,

Wollen wir auch jetzt noch mit Buchholz daran festhalten, dass die übrigen Zusätze aus den siebzehn weiter unten anzuführenden Quellen von Hieronymus herab bis auf die Jahrbücher von Sanctgallen und Reichenau spätere Einschiebsel sind, dann müssen wir, da die eben besprochenen Würzburger Nachrichten von einem zweiten Bearbeiter herrühren dürften, zwischen E_2 und E_1 eine Zwischenstufe einschieben, um eine gekünstelte Erklärungsweise durch eine gekünsteltere zu retten. Viel einfacher ist doch die Annahme, dass der Würzburger Auszug nicht aus E_1, sondern direkt aus deren reicheren Vorlage gefertigt wurde, die auch Quelle von H ist, und die wir unter dem Namen der schwäbischen Reichsannalen kennen.

Voraussetzung einer Arbeitsweise, wie sie Buchholz annimmt, war natürlich eine reiche Bibliothek[22]. Denn es handelt sich nicht nur um die sechs von jenem namentlich aufgeführten Schriften, die E_2 so nebenher eingesehen haben soll, sondern um deren, wie bemerkt, mindestens siebzehn, die fast alle historischen Inhalts sind. War Würzburg Mitte des elften Jahrhunderts im Besitze einer an Geschichtswerken so reichen Bücherei? Die Möglichkeit kann nicht abgestritten werden, die Wahrscheinlichkeit ist nicht eben gross. Der Katalog des Salvatorklosters aus dem neunten Jahrhundert zählt 209 Werke auf[23]. Ein vielversprechender

---

die Bresslau zu den Quellen der schwäbischen Reichsannalen zählt, finden sich weder bei E_1 noch bei E_2 und H (s. u.). Wie kommt diese vereinzelte Notiz in die Würzburger Chronik? Ich glaube auch hier nicht fehl zu gehen, wenn ich in ihr einen späteren Zusatz (etwa des Compilators) sehe, der zuerst auf den Rand des Würzburger Auszugs gesetzt war und dann beim Abschreiben an die falsche Stelle gerathen ist. Denn König Berengar ist nicht 952, sondern 964 nach Bamberg verbracht worden, und sein Ableben erfolgte erst geraume Zeit später, im Jahre 966.

[22]) Vgl. Buchholz a. a. O. S. 15. [23]) G. Becker, Catalogi bibliothecarum antiqui (Bonnae 1885) Nro. 18. Es muss bei der Benutzung dieser Kataloge genau zwischen 'libri' (d. h. Einzelschriften, Büchern, Werken, von denen oft ein Dutzend und mehr in einem Bande vereinigt sein konnten), und Bänden ('codices' 'volumina') unterschieden werden.

Anfang!²⁴) Um die Geschichte freilich ist es herzlich schlecht bestellt. Die Historia tripartita, die Chroniken des Hieronymus, Cassiodor und Beda sind die einzigen einschlägigen Werke, die wir verzeichnet finden.

Leider fehlt uns eine spätere Bücherliste aus Würzburg. Wenn wir aber die Bibliotheken andrer Klöster durchmustern, so drängt sich uns die Überzeugung auf, dass um 1050 nur wenige deutsche Stifter imstande waren, ihren Insassen so reiches historisches Material zu bieten, wie es E_2 voraussetzt. Überall sind die Geschichtswerke dünn gesät. Ausser den gangbaren Chroniken des Hieronymus, Prosper, Beda und der Kirchengeschichte des Eusebius Rufinus finden sich höchstens noch Heiligenleben und, wenn's hoch geht, Hausannalen vor, die, weil meistens mit Ostertafeln, Kalendarien, Nekrologien u. s. f. verbunden, in den Bücherlisten nicht als besondere 'libri' aufgeführt werden²⁵). Freilich sind uns die wenigsten Kataloge erhalten. Soweit wir aber aus den seither veröffentlichten schliessen dürfen, könnten, wenn wir denn aus den benützten Büchern auf die benützte Bibliothek zu schliessen berechtigt sind, als Abfassungsort von E_2 von sämmtlichen grossen deutschen Klöstern höchstens drei bis vier in Frage kommen: Lorsch²⁶) und S. Emmeram²⁷), die freilich

---

²⁴) Ich gebe zum Vergleiche noch einige Beispiele von der Grösse damaliger Bibliotheken nach Becker: Weissenburg (Becker Nro. 48; vor 1143) 171 codices (darunter 2 historische Werke); Hamersleben (Nro. 56; 11. Jhdt.) 106 libri (2 histor. Werke); Trier, S. Maximin (Nro. 76; 11./12. Jhdt.) 151 libri (8 histor. Werke mit Ausschluss der Heiligenleben); Fulda (Nro. 128; 12. Jhdt.) 84 volum.; Naumburg, S. Moriz (Nro. 129; 12. Jhdt.) 184 libri; Salzburg, S. Peter (Nro. 115; 12. Jhdt.) 266 libri; Bamberg, S. Michael (Nro. 80; c. 1110) 242 libri; Prüfening (Nro. 95; 1158) 165 volum. Man vgl. damit die Bestände fremder Klöster z. B. S. Bertin (Nro. 77; 12. Jhdt.) 305 libri; Corbie (Nro. 55; 11. Jhdt.) 60 codices; (Nro. 79; 12. Jhdt.) 313 codices; (Nro. 136; c. 1200) 842 codices. ²⁵) Weissenburg hatte z. B. 1043 unter 171 Bänden nur 2 historischen Inhalts, ebensoviel Hamersleben (11. Jhdt.) unter 106 Büchern, S. Maximin in Trier um 1100 unter 151 Büchern deren 8. ²⁶) Nro. 32 bei Becker (10. Jhdt.) 510 codices. ²⁷) Nro. 42 (c. 1000) 513 libri. Vielleicht käme noch S. Peter in Salzburg (Nro. 115;

nur im Besitze sehr weniger historischer Werke waren, Sanctgallen[28]) und Reichenau[29]). Als Heimat von E_2 kommt aber, seitdem die Würzburger Nachrichten als spätere Zusätze erkannt worden sind, nicht mehr ausschliesslich Würzburg und Franken in Betracht. Wir dürfen jetzt mit mehr Recht die schwäbischen Klöster Reichenau und Sanctgallen, in deren Bibliotheken, wie wir weiter unten sehen werden, fast sämmtliche, von E_2 angeblich ausgezogenen Werke zu finden waren, als vermutliche Abfassungsorte des Würzburger Auszugs oder seiner Vorlage in's Auge fassen.

Die endgültige Erledigung der Frage, ob die von Buchholz und Volkmar[30]) beliebte 'Manier mittelalterlicher Chronisten zu arbeiten' ausreicht, um alle Abweichungen der Würzburger Chronik von E_1 hinreichend zu erklären, erforderte eine erneute Prüfung der einzelnen Zusätze nach Herkunft und Gehalt. Buchholz hat sich auf die Anführung besonders auffälliger Stellen beschränkt. Nicht nur zur Gewinnung eines festeren Standpunkts war eine sorgfältige Vergleichung von H, E_1 und E_2 und ein Zurückgehen auf die Urquellen unumgänglich: die Frage nach dem 'Warum' der Verwerfung jener Arbeitsmethode dürfte für die Kritik mittelalterlicher Quellen auch grundsätzliche Bedeutung besitzen.

Ein bestimmter Gesichtspunkt, unter dem E_2 die Zusätze gemacht haben müsste, liess sich nur im ersten Teile bis auf Kaiser Trajan erkennen. Wie schon Buchholz bemerkt hat[31]), sind hier den Regierungszeiten der einzelnen Kaiser aus der Historia Romana des Paulus Diaconus und aus der Historia adversus paganos des Orosius oder auch aus beiden zugleich geschöpfte Charakteristiken der Herrscher und ihrer Wirksamkeit angefügt. H und E_1 bieten an den entsprechenden Stellen wenig oder nichts. Und doch ist dies Wenige bedeutsam genug: auch sie verlassen in diesen Fällen den sonst fortlaufend ausgezogenen

---

12. Jhdt.; 266 codices), in Betracht. Man vergleiche aber diesen Bestand zu S. Peter im 12. Jhdt. mit denen von S. Gallen und Reichenau im 9.! [28]) Nro. 15—20 (9. Jhdt.) 362 libri; später 428 codices. [29]) Nro. 6 (822) 415 volumina. [30]) S. o. S. 7. [31]) S. 15

Hieronymus, um sich ebenfalls dem Paulus oder Orosius zuzuwenden[32]). Liegt da nicht nahe, anstatt spätere Einschübe in E_2 anzunehmen, von vorneherein alle drei Quellen auf eine gemeinsame, reichhaltige Vorlage zurückzuführen, die E_2 hier so ziemlich wörtlich ausschrieb, während H und E_1 sie kürzten?

Die Spuren selbständiger Benutzung der Chronik des Hieronymus, die sonst den Grundstock des ersten Teiles von H, E_1 und E_2 bildet, konnten innerhalb der einzelnen Jahresberichte des Würzburgers nur sehr gering sein, da die knappe Fassung der hieronymianischen Notizen eine weitere Kürzung meistens verbot. Deshalb sind die Stellen, an denen E_2 im Wortlaute dem Hieronymus näher kommt als H und E_1, selten. Sie fehlen aber nicht ganz[33]). Daneben bietet E_2 nur **einen** Jahresbericht aus Hieronymus, den wir bei H und E_1 vergebens suchen: Valens 1. Basilius, Caesareae Capadociae episcopus, vir sapientissimus et continentissimus, sed, ut aiunt, superbus, clarus habetur.

Wie kommt es, fragen wir erstaunt, dass E_2 aus dem reichen Material der hieronymianischen Chronik, das von H und E_1 bei weitem nicht erschöpft ist, nur diesen einen kurzen Jahresbericht und ausserdem nur noch Worte und Wörtchen herausgehoben hat? Eine befriedigende Antwort wissen wir ebensowenig zu finden, wie eine Erklärung dafür, dass

---

[32]) Die Nachricht, dass Tiberius und Claudius an Gift gestorben seien, kann nur aus Orosius (VII, 4, 18; 6, 18) stammen, auf den in beiden Fällen auch E_2 zurückgeht. Die Charakteristiken Vespasians und Titus' sind in allen drei Quellen der Hist. Rom. (VII, 20, 21) entlehnt. Aus dieser (VII, 23) und aus Orosius (VII, 10, 7) rührt der Schlusssatz der Geschichte Domitians her. Ueber eine weitere selbständige Nachricht aus Orosius vgl. Buchholz S. 3 ff. Ich füge hinzu: Valerian. c. Gall. 7, wo H, E_1 und E_2 eine Compilation aus Oros. VII, 22, 4 und Beda (S. 177) bieten. Jeder in seiner Weise! In Claudius II, 1 rühren die Worte a senatu decreta est bei E_2 aus Oros. VII, 23 her. Der Rest geht wie auch bei E_1 und H auf Beda (S. 178) zurück. Die letzte Spur einer Benutzung der Hist. Rom. (VIII, 5) finde ich in den Beinamen Hostilius des Kaisers Gallus, der bei E_1 und H fehlt. [33]) z. B. Tib. 22 (Hi. 2055); Claud. 6 (Hi. 2068); Commod. 8 (Hi. 2200); Carac. 4 Hi. 2231); Constantin. l. 1 (Hi. 2327); Julian 1 (Hi. 2380). Ich citiere nach der Ausg. von A. Schoene (Berlin 1866).

E₂ Prospers Chronik nur zu einem kurzen Sätzchen herangezogen hat³⁴).

Bei zwei weiteren Nachrichten³⁵), die wir nur in E₂ finden, kann man zweifelhaft sein, ob sie auf Isidor³⁶) oder Beda³⁷) zurückzuleiten sind. Doch ist diese Frage unerheblich gegenüber der Thatsache, dass auf Grund dieser Stellen die Zahl der in E₂ vorgeblich selbständig ausgeschriebenen Schriften um eine Ziffer erhöht werden muss.

Die Kirchengeschichte des Eusebius-Rufinus hat unsere Würzburger Chronik nur an einer einzigen Stelle bereichert. Während H³⁸) und E₁³⁹) zu Julian 1 nur die wenigen Worte bringen: Pagani apud Sebaston sepulchrum sancti Johannis baptistae invadunt, soll sich der Verfasser von E₂ der grossen Mühe unterzogen haben, den umfangreichen Codex des Eusebius seiner Bibliothek nachzuschlagen, um den Bericht von E₁ durch die fast wörtliche Herübernahme desjenigen des Eusebius-Rufinus⁴⁰) zu ergänzen!

Ebenso gering war die Ausbeute des Lib. hist. Franc.⁴¹) Um sieben ganzer Worte willen⁴²) hat hier der Chronist vorgeblich die Handschrift der Frankengeschichte hervorgeholt und neu excerpiert, um sie dann zuzuklappen und, ohne sie weiterer Benutzung zu würdigen, wieder an ihren Platz zu bringen. Wahrlich ein fleissiger und geschickter, dazu aber beispiellos genügsamer Excerptor!

Aus der Langobardengeschichte des Paulus⁴³) stammt nur die einzige neue Nachricht zu Constantin III. 17. An anderen Stellen ist die Hist. Lang. nur zur Ergänzung bereits vorhandener Auszüge herangezogen worden. So zu Tiberius II. 7 (a. 705), wo H, E₁ und E₂ die Vorlage (oder die Urquelle)⁴⁴) unabhängig von einander benutzt haben

---

³⁴) Theodos. I. 3; Prosp. chr. 1186. ³⁵) Justin. I 1: Acephalorum heresis abdicatur. Justin. II. 1: Armeni fidem Christi suscipiunt. ³⁶) Chr. ed. Arevalo p. 103/104. ³⁷) De temporibus; Migne, Patr. Lat. XC, 292. ³⁸) a. 361. ³⁹) Julian. 1. ⁴⁰) XI. 28. ⁴¹) S. S. rer. Mer. II, 324. ⁴²) Lib. hist. Franc. a. a. O.: Childebertus, rex iustus, migravit ad Dominum; regnavit autem annis 17 ... regnavitque Daygobertus puer, filius eius, pro eo. E₁ S. 26, 1. Justinian. II. 6: Hildibertus, rex iustus, obiit regnavitque Dagobertus, filius eius, pro eo. Die kursiv gedruckten Worte fehlen in E₁ (Justinian. I, 5) und H (a. 710). ⁴³) VI, 24. ⁴⁴) VI, 31. 32

müssen; so zu Justinian II. 6, wo E$_2$ den Bericht des Beda [45]) aus Paulus [46]) erweitert hat; so zu Justinian I. 20, wo alle drei Quellen neben dem Prolog des Arator an Vigilius der Langobardengeschichte des Paulus [47]), jede in ihrer Weise, folgen, während E$_2$ ausserdem nach dem Prolog zu Priscians De arte grammatica benutzt hat.

Wir wenden uns dem Papstbuche [48]) zu. Sein selbstständiger Einfluss auf E$_2$ ist sehr gering. Den Bericht über die sechste Universalsynode (681) haben H, E$_1$ und E$_2$, jeder auf eigne Faust, aus Beda [49]) geschöpft, H und E$_2$, wieder jeder auf besondere Art, aus dem Papstbuche [50]) ergänzt. Ganz allein steht E$_2$ (Pipin 10) mit seiner ebenfalls dem Liber pontif. [51]) entnommenen Erzählung vom Eintritt des Langobardenkönigs Ratchis in's Kloster. Auch die folgende Meldung (Pipin 11): Beatissimus papa — in Grecum transtulit stammt ebendaher [52]), wie auch der Bericht über den Rücktritt Karlmanns durch das Papstbuch [53]) beeinflusst ist.

Nur beeinflusst! Der Rest stammt nämlich, wie die folgende Nebeneinanderstellung ergibt, aus Einhards Leben Karls des Grossen:

E$_2$ S. 26, 41.	Lib. pontif. S. 433.	Einh. Vita K. M. c. 2.
Pipin. 9. Karlomannus, divino *amore successus*, Romam pergens, sese Zachariae papae obtulit, et ab eo clericus factus, *monasterium sancti Silvestri in monte Soracte construens, se monachum fecit et* post aliquantum temporis ad monasterium sancti Benedicti profectus est.	Carlomannus . . presentis vite relinquens gloriam et potestatem, ad beatum Petrum . . . devotus advenit . . seseque eidem Dei obtulit apostolo atque, in spiritali habitu fore se spondens permansurum, clericatus iugum ab eodem sanctissimo suscepit pontifice. Et post aliquantum temporis ad beati Benedicti profectus est monasterium.	Karlomannus — incertum, quibus de causis, tamen videtur, quod *amore* conversationis contemplativae *succensus* — operosa temporalis regni administratione relicta, Romam .. se contulit ibique, habitu permutato, *monachus factus, in monte Soracte apud ecclesiam beati Silvestri constructo monasterio,* . . . optata quiete perfruitur.

---

[45]) S. 202. [46]) VI, 32. [47]) I, 25. [48]) Du Chesne, Lib. pontif., Paris 1886. [49]) S. 198. [50]) I, 353. [51]) I, 434. [52]) I, 435. [53]) I, 433.

H und E₁ beruhen hier, jeder in seiner Weise, auf der Vita Karoli. E₂ hat dieselbe ebenfalls selbständig ausgeschrieben und zwar nur an dieser einzigen Stelle, die im übrigen, wie man sieht, auf dem Papstbuche beruht.

Zwei Worte des oben abgedruckten Berichtes der Würzburger Chronik (Romam pergens), die sich auch in H (Romam pergens) und E₁ (Romam pergit) finden, hat Bresslau auf die Hersfelder Annalen, die in der schwäbischen Reichschronik benutzt sein sollen, zurückgeführt. Von einer Abhängigkeit der Chronik Hermanns und der sogenannten Epitome Sangall. von den Ann. Hersf. kann aber, wie weiter unten dargethan werden soll, keine Rede sein. Der Hersfelder Jahrbuchschreiber geht hier vielmehr, wie die Ann. Sangall. breves, Weingart. und Aug., die sicherlich von jenem nicht abhängen, beweisen), auf die gleiche Quelle zurück wie H, E₁ und E₂. Auch die Notiz zu 718 (Leo I) der Würzburger Chronik: Karolus Saxoniam magna plaga vastavit findet sich übereinstimmend in den Ableitungen der Ann. Hersf., aber auch in den Ann. Sangall. mai., Heremi und Alam., muss demnach ebenfalls auf eine den schwäbischen und Hersfeldern Annalen gemeinsame Quelle zurückgeleitet werden. Dass diese nicht die als Laureshamenses-Mosellani bezeichnete Vorlage der Ann. Lauresh. und Mosellani, sondern eine auch zu den Ann. Alam. in nächster Beziehung stehende Quelle sein muss, wird weiter unten erörtert werden. Auf sie führe ich ferner die folgende Stelle der Würzburger Chronik zurück: Ludov. II, 15. Lotharius rex tonsuram et monachicum habitum suscepit moriturus zurück, die sich in dieser Fassung nur in den Jahrbüchern von Hersfeld findet, während Regino und die Ann. Fuld., auf denen hier H beruht, die Sache viel weitläufiger und in ganz anderem Wortlaut darstellen. E₁ hat nur: Lotharius imperator obiit.

Auf die gleiche Quelle, die ich weiter unten als ein reicheres, auf der Reichenau geschriebenes Exemplar der Ann. Alam., erweisen will, dürfte auch der folgende Zusatz zur Meldung des Jahres 912: [Annus Domini 912. Counradus, filius Counradi] illius, quem Adalbertus

Babenbergensis interfecit, [in regnum elevatus etc.] zurückgehen, der sich im gleichen oder ähnlichen Wortlaut auch in den Ann. Heremi und einer Fortsetzung Reginos findet.

Deutlicher sind die Spuren der Ann. Einhardi, denen E_2 die Berichte zu Pipin. 11 und Pipin. rex 1 verdankt, während E_1 und H hier aus den Fulder Jahrbüchern schöpfen. Ausserdem muss noch eine Vita Pirmins, des Stifters von Reichenau, herangezogen worden sein. Sanctus Pirminius ad (in E_2) Augiam insulam venit, schreiben E_1 und E_2 zu Leo 7, eamque a serpentibus liberavit fügt E_2 hinzu. Woher diese Wissenschaft? Dass sie auf eine schriftliche Vorlage zurückgeht, geht mit wünschenswerter Sicherheit aus H hervor, der an dieser Stelle die Worte serpentes inde fugavit hat. Der wichtige Zusatz zu der Erzählung von der Flucht Pirmins ex Augia pulsus stammt aus derselben Quelle, der auch H die Worte ex Augia pulsus verdankt. Oder hat E_2 neben E_1 auch H herangezogen? Ich denke die Annahme ist doch natürlicher, dass E_2, wenn nicht aus der Urquelle der Vorlage von H und E_1, direkt aus dieser, den sogenannten schwäbischen Reichsannalen, geschöpft hat.

Ziehen wir kurz die Ergebnisse der vorstehenden Ausführungen, so hat E_2, wenn Buchholz mit seiner Annahme im Rechte bleibt, aus der Chronik des Hieronymus nur eine Notiz geschöpft, die in E_1 und H fehlt; aus Prosper nur eine Wendung, aus Isidor oder Bedas De temporibus zwei kurze Sätze. Die grosse Kirchengeschichte des Eusebius-Rufinus ist durch eine Nachricht vertreten: die Langobardengeschichte des Paulus desgleichen. Doch hat sie drei weitere Jahresberichte mehr oder minder beeinflusst. Das Papstbuch lieh zwei neue Thatsachen her und beteiligte sich an der Fassung von zwei anderen. Aus Einhards Vita Karoli floss eine einzige Notiz, während die unter seinem Namen gehenden Jahrbücher zwei ganze Nachrichten beigesteuert haben. Auf das Reichenauer Exemplar der Ann. Alam. gehen zwei Worte, eine Wendung und drei ganze Sätze zurück; die Vita Pirmins und der Lib. hist. Franc. sind bei der Zusammensetzung der Würzburger Chronik gar nur mit je sieben Worten beteiligt.

Allerdings stehen diesen elf Schriften die Historia Romana des Paulus und die Historia adversus paganos des Orosius, Bedas und Fredegars Chroniken mit reicherer Ausbeute gegenüber.

Bedas Chronik ist aber nur eine einzige neue Nachricht entnommen, während Fredegar deren drei geliefert hat [34]). Dagegen sind nicht weniger als achtzehn Stellen im Wortlaute durch Beda beeinflusst. An diesen achtzehn Stellen stimmt aber die Fassung der Notizen nicht allein mit Beda, sondern auch — und das gegen Beda — an vielen Stellen wieder mit E_1 oder H oder mit beiden überein. Schon aus diesem Grunde müsste die selbständige Ausbeutung Bedas durch E_2 verworfen, und ein Zurückführen auf eine H, E_1 und E_2 gemeinsame Vorlage vorgezogen werden.

Die vier in stärkerem Maasse herangezogenen Schriften vermögen nicht unser Erstaunen über den schrullenhaften Chronisten, wie ihn Buchholz sich vorstellt, zurückzudrängen und uns das Verfahren eines Historikers glaubhaft zu machen, der sich des mühsamen Nachschlagens und Vergleichens seiner Vorlage mit den sechzehn Urquellen derselben unterzog, um aus deren reicher Fülle urteils- und grundsatzlos hier ein paar Worte, dort eine Wendung oder gar einen ganzen Satz auszuwählen und seinem Epitomeauszug einzuverleiben.

Man wende nicht ein: 'E_2 ist in verkürzter Gestalt auf uns gekommen'! Wer will das beweisen? War wirklich — ich bestreite es — E_2 ursprünglich umfangreicher, dann ist es erst recht nicht aus E_1 geflossen, die der heutigen Würzburger Chronik ungefähr an Umfang gleich-

---

[34]) Der Satz Gaius 4: Herodes tetrarcha — periit (Beda S. 169) fehlt in E_1 und H. Tib. 22 (Hi 2055) setzt E_2 die aus Beda (S. 169) stammenden Worte filius Aristobuli cognomento Herodes hinzu.

kommt. Sicherlich hätte das selbständige Heranziehen so vieler, reicher und wichtiger Quellen auch in einem Auszuge deutlichere Spuren hinterlassen.

Nicht weniger als sechzehn auch von E_1 (oder deren Vorlage) benutzte Quellen soll, wie wir sahen, E_2 neben E_1 nachgeschlagen und benutzt haben. Nur eine, die Widmung Priscians an Julian, lässt sich weder in E_1 noch in H nachweisen. Diese sechzehn Schriften repräsentieren aber fast die ganze Masse der von E_1 und H oder vielmehr deren Vorlage benutzten Werke. Nach Abzug dieser Quellen bleiben H und E_1 oder den sogenannten schwäbischen Reichsannalen, abgesehen von den kleineren Vorlagen, die wie die Heiligenleben meistens nur an einer einzigen kurzen Stelle Verwendung fanden, nur noch fünf grössere Quellen eigentümlich: Cassiodors, des Jordanes und des Marcellinus Comes Chroniken, Gregors Frankengeschichte und Bedas englische Kirchengeschichte. Die Spuren des Jordanes und des Marcellinus Comes finden sich übrigens auch bei H und E_1 nur ganz vereinzelt.

Der Würzburger Chronist hat somit fast ausschliesslich nur solche Quellen zur Hand gehabt, die an den entsprechenden Stellen schon in der Vorlage von H und E_1 ausgezogen waren. Ein wunderlicher Zufall! Er hat ausserdem immer nur genau dieselben Nachrichten nachgeschlagen, geändert oder erweitert, die kürzer oder ungenauer oder mit grösseren Abweichungen vom Wortlaute der Urquelle schon in der Vorlage von E_1 standen. Eine sonderbare, kaum zu erklärende Enthaltsamkeit! Ja, wenn ein Compilator neben seiner Vorlage nur zwei oder drei schon in dieser benutzte Quellen heranzieht und nach einem bestimmten Principe ausgiebiger excerpiert, dann mag die von Buchholz und Volkmar geschilderte Arbeitsweise möglich sein. Sonderbar bleibt sie auf jeden Fall und weitgehende Skepsis wird auch hier geboten sein. Handelt es sich aber wie bei E_2 um fast ein und ein halbes Dutzend Quellen, die zugleich nahezu das gesammte Quellenmaterial der Vorlage darstellen, handelt es sich in den weitaus meisten Fällen um die Änderung einzelner Worte oder

Wendungen, um den Zusatz einzelner Sätze und Sätzchen, dann reicht die nach Buchholz 'ungezwungenste' Erklärungsweise nicht mehr aus.

Sehen wir uns noch einen Augenblick den sonderbaren Würzburger Chronisten, wie ihn Buchholz sich vorstellt, genauer an. Zweifellos müsste er ein grundgelehrter, unterrichteter, wohlbelesener Mann gewesen sein. Davon zeugt schon das stattliche Verzeichnis der von ihm vorgeblich benutzten Schriften. Unsere Bewunderung wächst, wenn wir den Grad philologischer und historischer Schulung ermessen, der ihm eigen gewesen sein müsste. Hätte er doch so gut wie ein zünftiger Herausgeber unserer Zeit oder vielmehr weit besser, da er mit unzureichenden Mitteln arbeitete, verstanden, seine Vorlage bis auf einen verschwindenden Rest auf ihre Bestandteile hin zu analysieren. Auch den Ursprung der kürzesten Notiz hätte er ermittelt, um sie aus der Urquelle um ein paar Worte zu erweitern oder ihr im Wortlaute wieder mehr anzupassen. Gewechselt mit den Quellen hätte er dabei fast nie, neue Nachrichten fast immer verschmäht. — Mühen wir uns nicht weiter ab: ein derartiger Excerptor hat niemals existiert. Der Zusammenhang zwischen E_2 einer-, E_1 und H andererseits fordert eine neue Erklärung. Anstatt in E_2 eine verbesserte und so schrullenhaft 'vermehrte' Auflage von E_1 zu sehen, müssen wir E_2 vielmehr entweder auf ein vollständigeres Exemplar von E_1 oder endlich, um den Zusammenhang mit H, mit dem E_2, wie sich im weiteren Verlauf der Untersuchung ergeben wird, oft näher verwandt ist als mit E_1, zu erklären, H, E_1 und E_2 auf eine gemeinsame Vorlage, die sogenannten schwäbischen Reichsannalen, zurückführen.

Es wäre noch eine zweite Möglichkeit denkbar: alle drei Quellen, die dann die Entwickelungsstufen eines und desselben Werkes bezeichnen würden, stammen von einem Verfasser, Hermann von Reichenau. Diese Annahme setzt aber bei Hermann genau dieselbe Arbeitsweise voraus, wie sie Buchholz für seinen 'Würzburger Chronisten' in Anspruch nahm. Das ist bei einem Manne wie Hermann von Reichenau einfach undenkbar.

H, E₁ und E₂ gehen demnach auf eine gemeinsame Vorlage, die sogenannten schwäbischen Reichsannalen, zurück, über deren Beschaffenheit und Herkommen der folgende Abschnitt handeln wird. —

2. Die sogenannten schwäbischen Reichsannalen und ihr Verfasser.

Wir sind jetzt in der Lage mit Hülfe der drei Ableitungen H, E₁ und E₂ den Umfang und die Beschaffenheit der verlorenen Reichschronik mit grösserer Sicherheit festzustellen.

Wie aus der Übereinstimmung zwischen E₁ und E₂ — H gegenüber, der nach Jahren Christi rechnet, — hervorgeht, wurde in der Vorlage nach den Regierungsjahren der Kaiser gezählt. Sie war unbedingt viel umfangreicher als die Ableitungen. Zur teilweisen Wiederherstellung des ursprünglichen Textes, wie sie im folgenden versucht werden soll, eignen sich deshalb nur solche Stellen, an denen E₁ und E₂, die beide am meisten gekürzt haben, ausführlicher sind.

Dass die Vorlage den Wortlaut der Quellen möglichst beibehielt, ausführlichere Berichte aber energisch kürzte, werden folgende Stellen, denen sich eine lange Reihe anderer Belege anschliessen könnte, ersichtlich machen.

I. Bedae chron. S. 191.

Belisarius patritius, a Justiniano in Africam missus, Vandalorum gentem delevit. Carthago quoque anno excessionis suae XCVI recepta est, pulsis devictisque Vandalis, et Gelismero rege eorum capto Constantinopolim misso.

E₁ S. 174.	*E₂ S. 24, 24.*	*H a. 534.*
Justinianus l. 7. Hoc tempore Bilisarius, a Justiniano missus, Vandalos *in Africa* delevit.	Justinianus l. 2. Carthago anno excessionis suae 920. (!) recipitur, victis pulsisque Vanda-	Belisarius patricius a Justiniano imperatore missus, Wandalorum gentem *in Africa* bello

8. Carthago a Bilisario patricio recepta est anno excessionis suae vigesimo sexto.	lis, et rege eorum Gelismiro capto Constantinopolim misso.	victam delevit, Geilamerum regem eorum captum Constantinopolim abduxit et Carthaginem reipublicae restituit post annos 94, ex quo a Geiserico capta est.

II. Pauli Diac. Hist. Langob. VI, 31.

At vero Justinianus ... auxilio Terbelli, Bulgarum regis, regnum rursus recipiens, eos, qui se expulerant, patricios occidit. Leonem quoque et Tiberium, qui locum eius usurpaverant, jugulari fecit. Gallicinum vero patriarcham Constantinopolitanum, erutis oculis, ... Romam misit Cyrumque abbatem, qui cum in Ponto exulem aluerat, episcopum in loco Gallicini constituit ... c. 32. Quem Leo in expulsione illius naribus detruncavit; qui post, iterum adsumpto imperio, quotiens defluentem guttam reumatis manu detersit, pene totiens aliquem ex his, qui contra eum fuerunt, jugulari praecepit.

E_1 S. 201.	E_2 S. 25, 54.	H a. 705.
Tiberius II. 7. Justinianus, auxilio Terbelli *Bulgarorum* regis regressus, Leonem et Tiberium *cum multis*, qui eum expulerant, occidit.	Tyberius II. 7. Justinianus Leonem et Tyberium *cum aliis*, qui eum expulerant, occidit, quem, videlicet Justinianum, Leo in expulsione illius naribus detruncaverat. Qui post, iterum accepto imperio, quotiens defluentem guttam reumatis manu detersit, totiens pene aliquem *de suis contrariis* jugulare praecepit.	Constantinopoli Justinianus imperator, auxilio Terbelli, regis *Vulgarorum*, imperium recipiens, Leonem et Tiberium, imperii pervasores, *cum multis aliis* occidit, Gallicinum patriarcham excaecatum Romam misit et in loco eius Cyrum abbatem, qui se in Ponto exulem aluerat, promovit. De hoc imperatore fertur, quod quotiens de truncis naribus profluum terserit, pene totiens aliquem *de inimicis suis* perimi iusserit.

In Beispiel I haben H, E_1 und E_2, jeder für sich, direkt aus der Vorlage geschöpft. Bald steht der eine, bald der andere der Urquelle näher als die Übrigen. E_1 und E_2 bewahren den Wortlaut Bedas am treusten, H hat den Bericht stilistisch überarbeitet, den Inhalt dagegen lückenloser als die anderen übernommen. Es kann demnach wohl kaum einem Zweifel unterliegen, dass die Vorlage den entsprechenden Abschnitt der Urquelle wörtlich und unverkürzt wiedergab.

Dagegen hat sie, wie schon ein Blick in die Ausgabe ergibt, die weitschichtigen Kapitel 31 und 32 der Langobardengeschichte des Paulus Diaconus erheblich und zwar etwa auf den Umfang des oben abgedruckten Ausschnittes gekürzt. E_1 gibt eine knappe Auswahl des Wichtigsten. E_2 versagt sich die Wiedergabe einer Anekdote nicht. H hat am gründlichsten gearbeitet, sich aber weitgehende stilistische Freiheit bewahrt.

Es erhebt sich nun zunächst die Frage: haben nicht etwa doch alle drei unmittelbar aus den Urquellen geschöpft? Die in Beispiel II durch besonderen Druck hervorgehobenen Worte zeigen uns, dass dies nicht der Fall ist, dass vielmehr zwischen H, E_1 und E_2 noch ein besonderer Zusammenhang bestehen muss. Einige weitere Beispiele werden die Sicherheit unseres Schlusses erhöhen.

1.

Bedae chron. S. 200.

Papa Sergius capsam argenteam et in ea crucem de diversis ac preciosis lapidibus adornatam, Domino revelante, reperit, de qua tractis quatuor petalis, mirae magnitudinis portionem ligni salutiferi dominicae crucis interius repositam inspexit, quae ex tempore illo annis omnibus in basilica Salvatoris, quae appellata Constantiniana, die exaltationis eius ab omni osculatur atque adoratur populo.

E_1 S. 269.

Leo 1. Hoc tempore Sergius papa capsam *cum portione* dominicae crucis *invenit*.

E_1 S 25, 47.

Leo 1. Sergius papa capsam *cum portione* dominicae crucis *invenit*, quae omnibus annis in basilica Salvatoris, quae dicitur Constantiniana, die exaltationis eius ab omni populo osculatur et adoratur.

H S. 96, 60.

696. Sergius papa, Domino revelante, capsam *cum portione* dominicae crucis *invenit*.

II.

ibid.
Reverendissimus ex anachorita antistes Cuthbertus vitam miraculorum signis inclitam duxit. Cuius dum XI annos maneret corpus humatum, incorruptum posthacc... inventum est, sicut in libro de eius vita et virtutibus et prosa nuper et hexametris versibus ante aliquot annos signavimus.

E_1 *l. c.*
Sanctus Cudbertus ex anachoreta *episcopus* sub hoc principe *obiit*.

E_2 *l. c.*
S. C. *obiit episcopus* ex anachorita.

H l. c.
697. In Brittania S. C. ex a. *episcopus* post multas virtutes *migravit ad Dominum;* cuius vitam Beda presbyter et prosa et exametris versibus edidit

III.

ibid. S. 203.
Ecbertus, vir sanctus de gente Anglorum, plurimas Scoticae gentis provincias ad canonicam paschalis temporis observantiam convertit.
Tiberis fluvius, alveum suum egressus, multa Romanae fecit exitia civitati, ita ut in via Lata ad unam et semis staturam excresceret.

E_1 *S. 211.*
Anastasius 3. Egpertus, vir sanctus, *Scotos legitime pascha celebrare docuit.*
Theodosius III. 1. Tiberis fluvius, alveum suum egressus, multa *Romae subvertit aedificia.*

E_2 *S. 26, 6.*
Anast. 3. E., v. s. de gente Anglorum, *Schottos legittime pascha celebrare docuit.*
Theod. III. 1. T. fl., a. s. e., multa *Romae subvertit aedificia,* ita ut in via Lata ad unam et semis staturam excresceret.

H S 97, 48.
716. E., v. s., natione Anglus, inter alia bona sua, *Scottos legitime pascha celebrare docuit.*
717. *Romae* Tiberis, supra modum inundans, multa *subvertit aedificia.*

Dass Beda in allen drei Fällen die Urquelle ist, kann nicht geleugnet werden, dass aber zwischen ihm und den Ableitungen H, E_1 und E_2 eine Zwischenstufe bestanden haben muss, ist ebenso sicher. Bedeutsam vor Allem ist in der zweiten Parallele die Nachricht vom Tode des heiligen Cudbert, die in allen drei Ableitungen zum Jahre 697 erzählt wird, während doch Beda, die Urquelle, nur von der Wiederauffindung des Heiligen spricht, der bereits 11 Jahre vorher, also spätestens 687, verstorben war. Diese auf einem Missverständnisse beruhende falsche Nachricht wird also schon in der Vorlage irrtümlich im Jahresberichte 697 gestanden haben. Anders ist die dreifach wiederholte Gedankenlosigkeit kaum zu erklären. Auf derartige Kürzungen der Vorlage sind die meisten übrigen Übereinstimmungen zwischen H, E_1 und E_2 oder zwischen je zwei von ihnen den Urquellen gegenüber zurückzuführen. Sie ergänzen die schon oben auf anderen Wegen gefundenen Beweise für die Existenz einer H, E_1 und E_2 gemeinsamen Vorlage, lassen uns aber zugleich auch einen Einblick in die Arbeitsweise des Verfassers dieser Vorlage thun.

Bei starken Kürzungen der Urquellen durch den ersten Compilator oder durch die Verfasser seiner Ableitungen konnten Missverständnisse nicht immer vermieden werden. Schon in der zweiten der oben abgedruckten Parallelen aus Paulus' Langobardengeschichte (VI, 31) hat sich der sonst so gewissenhafte Hermann von Reichenau eines Versehens schuldig gemacht. Durch das Weglassen der Nachricht darüber, dass dem Kaiser Justinian II. vor seiner Vertreibung durch Leo und Tiberius die Nase abgeschnitten worden sei, wird die in dem Satze De hoc imperatore fertur erzählte Grausamkeit dieses Kaisers einfach unverständlich.

Ein ähnliches Versehen ist E_1 und E_2 beim Excerpieren der folgenden Stelle passiert.

Hieron. chron. 2229.

Alexander, XXXV. Hierosolymorum episcopus ordinatur, adhuc vivente Narcisso, et cum eo pariter ecclesiam regit.

Bedae chron. S. 175.

Alexander, episcopus Cappadociae, cum Hierosolymam venisset, vivente adhuc Narcisso, eiusdem urbis episcopo, et ipse ordinatur episcopus, Domino, ut id fieri deberet, per revelationem iubente.

E_1 S. 140 ; E_2 S. 20, 26.

Caracalla 2. [Hoc tempore] Alexander, [XXXV.] episcopus Cappadociae, a Narcisso, Hierosolimitano episcopo, constituitur.

H a. 212.

Alexander, XXV. Hierosolymorum episcopus, ordinatur, vivente Narcisso, Deo per visum iubente.

E_1 und E_2 sind unverständlich, da — wohl infolge der Benutzung Bedas — die Worte Hierosolymorum episcopus ausgefallen sind; bei H fehlen umgekehrt die zum Verständnisse allerdings nicht unumgänglich notwendigen Worte episcopus Cappadociae. Wie sollen wir uns die Vorlage vorstellen, aus der hier H, E_1 und E_2 geflossen sind? War sie etwa aus Beda und Hieronymus compiliert? Das müsste ein wunderliches Satzgefüge gewesen sein! Oder standen in ihr beide Urquellen unvermittelt nebeneinander? Die folgenden Parallelen mögen uns Aufschluss geben.

I.

Prosp. chron.

1273. Constantius ab Honorio in regni consortium adsumitur.
1276. Constantius imperator moritur.
1278. [Placidia .. a fratre Honorio pulsa.]
1282. Honorius moritur.

Fred. chron. S. 72.

25. imperiae Honoriae anno ... Honorius apud Ravennam Constantium consortem regni fecit ... Con-

E_1 S. 156.

Honorius 11. Honorius Constantium in regni consortium sumpsit.
13. Constantius imperator moritur.
15. [Placidia a fratre Honorio ad Orientem mittitur] et Honorius moritur.

E_2 S. 23, 21.

Honorius 13. Honorius apud Ravennam Constantium consortem regni fecit decimo imperii sui anno. Constanstantius imperator Ravennae moritur in suo tercio consolatus anno.

30. Honorio imperiae anno Ravennae obiit.

tius imperator Ravennae tercio imperii sui anno moritur. Honorius moritur, frater Placidiae.

H S. 87, 48 ff.

419. Honorius augustus Constantium ducem in consortium imperii assumit.

421. Constantius imperator Ravennae moritur.

423. [Placidia . . . a fratre Honorio pulsa.] Honorius imperator Ravennae moritur.

II.

Bedae chron. S. 198.

Macharius vero cum suis sequacibus .. anathematizatur ... Haec est sexta synodus universalis Constantinopoli celebrata temporibus papae Agathonis, exsequente ac residente piissimo principe Constantino intra palatium suum, simulque legatis apostolicae sedis et episcopis CL residentibus.

Lib. pont. I, 353.

Indictione VIIII. Die XXV mensis Febr. residente synodo ... ea hora tantae telae aranearum nigrissimae in medio populi ceciderunt, ut omnes mirarentur, quod sordes hereseum expulsae sunt.

E. S. 173.

Constantinus III. 5. Sub hoc principe sexta synodus universalis Constantinopoli sub Agathone papa.

E. S. 25, 35.

Constantinus III. 15. Sexta synodus universalis sub Agathone 80. papa coram piissimo principe Constantino et legatis apostolicae sedis et episcopis CL. residentibus. Ea vero hora tantae aranearum telae in medio populi ceciderunt, quod sordes heresium expulsas omnes mirarentur.

H S. 90, 11.

681. Constantinopoli sexta synodus 150 episcoporum indictione 9., mense Febr. acta est et Macharius Antiochenus sequacesque erroris damnati sunt. Quibus damnatis, subito plurimae aranearum telae in basilica coram omnibus ceciderunt, hereticas videlicet nugas deletas esse portendentes.

III.

Cassiod. chron.

1061. Civitas, quae prius Byzantium dicta est, mutato nomine, a Constantino Constantinopolis dedicatur.

Bedae chron. S. 182.

Idem, urbem nominis sui statuens, in Thracia sedem Romani imperii et totius caput Orientis esse voluit.

E_1 S. 144; E_2 S. 22.

Constantinus 24. Constantinus Byzantium urbem reparavit et ex suo nomine Constantinopolim appellavit et sedem Romani regni eam esse voluit.

H S. 76, 25.

330. Dedicatur Constantinopolis.

In Beispiel I geht E_1 durchweg in den Spuren Prospers; E_2 richtet sich in der Hauptsache nach Fredegar; doch deuten die Worte frater Placidiae, die aus Fredegar nicht zu belegen sind, auf die Kenntnis Prospers hin. H hat beide Quellen mit einander verschmolzen.

Mit der Parallele II verhält es sich ähnlich. E_1 folgt ausschliesslich dem Berichte Bedas. E_2 hat zum Schlusse einige Zeilen des Papstbuchs übernommen, während H wieder beide Quellen compiliert hat. An der dritten Stelle hat H ausnahmsweise sich auf eine Quelle, Cassiodor, beschränkt, während E_1 und E_2 diese mit Bedas Chronik zusammengearbeitet haben.

Waren die Urquellen schon in der Vorlage compiliert? fragen wir uns von Neuem. Bei den beiden zuletzt angeführten Stellen, bei der Erzählung von Bischof Alexander von Kappadocia und Jerusalem könnten wir mit dieser Annahme notdürftig, aber auch nur notdürftig ausreichen. Man versuche einmal, den Wortlaut der Vorlage aus den drei Ableitungen zu rekonstruieren! Den richtigen Ausweg dürfte uns die erste Parallele weisen. Die Stellen über die Kaiser Konstanz und Honorius aus Prospers und Fredegars Chroniken müssen unbedingt in der Vorlage unvermittelt neben einander gestanden haben. Wie sonst wäre E_1 auf den Wortlaut Prospers, E_2 auf den Fredegars verfallen? Will man nicht auf den oben schon zurückgewiesenen Ausweg zurückkommen, dass die Ableitungen neben der Vorlage immer wieder die Urquellen ausgeschrieben haben — hier H und E_1 den Prosper, H und

E₂ den Fredegar —, so erübrigt uns nur die einzige Erklärung, dass in der Vorlage öfters mehrere Quellencitate unvermittelt neben einander gestanden haben. Denn was bei Parallele I unbedingt die richtige Lösung sein muss, wird auch bei II und III und bei der Stelle über die Bischöfe von Jerusalem der Fall gewesen sein. Die Ausrede, H habe in Parallele I neben seiner Vorlage noch E₂, oder E₂ noch H neben jener benutzt, reicht nicht aus: H hätte z. B. den Sterbeort des Kaisers, Ravenna, nicht aus E₂, dieser wieder den Wortlaut Fredegars nicht aus H schöpfen können.

Mit dieser Erkenntnis haben wir einen weiteren Schritt vorwärts zur Beurteilung unserer Vorlage gethan. Ich füge hinzu, dass es schwer fallen dürfte, Beispiele dafür zu sammeln, dass schon in der gemeinsamen Quelle von H, E, und E₂ zwei oder mehrere Quellen miteinander verschmolzen gewesen seien, und glaube deshalb zu der Folgerung berechtigt zu sein, dass in der Vorlage durchweg die Auszüge aus den Urquellen, ob verkürzt oder unverkürzt, unmittelbar nebeneinander standen. Daraus ergibt sich, dass die sogenannten schwäbischen Reichsannalen weder die Form von ausgearbeiteten Annalen noch die einer Weltchronik gehabt haben können, sondern vielmehr nichts weiter gewesen sind, als eine chronologisch geordnete Excerptensammlung, die als Vorarbeit zu einer Weltchronik dienen sollte.

Dass die Sammlung chronologisch geordnet gewesen sein muss, geht aus der einfachen Überlegung hervor, dass ohne eine solche Ordnung sowohl E₁ wie E₂ und H, da eine grosse Anzahl von Excerpten erst durch die Zusammenstellung mit anderen, chronologisch besser fixierten ihren Platz in der Reihe der übrigen angewiesen erhalten konnte, fast genau dieselben chronologischen Schwierigkeiten auf genau die gleiche Weise gelöst haben müssten. Ohne chronologische Anordnung wäre die Sammlung für die Excerptoren fast wertlos gewesen, da sie immer wieder dazu gezwungen gewesen wären, die Quellen von Neuem nachzuschlagen und zu vergleichen, also die ganze Arbeit noch einmal zu thun.

Wir hatten oben schon festgestellt, dass die Vorlage nach Kaiser-, nicht nach Inkarnationsjahren gerechnet haben müsse. Nehmen wir einmal diese Feststellung als Ausgangspunkt und versuchen wir, uns von der Entstehung der Excerptensammlung ein ungefähres Bild zu machen! Die Rechnung nach Kaiserjahren dürfte aus der Chronik des Hieronymus stammen. Sie vor allem wird den Leitfaden der Vorlage bis zum Jahre 378 abgegeben haben. Prosper und Cassiodor und ihre Fortsetzer geben dem Chronisten bis etwa 520, die Summa temporum des Jordanes bis 551 das Geleite.

Ist etwa der Verfasser der Vorlage ein Reichenauer Mönch gewesen, so konnte er zu seiner Arbeit den berühmten Codex des Reginbert benutzen, von dem es in dem Bücherverzeichnisse des Klosters heisst: In tertio libro habentur chronica Eusebii Caesariensis episcopi et Hieronymi presbyteri et Prosperi. Et chronica Cassiodori senatoris et chronica Jordanis episcopi et chronica Melliti. Die Chronik Isidors, die sich unter dieser Chronica Melliti versteckt, gewährte dem Compilator, wenn er wirklich ein Reichenauer war, nur sehr geringe Ausbeute. Er musste sich nach einem anderen Hülfsmittel umsehen, und da wählte er Bedas Chronik, deren Chronologie zwar nur in der Angabe der Regierungszeiten der Kaiser bestand, damit aber für die folgenden Jahrhunderte neben dem ebenso unbestimmten Papstbuche den einzigen Anhalt bot. Auch die Chronik Bedas fand sich in dem Codex Reginberts: Et chronica Bedae presbyteri, fährt der Katalog fort, et chronica excerpta Isidori episcopi et chronica brevis. Noch zwei weitere Bücher, die in dem ersten Teile der Excerptensammlung Verwendung fanden, sind in der berühmten Handschrift enthalten gewesen: Et epistolae Victoris et Dionysii de ratione cycli paschalis.

Wie man sieht, wäre dem Compilator in diesem Reichenauer Codex so ziemlich der Grundstock seiner Sammlung gegeben gewesen. Es fehlte noch die neuere Zeit. Beda reichte nur bis 724. Wenn wirklich, was wohl kaum zu bestreiten ist, E, die ursprünglichere Form bietet, so hat etwa von diesem Zeitpunkte ab dem Verfasser der Vorlage das weiter unten zu besprechende Exemplar der Ann. Alam. als Leitfaden gedient, an den er dann umfangreiche Excerpte aus den Ann. Fuld., Sangall. mai. u. s. f. angeschlossen hat. Auch hier wieder werden wir auf Reichenau geführt. Es ist sogar durchaus nicht unmöglich, dass diese Ann. Alam. Augienses in eben demselben Codex Reginberts gestanden haben, in dem sich die übrigen Grundlagen der grossen Excerptensammlung finden. Dann hätte der Compilator, sofern er wirklich aus Reichenau stammte, in der Hauptsache seine Thätigkeit auf die Excerpierung einer einzigen Handschrift beschränkt, die ihm mit Ausnahme der Ann. Fuld., der Werke des Paulus Diaconus und der Gesta pontificum so ziemlich das gesammte Material geliefert hätte. Gewiss ein Umstand, der einigermassen in's Gewicht fallen dürfte, sobald es sich darum handelt, den Entstehungsort der Vorlage festzulegen.

Nachdem sich der Verfasser dieser Vorlage, der Excerptensammler, auf die eben geschilderte Weise ein Schema, wenn ich so sagen darf, das Knochengerüst der geplanten Weltchronik geschaffen, galt es jetzt, unter Heranziehung neuer Quellen die Lücken auszufüllen, die Kenntnis der besonders in den älteren Chroniken nur knapp angedeuteten Ereignisse zu erweitern. Immer neue Quellen wurden herangezogen, kurze Nachrichten aus ihnen wörtlich, längere gekürzt eingeschoben, wo der Raum nicht ausreichte, auf den Rand oder auf eingelegte Zettel gesetzt. So schwoll das Ganze immer mehr über den ursprünglichen Rahmen hinaus an, wurde unübersichtlich und für den Uneingeweihten schwer zu benutzen. Das Bedürfnis nach einem kürzeren Leitfaden trat auf. Er liegt uns in der sogenannten Epitome vor, die so trefflich und übersichtlich gearbeitet ist, dass man sich der Vermutung nicht verschliessen kann, sie sei von dem Verfasser der grossen Sammlung selbst angefertigt worden. Der zweite Auszug, er ist unter Heranziehung des ersten, der Epitome, gefertigt, ist ebenfalls zuverlässig, so lange er, wie in dem ganzen letzten Drittel durchweg, sich eng an den älteren Leitfaden anschliesst, wird aber unsicher und besonders in der Chronologie verwirrt, wenn er auf die mit E_1 gemeinsame Vorlage zurückgreift. Es macht ganz den Eindruck, als ob hier ein mit der Einrichtung der Excerptensammlung wenig vertrauter Mönch aus den Notizen eines Fremden geschöpft habe. Dieser Auszug ist dann nach Würzburg gekommen und Grundlage der bekannten Würzburger Chronik geworden. Der Letzte, der sich die grosse Materialiensammlung zu nutze machen konnte, war ein Meister der Historie, unser Hermann von Reichenau. Man staunt über die Geschicklichkeit, mit der er aus der rudis indigestaque moles das Unwichtige ausgeschieden, die lose aneinander gereihten Notizen der Vorlage zusammengeschmolzen und mit leichtem Griffel das Ganze stilistisch überarbeitet hat. Das Werk seines Fleisses liegt uns in seiner mit Recht hochgeschätzten Chronik vor.

Es war gewiss keine leichte Aufgabe, der Hermann sich unterzog, als er es unternahm, die Vorarbeit eines Anderen zu einem geschlossenen Werke umzugestalten, fast dünkt uns die Lösung der Aufgabe, wenn er nicht selbst der Verfasser dieser Vorlage war, ohne ein erneutes Heranziehen sämmtlicher Quellen unmöglich. Auch will es uns, trotzdem wir dem Fleisse und dem Geschmacke des Überarbeiters unsere Anerkennung nicht versagen dürfen, wenig behagen, dem berühmten Reichenauer Mönche, von dem sein Schüler Berthold gar behauptet, er habe das Material zu seiner Chronik selbst gesammelt (undecunque laboriosa diligentia collegit), die Rolle eines blossen Bearbeiters zugewiesen zu sehen. Besteht aber die Angabe Bertholds wirklich zu Recht, so muss Hermann entweder ausser seiner Vorlage noch anderes, nicht unbeträchtliches Quellenmaterial zusammengebracht haben, oder er muss mit dem Sammler der Vorlage von E_1, E_2 und seiner Chronik identisch sein.

Bevor wir diese wichtige Frage endgültig entscheiden können, müssen wir versuchen, uns einen ungefähren Überblick über Umfang und Ausdehnung der Vorarbeit zu machen. Mit gutem Rechte können wir da für den unbekannten Sammler Alles das in Anspruch nehmen, was unseren drei Quellen, und was je zwei von ihnen gemeinsam ist, d. h. mit geringfügigen Ausnahmen den ganzen Bestand von E_1 und E_2 [55]). Für die wenigen überschiessenden Nachrichten einen besonderen Bearbeiter anzunehmen, der so ziemlich das ganze Quellenmaterial noch einmal zusammengeholt, durchstöbert und in lächerlich willkürlicher Weise ausgeschrieben haben müsste, ist nämlich, wie ich oben mit voller Sicherheit nachgewiesen zu haben glaube, durchaus nicht angängig [56]). Alles spricht vielmehr dafür, dass E_1 wirklich nur ein Auszug (Epitome), E_2 ein lediglich um Würzburger Lokalnachrichten vermehrter, in vieler Hinsicht etwas anders als E_1 gearteter Auszug aus dem Sammelwerke ist [57]).

Wie steht es mit H? Buchholz [58]) lässt Hermann von Reichenau auf einer im Wesentlichen E_1 entsprechenden Grundlage in etwa derselben Weise weiterbauen wie seinen 'Würzburger Chronisten' auf dem angeblichen Epitomeauszug. Hermann soll fast sämmtliche Quellen seiner Vorlage noch einmal nachgeschlagen und ausgezogen und dann seine Auszüge mit der E_1 ähnelnden Vorlage verschmolzen haben. 'Hermanns Ruhm', so meint er, 'vorübergehend verdunkelt, erscheint damit wieder im hellsten Lichte' [59]). Im Gegenteil! Mir scheint, wir können dem Reichenauer Mönche kaum einen schlechteren Dienst erweisen, als wenn wir ihm eine so unpraktische, wenig lohnende Thätigkeit zutrauen. Ja, wenn es sich nicht

---

[55]) Natürlich mit Ausnahme der oben bereits ausgeschiedenen späteren Einschiebsel. [56]) Hinsichtlich der angeblich aus Regino geschöpften Märtyrerlisten der Epitome könnte man zweifeln. Sie fehlen in H und E_2. Sind sie deshalb spätere Zusätze? Ähnlich wie wir oben S. 11/12 Spuren des Orosius und der Hist. Rom. des Paulus bei E_1 und H nachzuweisen vermochten, finden sich, allerdings fast ganz verwischt, Spuren der Märtyrerlisten bei H und besonders bei E_2. Sie werden also schon in der gemeinsamen Vorlage gestanden haben. [57]) Über den näheren Zusammenhang zwischen E_1 und E_2 siehe Kapitel 3 dieses Abschnittes [58]) 'Würzburger Chronik' S. 9 ff. [59]) S. 11.

immer wieder um dieselben Quellen handelte, wenn er neues Material aus neuen Quellen beschafft hätte! Nicht eine einzige neue Schrift hat er herangezogen, ja, auch die neuen Nachrichten, die er bringt, sind selten, die meisten bieten blos Erweiterungen derjenigen, die wir auch in E_1 und E_2 finden. Ferner: wenn er schon einmal die Marotte hatte, sämtliche Quellen seiner Vorlage, und nur diese, noch einmal nachzuschlagen und zu excerpieren, warum hat er uns da, so fragen wir uns erstaunt, nicht lieber ein ganz neues Werk geschenkt?

Bresslau [60]) hat mit vollem Rechte die Consequenz seiner Entdeckung der E_1 und H gemeinsamen Vorlage gezogen, indem er so ziemlich den ganzen Inhalt der Chronik Hermanns nach Abzug der letzten Jahresberichte der Vorlage zuwies und dem Reichenauer Mönche wenig mehr als das 'Verdienst passender Auswahl beim Excerpieren und sprachlichen Glättung' übrig liess.

Auch wir werden uns aus den oben auseinandergesetzten Gründen dazu entschliessen müssen, mit Bresslau die grosse Masse von Hermanns Chronik dem Verfasser der gemeinsamen Vorlage als Eigentum zuzuweisen, und so Hermanns Ruhm auf's empfindlichste zu schmälern, es sei denn, dass — Hermann selbst der Verfasser der Vorlage ist.

Für diese Annahme, so überraschend sie klingt, lässt sich ausser den bereits berührten noch eine Reihe weiterer, triftiger Gründe vorbringen.

---

[60]) N. A. II. 576. Auch auf Hermann von Reichenau würden mit geringen Änderungen die spöttischen Worte Bresslaus passen: Die sogenannten Reichsannalen 'vor sich, fast sämtliche Quellen' der Reichsannalen 'um sich, hätte er sich die Mühe gemacht, fast bei jedem Jahre zunächst aufzusuchen, aus welcher Quelle' der Annalist 'die Nachricht, die er zu excerpieren wünschte, geschöpft hatte. Danach hätte er mühsam aus' den Reichsannalen und deren 'Quellen den eigenen Wortlaut zusammengestoppelt, mit dem sonderbaren Streben, bald von' den Reichsannalen, bald von deren 'Quellen, bald von beiden sich zu unterscheiden. . . . So ist nie ein mittelalterlicher Mönch verfahren'.

Vor allem dürfte es keinem Zweifel unterliegen, dass die sogenannten schwäbischen Reichsannalen in Reichenau, dem Kloster Hermanns des Lahmen, und zu Hermanns Zeit abgefasst worden sind.

Nach Schwaben verlegen sie einstimmig Steindorff, v. Pflugk-Harttung und Bresslau [61]). Letzterer glaubt gar die Zahl der Bewerber um den Ruhm, Entstehungsort der verlorenen Reichschronik zu sein, auf zwei einschränken zu dürfen: Sanctgallen und Reichenau. Denn die Geschichte dieser beiden Klöster tritt, wie sich nicht leugnen lässt, vor der aller anderen Stifter Schwabens in unserer Vorlage in den Vordergrund. Ein grosser Teil der diesbezüglichen Nachrichten stammt freilich aus den in der Excerptensammlung ausgezogenen Jahrbüchern und Abtskatalogen von Sanctgallen und Reichenau, kommt also aus zweiter Hand. Die Jahrbücher von Reichenau, wie sie uns heute vorliegen, stehen denen von Sanctgallen an Umfang weit nach. Trotzdem steht Reichenau auffallenderweise mit etwa dreissig Lokalnachrichten an der Spitze, denen nur etwa zwanzig Sanctgaller zur Seite zu stellen sind. Achtzehnmal ist der Abtswechsel in Reichenau, neunmal nur der in dem Nachbarstifte erwähnt. Zwei Sanctgaller Äbte werden ohne weiteren Titel, sieben dagegen als abbates in coenobio S. Galli aufgeführt, während bei nicht weniger als elf Reichenauer Äbten der Titel als selbstverständlich weggelassen worden ist. Ebenso fand man es nicht nötig den heiligen Meginrad [62]) und Bischof Radolf von Verona [63]), den Gründer von Radolfszell, näher zu kennzeichnen. Der schlichte Wolferadus comes (1110) [64]) der Epitome bedurfte ebenfalls keines erläuternden Zusatzes. Hermanns Grossvater, der Nachbar des Stiftes Reichenau, war hier

---

[61]) a. a. O. S. 586. [62]) E Ludov. II. 21. Dass für die obigen und folgenden Zusammenstellungen nur E_1 und E_2 herangezogen wurden, ist selbstverständlich, da in H das Eigentum der Vorlage von dem Hermanns nicht immer mit Sicherheit zu sondern ist. [63]) E Ludov. II. 34. Auf ihn führten später die Reichenauer die Übertragung der Heiligen Maurus (Valens) und Centsius nach Reichenau zurück. Vgl. Ludov. I. 17; Henking, Mitteil. XI, 246. [64]) E Henr. II. 9.

sicherlich weit eher bekannt als in dem entlegenen Sanctgallen.

Nicht nur dies! Wenn je einmal in einer so dürftigen und trockenen Compilation, wie es E_1 ist, persönliche Vorliebe, persönlicher Ingrimm durchbricht, dann kann man sicher sein, dass der Schreiber an den gemeldeten Vorgängen tieferen Anteil nahm als etwa ein fremder Beobachter. Hierher gehören folgende Stellen der Epitome: 1006[65]. Werinhere[66] abbas obiit; pro quo Ymmo, monasterii et fratrum expulsor, constituitur und 1008[67]: Bern, Augiae abbas, vir doctissimus, ordinatus locum eundem pene destructum, recollectis fratribus, recreat. Von dem gewaltigen Sturme dagegen, der sich im Jahre 1034 — also in einer dem Verfasser viel näher gelegenen Zeit! — in Sanctgallen gegen den dem Kloster von Kaiser Konrad II. aufgedrängten Abt Norbert aus Stablo erhob[68], der sogar zu offenem Widerstande der Klosterinsassen führte, kein Wort! Nur Hermann meldet[69] kurz und kühl den Abtswechsel im Nachbarstifte.

Alle diese Hinweise auf Reichenau erledigen sich von selbst, wenn der Satz der Epitome zu Heraclius 20: S. Columbano Italiam petente a Brigantio, S. Gallus nobiscum remansit et cellam suam construere cepit sich in seinem letzten Teile ausschliesslich auf Sanctgallen bezieht und schon in der gemeinsamen Vorlage stand. Gehört der Satz, so schloss Bresslau, dem Epitomator zu, so muss dieser, gehört er aber der Vorlage zu, so muss deren Verfasser in Sanctgallen gesucht werden.

Des Einwurfs, dass die ganze Notiz aus einer der in der Vorlage benutzten Sanctgaller Quellen stamme und lediglich aus Gedankenlosigkeit stehen gelassen sei[70], oder

---

[65] Henr. II. 5. [66] Von Bresslau irrtümlich als Sanctgaller Abt bezeichnet. [67] Henr. II. 7. [68] Vgl. Bresslau, Jahrbb. Konrads II., II, 126. 414 ff. [69] a. 1034. [70] Eine ähnliche Nachricht findet sich z. B. im Sanctgaller Codex 622: Anno dominicae incarnationis DCXIIII sanctus Gallus, divina disponente gratia, tunc heremum inhabitare coepit. Sie könnte recht wohl auf eine ältere zurückgehen, die im Wortlaute H (614: Sanctus quoque Gallus solitudinem cellae suae incolere coepit) und E_1 näher stand.

dass das Wort nobiscum erst durch einen späteren Sanctgaller Abschreiber der Epitome in den Text gelangt sei, begebe ich mich, da wir meines Erachtens durchaus nicht berechtigt sind, nobiscum in dem oben angeführten Satze allein und ausschliesslich auf Sanctgallen und nicht etwa auf des Schreibers weitere Heimat, Schwaben, zu beziehen. Columban zieht nach Italien, Gallus bleibt in Deutschland zurück, wäre dann der kurze Inhalt des Satzes, in dessen letztem Teile die Wendung 'er blieb hier' — in Schwaben — 'zurück und baute dort' — in Sanctgallen — 'seine Zelle' einen leichten Gegensatz enthalten könnte.

Selbst wenn nur ein Angehöriger Sanctgallens das Wort nobiscum hätte niederschreiben können, so bliebe uns immer noch ein Ausweg: der Verfasser, der nächst den Reichenauer Lokalnachrichten und Schriften die aus Sanctgallen unleugbar bevorzugt, könnte ja zu beiden Klöstern in nahen Beziehungen gestanden haben. Wie stellt sich dazu unsere Hypothese, dass Hermann der Lahme auch die gemeinsame Vorlage verfasst habe?

Eine allerdings späte Notiz der Melker Chronik[71]) meldet uns, dass Hermann bis zum Jahre 1044 in Sanctgallen seinen Studien obgelegen habe und dann erst zu Reichenau Mönch geworden sei. Diese Nachricht kann nicht aus Trithemius[72]) stammen, wie Pertz[73]) will. Denn dessen Bericht, dass Hermann 1020 in die Schule nach Sanctgallen gekommen, dort Mönch geworden und 38 Jahre bis zu seinem in Sanctgallen erfolgten Tode Vorsteher der dortigen Klosterschule gewesen sei, stimmt nicht einmal annähernd mit dem des Melker Chronisten überein, der demnach eine andere, vermutlich ältere Quelle gehabt haben dürfte.

Seinen Schuleintritt erzählt Hermann selbst[74]) ohne Angabe des Orts — ein Zeugnis allerdings für Reichenau! Dass er unter Bern (1008—1048) im 30. Lebensjahre Mönch geworden sei, berichtet Berthold[75]). Über den Ort, an dem

---

[71]) Chron. Mellic. ed. Pez, S. S. rer. Austriac. I, 298. [72]) De Scriptoribus ecclesiast. c. 321. [73] S. S. V, 67. [74]) a. 1024. [75]) S. S. V, 267.

er seine Ausbildung erhielt, lässt auch dieser nichts verlauten. Abt Bern von Reichenau lag aber, wie aus einem seiner Briefe hervorgeht [76]), Mitte der zwanziger Jahre, mit Hermanns Vater, dem Grafen Wolferad von Veringen, in erbitterter Fehde. Rechnen wir zu diesen Erwägungen das räthselhafte Wort nobiscum, das rege Interesse an Sanctgaller Nachrichten und Quellen: sollte da die Nachricht des Melkers, Hermann habe bis 1044 in Sanctgallen studirt, nicht doch grössere Beachtung verdienen, als sie seither gefunden hat?

Gleichviel! Zwingende Gründe zu einer so engen Deutung des Wörtchens nobiscum, wie sie Bresslau gibt, liegen für uns nicht vor. Damit ist der einzige triftige Einwand gegen Reichenau als Abfassungsort der Vorlage erschüttert, und der Folgerung aus den oben angestellten Erörterungen und den kommenden Erwägungen, dass nämlich Reichenau mit aller Bestimmtheit als Entstehungsort der sogenannten schwäbischen Reichsannalen zu erkennen sei, steht meines Erachtens nichts mehr entgegen.

Noch ein weiterer, schon oben kurz berührter Umstand spricht weniger für Reichenau als für Hermann als den Verfasser der Vorlage. Bresslau [77]) findet es auffällig, dass in der Epitome [78]) dem Grafen Wolferad die Kennzeichnung als Hermanns Grossvater fehlt. Als solcher wird er in H ausdrücklich genannt. E_1 hat die Vorlage stark gekürzt. In dieser könnten also die Worte avus meus recht wohl gestanden haben. Auffälliger ist das durch E_1 und H belegte Vorkommen des Grafen in der Vorlage. H hat neben dieser Familiennachricht noch eine Reihe anderer [79]). Wie kommt aber der einfache Schwabengraf, den nur E_1 und H kennen, in die verlorene Quelle, in der sonst derartige Notizen unter keinen Umständen gestanden haben können? Wer hatte Interesse an ihm? Vielleicht das ihm benachbarte Kloster Reichenau, in dem unsere Vorlage mutmasslich aufgezeichnet wurde? In

---

[76]) ed. A. Holder, N. A. XIII, 630; vgl. Wattenbach, DGQ.⁶ II, 42, 3. [77]) S. S. XIII, 61/62. [78]) Henr. II. 9. [79]) Z. B. a. 1006, 1009, 1020.

seinen reichhaltigen Schenkungs- und Totenbüchern fehlt der Name Graf Wolferads. Oder der Verfasser der verlorenen Excerptensammlung? Allerdings, wenn er ein Verwandter des Grafen, etwa sein Enkel Hermann der Lahme gewesen ist!

Auf diesen als Verfasser, auf Reichenau als Entstehungsort der Vorlage deutet noch mehr. Ohne eine reiche Bibliothek, bemerkt Wattenbach [80], war an die Abfassung einer Weltgeschichte nicht zu denken. Schon oben wurden wir durch die Würzburger Chronik auf Sanctgallen und Reichenau verwiesen. Die Büchersammlungen beider Klöster, damals wohl sicher die reichsten Deutschlands, werden sich im elften Jahrhundert ungefähr die Wage gehalten haben [81]. Vielleicht hatte Reichenau einen kleinen Vorsprung vor Sanctgallen [82].

In der Chronik Hermanns von Reichenau werden nach der Aufzählung von G. H. Pertz nicht weniger als 30 Schriften nach Titel und Verfasser aufgeführt. Die meisten von ihnen haben auch zur Herstellung der Chronik oder vielmehr, da E_1 und E_2 die gleichen Quellencitate aufweisen, der gemeinsamen Vorlage gedient. Fünfundzwanzig weitere Geschichtswerke glaubt Pertz als in H benutzt nachweisen zu können; die Verwendung von Koncilsakten lässt er dahingestellt. Unter diesen fünfund-

---

[80] DGQ.⁵ II, 41. [81] Leider besitzen wir für beide Bibliotheken nur Verzeichnisse des neunten Jahrhunderts, vgl. Becker, Catalogi Nr. 6. 8. 9. 10. 15. 22. 23. 24. Reichenau zählte 822 schon 415 Bände (Becker Nr. 6); in Sanctgallen werden einmal (Nr. 15) 362 libri, ein anderes Mal (Nr. 22) schon 428 codices gezählt. Man vgl. damit z. B. Fulda, das im 12. Jahrhundert erst 85 codices besitzt. [82] Vgl. die vorige Anmerkung. Die Hunnenstürme scheinen an den Bibliotheken beider Klöster ohne sonderliche Schädigung vorübergebraust zu sein, wie der Umstand beweist, dass eine Reihe Reichenauer und die Mehrzahl der Sanctgaller codices jener Verzeichnisse des neunten Jahrhunderts noch heute vorhanden ist. Sanctgallen wurde freilich 926 von den Hunnen niedergebrannt. Über einen zweiten grossen Brand vgl. Ekkeh. Casus S. Galli, S. S. II, 110. Ausserdem entnahm Otto II. gelegentlich der Bibliothek des Klosters eine Anzahl von Büchern (ebenda S. 147).

zwanzig Schriften sind von vornherein die Fontes annalium August. und die Ann. Einsidl. als sicher nicht benutzt zu streichen. An Stelle der Ann. Heremi und Reginos sind die oben erwähnten Ann. Alam. Augienses zu setzen. Die Vita S. Wiboradae ist gleichfalls nicht herangezogen worden. Es bleiben also von den 55 bei Pertz aufgeführten Werken noch 50 übrig, zu denen aber drei nicht von Pertz erwähnte, aber sicherlich von H E benutzte Schriften kommen: die Historia adversus paganos des Orosius, Arators Apostelgeschichte und die Ann. Einhardi. Die Gesamtzahl stellt sich also, wenn wir die nur bei E_2 nachweisbare Vorrede zu Priscians Grammatik einrechnen, auf 54, eine Zahl, die geeignet ist, unsere Bewunderung für den Fleiss und die Geschicklichkeit des Excerptensammlers wesentlich zu erhöhen.

Pertz hat schon hervorgehoben, dass eine Reihe der von ihm verzeichneten Quellen in einem Reichenauer Bibliothekskataloge verzeichnet stünden. Er führt zusammen zwölf Schriften daraus an [83]). Ausserdem ist aber noch das Vorhandensein weiterer fünfzehn, in der Vorlage benutzter Bücher durch Reichenauer Kataloge zu belegen [84]).

---

[83]) Einhardi Vita Karoli M., Hieronymi, Cassiodori, Prosperi, Jordanis Chronica, Bedae Hist. ecclesiast. Angl., Visio Wettini, Gregorii Tur. Hist. Franc., Lib. pontif. (Catalogi pontif.), Vita S. Columbani, S. Galli, Ann. Aug. [84]) Hieronymi De viris illustr., Bedae Chronicon, De temporibus, Rufini Hist. ecclesiast., Victorii et Dionysii Cycli paschales, Paschasini Epist. ad Leonem, Orosii Hist. adv. paganos, Fredegari Chronicon (s. u.), Pauli diac. Hist. Langobard. (s. u.), Ann. Einhardi (s. u.), Aratoris Acta apost., Prisciani De arte grammatica, Vita S. Remigii. Die Langobardengeschichte des Paulus wird im Kataloge (Nr. 10) mit den Worten: In 34. libro. In quo continentur libri V historiarum gentis ... Winilorum, qui et ... et liber, in quo habetur excidium Troiae civitatis verzeichnet (vgl. Waitz, Octavausgabe des P. D. S. 45). Mit den letzten Worten der Notiz ist zweifellos der sog. Dares Phrygius gemeint (Waitz a. a. O.), der ausschliesslich in Verbindung mit Fredegars Chronik vorkommt (vgl. Krusch, S. S. rer. Merov. II, 45. 194). Da ausserdem noch eine von Krusch aufgeführte Fredegarhandschrift aus Reichenau stammen dürfte, so wird in der zweiten Lücke des Katalogs wohl die Bezeichnung für Fredegars Chronik ausgefallen sein. Auf die Ann. Einhardi (verbun-

Sicherlich waren ferner in Reichenau vorhanden einige Schriften, die erst nach der Abfassung der Verzeichnisse in Reichenau entstanden sind oder auf die Klostergeschichte Bezug haben [85]). Damit erhöht sich die Zahl der in Reichenau verfügbaren Bücher auf 37.

Von den übrigen Werken werden 6 nur je einmal erwähnt [86]). Ihre Benutzung steht überhaupt dahin. Der Rest besteht aus der Chronik des Marcellinus Comes, die nur sporadisch benutzt wurde, dem Lib. hist. Francorum, der Historia Romana des Paulus Diaconus, die wohl kaum in Reichenau fehlte, den Katalogen der Äbte von Sanctgallen und der Bischöfe von Konstanz, den Jahrbüchern von Sanctgallen und Fulda. Eine leihweise Benutzung der Einsiedler Bibliothek, wie sie Pertz [87]) annimmt, hat nicht stattgefunden.

Wie lagen in dem Nachbarkloster Sanctgallen die Verhältnisse? In seinem reichen Bücherschatze vermögen wir, trotzdem die Kataloge jünger sind als die Reichenauer [88]), mit einiger Sicherheit nur 18 in der Vorlage benutzte Werke nachzuweisen gegenüber der mehr als doppelten Anzahl in Reichenau. Die Ann. Sangall. mai.,

---

den mit Bedas De temporibus oder einem ähnlichen Werke) beziehe ich Nr. 36 desselben Kataloges. Auch Wipos Gesta Chuonradi, die Hermann später selbständig benutzt hat (s. u.), waren zweifellos in der Bibliothek vertreten. [85]) So die Hist. translationis sanguinis Domini in Augiam, Roudperti planctus de calamitatibus Augiae, Heitonis (abbatis Augiensis) odoporicon, Privilegia eccles. Aug., Ann. Alam. Aug., Catalogus abbatum Aug., vielleicht auch, wie in einem noch vorhandenen, damit verbundenen Catalogus episc. Constant. (eine Anzahl Äbte von Reichenau waren zugleich Bischöfe zu Konstanz), Vita S. Oudalrici (bearbeitet vom Reichenauer Abte Bern, vgl. Wattenbach, DGQ⁵ II, 41, 2), Vita S. Othmari (auctore Walafrido, abb. Aug.), Vita S. Pirminii (abb. Aug.). Ein guter Teil dieser Schriften ist noch heute und zwar in alten Handschriften in dem Reichenauer Bestande der Karlsruher Bibliothek vorhanden. [86]) Theophili Alexandrini Cycli paschales, Theodorici archiep. Poenitentiale, Amalharii Odoporicon, Vita S. Mauri, Vita Brunonis archiep. Hierher rechne ich auch des Hieronymus Vita S. Johannis anachoretae. [87]) a. a. O. S. 69. [88]) Becker a. a. O. Nr. 15, 22, 23, 24. Der jüngste stammt aus der Zeit von 857—872.

der Catalog. abbat., die in den Listen fehlen, sind noch in alten Sanctgaller Handschriften erhalten. Damit erhöht sich die Zahl der in Sanctgallen verfügbaren Schriften auf 20, denen die 37 Reichenauer im Verhältnis von 1 : 2 gegenüberstehen. Bei einer Gesamtzahl von 54 in der Vorlage benutzten und erwähnten Quellen immerhin kein geringer Vorsprung des Klosters Hermanns des Lahmen[89]).

Zu Sanctgallen stehen nur vier der genannten 54 Werke in irgend einer Beziehung[90]), zu Reichenau dagegen nicht weniger als zwölf[91]). Eine auffällige Bevorzugung Reichenauer Quellen und Geschichten!

Beachtenswert dünkt mir ferner die Benutzung der, wie aus der vereinzelten Ausbeutung durch Marianus Scotus und den Jahrbuchschreiber von Disibodenberg und aus der Seltenheit der Handschriften hervorgeht, im Mittelalter wenig beachteten und verbreiteten Chronik Cassidors in der gemeinsamen Vorlage[92]). Zur Zeit kennen wir nur noch zwei Handschriften dieser Chronik, die Münchener[93]) und die Pariser[94]), die beide auf den berühmten Reichenauer Codex des Reginbert zurückgehen, von dem oben schon die Rede war. Die oben ausgesprochene Vermutung, dass diese jetzt verlorene Handschrift mit ihrem Reichtum an

---

[89]) Die Reichenauer Handschriften verhalten sich zur Gesamtzahl wie 2 : 3, die Sanctgaller wie 1 : 3. [90]) Vita S. Galli, V. S. Othmari, Ann. Sangall. mai., Catal. abbat. (1 : 13). [91]) Visio Wettini (monachi Augiensis), Hist. translationis sanguinis Domini in Augiam insulam, Roudperti planctus de calamitatibus Augiae, Heitonis (abbatis Aug.) odoporicon, Vita S. Galli (auctore Walafrido abb. Aug.), Vita S. Othmari (auct. Walafrido), Vita S. Oudalrici (auctore Bernone, abb. Aug.), Vita S. Pirminii (abb. Aug.), Ann. Alam. Aug., Ann. Aug., Catal. abbatum et Privilegia eccles. Aug. (1 : 4). [92]) Vgl. für das folgende Mommsen, Auct. ant. IX, 362 ff.; XI, 177 ff. Die Notiz Bernolds Tiberius 5. Germanicus caesar moritur stammt nicht direkt aus Cassiodor, sondern aus der Epitome, die neben H als Grundlage von Bernolds Chronik gedient hat. (s. u.). [93]) Nr. 14613 aus S. Emmeram. Sie enthält ausserdem, was zu beachten ist, auch noch Hermanns Chronik, ist also wahrscheinlich Abschrift der Reichenauer Cassiodorhandschrift. [94]) Lat. n. 4860 aus Mainz, die Abschrift des berühmten Reichenauer Codex Reginberti. Sie ist die Grundlage des Marianus und der Jahrbücher von Disibodenberg.

Chroniken die Grundlage der grossen Excerptensammlung gewesen sein könne, gewinnt so immer mehr an Wahrscheinlichkeit, und ich glaube jetzt vollauf berechtigt zu sein, Reichenau als Heimat dieser grossartigen Sammlung anzusetzen.

Wann aber ist unsere Sammlung zusammengestellt worden? Die Übereinstimmung zwischen H, E_1 und E_2 reicht bis 1044. Vor diesem Jahre ist sie also nicht abgeschlossen worden, wenn auch ihr Verfasser sich vorher schon jahrelang mit der Arbeit des Excerpierens befasst haben mag.

Ist Hermann der Lahme nicht der Verfasser der Vorlage, so müsste um 1044, zu der Zeit also, in der er Mönch wurde, in Reichenau neben ihm ein grundgelehrter, vielbelesener, in der Geschichte und ihren Hülfswissenschaften, besonders der Chronologie, die auch Hermann mit Vorliebe betrieb, durchaus bewanderter Gelehrter gelebt und gewirkt haben, der — als Historiker wenigstens — Hermann weit überragt hätte. Erfordert die Sammlung eines so ausgebreiteten Stoffes aus mehr als einem halben hundert Schriften, die Ordnung und sorgfältige Zusammenstellung der Auszüge, die Feststellung der fast Schritt für Schritt unsicheren Zeitfolge nicht etwa ein viel grösseres Maass historischer und philologischer Kenntnisse, eine gründlichere wissenschaftliche Schulung als die 'passende Auswahl beim Excerpieren, die sprachliche Glättung' und die kurze Berichterstattung über zehn Jahre des eigenen Lebens?

Von manchen hervorragenden Schriftstellern des Mittelalters — ich erinnere nur an Honorius von Autun — wissen wir nichts als den Namen, von dem Verfasser der sogenannten schwäbischen Reichsannalen, wenn er mit Hermann dem Lahmen nicht identisch ist, nicht einmal diesen. Bei einem Insassen von Reichenau, das sich in jener Zeit vielfach literarisch bethätigte, ist dies besonders auffällig. Nicht einmal das Totenbuch des Klosters kennzeichnet ihn. Das Nachbarstift Sanctgallen, dessen Jahrbücher dem Unbekannten so Manches verdanken, hat ihn weder in diesen noch in den Casus S. Galli einer

Erwähnung gewürdigt, ebensowenig die Totenbücher und übrigen Aufzeichnungen der anderen Klöster Schwabens.

In dieser Hinsicht ist Hermann von Reichenau viel glücklicher gewesen als sein angeblicher Zeitgenosse. Sein Schüler Berthold hat ihm einen warmempfundenen Nachruf gewidmet [95], Ekkehard von Aura [96], Honorius von Autun [97], Heinrich von Weissenburg [98], Anselm von Gembloux [99], Otto von Freising [100], der Annalist von S. Blasien [101] u. a. gedenken seiner. In auszeichnender Weise wurde sein Name in die sonst so lakonischen Nekrologien der schwäbischen Klöster eingetragen [102].

Hermann selbst erwähnt in seiner Chronik den Vorläufer nicht, dem er so unendlich viel verdankte. An sich nichts Auffallendes: die Historiker des Mittelalters waren nur in den seltensten Fällen so gewissenhaft wie der Verfasser unsrer Vorlage, der seine Gewährsmänner, soweit er sie kannte, mit Namen nannte. Aus diesem Verschweigen dürfen wir Hermann keinen Vorwurf machen, wohl aber daraus, dass er in seiner Chronik zum Jahre 378 mit den kühnen Werken: Hucusque chronica Eusebii Hieronimus perduxit; hinc Herimannus einen, wie wir sahen, durchaus unberechtigten Anspruch auf Teile der Chronik erhebt, die in Wahrheit Eigentum seines Vorgängers sind und von ihm nur 'excerpiert und sprachlich geglättet' wurden.

Zwei Handschriften der Epitome aus Muri und Engelberg verhelfen uns zur Lösung dieses Räthsels. Auch sie gedenken an der entsprechenden Stelle [103] Hermanns als des Verfassers. Ein ähnlicher Vermerk wird also auch schon in der H und E gemeinsamen Vorlage gestanden haben, und damit dürfte für uns der Beweis dafür geschlossen sein, dass Hermann von Reichenau selbst der Verfasser der Vorlage, der Sammler der in E_1, E_2 und H verarbeiteten Excerpte, gewesen ist.

---

[95] S. S. V, 268. [96] S. S. VI, 195. [97] S. S. X, 131. [98] S. S. VI, 361. [99] Ebenda. [100] ed. Wilmans (S. S. rer. Germ.) S. 290. [101] S. S. XVII, 278; vgl. auch Ann. Augustani S. S. III, 126, den Anonymus Mellic. u. A. [102] M. G. Necrolog. I, 113. 481. 658. [103] a. 378.

Von diesem Standpunkte aus vermögen wir auch die so vielgedeuteten Worte Bertholds [104]) zu würdigen, mit denen er in seinem zur kurzen Lebensbeschreibung Hermanns, seines Lehrers, gestalteten Prologe zur Fortsetzung der Chronik die historiographische Thätigkeit des Frühverstorbenen bespricht: Libellum hunc chronicorum ab incarnatione Domini usque ad annum suum undecunque laboriosa diligentia collegit. Mit Bertholds Chronik ist die Epitome und deren aus Hermanns Chronik geschöpfte Fortsetzung von 1045–1054 verbunden. Auf die letzten zehn Jahresberichte, die unzweifelhaft Hermann zugehören, können sich die Worte nicht beziehen. Dem widerspricht die Wendung 'ab incarnatione Domini usque ad annum suum'. Selbst wenn wir annähmen, Bertholds Chronik sei ursprünglich nicht mit E_1, sondern mit H verbunden gewesen, so verbieten es doch die Worte 'undecunque laboriosia diligentia collegit' den Satz auf Hermanns Chronik allein zu beziehen, da Berthold doch wohl kaum die Thätigkeit des 'Excerpierens' und der 'sprachlichen Glättung' mit den nicht zu missdeutenden Worten 'u. l. d. c.' bezeichnet hätte. Es bleibt uns also nichts anderes übrig, als entweder einen Irrtum Bertholds anzunehmen oder den Satz 'Libellum hunc' bis 'collegit' auf die Epitome und die Vorarbeiten zu ihrer Herstellung zu beziehen.

Ein Irrtum ist ausgeschlossen bei dem vertrauten Schüler und Freunde Hermanns, dem dieser auf dem Totenbette die Fortsetzung seiner Arbeiten übertrug. Absichtliche Entstellung der Wahrheit dem Manne unterzuschieben, der Hermanns volles Vertrauen genoss, geht ebenfalls nicht an. Eine Verwechselung Hermanns mit einem Fremden, Unbekannten ist ausgeschlossen, da Berthold 1054 sicher schon längere Zeit in Reichenau unter Hermanns Leitung gearbeitet hatte, ja wahrscheinlich schon zur Zeit der Sammlung des Materials dort weilte, vielleicht gar dabei dem geliebten Lehrer zur Hand gegangen war. Eine Umdeutung der Worte, wie sie mehrfach versucht

---

[104]) S. S. V, 268.

worden ist, ist unmöglich. Sie lassen sich ungezwungen nur auf die Neuschaffung einer Weltchronik und damit auf die mit Berthold verbundenen Epitome, in zweiter Linie auf die dazu nötigen Vorarbeiten, das Sammeln der Excerpte, und damit nur auf die E_1, E_2 und H gemeinsame Vorlage, die seitherigen schwäbischen Reichsannalen, beziehen.

Unsere Mutmassung, dass der Sammler auch der Verfasser des ersten Auszuges sei, erhält damit eine Bestätigung. Weiteres Beweismaterial für die Anrechte Hermanns an die Epitome Sangallensis soll im dritten Teile beschafft werden. Vorerst genügt uns die Feststellung der einen Thatsache, dass Hermann in der That der Verfasser jenes grossen Sammelwerkes aus vierundfünfzig Schriften gewesen ist, auf dem E_1, E_2 und H beruhen.

Die Frage nach dem Charakter und dem Urheber der sogenannten Reichsannalen, die nach Allem nichts weiter waren als das Handexemplar Hermanns, aus dem er die uns heute vorliegende Chronik als zweite nicht vermehrte, wohl aber verbesserte Auflage herausarbeitete, ist damit erledigt. Es erübrigt uns noch das Verhältnis der drei Ableitungen zu einander und zu der Vorlage des näheren zu erörtern.

3. Das Verhältnis der Ableitungen der sogenannten Reichsannalen zu einander und zu diesen selbst.

Die Chronik Hermanns schliesst mit dem Todesjahre ihres Verfassers (1054), die Epitome, soweit sie selbständig ist, mit dem Jahre 1044, bis zu welchem auch in der Würzburger Chronik die Übereinstimmungen mit H und E_1 andauern. Wir werden schon aus diesem Grunde in E_1 und E_2 die älteren Geschwister von H sehen dürfen. Und zwar Zwillingsgeschwister! E_1 und E_2 rechnen mit dem verlorenen Handexemplare Hermanns nach Kaiserjahren¹), während H, wohl beeinflusst durch die Form der Jahrbücher, sich die viel bequemere und übersichtlichere Rechnung nach Inkarnationsjahren angeeignet hat. Ein gewaltiger Fortschritt! E_1 und E_2 haben ferner die Vorlage nicht nur fast immer in genau derselben Weise gekürzt, dieselben Jahresberichte übergangen, die gleichen Worte und Wendungen gebraucht, sie stimmen sogar in längeren Abschnitten fast Wort für Wort überein, wie denn der Schluss der Würzburger Chronik von 779 ab nichts weiter zu sein scheint als eine gekürzte Abschrift aus E_1. Eine Zwischenstufe zwischen beiden und dem Handexemplare einzuschieben, geht kaum an, da auch H und E_1 nicht wenige Übereinstimmungspunkte haben, an denen E_2 die Lesarten der Urquellen, also des Handexemplars, bietet. Wir müssten schon auf Buchholz' und Volkmars Arbeitsmethode zurückgreifen, wenn wir nicht lieber den einfacheren Ausweg wählten, dass die Epitome neben dem Handexemplar in H und E_2 benutzt und zwar als Leitfaden benutzt worden sei, an dessen knappe Berichte sich die aus der Excerptensammlung geschöpften Ergänzungen und Erweiterungen leicht anknüpfen liessen.

Dass E_1 und E_2, die wir oben Zwillingsgeschwister nannten, fast Schritt für Schritt gegen H übereinstimmen, dessen bedarf es keines Beweises. Die zahlreichen Übereinstimmungen zwischen H und E_1 gegenüber dem Würzburger Auszuge finden zum Teil ihre Erklärung in den starken Kürzungen, die dieser erfahren haben mag. Aber nicht alle lassen sich dergestalt erklären, wie folgende Parallelen ersichtlich machen, in denen E_2 ausführlicher ist und der Urquelle näher steht als H und E_1.

I.

Oros. Hist. adv. pag. VIII, 31.

Inde dum Illyricum rediens per Galatiam iter agit, *in cubiculum* quoddam *novum* se cubitum recepisset, *calore* prunarum et *nidore parietum nuper* calce *illitorum* aggravatus et suffocatus vitam finivit.

---

¹) Ausserdem verzeichnet E_1 noch von 10 zu 10 Jahren die Inkarnationsjahre, von 50 zu 50 die Jahre der Welt.

E_1 S. 184 (Jovianus 1) = H a. 363.
Jovianus in nova domo recubans suffocatus odore prunarum et calcis moritur.

E_2 S. 22.
Jovianus 1. Jovianus novo cubiculo recubans calore prunarum et nidore parietum nuper calce illitorum suffocatus obiit.

II.
Bedae chron. S. 202.

Qui (Justinianus sc.), cum exercitum mitteret in Pontum, multum prohibente papa apostolico, ad comprehendendum Philippicum, quem ibi relegaverat, conversus omnis exercitus ad partem Philippici, fecit eum ibidem imperatorem, reversusque Constantinopolim pugnavit contra Justinianum ad 12. ab urbe milliarium et, victo atque occiso Justiniano, regnum suscepit Philippicus.

E_1 S. 210.
Justinianus II. 6. Philippicus, ab exercitu imperator factus, Justinianum occidit.

H S. 97, 39.
711. Constantinopoli Philippicus, imperator factus, Justinianum imperatorem occidit et ipse annum unum et sex menses regnavit catholicos propugnans et haereticis favens[4]).

E_2 S. 25, 61.
Justinianus II. 6. Justinianus, prohibente papa, cum mitteret in pontem Mulvium[a]) comprehendere Philippicum, quem ibidem relegaverat, conversus exercitus ad Philippicum, fecit eum ibidem imperatorem veniensque cum eo Constantinopolim[3]) victo atque occiso Justiniano, regnum suscepit Philippicus.

E_1 ist also nicht nur, was unbestreitbar ist, in E_2, sondern auch — und auf diese Feststellung ist das grössere Gewicht zu legen — auch in H neben der Vorlage ausgeschrieben worden. Es wird uns dies nicht verwundern, wenn wir weiter unten erfahren, dass die sogenannte Epitome Sangallensis in Reichenau und zwar von demselben Autor verfasst worden ist wie H, nämlich Hermann dem Lahmen.

Auch zwischen E_2 und H finden sich Übereinstimmungen[5]) E_1 und den Urquellen gegenüber. Da zwischen

---

[a]) sc. in Pontum, multum prohibente papa. [b]) Vgl. Hist. Langob. VII, 32. [4]) Vgl. Lib. pont. I, 391. [5]) Die wichtigsten sind die beiden gemeinsamen Schreibfehler Tit. 1. divitiae statt deliciae und Commodus 13. Vestali statt Vestiliani. E_1 hat hier mit den Quellen (Paulus und Orosius) die richtigen Lesarten deliciae und Vestiliani. Kleinere Übereinstimmungen zwischen H und E_2 den

der gemeinsamen Vorlage einer- und E_2 und H andererseits wohl kaum eine Zwischenstufe einzuschieben ist, so läge auch hier nahe, den Würzburger Auszug als Hermanns Werk in Anspruch zu nehmen. Oder hat Hermann zur Herstellung seiner Chronik neben der Excerptenvorlage auch E_2 herangezogen? Beide Annahmen haben geringe Wahrscheinlichkeit für sich. Die Übereinstimmungen sind zu unerheblich dazu. Für die entgegengesetzte Annahme, dass E_2 mit H weiter nichts als die Vorlage gemein habe, fällt der Charakter des Würzburger Auszugs in's Gewicht, der nicht anders als schülerhaft bezeichnet werden kann. Und ein Schüler Hermanns des Lahmen wird es wohl auch gewesen sein, der den Auszug, etwa unter der Aufsicht des Meisters, gefertigt hat. Bald nach 1044 dürfte er nach Würzburg gelangt und dort fortgesetzt worden sein. Vielleicht können wir mit der Überbringung des Reichenauer Excerptes oder gar mit dessen Abfassung den Namen jenes Würzburger Mönchs Heinrich in Verbindung bringen, der in einer uns nur noch in einer Brüsseler Abschrift (chartac. Nr. 10503) erhaltenen Recension des Computus Hermanns von Reichenau den 'Epylogus de vita domni Herimanni contracti' geschrieben und mit den Worten geschlossen hat: Ego Henricus Wirziburgensis ecclesie a Dogeberto constructe monachus indignus, qui eum (sc. Herimannum) vidi et audivi, scire volentibus conscripsi").

Ist die Autorschaft Hermanns des Lahmen von Reichenau für den Würzburger Auszug in Anbetracht von dessen Unzulänglichkeit und Fehlerhaftigkeit wenig wahrscheinlich, so stehen einer Zuweisung der sogenannten Epitome Sangallensis an Hermann, soviel ich sehe, keine triftigen Gründe entgegen.

Schon oben") wurde bemerkt, dass Bresslau in der Einleitung zu seiner Ausgabe der Epitome den Gedanken

---

Quellen und E_1 gegenüber finden sich ferner: Vespas. 2 (Hi 2088); Tit. 2 (Hi 2096); Domit. 14 (Hi 2110); Hadr. 20 (Hi 2153); Valer. c. Gall. 1; Constantin. I. 18; vgl. Maur. 21 und Heraclius 26. *) S. S. VI. 361. ') S. 1 (S. S. XIII, 67).

daran, dass der berühmte Reichenauer Mönch auch der Verfasser dieses Werkes sei, nicht mehr so schroff von sich gewiesen hat wie in seinem Aufsatze im 2. Bande des Neuen Archivs. Bresslaus Gedanken aufnehmend, hat sich dann W. von Giesebrecht im 2. Bande seiner Kaisergeschichte energisch für Hermanns Anrechte auf die Epitome ausgesprochen. Bevor wir unsere Argumente für diese Ansicht Giesebrechts zur Geltung bringen, dürfte es angebracht sein, sich mit Bresslaus Einwendungen gegen Hermanns Autorschaft im Voraus abzufinden.

Bresslau nennt die Epitome an einer Stelle seines Aufsatzes[*]) 'ein ganz rohes, in der Chronologie oft verwirrtes Excerpt aus grossem Quellenmaterial'. Dieses Urteil ist entschieden viel zu scharf. Allerdings erscheinen, um mit der Chronologie zu beginnen, viele Zeitbestimmungen bei E_1 auf den ersten Blick unbegründet und willkürlich. Näheres Zusehen lehrt uns aber, einer milderen Auffassung Raum zu geben. Alle chronologischen Verstösse, die E_1 mit E_2 oder H gemeinsam hat, müssen, da sie auf Rechnung der Vorlage, nicht des Excerptors von E_1 zu setzen sind, von vornherein ausgeschieden werden. Ausserdem ist nicht ersichtlich, aus welchen Gründen der Epitomator die Chronologie der Vorlage in so vielen Punkten verschlechtert haben sollte. Aus Absicht doch wohl kaum. Vielleicht sind die Fehler vielmehr seiner Nachlässigkeit zuzuschreiben, etwa wie ein guter Teil der Fehler des Würzburger Auszuges sicher der Ungeschicklichkeit seines Verfassers schuld zu geben ist? Dem widerspricht die weiter unten zu erwähnende Plan- und Regelmässigkeit der angeblichen chronologischen Änderungen in den zwei grossen Nachrichtengruppen, auf die, wie wir sehen werden, weitaus der Hauptteil der chronologischen Verstösse entfällt. Die Quelle der Fehler werden wir sonach, da uns Gründe für eine so weitgehende, dabei aber doch planmässige Verschlechterung der Chronologie der gemeinsamen Vorlage durchaus abgehen, nicht in der Epitome selbst, sondern

---

[*]) Neues Archiv II, 575.

schon in eben dieser Vorlage suchen müssen, als deren Verfasser wir oben denselben Hermann von Reichenau erwiesen haben, der auch die uns heute vorliegende, chronologisch viel besser fundierte Chronik verfasst hat. Wir haben es also in E_1 (und zum Teil auch in E_2) nicht mit einem 'verwirrten Excerpt aus grossem Quellenmaterial', sondern mit einem Excerpt aus einer noch vielfach chrologisch unsicheren Vorlage zu thun. Gelingt es uns nun die Gründe zu dieser Unsicherheit zu ermitteln, sie einigermaassen zu begreifen und zu rechtfertigen, so haben wir damit zugleich Hermann, den Verfasser dieser Vorlage, gerechtfertigt und den Haupteinwand behoben, der gegen seine Urheberrechte an die Epitome geltend gemacht werden könnte. Da uns Hermanns erster Entwurf verloren gegangen ist, so müssen wir uns im Folgenden damit begnügen, E_1 als den ältesten Repräsentanten dieses Entwurfs zum Vergleiche mit der jüngeren Redaction H heranzuziehen.

Im ersten Teile der Epitome bis etwa 500 findet sich wenig Tadelnswertes. Die Vorlage beruht hier im Grossen und Ganzen auf Hieronymus, Prosper und seinen Fortsetzern. Hieronymus (—378) rechnet gleich dem verlorenen Handexemplare Hermanns, für das dies ganz deutlich aus der Übereinstimmung zwischen E_1 und E_2 hervorgeht, nach Kaiserjahren. An vielen Stellen übertrifft in diesem Abschnitte E_1 die jüngere Chronik H an Genauigkeit, was auch nicht weiter zu verwundern ist, da Hermann hier die Regierungsjahre in Jahre Christi umgerechnet hat. Jedenfalls ist der Auszug bei H auch nicht um ein Haar besser als der bei E_1. Den näheren Nachweis dafür hat der von Bresslau so scharf getadelte Chr. Volkmar[*]) geführt, auf dessen eingehende Untersuchungen ich hier verweisen darf.

In dem Zeitraum von etwa 700 ab bis zum Schlusse war das Umgekehrte wie im ersten Drittel der Fall: hier musste E_1 oder vielmehr der Verfasser der Vorlage, Hermann selbst, die Inkarnationsjahre der annalistischen Quellen

---

[*]) Forsch. z. d. Gesch. 24, 81 ff.

in die Regierungsjahre der Kaiser umrechnen. Anfang und Ende der Jahre Christi fallen so gut wie nie mit den Regierungsanfängen und -schlüssen der einzelnen Herrscher zusammen. Auf diese Differenz, die oft nahezu ein volles Jahr betragen mochte, lassen sich weitaus die meisten Verschiebungen zurückführen, bei denen es sich fast immer nur um ein Jahr handelt.

Ein zweiter Umstand kam hinzu: die Einrichtung der Handschrift, die sich mit einiger Sicherheit aus Sichards Ausgabe und der Analogie anderer Weltchroniken entnehmen lässt. Der Verfasser der Vorlage hatte in den Chroniken des Hieronymus, Prosper, Beda und Anderer, im Papstbuche und vielleicht in besonderen Kaiser- und Papstverzeichnissen die Folgen der römischen Kaiser und Päpste vor sich zugleich mit den Angaben ihrer Regierungszeiten. Für jedes Regierungsjahr wurde eine Linie der Handschrift bestimmt. Wenn nun der Chronist den Regierungsantritt und die Ereignisse des ersten Regierungsjahres auf die erste, die Ereignisse des letzten und das Ableben des Herrschers auf die letzte Linie setzte, so kam es öfters vor, dass diese letzten Notizen zu früh angesetzt wurden, wie der Tod Pipins zu 767, der Karls des Grossen zu 813 und der Ottos III. zu 1001. Diese Verschiebungen wirkten naturgemäss auch auf die Chronologie der letzten Regierungsjahre zurück.

Andere Irrtümer sind sicher auf das Konto der Abschreiber zu setzen. War wirklich, wie wir annehmen, für jedes Regierungsjahr nur eine Linie vorbehalten, so musste es öfters vorkommen, dass, wie dies ja noch in der Ausgabe Sichards öfters der Fall ist, grössere Jahresberichte auf die folgenden Linien übergriffen, und die Abschreiber in der Festlegung des Jahres unsicher machten [10]).

---

[10]) Für die Ergebnisse unserer Untersuchung ist die Chronologie aller der Stellen belanglos, die aus Schriften stammen, die wie Bedas Chronik und das Papstbuch ihre Berichte in die grossen Rahmen der Papst- und Kaiserregierungszeiten ohne nähere Bestimmung einfügten. Die Einschaltung dieser Berichte ist bei E₁ und E₂ ebenso willkürlich wie bei H und wird von den Verfassern selbst durch die fast stehenden

Gröbere chronologische Verstösse fehlen in dem letzten Abschnitte ganz, kleinere Versehen finden vollauf ihre Gegenstücke in der jüngeren Redaction H, die beispielsweise in der Zeitfolge der fränkischen Könige und der Kaiser ebensowenig sattelfest ist als E_1 [11]). Alles in Allem genommen gibt uns weder das erste noch das letzte Drittel der Epitome begründeten Anlass, in das scharfe Urteil Bresslaus einzustimmen, da jeder Tadel, der den Epitomator treffen könnte, auch gegen den ihm als Muster gegenübergestellten Hermann von Reichenau erhoben werden müsste, ganz abgesehen davon, dass die Fehler und Irrtümer der Epitome dieser nicht eigentümlich, sondern höchst wahrscheinlich auf die E_1 und H gemeinsame Vorlage, das Handexemplar eben dieses Hermann von Reichenau, zurückzuführen sind.

Mit dem Zeitraume von etwa 500 bis etwa 700 bei E_1 hat es eine eigene Bewandtnis. Auf den ersten Blick macht die Chronologie dieses Abschnitts den Eindruck eines wirren Durcheinanders. Kleinere Differenzen von ein bis zwei Jahren sind freilich auch hier nicht eben häufig, besonders wenn man alle die in Abzug bringt, die aus den verschiedenen Rechnungen nach Inkarnations- und Regierungsjahren in den Urquellen und Ableitungen geflossen sind. Nicht immer hat aber Hermann auch hier das Richtigere!

Der Abschnitt von 500 bis 700 beruhte in der gemeinsamen Vorlage, wie mit Leichtigkeit festgestellt werden kann, vorzüglich auf Beda, Fredegar und dem Papstbuche. Dass die Chronologie dieser Quellen sehr mangelhaft ist und im Wesentlichen aus den Angaben der Regierungs-

---

Eingangsworte hoc oder eo tempore, his temporibus u. s. f. angedeutet Die Platzfrage scheint für ihre Einfügung bestimmend gewesen zu sein. Der grobe Verstoss Justinian. II. 3 bei E_1 und E_2 (Hoc tempore [567!] Narses patritius Totilam... occidit) geht auf ein Missverständnis Bedas zurück. H ist dem Fehler hier nur dadurch entgangen, dass er den ausführlicheren Bericht des Paulus Diaconus dem Bedas vorzog.
[11]) Das Ableben Ludwigs I. setzt sie in's Jahr 841; den Tod Arnulfs in's Jahr 900, während E_1 diesmal die richtigen Zahlen gibt.

zeiten der Päpste und Kaiser besteht, ist bekannt. Bestimmte Jahresziffern finden sich nur in wenigen Fällen. Auf den Regierungszeiten vor allem musste Hermann von Reichenau, als er den Grund zu seiner Excerptensammlung legte, die Chronologie seines Werkes aufbauen. Dass sie in vieler Hinsicht nur unvollkommen, der Verbesserung bedürftig sein konnte, leuchtet ein.

Trotzdem war, wie E_1 beweist, die Chronologie des Handexemplars, wenn man zwei grosse Fehlergruppen ausscheidet, die beide im Grunde auf einen einzigen Fehlschluss zurückgehen, durchaus nicht so schlecht, wie man seither anzunehmen geneigt war. Weitaus die meisten chronologischen Versehen fallen nämlich unter zwei Gesichtspunkte: die Jahresberichte aus der fränkischen Geschichte differieren von den authentischen um 12—14, die Anfänge der Papstregierungen von den heute gültigen Katalogen um 1—9 Jahre. Wie sind diese Fehler zu erklären?

Auffallenderweise stimmt die in E_1 angegebene Dauer der Pontifikate mit sehr geringen Ausnahmen, die auf Schreib- und Lesefehler zurückzuführen sind [12]), mit dem jetzt allgemein angenommenen Papstverzeichnisse überein, wie es beispielsweise Du Chesne [13]) seiner Ausgabe des Papstbuches zu Grunde gelegt hat. Der Katalog der Epitome oder vielmehr, da dieser mit dem bei H völlig übereinstimmt [14]), jener des Handexemplars, ist der besten und genauesten einer von denen, die wir kennen [15]). Er dürfte aber auch das einzige Hülfsmittel zur Herstellung der Papstdaten

---

[12]) Z. B. Vigilius ann. XVII. mens. XI. (st. II). dies XXVI., Pelagius a. X m. XI. (wieder st. II) d. X., Agatho a. II. m. V. d. XIV (st. X). [13]) Lib. pont. I, CCLX., II, LXXV. [14]) Die Dauer der Pontifikate ist bei H und E_1 genau dieselbe, nur dass H die Tageszahlen zu Monaten, bisweilen auch die Monate zu Jahren abrundete. Alle diese Zahlen, und damit auch die H und E_1 gemeinsamen Fehler (s. Anmerkung 12), stammen demnach ohne Zweifel aus der beiden gemeinsamen Vorlage. [15]) Am nächsten verwandt ist er mit dem des Cod. Hannov. Ottos von Freising (aus S. Ulrich und Afra); gedruckt bei Eccard, Corp. hist. II, 1629; vgl. Du Chesne II, XV., M. G. S. S. XX, 102.

gewesen sein. Nach ihm hat der Chronist, da ihm seine übrigen Quellen, das Papstbuch, Beda, Fredegar u. a., keine oder nur sehr wenige Jahreszahlen boten, die Pontifikatsanfänge berechnet [16]).

Die Sedisvakanzen waren, wie dies üblich ist, in dem in der Vorlage benutzten Papstkataloge nicht angegeben, wurden demnach auch nicht berücksichtigt. Die Regierungsdauer einzelner Päpste, wie sie dieser Katalog brachte, differierte ausserdem oft um Monate, manchmal sogar um Jahre von der wirklichen. So geben z. B. — wohl auf Grund eines Lesefehlers (XI statt IV) — H und E_1 die Regierungszeit des Papstes Pelagius auf 11 Jahre und 10 Monate an, während 4 Jahre und 10 Monate zu lesen wäre. Diese falsche Ziffer hat der Verfasser der Vorlage seinen Berechnungen zu Grunde gelegt, so dass nach E_1 Pelagius von 552—563, nach H, der inzwischen einige Rechenfehler verbessert hat, von 554—566 regiert haben soll, während Pelagius in Wirklichkeit nach Du Chesne [17]) von 556 bis 561 den Stuhl Petri inne gehabt hat.

Ich beschränke mich darauf, hier die Fehlerquellen unter Vermeidung eines Eingehens auf Einzelheiten charakterisiert zu haben, und bemerke nur noch, dass bei E_1 die Differenzen von etwa 500—642 ein bis vier, von da ab bis 678 fünf bis sechs, von Leo II. ab bis etwa 700 gar acht bis neun Jahre betragen. Der Verfasser der Vorlage — denn auch diese dürfte schon die gleichen Differenzen aufgewiesen haben —, also nach unserer Meinung Hermann von Reichenau selbst, hat dann gegen Ende des siebten Jahrhunderts, wohl aufmerksam gemacht durch ein bestimmtes Jahresdatum, etwa das der sechsten Universalsynode zu Konstantinopel, den Irrtum durch den Einschub eines zweiten Papstes des Namens Sergius auszugleichen versucht, dem er fast genau dieselbe Regierungs-

---

[16]) Oder haben etwa in der Vorlage von E_1 die richtigeren Zahlen gestanden, die der Epitomator, weil sie nicht mit den Regierungszeiten stimmten, unter Ausserachtlassung der Sedisvakanzen umgerechnet hat? [17]) a. a. O.

zeit [18]) gab, wie dem Ersten dieses Namens. Den Letzteren, der in Wahrheit 687 starb, lässt er bis zum Jahre 678 regieren, während er den fingierten zweiten Sergius 687 sterben lässt. Oder hat etwa der Autor von Sergius I. ab noch einen zweiten Katalog benutzt?

Gleichviel! Hermann von Reichenau hat in seiner Chronik nicht ganz die gleichen Fehler wie E_1. Standen diese Fehler, wie wir annehmen, schon in der von ihm verfassten Vorlage, so hat er sich in der Zwischenzeit redlich bemüht, die Fehler seines ersten Entwurfs zu verbessern. Ein genauer Vergleich der Kaiserdaten Bedas mit den Papstdaten, der sich bei einem Zusammenarbeiten der im ersten Entwurfe getrennt stehenden Notizen aus Beda, dem Papstbuche und den anderen Quellen ganz von selbst ergab, eine planmässige Ausnutzung der seltenen Jahresangaben dieser Quellen konnten ihn schon ein gutes Stück weiter bringen, auch ohne dass er, was wenig wahrscheinlich ist, eine neue Vorlage, etwa einen zweiten, durch die Regierungsanfänge bereicherten Papstkatalog heranzog. Nicht immer sind ihm aber die Verbesserungen gelungen. Er ist der Wirklichkeit meistens nur näher gekommen als E_1 und sein Handexemplar. Von insgesamt 34 Daten sind immer noch 15 — beinahe die Hälfte — falsch. Die Differenz beträgt sogar stellenweise noch mehrere Jahre.

Ähnlich liegt die Sache mit der zweiten Gruppe von Irrtümern. Die Berichte aus der Merovingergeschichte sind bei E_1 gegen die richtigen Daten um 12, in einzelnen Fällen, die sich aus der Rechnung nach Regierungsjahren und der Einrichtung des Originals hinreichend erklären lassen, gar um 13 bis 14 Jahre zu spät angesetzt [19]). Hermann hat auch hier die Fehler seines Handexemplars, denn auf dieses führen sie über E_1 hinaus zweifellos zurück, in der 'zweiten Auflage', wenn ich so sagen darf, zu verbessern gesucht, ist aber auch hier wieder dem Richtigen

---

[18]) a. 13. m. 9. gegen a. 13. m. 8. d. 23. (H: a. 13. m. 9.). H hat hier gleichfalls a. 13. m. 9. Sollte das nicht ein Fingerzeig dafür sein, dass Hermann selbst diesen zweiten Sergius eingeschoben hat?
[19]) Z. B. 494, 498, 508, 509, 523 u. s. f.

nur nahe gekommen. Seine Jahresberichte differieren von den authentischen immer noch durchschnittlich um zwei bis drei, in einem Falle sogar um sechs Jahre [20]). Zu einer schroffen Gegenüberstellung der besseren Chronologie Hermanns und der 'verwirrten' der Epitome wären wir nur dann berechtigt, wenn Hermann immer oder in den weitaus meisten Fällen das Richtige, E_1 das Falsche brächte. So aber bringt H zwar einzelne Verbesserungen, bleibt aber im Grossen und Ganzen in seiner Chronologie der Päpste sowohl wie in der der Merovingerzeit ebenfalls durchaus unzuverlässig.

Wir dürfen jedoch die Irrtümer der Epitome oder vielmehr des Handexemplars der Reichenauer Chronik nicht allzu hoch anschlagen, beruhen sie doch, wie ihre Gleichmässigkeit beweist, ausnahmslos auf einem einzigen fehlerhaften Schlusse. Der nächste und sicher auch einzige Grund dafür liegt für die Papst- wie für die fränkische Geschichte in der mangelhaften Beschaffenheit der Quellen, Bedas, Fredegars, des Lib. hist. Franc. und des Papstbuches. Was die Merovingergeschichte speziell anbelangt, so ist das chronologische Gerüst der Quellen Hermanns so dürftig und mangelhaft, dass die Chronologie jener Ereignisse bis auf die neueste Zeit geschwankt hat und zum Teil heute noch schwankt. Von einem 'verwirrten Excerpte' des Epitomators kann also auch in diesem zweiten Falle keine Rede mehr sein.

Ist aber Hermann wirklich, wie wir oben mit voller Sicherheit erwiesen zu haben glauben, der Verfasser jener Vorlage, in der die gerügten Fehler der Epitome schon gestanden haben dürften, ist er gar, wie weiter unten wahrscheinlich gemacht werden soll, der Urheber dieser Epitome selbst, dann können alle diese Fehler nur noch als Beispiel dafür aufgeführt werden, wie sorgsam und gewissenhaft er verfahren ist. Wir dürfen ihm durchaus nicht verübeln, dass er da, wo er der festen chrono-

---

[20]) H berichtet den Tod Childeberts I. (gest. 551) zu 557, E_1 mit der gewöhnlichen Differenz zu 563.

logischen Grundlage der Chroniken des Hieronymus und seiner Fortsetzer entriet, in seinen Zeitbestimmungen geschwankt hat. Gegen diesen verzeihlichen, unvermeidlichen Fehler werden wir um so milder gestimmt, je mehr wir den gelehrten Reichenauer Mönch mit der fortschreitenden historischen Erkenntnis bestrebt sehen, redlich und nicht ganz ohne Erfolg den Mängeln seines ersten Entwurfes abzuhelfen. Er hat eben in seiner uns heute vorliegenden Chronik eine zweite, in vieler Hinsicht verbesserte Auflage seines Hauptwerkes geliefert. Jedenfalls, und das ist für uns in diesem Augenblicke die Hauptsache, lässt sich aus der mangelhaften Chronologie der Epitome nicht länger ein stichhaltiger Grund gegen Hermanns Autorrechte an dieses vielgeschmähte Werk herleiten.

Noch weniger können wir den zweiten ebenfalls von Breslau[21]) erhobenen Vorwurf gelten lassen, dass der Excerptor 'fast auf's Geradewohl, ohne dass er eine Ahnung von ihrer Wichtigkeit oder Unwichtigkeit gehabt zu haben scheint, die Thatsachen zusammengetragen' habe.

Im ersten Teile bis etwa 400 deckt sich E_1 fast ganz mit H. Dem Plus bei letzterem steht ein ebenso grosses und wichtiges Plus bei E_1 gegenüber. Beide haben oder vielmehr ihre Vorlage hat hier, soweit ersichtlich ist, kein bestimmtes Prinzip der Auswahl verfolgt.

Etwa von Valens ab ändert sich die Lage. H wird reichhaltiger, E_1 beschränkt sich auch fernerhin auf knappe Auszüge, die aber fast immer das Wesentliche der einzelnen Regierungen, wie Herrschaftswechsel, Papstfolgen, Hauptfeldzüge und Friedensschlüsse u. s. f., hervorheben. Wenn E_1 an einzelnen Stellen Thatsachen ausliess, die uns heute von grösserer Bedeutung erscheinen, wenn er dafür anderen, die wir geringfügig erachten, einen Platz in seiner Tabelle anwies, so dürfen wir nicht vergessen, dass ein Mönch des 11. Jahrhunderts unter weitaus anderen Gesichtspunkten arbeitete als etwa ein moderner Historiker. Schon die Bedürfnisse, die das wahrscheinlich zu Lehr-

---

[21]) a. a. O. S. 575.

zwecken hergestellte, anspruchslose Büchlein im Auge haben musste, unterscheiden sich von denen, die heute der Verfasser eines historischen Lehrbuches berücksichtigen wird. Wie lange ist es denn her, seitdem das Anekdotenhafte aus unsern Geschichtsbüchern verbannt ist? Der Abstand zwischen einem historischen Leitfaden aus der Mitte des vorigen Jahrhunderts und einem modernen Lehrbuche dürfte nahezu ebenso gross sein wie der zwischen jenem und dem Weltchronikauszuge des Reichenauer Mönches. Zudem muss hier nochmals hervorgehoben werden, das sich E_1 mit H auf weite Strecken deckt, dass ferner umfangreiche Abschnitte von E_1 den Inhalt von H in seinem ganzen Umfange, aber in gekürzter Form wiedergeben. Hat man doch bis auf Bresslau E_1 für einen blossen Auszug aus H gehalten! Der Vorwurf, die Thatsachen 'fast auf's Geradewohl, ohne dass er eine Ahnung von ihrer Wichtigkeit oder Unwichtigkeit gehabt zu haben scheint', zusammengetragen zu haben, trifft also für grosse Teile seiner Chronik Hermann von Reichenau ebenso schwer wie den sogenannten Sanctgaller Epitomator, der wiederum, wie schon Bresslau nachgewiesen hat [22]), vor Jenem Manches voraus hat.

Das 'lehrreiche Beispiel' — es ist das einzige! —, das Bresslau [23]) dafür anführt, 'wie grosse Missverständnisse' bei der Herstellung der Epitome untergelaufen seien, ist unglücklich gewählt. H geht an dieser Stelle — es handelt sich um den Langobardenfeldzug Karls des Grossen von 774 — fraglos auf die Ann. Fuld. zurück, wie denn in H der ursprüngliche Grundstock des Handexemplars für jene Zeit, die Ann. Alam. Aug., vor jenen immer mehr zurücktritt. Der Jahresbericht 774 bei E_1, der durchaus Richtiges meldet, stammt dagegen keineswegs, wie Bresslau annimmt, aus den Ann. Fuld., sondern aus den Ann. Alam. Aug., wie die teilweise Übereinstimmung des Wortlauts mit dem der Ann. Sangall. brev., Aug., Weingart., Alam. Sangall. und Sangall. mai. beweist. Mit den Ann.

---

[22]) S. 567 ff. [23]) S. 572, 574/75.

Fuld. hat E_1, wenn man nicht etwa die Worte cum triumpho bei E_1 mit der Wendung cum hymnis et laudibus in den Fuld. gleichsetzen will, auch nicht die geringste Verwandtschaft. Folglich kann auch der Epitomator die Ann. Fuld. nicht, wie Bresslau will, missverstanden haben.

Bei eingehender Beschäftigung mit der Vorlage, der bereits die meisten von Bresslau an E_1 gerügten Mängel angehaftet haben müssen, lernen wir nicht nur die Gründe ihrer Unvollkommenheit begreifen und entschuldigen, im Gegenteil mit jedem Jahresbericht, den wir untersuchen, wächst unsere Achtung vor der historischen Befähigung und kritischen Schulung Hermanns des Lahmen von Reichenau. Der gelehrte Mönch hat in der That Alles geleistet, was in jener Zeit und mit den damaligen unzureichenden Mitteln geleistet werden konnte. Was aber die beiden Ableitungen seines Handexemplars, H und E_1, anlangt, so lautet unser Schluss jetzt: der Abstand zwischen beiden ist keineswegs so gross, dass wir Hermann irgend zu nahe treten, wenn wir ihn als Verfasser auch der Epitome ansprechen.

'Sicherer noch' — als die Unmöglichkeit von Hermanns Urheberschaft —, fährt Bresslau [24]) fort, 'ist, dass er diesem Entwurf nicht die Publicität gegeben haben würde, die er gehabt haben muss, um die Grundlage der Würzburger Chronik, der Melker und Salzburger Annalen zu werden.' Es ist doch sehr fraglich, kann man mit Fug gegen diese Behauptung einwenden, ob Hermann selbst, der noch in seiner Chronik so oft nach dem Richtigen sozusagen tastete, von der Unzulänglichkeit des 'Machwerks' so fest überzeugt war, wenn er in der That, wie wir vermuten, der Verfasser von E_1 ist. Auch heute noch unterscheiden sich zwei Auflagen eines wissenschaftlichen Werkes oft auf's erheblichste. Man darf dabei ferner nicht vergessen, dass zwischen dem Abschlusse von E_1 und H nahezu zehn Jahre liegen dürften.

---

[24]) a. a. O. S. 575.

Jedes Buch des Mittelalters hatte neben dem literarischen noch einen im Verhältnis zu unsrer heutigen Literatur sehr hohen materiellen, in vielen Fällen auch einen gewissen Kunstwert. Seine Herstellung kostete viel Zeit, Mühe und Sorgfalt. Ersatz war meistens schwer zu schaffen. Mit dem Pergament wurde sparsam umgegangen. Es ist deshalb noch keineswegs ausgemacht, dass Hermann, selbst wenn er von der Mangelhaftigkeit seines Buches überzeugt war, und ganz abgesehen davon, dass die Epitome schon vor dem Abschlusse der jüngeren und grösseren Chronik weitere Verbreitung gefunden haben kann, die Frucht vielleicht jahrelanger Arbeit aus übertriebener Gewissenhaftigkeit vernichtet hätte. Ihm würde wohl eine derartige Arbeits- und Pergamentverschwendung als eine höchst unverständige Sentimentalität erschienen sein. Wir haben überhaupt nicht das Recht, einem Schriftsteller des elften Jahrhunderts, selbst einem Hermann von Reichenau, ein so weitgehendes wissenschaftliches Pflichtbewusstsein beizumessen. Schliesslich: wer sagt uns denn, dass Hermann selbst die Epitome publiziert hat? Es erweckt fast den Anschein, als ob sie erst nach seinem Tode von Berthold zur Grundlage seiner Chronik gemacht wurde und dadurch erst zur 'Publicität' gelangt sei.

Den Reichenauer Ursprung der Vorlage habe ich oben nachgewiesen. Zur Zeit, als Hermann die zweite Redaction seiner Chronik niederschrieb, befand sich das Handexemplar sicher noch im Kloster. Hermann hat, wie wir sahen, neben diesem noch die Epitome, die ebenfalls aus seiner Excerptensammlung geschöpft ist, zur Ausarbeitung der uns heute vorliegenden Chronik herangezogen. Ein Exemplar der Epitome war also sicher in Reichenau. Bin ich zu kühn, wenn ich auch für E_1 Reichenauer Ursprung in Anspruch nehme [26])? Von da bis zu der oben

---

[26]) Ich bemerke hier, dass E_1, genau genommen, in höherem Maasse die Reichenauer Lokalfarbe zeigt als H. Die Reichenauer Nachrichten treten in der kurzen Tabelle der Epitome mehr hervor als in den ausführlicheren Jahresberichten der Chronik. Schon oben wurde erwähnt, dass E_1 von etwa 720 ab fast ausschliesslich den Ann. Alam. Aug. folgt, während H die reicheren Ann. Fuld. bevorzugt.

registrierten Vermutung Giesebrechts, dass Hermann von Reichenau auch der Verfasser der Epitome sei, ist nur ein Schritt. Ich glaube jetzt, nachdem sich Bresslaus Einwürfe als wenig stichhaltig erwiesen haben, mit um so grösserem Rechte auf diese Behauptung Giesebrechts zurückkommen zu dürfen, da ich imstande bin, dafür neue, von den oben besprochenen unabhängige Gründe in's Feld zu führen: es liegen nämlich alte und gute Zeugnisse für Hermanns Urheberschaft vor.

Zwei Handschriften der Chronik Bertholds, der verlorene Codex Murensis, den noch Pertz vergleichen konnte, und der aus diesem abgeschriebene Codex Engelbergensis saeculi XII, bringen zum Jahre 378 den Satz: Hinc usque ad annum quinquagesimum quartum ab incarnatione Domini Herimannus chronica sua perduxit, der den Worten der Chronik Hermanns: Hucusque chronica Eusebii Hieronymus perduxit. Hinc Herimannus entspricht. Die beiden genannten Handschriften enthalten nun, wie Pertz [26]) festgestellt und Bresslau [27]), der den Cod. Engelb. zuletzt untersuchte, bestätigt hat, vor der Chronik Bertholds eine grosse Compilation, deren Hauptbestandteile die Chronik des Abtes Regino von Prüm, diejenige Bernolds von St. Blasien und endlich die aus H bis 1054 fortgesetzte Epitome sind. Mit der Chronik Hermanns von Reichenau selbst dagegen hat die Compilation durchaus nichts zu schaffen. Die Worte Hinc usque können sich demnach nur auf E_1 beziehen, namentlich da an anderen Stellen zu 741 [28]), 906 [29]) und 1054 [30]) die übrigen Glieder der Compilation neben Hermann ausdrücklich genannt werden. Der Schreiber des Cod. Mur., der der Zeit Hermanns ziemlich nahe gestanden haben

---

[26]) S. über das Folgende die Einleitung zu Bertholds Chronik S. S. V, 267 ff. [27]) S. S. XIII, 63 (bis 939 Compilation aus E_1 und Regino u. a., von 1039—1044 E_1, von da ab bis 1054 H, von da Berthold und Bernold). [28]) Abhinc autem, quae sequuntur, sumpta sunt ex apicibus quatuor auctorum, videlicet Bremensis (i. e. Reginonis Prumensis) abbatis, domni Hermanni contracti et discipuli eius Berchtoldi atque domni Bernoldi. [29]) Hucusque chronica Reginonis abbatis et sequuntur chronica Hermanni. [30]) Hucusque chronica Hermanni, abhinc Bertholdus.

dürfte, hat also E_1 unzweifelhaft für ein Werk Hermanns gehalten. In der von ihm benutzten Handschrift der Epitome wird dieser demnach ebenfalls als Autor von E_1 genannt gewesen sein. Der einzige Einwurf [31]), der gegen die Richtigkeit der Worte: Hinc usque Herimannus chronica sua perduxit etc. erhoben werden könnte, wäre der, dass der Schreiber jener Epitomehandschrift den Satz bei H: Hucusque chronica Eusebii Hieronymus perduxit. Hinc Herimannus, der vermutlich schon in der E_1 und H gemeinsamen, wie wir sahen, zweifellos von Hermann verfassten Vorlage gestanden hat, aus dieser gedankenlos übernommen habe. Doch dürfte dieser Vermutung schon die von dem Wortlaute bei H abweichende Fassung der Notiz im Cod. Mur. und in der Chronik Bernolds [32]) widersprechen.

Ein Zweites kommt hinzu. Während wir in der dritten Handschrift der Epitome [33]) und in der Ausgabe Sichards ähnliche Wendungen, wie wir sie im Cod. Mur. und Engelb. zu 378, 741, 906 und 1054 finden, vergebens suchen — sie haben zu 378 nur die Worte: Hucusque chronicam Eusebii Hieronymus perduxit —, muss wenigstens in der Handschrift Sichards ein Vermerk über die Autorschaft Hermanns gestanden haben. Wie sonst sollte Sichard auf den Titel: Herimanni contracti comitis Verin-

---

[31]) Man könnte dann etwa denken, dass der Satz Hinc usque perduxit im Cod. Mur. aus Bernold stamme, der zu 377 einen ähnlichen bringt: Hucusque chronica Eusebii Hieronymus perduxit. Hinc autem usque ad millesimum quartum (!) annum ab incarnatione Domini domnus Hermannus chronica sua perduxit. Mir scheint dieser Satz eher von Bernold, der ja E_1 und H nebeneinander ausschrieb, aus dem Wortlaute beider zusammengesetzt zu sein. Entscheidend für diese Annahme dürfte der Umstand sein, dass Hermann nicht nur hier, sondern noch an drei weiteren Stellen, denen keine ähnlichen bei Bernold entsprechen, vom Schreiber des Cod. Mur. als Autor eines Bestandteils seiner Kompilation genannt, und zwar zu 741 ausdrücklich neben Bernold und Berthold genannt wird. [32]) S. Anmerkung 31. [33]) Cod. Gotwic. G 26. (neue Nummer 110/54), vgl. die Beschreibung bei Bresslau S. S. XIII, 62. Die Notiz über die angeführte Stelle verdanke ich der Güte des hochwürdigen Stiftsbibliothekars P. Carlmann v. Schilling zu Göttweih

gensis chronicon verfallen sein? Aus Trithemius, dem er sein Wissen über Hermann im Übrigen verdankt, kann er ihn nicht geschöpft haben. Eine blosse, auf Trithemius begründete Vermutung würde der gewissenhafte Herausgeber wohl kaum mit solcher Sicherheit in Vorrede und Überschrift vorgetragen haben. In dem Texte der Epitome, wie sie Sichard vorlag, wird mit keinem Worte auf Hermanns Urheberschaft auch nur hingedeutet. Im Gegenteile! Im letzten Teile der Handschrift, die bis 1066, also zwölf Jahre über Hermanns Todesdatum hinaus reichte, wird sogar Hermanns Tod berichtet [34]). Kurz! Alles dürfte darauf hinweisen, dass in Sichards Handschrift ebenso wie in der Vorlage der Cod. Cod. Mur. und Engelb. Hermann vielleicht schon in der Überschrift oder auch in dem Schlusssatze als Urheber genannt war.

Über das Alter der Handschrift Sichards wissen wir nichts. Ihre Überlieferung könnte trübe sein, wie es denn öfter vorkommt, dass alten und guten Handschriften von jüngeren Händen falsche Titel beigesetzt sind. Wir besitzen aber ausserdem noch an einer anderen Stelle ein fast gleichzeitiges und, soweit wir sehen, völlig einwandfreies Zeugnis für Hermanns des Lahmen Anrechte auf die Epitome: die schon oben besprochene Notiz im Prologe zur Chronik Bertholds.

Diese Chronik kommt handschriftlich nur in Verbindung mit der durch die Jahresberichte 1045 bis 1054 aus der jüngeren Chronik Hermanns vermehrten Epitome vor und umgekehrt diese mit nur einer vermutlich zufälligen Ausnahme [35]) stets in Verbindung mit Bertholds historischem Werke. Wer könnte nach alledem die Wahr-

---

[34]) a. 1054: Herimannus, Wolferadi comitis filius, in Aleshusan, praedio suo, defunctus ac sepultus est. [35]) Der Cod. Gotwic. der Epitome (s. XII.) scheint unvollendet zu sein. Er reicht bis 1052. Ein anderer inzwischen verloren gegangener Cod. Gotwic. enthielt aber H von 1053 ab und im Anschluss daran Bertholds Chronik bis 1080. Die Wiener Handschrift Bertholds, die ebenfalls von 1053—1080 reicht, ist wahrscheinlich eine Abschrift des verlorenen Cod. Gotwic. Sollte dieser letztere etwa mit dem noch erhaltenen zusammengehört haben?

scheinlichkeit leugnen, dass diese Verbindung ursprünglich ist? In diesem Falle beziehen sich aber auf E_1 ganz speziell die schon citierten Worte jenes Hermanns Leben und Wirksamkeit schildernden Prologes: Libellum hunc chronicorum ab incarnatione Domini usque ad annum suum undecunque laboriosa diligientia collegit. Berthold, das dürfte daraus mit Sicherheit hervorgehen, hat nicht nur die Sammlung des Materials zu einer Weltchronik durch seinen Lehrer Hermann den Lahmen ausdrücklich bezeugt, er hat auch die seinem Werke vorausgeschickte Epitome, die erste Bearbeitung dieses Materials, für ein Werk seines hochverehrten Meisters gehalten. Ihm hat Hermann die Vollendung seiner unvollendet hinterlassenen Schriften auf dem Totenbette aufgetragen. Und da sollte er irrtümlich seine Fortsetzung der Chronik dem Werke eines Fremden angefügt haben? Über den Urheber der Epitome, das haben wir schon oben besprochen, musste sich der Klosterbruder und Schüler des Sterbenden völlig im Klaren sein [86]). Deshalb kann er auch nicht mit den oben citierten Worten nur den letzten Teil von 1045 ab gemeint haben,

---

[86]) Er müsste denn selbst den Auszug aus Hermanns Handexemplar gefertigt haben. Da wäre es doch viel einfacher gewesen, Hermanns jüngere Chronik, die er ja von 1045 ab ausschrieb, aus- oder abzuschreiben. Ausserdem: wie kam er dann dazu, anstelle der in dieser Chronik gebrauchten Rechnung nach Jahren Christi die viel schwerfälligere nach Kaiserjahren zu setzen, wie zu den grösseren Differenzen in der Chronologie der Merovinger- und Papstgeschichte, wie zu der zum mindesten missverständlichen Notiz zu 378: Hinc usque . . . Herimannus produxit chronica sua? Es wäre ja immerhin möglich, das Wort collegit des oben abgedruckten Satzes auf die blosse Sammlung des Materials, auf das Handexemplar Hermanns, zu beziehen und die Ausarbeitung der Epitome durch Berthold dazu in Gegensatz zu stellen. Dann könnte aber Berthold kaum etwas von der grösseren, bereits ausgearbeiteten Chronik gewusst haben. Oder sollen wir gar auch die dem berühmten Reichenauer Mönche streitig machen? Derartige Möglichkeiten eines anderen Zusammenhanges gibt es genug. Ich denke aber, das Einfachste wird auch hier das Richtigere sein: Hermann ist in Wahrheit das, wozu ihn zwei Handschriften der Epitome und die Worte Bertholds machen, nämlich der Verfasser nicht nur der grösseren Chronik, sondern auch der des kleineren Auszugs aus dem Handexemplar.

ganz abgesehen von den deutlichen Worten ab incarnatione Domini etc.[37]). Zur Zeit von Hermanns Tod, dessen können wir somit sicher sein, hat die Epitome in Reichenau als literarisches Eigentum Hermanns des Lahmen gegolten.

Als es Berthold übernahm, die Chronik des verstorbenen Lehrers fortzusetzen, boten sich ihm in Reichenau die beiden Redactionen dieser Chronik, die Epitome und die jüngere Chronik, als Grundlage. Aus welchen Gründen er die erstere vorgezogen hat, lässt sich nicht mehr entscheiden. Vielleicht gab die Raumfrage den Ausschlag. Wenn dies nicht schon vorher geschehen war, so ergänzte er jetzt die Epitome durch die Jahresberichte 1045—1054 aus der jüngeren Redaction und begann dann, nachdem er mit Hucusque chronica Herimanni; abhinc Berchtoldus geschlossen hatte, seine eigenen Aufzeichnungen mit dem liebevollen Lebensbilde des Jüngstverstorbenen.

Später hat dann Bernold von Sanctblasien Hermanns Chronik mit der durch Berthold[38]) fortgesetzten Epitome zu seiner grossen Kompilation verschmolzen. Mit gutem Rechte konnte er deshalb in dieser aus zwei Werken Hermanns des Lahmen hergestellten Weltgeschichte zum Jahre 377 die Worte setzen: Hucusque chronica Eusebii

---

[37]) Das der Epitome vorauf gehende Chronicon de sex aetatibus mundi ist fast wörtliche Abschrift aus Bedas gleichnamigem Werke. Es reicht bis auf Domitian. Auch das Chron. Wirzib. und Bernold schicken es voraus. Dass trotzdem der Ausdruck ab incarnatione Domini etc. nicht falsch ist, geht daraus hervor, dass die eigentliche Compilation und damit die Arbeit des Compilators, trotzdem schon Beda weiter hinabging, noch einmal mit dem 42. Jahre Octavians, dem Geburtsjahre Christi, beginnt. Die Worte usque ad annum suum deute ich im Gegensatze zu Wattenbach DGQ[6] II, 16 auf das Todesjahr Hermanns. [38]) Ihn vor allen wird Bernold in seiner Randnote zu Bedas Chronicon: Hi sunt auctores chronicorum: Eusebius, Hieronymus, Prosper, Dionisius, Jordanes, Beda et nostri temporis Heremannus et deinceps quilibet sui temporis descriptores zu den sui temporis descriptores gerechnet haben. Warum hat dann aber Bernold, der doch E₁ neben H ausgeschrieben hat, nicht auch den Verfasser der Epitome genannt? Doch wohl nur, weil er Hermann für den Verfasser der beiden von ihm ausgeschriebenen Werke E₁ und H gehalten hat. Ein weiteres Argument für Hermanns Autorschaft!

Hieronymus perduxit. Hinc autem usque ad millesimum quartum (!) annum ab incarnatione Domini domnus Heremannus chronica sua perduxit.

Fassen wir nochmals die Ergebnisse aller vorstehenden Untersuchungen kurz zusammen, so ist E_1 ein Auszug aus einer umfangreichen, heute verlorenen Excerptensammlung, als deren Urheber mit aller Sicherheit Hermann der Lahme ermittelt werden konnte. Dieser Auszug dürfte kurz nach 1044 in Reichenau verfasst sein. Zur Zeit des Todes Hermanns des Lahmen befand er sich noch im Kloster. Die Gründe, die Bresslau gegen Hermanns Urheberschaft vorgebracht hat, haben sich als wenig stichhaltig erwiesen. Im Gegenteile wächst bei einer genaueren Prüfung der Epitome und bei einer in's Einzelne gehenden Vergleichung ihres Inhalts mit dem der jüngeren Chronik unsere Achtung vor der Thätigkeit des Epitomators. Nimmt man den ungeschickten Würzburger Auszug hinzu, der offenbar von Jemandem angefertigt wurde, der in der Excerptensammlung Hermanns wenig Bescheid wusste, so erhöht sich die Wahrscheinlichkeit unserer Vermutung, dass der Verfasser dieser Sammlung selbst es gewesen ist, der, vielleicht zu Schulzwecken, aus der unhandlichen und unübersichtlichen Vorlage einen Auszug, eine Tabelle, eben unsere Epitome gefertigt hat. In der Hauptsache dürfte dieser Auszug dem der Sammlung ursprünglich zugrunde gelegten chronologischen Schema entsprechen, in das der Epitomator mit Auswahl kurze Notizen aus den Nebenquellen eingefügt hat. Als Hermann dann gegen Ende seines Lebens an die Ausarbeitung der jüngeren, grösseren Chronik ging, hat er neben der Excerptensammlung auch den ersten Abriss herangezogen.

Fügen wir hinzu, dass in zwei Handschriften der Epitome Hermann ausdrücklich und wiederholt als deren Verfasser genannt wird, dass sich in einer dritten sicher ein Hinweis auf seine Autorschaft fand, dass Berthold und Bernold ihn mit klaren Worten als Autor ansprechen: können wir uns da noch länger der Einsicht verschliessen, dass er es auch in Wahrheit gewesen ist?

II.
Die Gesta Chuonradi et Heinrici imperatorum Hermanns von Reichenau.

Die an Heiligenleben überaus reiche Literatur des Mittelalters hat auf dem Gebiete der weltlichen Biographie nur vereinzelte, dafür aber um so bedeutsamere Blüten getrieben. Dem trefflichen Vorbilde eines Einhard sind nur Wenige, wie Thegan und der Astronom in ihren Lebensbeschreibungen Ludwigs des Frommen gefolgt. Erst das elfte Jahrhundert hat wieder in Wipos Gesta Chuonradi imperatoris eine stofflich hervorragende und in der Form mit der berühmten Vita Karoli Magni Einhards wetteifernde weltliche Biographie hervorgebracht. Sie ist für lange Zeit die letzte ihrer Art geblieben. Mit um so grösserem Bedauern vermissen wir deshalb die Gesta Chuonradi et Heinrici imperatorum, die Hermann der Lahme von Reichenau nach dem durch Otto von Freising bestätigten Zeugnisse des Geschichtschreibers Berthold abgefasst haben soll. Die Existenz dieser Gesta ist in neuerer Zeit mehrfach angezweifelt worden [1]. Mit Unrecht, wie sich aus der nachfolgenden Untersuchung ergeben wird.

Spuren des verlorenen Geschichtswerkes glaubte man bei dem sächsischen Annalisten und dem Jahrbuchschreiber von Magdeburg, die beide hier auf verschollene Magdeburg-Nienburger Annalen zurückgehen, aufgefunden zu haben [2]. Ein Teil der in den Ausgaben mit 'Gesta

---

[1] Vgl. Wattenbach DGQ⁵ II, 15 ff. [2] Am eingehendsten hat hierüber Steindorff, Jahrbb. Heinr. III., I, 419 ff. gehandelt.

Herim.?' bezeichneten Stellen ist jedoch inzwischen anderen Verfassern zugewiesen worden. Der Rest ist so geringen Umfanges und behandelt so bescheidene Abschnitte aus dem Leben der beiden ersten Salier, dass erst noch eine Erklärung für den befremdlichen Umstand gesucht werden müsste, dass der fleissige, manchmal sogar etwas umständliche Jahrbuchschreiber von Nienburg aus dem ausführlichen Berichte, den jene Gesta zweifellos geboten haben, ganz im Gegensatze zu seiner sonstigen Gründlichkeit eine so beschränkte und sonderbare Auswahl getroffen haben soll. Zudem haben die spärlichen Meldungen, die jetzt noch auf Hermann zurückgeleitet werden könnten, mit den ihnen entsprechenden Jahresberichten der übrigen historischen Werke des Reichenauers[a]) im Stile so gut wie keine Berührungspunkte aufzuweisen. Der Umstand endlich, dass in jenen Bruchstücken der sächsischen Jahrbücher der Verfasser der ihnen gemeinsamen Vorlage unzweifelhaft als sächsischer oder thüringischer Herkunft gekennzeichnet wird, dürfte von vorneherein jedes Anrecht Hermanns auf jene Abschnitte ausschliessen[4]).

1. Die Zeugnisse für Hermanns Autorschaft.

Wattenbach[1]) führt die heute aufgegebene Ansicht von der Abfassung einer selbständigen Schrift über Konrads II. und Heinrichs III. Thaten durch Hermann

---

[a]) Chronik und Epitome. [4]) Tres tantum ibi de nostratibus ... procubuerunt, berichtet der sächsische Annalist (S. S. VI, 684) zu 1040 im Anschlusse an die Operationen des sächsischen Heerbannes. [1]) a. a. O. S. 16. Die Wendung Libellum hunc collegit bezieht er nicht auf die Chronik als Ganzes, sondern vielmehr ausschliesslich auf den ersten unselbständigen, 'bis auf seine (Hermanns) Zeit' (usque ad annum suum) reichenden Teil derselben, den jener 'mühsam aus vielen Quellen gesammelt' habe (undecunque collegit). Die Worte gesta descripsit sollen dagegen den kürzeren, selbständigen Abschnitt derselben Chronik bezeichnen, in dem Hermann die Thaten der beiden ersten salischen Kaiser, 'die Zeitgeschichte', behandele.

von Reichenau auf ein Missverständnis der schon oben besprochenen Worte Bertholds zurück: Libellum hunc chronicorum ab incarnatione Domini usque ad annum suum undecunque laboriosa diligentia collegit; gesta quoque Chuonradi et Heinrici imperatorum pulcherrime descripsit. Berthold soll an dieser Stelle nämlich nicht, wie es auf den ersten Blick scheinen möchte, von zwei grundverschiedenen Büchern seines Lehrers, sondern von den zwei Hauptabschnitten eines und desselben Werkes, der uns heute noch vorliegenden Weltchronik, reden.

Wie kam Berthold zu dieser auffälligen Unterscheidung zwischen dem libellus chronicorum und den gesta Chuonradi et Heinrici imperatorum? fragen wir uns zunächst.

Das Kriterium der geringeren oder grösseren Selbstständigkeit kann für ihn nicht maassgebend gewesen sein. Denn der aus fremden Quellen geschöpfte Abschnitt der Chronik endet nach der seitherigen Ansicht mit dem Jahresberichte 1039, nach der unserigen gar erst mit 1044. Damit wird aber die Grenze zwischen Kompilation und Originalwerk zeitlich soweit hinabgerückt, dass das Letztere wohl die Gesta Heinrici, nicht aber die Gesta Chuonradi begreifen könnte. Ausser diesem einen dürfte sich aber kaum ein weiterer, ausreichender Grund für Bertholds anscheinend völlig müssiges Zerlegen der Chronik in zwei ungleiche Abschnitte ausfindig machen lassen. Wenn Hermann nicht etwa diese Trennung schon selbst vorgenommen hatte — und dafür wird man vergebens nach Anzeichen suchen —, so war Bertholds Verfahren, anstatt dem Leser seiner Vita Herimanni ein klares Bild von Hermanns historiographischer Thätigkeit zu geben, nur geeignet, einer irrigen Auffassung Vorschub zu leisten.

Auch der Begriff Zeitgeschichte, den Wattenbach auf die mehrdeutige Wendung usque ad annum suum zu gründen scheint, ist zu unbestimmt, um dem Biographen Hermanns als Einteilungsgrund gedient zu haben. Diese Wendung kann vielleicht auf das Geburtsjahr Hermanns oder auf die Zeit bezogen werden, mit der seine Erinnerungen und damit die ersten selbständigen Zusätze zur

Chronik beginnen — Zeitpunkte, die weit vor der Wahl Konrads II. liegen —, schwerlich aber auf das Jahr der Thronbesteigung des ersten Saliers, das Berthold anderenfalls völlig willkürlich zur Grenze zwischen dem selbständigen, zeitgeschichtlichen und dem unselbständigen, älteren Teile der Chronik erkoren und ebenso willkürlich mit dem damals [1]) wohl noch die Schule besuchenden Hermann (usque ad annum suum) in Beziehung gesetzt haben müsste, ein Verfahren, zu dem ihn, soviel wir sehen, auch nicht der geringste Hinweis in der Chronik seines Lehrers selbst berechtigte.

Viel eher dürfte Berthold in dem in Frage stehenden Satze in den Bezeichnungen libellus chronicorum und gesta die damals übliche, kunstlose Form der Weltchronik (libellus chronicorum), die sich auf ein unvermitteltes, rein annalistisches Aneinanderreihen der oft mühsam und aus allen Windrichtungen gesammelten Thatsachen (undecunque laboriosa diligentia collegit) beschränkte, zu der pragmatischen Schilderung (pulcherrime descripsit) der Thaten bestimmter Persönlichkeiten, wie sie uns in einer kunstvoll ausgearbeiteten Biographie (gesta) geboten wird, in scharfen Gegensatz gebracht haben. Noch eine zweite Gegenüberstellung vermögen wir aus dem vielumstrittenen Satze herauszulesen: dem Buche, das Berthold damals gerade vorlag (libellum hunc), der aus der jüngeren Redaction bis zum Jahre 1054 ergänzten älteren Chronik (Epitome) Hermanns nämlich, welche er seiner eigenen Weltgeschichte voraufgeschickt hat, stellt er ein zweites Werk (gesta quoque) desselben Verfassers entgegen, von dem er offenbar in seinem Buche keinen Gebrauch gemacht hat. Treffen diese Erwägungen das Richtige, dann haben in Wahrheit Gesta Chuonradi et Heinrici imperatorum Hermanns des Lahmen existiert.

Was bedeuten dann aber die Worte usque ad annum suum in dem auf die Weltchronik bezüglichen ersten Teile des Satzes? Doch wohl zunächst den Zeitpunkt, zu dem

---

[1]) Seit 1020; vgl. Herim. Chr. a. 1020.

der Libellus chronicorum geschrieben oder vielmehr abgeschlossen wurde. Wie wir wissen, geschah dies 1054, im Sterbejahre Meister Hermanns. Ja, es scheint mir durchaus nicht ausgeschlossen, dass Berthold mit dem annus suus in Reminiscenz an das klassische dies suus das Todesjahr seines Lehrers unmittelbar hat bezeichnen wollen.

Wie stellen sich nun die übrigen Nachrichten von Hermanns historiographischer Thätigkeit zu der Äusserung seines Schülers?

Den Melker Anonymus lassen wir ausser acht, da seine Unabhängigkeit von Bertholds Chronik nicht ausser allem Zweifel steht, um uns sofort dem bedeutsamen Satze Ottos von Freising zuzuwenden, mit dem die in den Kapiteln 28 bis 33 des 6. Buches seines Chronicon enthaltene Darstellung der Herrschaft Konrads II. und Heinrichs III. abschliesst: Caeterum tam eius (Heinrici III. scilicet) quam patris sui actus et virtutes Herimannus Contractus in libello quodam, quem ipsi destinavit, luculenter satis disseruit.

Von einer Beeinflussung dieser Stelle durch Bertholds Chronik, mit der sie auch kaum einen leisen Anklang im Wortlaut gemein hat ³), über deren Inhalt sie sogar mit den Worten quem ipsi destinavit hinausgeht, kann keine Rede sein. Bliebe doch, selbst wenn man annähme, Otto habe in dem angeführten Satze eigenmächtig mit dem Wortlaut und Inhalt seiner Vorlage geschaltet, immer noch die mehr als auffällige Thatsache unerklärt, dass zwischen Otto und Berthold im Übrigen auch nicht der geringste Zusammenhang festzustellen ist ⁴). Sollte der Erstere wirklich dem umfangreichen und ausgezeichneten Werke des Reichenauer Mönches nur jene einzige, kleine, den grossen von ihm mit besonderer Vorliebe erfassten Welt-

---

³) Nur ein Wort wird von Beiden in gleicher Bedeutung angewandt: Libellus. ⁴) Eine Stelle, an der eine gewisse Verwandtschaft im Wortlaute beider Quellen zu Tage tritt, an der aber Otto trotzdem unter keinen Umständen aus Berthold direkt geschöpft haben kann, wird am Schlusse dieses Kapitels besprochen werden.

verhältnissen fernliegende literarische Notiz herausgehoben, bis zur Unkenntlichkeit umgestaltet und willkürlich ergänzt haben?

Im Verhältnis zu Hermann und anderen Weltchronisten hat Otto eine ziemlich beschränkte Anzahl von Quellen ausgebeutet⁵), diese aber im Vergleiche zu anderen Kompilatoren, denen bisweilen eine nur sporadische Benutzung umfangreicher Werke nachgewiesen werden mag, so gleichmässig, fortlaufend und ausgiebig herangezogen, dass sich gegen die Annahme einer nur einmaligen Benutzung der umfassenden Weltchronik Bertholds von vorneherein die gewichtigsten Bedenken erheben. Schon aus diesem einen Grunde müssen wir, solange der Beweis für den Zusammenhang Ottos mit Berthold nicht anderweit unwiderleglich erbracht werden kann, die oben wiedergegebenen Worte des Freisinger Bischofs als ein zweites, ebenso unabhängiges wie schwerwiegendes Zeugnis für die Existenz der Gesta Hermanns in Anspruch nehmen, es sei denn, dass es auf anderem Wege gelänge, ihre Glaubwürdigkeit zu erschüttern.

In dieser Hinsicht liegt in der That die Sache für die Auffassung Wattenbachs⁶) günstiger, der an der angezogenen Stelle aus Ottos Chronik eine Verwechselung Wipos mit Hermann voraussetzt. Denn auch Wipo hat ein Werk über die Thaten Kaiser Konrads II. geschrieben, in dem 'auch Heinrichs III. Thaten berührt'⁷) wurden; auch Wipo hat dem zweiten salischen Kaiser sein Buch gewidmet, mit dem zum Überflusse noch Ottos Weltgeschichte so nahe Verwandtschaft zeigt, dass unter gewöhnlichen Umständen an einer direkten Benutzung Wipos durch den Freisinger Bischof kaum zu zweifeln wäre.

Und doch! Wenn wir Ottos Bemerkung nicht als eine beiläufige literarische Notiz auffassen, sondern sie, wie dies ja auch allgemein und zweifellos mit weit mehr Recht geschehen ist, auf das Buch beziehen, das er seiner

---

⁵) S. die allerdings mehrfach einzuschränkende Quellenaufzählung bei Wilmans (S. S. rer. Germ. S. XXVII/VIII). ⁶) a. a. O. S. 16.
⁷) Ebda.

Darstellung jener Epoche zugrunde gelegt hat, wie kommt er dann dazu, Wipos Gesta Chuonradi imperatoris, sofern er sie in der That beim Niederschreiben jener Worte im Sinne hatte, durch die, wenn auch nicht durchaus unrichtige, so doch sicherlich sehr oberflächliche und ungenaue Wendung: tam eius (Heinrici III. scilicet) quam patris sui actus et virtutes luculenter satis disseruit zu umschreiben? Heinrichs Thaten werden allerdings in Wipos Gesta, wie Wattenbach [7]) sich ausdrückt, 'berührt', aber auch nur 'berührt'. In seiner Darstellung der Regierung Konrads II. vollends hat Otto auch nicht eine einzige dieser 'Thaten berührt', geschweige denn in extenso übernommen. Für die besprochenen Worte des Freisinger Bischofs gibt es deshalb meines Erachtens nur eine unbefangene Deutung: Otto hat wirklich ein Werk vor sich gehabt, in dem Heinrichs Thaten nicht vermischt mit denen seines Vaters und nur so nebenbei, sondern selbständig, im Anschlusse an die Konrads II. und eingehend behandelt waren [8]).

Mag auch Wipos Buch in der einzigen, sehr jungen Handschrift — wie mir dünkt, apokryph [9]) — den Titel 'Gesta quorumdam imperatorum Chuonradi et Heinrici' führen, mag auch Wipos Prolog die Absicht zum Ausdruck bringen, dass 'das Werk die Geschichte beider Herrscher umfassen sollte'[10]), solange wir nicht nachzuweisen vermögen, dass der Kaplan Konrads II. in Wahrheit auch Gesta Heinrici III. imperatoris geschrieben, und dass Otto von Freising sie seiner Darstellung der ersten Regierungszeit des zweiten Saliers in den Kapiteln 32 und 33 zugrunde gelegt habe, ruht die Behauptung, Otto habe an der beregten Stelle Hermann mit Wipo verwechselt, auf sehr schwachen Füssen.

---

[7]) Ebda. [8]) Der Ansicht, dass Otto nur ein einziges geschlossenes Werk seiner Darstellung jener Epoche zugrunde gelegt habe, ist offenbar auch Wattenbach a. a. O., nur dass er für dieses einzige Werk Wipos 'Vorarbeit' hält: 'Von der Benutzung eines anderen Werkes ist bei ihm keine Spur'. [9]) Ich halte dafür, dass dieser Titel von einem späteren Schreiber nach oberflächlicher Einsichtnahme in den Prolog Wipos hinzugefügt worden ist. [10]) Bresslau, N. A. II, 589.

Weshalb kann nicht auch Hermann der Lahme neben seiner Chronik noch ein Leben der beiden ersten salischen Kaiser geschrieben haben, so gut wie Otto von Freising seine Gesta Friderici neben der umfangreichen Weltgeschichte? Weshalb kann er nicht gleich Wipo sein Buch dem zu Reichenau und dessen Abte Berno in so nahen Beziehungen stehenden Heinrich III. gewidmet oder auch nur bestimmt haben (destinavit)[11])? Dass Otto von Freising gute Gründe dafür gehabt hat, seine Vorlage dem berühmten Hermann von Reichenau zuzuschreiben — ich vermute, dass die von ihm benutzte Handschrift einen entsprechenden Vermerk trug —, dafür scheint mir seine erprobte Gewissenhaftigkeit zu sprechen. Ob er sich mit dieser seiner Meinung im Rechte befand, wird die spätere eingehende Untersuchung der Kapitel 28 bis 33 seines Chronicon ergeben.

Allerdings liesse sich noch eine zweite Stelle der Weltgeschichte für einen Irrtum des Freisinger Bischofs, wie ihn Wattenbach voraussetzt, in's Feld führen, eine Stelle, an der nach der Ansicht von Pertz [12]), Giesebrecht [13]) und Wattenbach [14]) eine offenbare Verwechselung Hermanns mit Wipo vorliegen soll. Unde rursus, erzählt uns Otto [15]) im Anschlusse an seine Erwähnung des Ungarnsieges König Heinrichs III. (1044), est ille rhythmus Herimanni Contracti de praefato triumpho compositus, qui sic incipit:

---

[11]) Die Möglichkeit ist nicht ganz zu verwerfen, dass Hermann, der, wie weiter unten erwiesen werden soll, Wipos Werk zum teil oder ganz in das seine aufgenommen hat, auch die Prologe seines Vorgängers mit aufgenommen hat, und dass Otto durch den Widmungsbrief an Heinrich IV. zu dem Glauben verleitet wurde, auch Hermann habe seine Gesta dem Kaiser bestimmt. Wahrscheinlich ist diese Annahme nicht. Denn auch Hermann kann recht wohl zu Heinrich, dem Freunde und Korrespondenten seines Abtes Berno, in Beziehungen gestanden, mit ihm persönlich verkehrt haben. Schon 1040 (Febr. 4; Stumpf 2172) weilte Heinrich III. in Reichenau, 1045 kann er das Kloster auf seinem Wege von Zürich nach Augsburg berührt haben (vgl. Steindorff, Jahrbb. I, 220 ff.). Einen weiteren Aufenthalt 1048 schildert Hermann selbst (Chr. a. 1048). [12]) M. G. S. S. V, 68. [13]) Kaiserzeit II, 562. [14]) DGQ⁵ II, 13, 1. [15]) VI, 32 am Ende.

Vox haec melos pangat.

Wipo, der Dichter des Burgunder- und Slavenkrieges [16]), kann recht wohl auch den Sieg über König Ovo von Ungarn besungen haben. Von Hermann kennen wir nur geistliche Lieder und Lehrgedichte [17]). Ein Gedicht über den Ungarnsieg hätte Berthold wohl kaum in seiner Aufzählung der Werke des verstorbenen Lehrers vergessen. Auch deutet rursus darauf hin, dass Otto den Rhythmus ebendemselben Dichter zuschreiben will, dem er auch die in den voraufgehenden Kapiteln 28 und 31 seines Buches angeführten Verse 'Quando post decimam' und 'Qui habet vocem serenam' verdankte. Und diese Verse stammen ohne alle Frage von dem Kaplan Konrads II.

Vorausgesetzt, dass in diesem zuletzt besprochenen Falle wirklich eine Verwechselung vorliegt, geht daraus mit Sicherheit hervor, dass Otto auch sonst Hermann mit Wipo verwechselt hat? Nach der von Wilmans angestellten Quellenanalyse hat er ausser Wipos Gesta noch Hermanns Chronik, also noch ein zweites Werk desselben Schriftstellers, dem er irrtümlich auch die Schrift Wipos zugeschrieben haben soll, benutzt. Um so auffälliger wäre doch die ihm zugeschriebene Verwechselung.

Oder hat etwa der Freisinger den Ausschnitt 1024 bis 1044 der Chronik Hermanns unter dem Namen Gesta Chuonradi et Heinrici imperatorum gekannt und ausgeschrieben [18])? Dem widerspricht die folgende Überlegung. In dem Werke, das Otto dem Reichenauer zuschreibt, fanden sich, wie die Stelle 'Unde rursus' etc. beweisen dürfte, wenn wir nicht zu gewagten Kombinationen unsere Zuflucht nehmen wollen [19]), offenbar nicht nur diese Stelle,

---

[16]) Wattenbach a. a. O.; Bresslau, Jahrbb. Konr. II., II, 343
[17]) Wattenbach a. a. O. S. 43/44. Die Fähigkeit, einen lateinischen Rhythmus zu schreiben, hatte also Hermann ohne Frage. [18]) Dass sich bei Otto keine Spur von dem Bischofskatalog von Konstanz, dem Abtskatalog von Sanctgallen, denen die Chronik Hermanns eine Reihe von Nachrichten jenes Zeitraums verdankt, und von Reichenauer Lokalnachrichten findet, beweist nichts dagegen. Sie hatten eben für den Weltchronisten kein Interesse. [19]) Wilmans (Arch. f. ält. d. Ge-

sondern auch die beiden anderen, von ihm eingeschalteten, Wipo zugehörigen Verse 'Quando post' und 'Qui habet', die wir in der Chronik des Reichenauers vergebens suchen. Aus der Zusammengehörigkeit dieser drei Verse folgt aber weiter noch, dass der Freisinger Bischof keinenfalls Wipos Gesta bloss in dem Umfange, wie sie uns heute vorliegen, benutzt haben kann, sondern dass er in der That ein von dem Ausschnitte 1024—1044 der Chronik Hermanns nicht nur, sondern auch von Wipos Buche verschiedenes Werk ausgeschrieben hat, das die Thaten Heinrichs III. **selbständig und im Anschlusse an diejenigen Konrads II. behandelte.**

Hat Wipo ein solches Werk verfasst? fragen wir uns von Neuem. Dafür spricht allein der Umstand, dass die Gesta Chuonradi imperatoris mit Ottos Chronik eine weitgehende Verwandtschaft zeigen, dagegen eine Reihe schwerwiegender Gründe. Über Wipos Absicht, Heinrichs III. Leben im Anschlusse an das Konrads II. [20]) zu schreiben, unterrichtet uns der wohl sicher vor der Beendigung der Gesta Chuonradi verfasste Prolog [21]). Diese

---

schichtsk. X, 166) hält allerdings rursus nur für einen 'schiefen Ausdruck in Beziehung darauf, dass er (Otto) unmittelbar vorher c. 31 auch schon Verse und zwar die Wipos angeführt hat'. [20]) Prolog S. 7: Duorum acta regum complectar ... et eo modo opus meum imperfectum deseram ... Si enim, qui incepit, medium habet, non oportet esse aliquem in huius operis calce ingratum, qui principium inveniet praeparatum. Vgl. über das Folgende Bresslau, N. A. II, 589 ff. [21]) S. 7: Siquidem cum de publicis gestis paratus sum dicere, praecipue duorum acta regum complectar, scilicet Chuonradi imperatoris atque filii eius, regis Heinrici tertii ... Patris vero gesta, quae meis temporibus acciderant, prout ipse vidi aut relatu aliorum didici, calamis pingentibus, ignaris successoribus effigiabo. Acta autem clarissima filii, quoniam adhuc Dei gratia superstes regnat, quamdiu vixero, congregare non desinam. Das Material zum Leben Konrads hat Wipo bereits zusammen (didici). Dieses Leben zu schreiben, ist seine nächste Aufgabe (paratus sum dicere ... effigiabo); der Stoff zu Heinrichs Leben (acta autem) ist noch unvollständig und muss unvollständig bleiben, solange dieser noch am Leben ist (quoniam — superstes regnat). Die Gesta Heinrici bleiben demnach einer ferneren Zukunft vorbehalten.

Absicht hatte der ehemalige Kaplan Kaiser Konrads II., als er nach Weihnachten 1046 den Widmungsbrief an Kaiser Heinrich III. abfasste, noch nicht verwirklicht[22]). Ja, jetzt nachdem einmal die Gesta Chuonradi imperatoris — wie wir sehen werden, bereits in einer zweiten Bearbeitung [23]) — vorlagen, hatte er seinen Plan insoweit geändert, als er die Gesta Heinrici nicht mehr in Verbindung mit denen Konrads II., sondern als besonderes, selbständiges Werk herauszugeben sich entschlossen hatte[24]). Dass der bereits betagte und kränkliche Kaplan dieses sein Vorhaben auch ausgeführt hat, ist mehr als fraglich. Und war es ihm wirklich vergönnt, seinen Lieblingswunsch zu erfüllen, so ist es doch trotzdem höchst unwahrscheinlich, dass Otto jene Gesta Heinrici neben den Gesta Chuonradi imperatoris benutzt hat, sahen wir doch, dass Alles darauf hindeutete, die Schlussbemerkung des Freisingers sowohl wie der innere Zusammenhang seiner Chronik, dass er nicht zwei nur lose zusammenhängende Einzelwerke, sondern ein einziges geschlossenes Werk (libellus quidam), das Konrads und Heinrichs Leben im Zusammenhange abhandelte, benutzt hat.

---

[22]) Die Gesta Chuonradi imperatoris sind jetzt vollendet: Vitam illustrem et inclyta gesta Chuonradi imperatoris, patris tui, ... scribere oportunum existimavi. Die Gesta Heinrici III. hingegen stehen immer noch in Aussicht: Mihi autem, servulo tuo, is animus est, si Deus annuerit, utriusque acta referre, quae acciderant, me superstite etc. Vergl. auch Kapitel 36 (Octavausg. S. 42/43): Quod plenius in gestis regis (Heinrici), si Deus voluerit, exequar. [23]) S. u. [24]) Er will jetzt utriusque acta referre ... ita inter vos distinguendo, ut alterum rem publicam salubriter incidisse, alterum eamdem rationabiliter sanavisse veraciter dicam ... quae vero post obitum illius (Chuonradi) feceras, per se ordinanda decrevi. Als Grund für diese Trennung führt Wipo folgenden an; Gesta enim illius, nisi praeclara et valde lucida praecederent, a sequenti nimio splendore tuarum virtutum viderentur aliquatenus obscurari. Die Gesta Heinr. sollten offenbar mit der Thronbesteigung des Herrschers beginnen. Alles Voraufgehende hatte Wipo, vielleicht daran verzweifelnd, dass er je zur Niederschrift des Ganzen kommen würde, den Gesta Chuonradi — wohl nachträglich — einverleibt: Et quoniam sunt quaedam, quae vivente patre laudabiliter egisti, eadem inter acta patris ponenda censueram.

Ferner: aus den Äusserungen Wipos scheint zu erhellen, dass er zwar, solange er kann und lebt, Material (fundamenta) zu einer Biographie seines Kaisers sammeln will, zu einer Ausführung des Planes aber erst in dem Falle zu schreiten gedachte, dass es ihm vergönnt wäre, Heinrich zu überleben [25]. So unwahrscheinlich dieser Fall ist [26]), unmöglich ist er keineswegs. Hat Wipo dann seinen Plan einer Einzeldarstellung der Thaten Kaiser Heinrichs verwirklicht, so kann diese Otto von Freising, dessen Vorlage, wie wir sehen werden, bereits mit 1044 schloss, kaum, Hermann von Reichenau, der zwei Jahre vor Heinrich III. starb, unmöglich benutzt haben. Auch eine etwa bis 1044 reichende 'Vorarbeit' [27]), die jenen ersten Plan wenigstens teilweise ausgeführt hätte, wird wohl nicht existiert haben: die Hypothese von ihrer Existenz beruht ja einzig und allein auf der Annahme einer Otto von Freising Schuld zu gebenden Verwechselung Hermanns mit Wipo. Weitere Anzeichen dafür lassen sich nicht auftreiben. Endlich spricht schon aus dem ersten Prolog Wipos die Resignation des Alters [28]): der Geschichtschreiber glaubt selbst nicht mehr recht daran, dass er imstande sein werde, auch Heinrichs Leben darzustellen, und bittet dessen künftigen Biographen, das Material (fundamenta), das er gesammelt habe, möglichst zu berücksichtigen. Unter diesen Um-

---

[25]) Man beachte die Futura des ersten Prologs und die Worte: Quodsi hoc acciderit, ut, sicut ante regem hanc vitam mihi contigit introire, sic mihi accidat exire, et eo modo opus meum imperfectum deseram, obsecro post me scribentem, ne pudeat illum meis fundamentis parietes suos superponere; ne spernat stilum cadentem erigere; ne invideat meis coeptis, sicut nolit aliquem invidere suis finitis. [26]) Vgl. W. Pflüger, N. A. II, 132 ff. [27]) Wie sie Wattenbach DGQ II⁵, 16 anzunehmen scheint: 'Deshalb glaube ich, dass die vielbesprochenen Gesta (Chuonradi et Heinrici imperatorum Hermanns des Lahmen) niemals geschrieben sind, sondern nur Wipos Vorarbeit, deren Geschick uns unbekannt ist'. Eine erste Redaction der Gesta Chuonradi Wipos hat, einer Vermutung Giesebrechts folgend, H. Bresslau (N. A. II, 590 ff.) nachgewiesen. Von ihr wird weiter unten eingehend gehandelt werden. [28]) S. die Citate in Anmerkung 22 und 25.

ständen dürfte die Hypothese, dass er, nicht Hermann von Reichenau, für dessen Autorschaft noch andere Quellen und Thatsachen sprechen, die vielbesprochenen Gesta Chuonradi et Heinrici imperatorum geschrieben habe, einigermaassen gewagt erscheinen.

Die Lage ändert sich aber noch mehr zu gunsten der Ansprüche Hermanns, sobald wir uns auf den Standpunkt derjenigen Forscher [29]) stellen, die den Vers 'Vox haec melos pangat' mit Otto von Freising nicht Wipo, sondern Hermann dem Lahmen zuschreiben. Die Voraussetzung, dass dieser Vers sich in der Vorlage Ottos oder in engem Anschluss an das Buch fand, in dem der Freisinger Bischof auch 'die Thaten und Tugenden' Heinrichs III. und seines Vaters 'lichtvoll dargestellt' fand, liegt dann zu nahe, um nicht alle Beachtung zu verdienen. Diese eine Voraussetzung zieht aber die andere nach sich, dass sich in jenem Buche auch die unzweifelhaft von Wipo herrührenden Verse 'Quando post' und 'Qui habet' vorfanden. Beide Verse sind so eng mit den seither als aus Wipo direkt herrührend bezeichneten Abschnitten der Chronik Ottos von Freising verwachsen, dass die Wahrscheinlichkeit dafür gross ist, dass Otto Wipo nicht direkt, sondern erst durch Vermittelung der Gesta Hermanns benutzt habe, in die bereits grosse Abschnitte aus Wipos Gesta Chuonradi imperatoris eingefügt gewesen sein müssten. Damit wäre auch die nahe Verwandtschaft zwischen Wipo und Otto, der einzige Grund, der für Wipos Anrechte auf die von dem Freisinger Bischof benutzte Vorlage in's Feld geführt werden konnte, hinreichend erklärt und für die Wiederherstellung der hypothetischen Gesta Chuonradi et Heinrici imperatorum Hermanns des Lahmen ein neuer und fester Standpunkt gewonnen [30]).

---

[29]) Vgl. Steindorff, Jahrbb. Heinrichs III., I, 241, 1, wo auch die übrige Literatur verzeichnet steht. [30]) Der Einwand, den Wattenbach a. a. O. S. 16 gegen unsere Ansicht erhebt: 'Hermann starb ja vor Heinrich III.: wie hätte er dazu kommen sollen, ausser seiner Chronik noch ein abgesondertes abgeschlossenes Buch über ihn zu schreiben?', würde vielleicht gegen Wipo Anwendung finden können, der in seinem

Wird, wie wir sehen, die Vermutung, Otto habe Wipo
mit Hermann verwechselt, nur durch die eine eben er-
läuterte Thatsache der engen Beziehungen zwischen Wipo
und Ottos Chronik gestützt, so fällt jetzt neben der gleichfalls nahen Verwandtschaft zwischen HE, S und des Freisingers Weltgeschichte, neben dem ausdrücklichen Zeugnis
der letzteren und dem des durchaus zuverlässigen Berthold
noch die zweite oben eingehend besprochene Stelle, an
der Otto Hermann den Lahmen als seinen Gewährsmann
nennt, schwer in die Wagschale für unsere These, dass
der gelehrte Mönch von Reichenau neben seinen Chroniken
auch noch ein umfassendes, in seinem ersten Teile ganz
auf Wipo fussendes Lebensbild der beiden ersten salischen
Kaiser verfasst habe. In Hermann müsste sich sonach
der von Wipo vorausgeahnte Bearbeiter des von ihm
gesammelten Materiales, der Baumeister gefunden haben,
der auf dem von Wipo gelegten Fundamente sein Gebäude
errichtet hat[81]. —

2. Die Spuren des verlorenen Werkes in dem Aufbau und der Darstellungsweise der Chronik Ottos von Freising.

Wir fassen jetzt die Beziehungen zwischen Wipos
Gesta Chuonradi imperatoris und den Chroniken Hermanns

Prolog erklärt, Heinrichs Leben erst nach dessen Tod schreiben zu
wollen, kaum aber gegen Hermann, von dem ja Otto von Freising
ausdrücklich sagt, dass er sein Buch für Heinrich selbst bestimmt
habe (ipsi destinavit). Und hat nicht dieser selbe Otto neben seiner
umfangreichen Weltchronik noch Gesta Friderici imperatoris geschrieben und bis 1056 fortgeführt? Ist er nicht 1158 lange vor
seinem Helden über der Ausführung seines Unternehmens wegge-
storben? [81] Vgl. Pertz, Abhandl. der Kgl. Akad. der Wissensch. zu
Berlin 1851, S. 215 ff.; Wattenbach a. a. O. Wipo war vielleicht
Schwabe, hielt sich jedenfalls längere Zeit in Schwaben auf. Sanctgallen und Reichenau, besonders das letztere, treten in seinen Gesta
vor allen anderen Klöstern hervor. Stand er zu Reichenau, was
nicht unwahrscheinlich ist und auch schon von Anderen bemerkt
wurde, in irgend welchen Beziehungen, so liegt doch nahe, auch
solche zwischen ihm und dem gleichstrebenden Hermann anzunehmen.

von Reichenau einer- und Ottos Chronik andererseits unter gelegentlicher Hinzuziehung einer weiteren, mit den erstgenannten Schriften nahe verwandten Quelle, der Ann. Sangall. mai. (S), etwas näher in's Auge.

R. Wilmans hat am Rande seiner Ausgabe der Chronik Ottos von Freising die Bestandteile des uns hier interessierenden Abschnittes (VI, 28 bis 33) angemerkt. Neben Wipo weist er den Chroniken Hermanns von Reichenau und Ekkehards von Aura die Hauptanteile zu. Mit Sigebert von Gembloux, der zum Jahre 1024 herangezogen sein soll[1], hat Otto, wie überhaupt auch sonst[2], nicht das Geringste zu thun. Noch unverständlicher ist der Verweis 'Ann. Quedl.' auf S. 281 der Octavausgabe. Mit den Jahrbüchern von Quedlinburg hat Otto wohl einzelne Thatsachen im grossen Umriss, im übrigen aber auch kaum ein Wort, geschweige denn eine Wendung gemein. Die letzten mit 'Ann. Quedl.' gezeichneten Ereignisse liegen gar jenseits des uns bekannten Schlussjahres jener Annalen. Auch vor 1024 fehlt jede Spur einer Benutzung der Ann. Quedl. Überhaupt ist bei der Benutzung der Quellenangaben in der Ausgabe von Wilmans Vorsicht geboten: von den in der Vorrede[3], allerdings mit einem zweifelnden 'forsitan', als benutzt angeführten Werken sind ausser den beiden genannten noch das Chron. Wirziburgense[4], die Ann. Hildesh.[5],

---

[1] c. 28. [2] Die Stellen S. 202 und 203 der Octavausgabe können ebenso gut aus dem Ekkehard stammen, die auf S. 278, 292, 296, 307 können nur mühsam zu Sigebert in Beziehung gesetzt werden. Von den Verhältnissen gegen Ende des 11. und zu Anfang des 12. Jahrhunderts mag immerhin der um 1111 als Sprosse eines in die Politik jener Zeit eng verflochtenen Geschlechtes geborene Otto von Freising mündliche Kunde gehabt haben. [3] S. XXVIII. [4] Die mit Chron. Wirzib. ausgezeichneten Stellen stammen samt und sonders aus Ekkehard: Otton. Chron. Octavausg. S. 225 = Ekkeh. Chron. M. G. S. S. VI, 140, 70; O S. 222 = E S. 151, 30; O S. 235 = E S. 155, 65; O S. 278 = E S. 190, 40; O S. 279 = E S. 191, 30; O S. 279 = E S. 191, 35; O S. 290 = E S. 198, 1. [5] Wo diese Annalen benutzt sein sollen, hat Wilmans überhaupt nicht angemerkt.

Bertholds [6]) und Bernolds [7]) Chroniken zu streichen. Die meisten der mit den Namen dieser Quellen verbundenen Berichte zeigen entweder nicht die geringste Verwandtschaft mit den angeblichen Vorlagen oder sind auf andere, fortlaufend benutzte Werke — meistens Ekkehard — zurückzuführen.

Aus der Chronik Ekkehards dürften die Notizen zu Anfang der Kapitel 28 und 32 wenigstens teilweise herrühren. Ob auch der Eingang von Kapitel 30, ist fraglich [8]). Im übrigen verdankt Otto von Freising der Chronik Ekkehards das ganze Kapitel 33 mit Ausnahme einiger kleinerer Einschaltungen.

Nicht näher zu bestimmen sind die gelehrten Auseinandersetzungen über die Geographie Frankreichs in Kapitel 30, die ich dem belesenen Freisinger Bischof selbst zuschreiben möchte, und die legendären Erzählungen aus der Papstgeschichte [9]).

Die Verwandtschaft der Chronik Ottos mit jener Hermanns von Reichenau ist in den Kapiteln 28 bis 32 unverkennbar. Inhaltlich reicht dieser Teil genau soweit wie die Ann. Sangall. mai., die Epitome und der Würzburger Auszug. Mit dem Siege, den Heinrich III. 1044 über König Ovo von Ungarn erfocht, schliessen nämlich die drei genannten Quellen sowohl als auch Ottos angeblicher Auszug aus Hermanns Chronik, obwol diese, wie man weiss, über 1044 hinaus bis 1054, dem Todesjahre des Verfassers, fortgeführt worden ist. Trotzdem Wilmans in seiner Ausgabe die Sigle 'Herim.' noch zweimal an den Rand des 33. Kapitels gesetzt hat, ist von einer weiteren Benutzung Hermanns keine Spur mehr zu entdecken. Wir befinden uns hier auf einem Gebiete, auf dem bereits wieder Ekkehard dominiert.

---

[6]) S. o. S 71. Die Stelle zu Anfang des Kapitels 34 (S. 280) steht ebensowenig zu Bertholds Chronik in irgendwelcher Beziehung, wie die zu Anfang des 7. Buches zu der Bernolds. [7]) S. die vorige Anmerkung. [8]) S. u. S 93. [9]) C. 32: Circa idem tempus — infra dicemus; c. 33: Hic ex nobili — electionem informatur. Vielleicht gehören hierher auch der Schluss des Kapitels und einige kleinere Zusätze zu den Papstfolgen.

Somit scheint Otto von Freising in der That, wenn wir absehen von der geographischen Digression und den zum Teil aus Ekkehard stammenden Eingangsworten der Kapitel 28 und 32, die Herrschaft Konrads II. aufgrund der Gesta Wipos und der Chronik Hermanns, die ersten sechs Regierungsjahre Heinrichs III. aufgrund der letzteren allein dargestellt zu haben. Näheres Zusehen wird uns bald eines Besseren belehren.

Wenn wir es jetzt versuchen, uns ein ungefähres Bild von der Arbeitsweise Ottos von Freising zu entwerfen, so sind wir genötigt, die freilich, wie wir sahen, nicht immer zuverlässigen, für unseren Zweck aber bei einiger Vorsicht ausreichenden Quellennachweise der Wilmans'schen Ausgabe zugrunde zu legen. Otto von Freising, das sei zuerst betont, hat, wie wir bereits bemerkten, im Vergleiche zu anderen mittelalterlichen Weltchronisten eine verhältnissmässig kleine Anzahl von Quellen, diese aber gleichmässig, fortlaufend und ausgiebig benutzt. Ekkehards Chronik hat er z. B. vom ersten Kapitel des ersten Buches an bis zum Schlusse des kompilierten Teiles der Weltgeschichte fast Schritt für Schritt herangezogen. Ähnlich ist er mit den historischen Werken eines Hieronymus, Rufinus, Orosius verfahren. Die Benutzung des Chronicon Reginonis erstreckt sich von dem Jahre 818, d. h. dem Jahre, mit dem Reginos selbständige und ausführliche Nachrichten beginnen, bis genau zu dem Schlusse der Continuatio Reginonis (967). Und da sollte er Hermanns zum Teil viel reichhaltigere, von Christi Geburt bis zum Jahre 1054, mit ihrer Fortsetzung aus der Feder Bertholds noch viel weiter hinabreichende Weltchronik nur für den kurzen Zeitabschnitt von 1024 bis 1044 herangezogen haben? Vor 1024 und nach 1044 findet sich auch nicht die geringste Spur einer Benutzung Hermanns. Oder gehören ihm etwa die zahlreichen von Wilmans mit 'Chron. Wirzib.' bezeichneten Stellen zu? Sie lassen sich, wie wir sahen, ausnahmslos, auf den von Otto fortlaufend ausgeschriebenen Ekkehard zurückführen, und es würde einer besonnenen Quellenkritik durchaus widerstreiten, sie, die wir in Ekkehards Chronik in genau demselben Wortlaut finden wie im Chron. Wirzib., einer anderen als der Hauptquelle, dem Geschichtswerke des Mönchs von Aura, zuzuschreiben.

Hätte Otto von Freising in der That, wie Wilmans will, Hermanns Chronik ausgeschrieben — er müsste, wie wir weiter unten ausführen werden, daneben auch noch die Ann. Sangall. mai. und Hermanns Epitome herangezogen haben —, dann könnte er füglich nur den die Jahre 1024—1044 behandelnden Abschnitt, einen Abschnitt also, der nur Gesta Chuonradi et Heinrici enthielt, gekannt und benutzt haben. Dass in ihm bereits auch die Verse 'Vox haec melos pangat', 'Quando post decimam' und 'Qui habet vocem serenam' gestanden haben werden, wurde oben wahrscheinlich gemacht. Mit den entsprechenden sechzehn Jahresberichten der Chronik Hermanns, wie sie uns heute vorliegt, wird somit die Vorlage Ottos von Freising trotz der nahen Verwandtschaft im Wortlaute wohl kaum identisch gewesen sein.

Vielleicht hat Otto das Handexemplar, die erste Redaction der Chronik des Reichenauers benutzt? Dagegen spricht ausser den soeben gegen die Benutzung der heutigen Chronik vorgebrachten Gründen vor Allem der Umstand, dass in jenem Handexemplar, wie aus H und E hervorgeht, zu 1032 Konrad II., nicht Heinrich III. als Erbe Burgunds genannt war, während bereits in Ottos Vorlage, wie sich im Fortgange dieser Untersuchung ergeben wird, König Heinrich an die Stelle seines Vaters getreten war.

Wir fahren in der Betrachtung der Darstellungsweise Ottos von Freising fort. Ganz im Gegensatze zu früheren und späteren Weltchronisten — diese zweite Eigenart des Kompilators fällt uns weiter in's Auge — hat Otto mit seinen Vorlagen, insbesondere mit deren Wortlaute willkürlich geschaltet und allen Auszügen das Gepräge seines eigenen, markanten Stiles aufgedrückt. Dabei hat er aber diese Auszüge wohl nirgends miteinander vermischt, sondern einfach aneinander gereiht und höchstens durch Übergänge aus seiner eigenen Feder verknüpft.

Nun sind allerdings, wie bemerkt [10]), die Quellenverweise in der Ausgabe der S. S. rer. Germ. nicht unbedingt zuverlässig. Immerhin vermögen sie uns ein einigermaassen zutreffendes Bild von der Komposition des Werkes zu geben. Stichproben ergaben stets das gleiche Resultat. Selbst wenn der Freisinger an vereinzelten Stellen wirklich mehrere Quellen mit einander verschmolzen hätte, ein zweites Beispiel für eine so ausgedehnte Mosaikarbeit, wie sie uns nach der landläufigen Ansicht die Kapitel 28 bis 32 des 6. Buches bieten würden, wird man vergebens suchen.

Um ein Beispiel dafür zu geben, wie Otto von Freising in dem eben umschriebenen Abschnitte seine Vorlagen gehandhabt haben müsste, wenn er wirklich Hermanns Chronik in Wipos Gesta Chuonradi hineingearbeitet hätte, werde ich ausgewählte Abschnitte aus der Schilderung des Feldzuges 1037 den drei Quellen entnehmen und nebeneinander stellen, indem ich zugleich die entsprechenden Jahresberichte der Ann. Sangall. mai. heranziehe, die Otto von Freising, wie sich herausstellen wird, ebenso wie die Epitome Sangallensis ausgeschrieben haben müsste, wenn die Wilmans'sche Quellenanalyse zu Recht bestände.

Wi c. 35.

Eodem anno ... imperator Chuonradus ... Italiam intravit cum exercitu et celebravit natalem Domini Veronae anno dominicae incarnationis 1037. Inde ad Mediolanum veniens, ab Heriberto archiepiscopo magnifice susceptus est in ecclesia sancti Ambrosii. ... Unde commotus imperator praecepit, ut omnes in urbem Papiensem ad generale colloquium convenirent. ... Quod dum archiepiscopus rennueret, sensit imperator, omnem illam coniurationem Italiae ipsius consilio factam esse. Et mox comprehenso illo, retinuit in sua potestate. Deinde commendavit eum in custodiam Poponi, patriarchae Aquilegiensi, et Chuononi, duci Carentanorum. ... Archiepiscopus, adducto sibi equo a quodam, fugit et veniens Mediolanum a suis cum magno gaudio susceptus est. Deinde, quicquid poterat moliri contra imperatorem, non praetermisit. Imperator quaeque castella sibi adversa destruxit et iniquas coniurationes Italiae iusta lege reducta exinanivit et veniens Ravennam, sanctum pascha ibi celebravit.

---

[10]) S. o. S. 81.

Otto. Fris. chr. VI, 31.	*H 1036.*	*S 1036.*
(Imperator) Italiam ingreditur, nataleque Domini Veronae celebrans, *per Brixiam et Cremonam* Mediolanum venit eiusdemque urbis *episcopum*, eo quod coniurationis erga eum factae *reus* diceretur, cepit ac Pupioni, Aquilegiensium patriarchae, *custodiendum* commisit. *Episcopus* vero *clam elapsus* aufugit. Eapropter imperator, pascha Domini Ravennae celebrato, verno tempore praefatae civitatis *territoria vastans*, multa castra partim vi capta destruxit, partim in deditionem accepit.	Imperator hieme Italiam petit. *1037.* Imperatore celebrato Veronae natale Domini *per Brixiam et Cremonam* Mediolanum pervenit. Inde Papiam adiens, Heribertum Mediolanensem archiepiscopum, infidelitatis accusatum, adprehendi iussit eumque Poponi, patriarchae Aquilegiensi, *custodiendum* commendavit. Qui fuga *elapsus*, cunctis viribus eidem imperatori rebellare contendit. Imperator, paschali festo Ravennae acto, *territorium* Mediolanense repetiit, urbem obsedit, castella, villas omniaque circum ad rebelles pertinentia *vastavit*, coniuratorum vero manum facile compescuit eisque legem, quam et prioribus habuerant temporibus, scripto roboravit.	Ipse vero collecto exercitu in Italiam incipiente hieme proficiscitur. *1037.* Idem imperator, nativitate Domini Veronae celebrata, Mediolanum inde perrexit. Ibi ab archiepiscopo et civibus honorifice susceptus, quamvis, ut ferunt, ficta fide, eundem *episcopum* inde progrediens secum Ticinum adduxit et de improviso captum quasi *reum* maiestatis Aquilegiensi patriarchae *custodiendum* tradidit. Cui ille *astute* fuga *elapsus* a Mediolanensibus idcirco triumphantibus gratanter in urbem est receptus. Imperator autem, hoc in eos ulcisci cupiens, civitatem valida manu obsedit et res episcopii exercitui ad devastandum dispertiit.

Der Augenschein lehrt die nahe Verwandtschaft der abgedruckten Quellenstellen. Wenn Otto wirklich seiner Geschichte des zweiten Romzuges Wipo zu Grunde gelegt und sie aus H und S ergänzt hätte, könnte er den Berichten der beiden Nebenquellen nur eine einzige neue Thatsache (per Brixiam et Cremonam — venit), im übrigen aber nur Worte und Wörtchen entlehnt und dem Wipoauszuge eingeflickt haben. An anderen Stellen, ja, an allen von Wilmans mit 'Herim.' ausgezeichneten und ausserdem noch an einigen von ihm übersehenen — Kapitel 28 und 29 im Anfange, Kapitel 32 am Schlusse — hätte die gleiche musivische Arbeit Platz gegriffen, die Wipos Bericht und zwar meist recht spärlich mit Worten und bedeutungslosen Phrasen aus HE und S durchschossen hätte. Dabei wäre aber ausser dem Sätzchen per Brixiam et Cremonam venit nur noch eine einzige neue Thatsache — die nämlich, dass der Papst im Sommer 1037 den Erzbischof Aribert von Mailand bannte — aus dem reichen Schatze an neuen, in Wipos Gesta vermissten Nachrichten bei HE und S in Ottos Chronik hinübergenommen worden. Diese mühsame und dabei so ungemein wenig lohnende Arbeitsweise, die nahe an den Begriff einer Spielerei streifen würde, widerspricht auf's Entschiedenste den Gepflogenheiten des gelehrten Bischofs von Freising. Viel eher dürfen wir doch bei ihm, im Einklange mit den oben angezogenen Worten: Tam eius quam patris sui actus et virtutes Herimannus Contractus luculenter satis disseruit, die Benutzung eines einzigen, geschlossenen Werkes voraussetzen, das die Geschichte der beiden ersten Salier im Zusammenhange behandelte, und in dem bereits Wipos Darstellung mit Worten aus HE und S durchsetzt gewesen wäre.

War Hermann von Reichenau der Verfasser dieses geschlossenen Werkes, wie Otto von Freising behauptet und Berthold von Reichenau bestätigt, dann kann uns die häufige Verwendung der Hermann auch in H und E geläufigen Ausdrücke und Wendungen nicht leicht verwundern. Er hat in diesem Falle Wipos Gesta Chuonradi nicht nur bis 1044 fortgesetzt und erweitert, sondern auch stilistisch überarbeitet. Dass er dabei die bereits fertigen Teile seiner Chronik, sein Handexemplar oder E oder beide herangezogen, oder auch dass er später bei der Ausarbeitung der jüngeren Chronik seine Gesta Chuonradi et Heinrici imperatorum nachgeschlagen hat, ist nicht unmöglich.

Ein gewisser Bruchteil der Übereinstimmungen zwischen Ottos Auszug und Hermanns Chroniken freilich, zweifellos aber sämtliche Anklänge an die grösseren Sanctgaller Jahrbücher sind auf eine verlorene Quelle zurückzuführen, die Hermann der Lahme neben Wipos Gesta bei der Zusammenstellung der Chroniken nicht allein, sondern auch offenbar bei der Herstellung der Gesta Chuonradi et Heinrici imperatorum benutzt oder aus dem Gedächtnisse citiert hat [11]. Bald nach der Niederschrift der ersten Redaction der Biographie Konrads II. von Wipo muss, wie in einem der folgenden Kapitel näher ausgeführt werden soll, ein Exemplar der Gesta nach Reichenau gekommen und dort excerpiert worden sein. Dieser ziemlich oberflächliche und ungenügende Auszug wurde dann, annalistisch geordnet und mit kurzen Zusätzen versehen, an die jetzt verlorenen Ann. Alam. Aug. angefügt, die in Reichenau bis etwa zum Jahre 1020 hinab fortgeführt worden waren.

Auf diese verlorenen Jahrbücher, die, wenn sie uns erhalten wären, zweifellos zu den wichtigsten Quellen Schwabens zählen würden, gehen auch die Ann. Sangall. mai. für die Epoche 1025—1039 (1042?) zurück, deren Verfasser das Werk Wipos nur aus dem Reichenauer Auszuge gekannt hat. Die Spuren der Verwandtschaft zwischen Ottos Chronik und S — es wurden in der ersten Parallele bereits einige markiert — sind selten, da der Sanctgaller seine Vorlage stark gekürzt und stilistisch überarbeitet hat, und Otto von Freising mit der seinigen noch willkürlicher umgesprungen ist. Dass sie aber trotzdem noch nicht ganz verwischt sind, mögen die nachfolgenden Nebeneinanderstellungen zeigen.

---

[11] Diese Benutzung ergiebt sich deutlich aus der Stelle am Schlusse des 28. Kapitels bei Otto von Freising. H, S und Otto haben hier die gleiche falsche Nachricht, die auf ein verunglücktes Excerpt der Ann. Alam. Aug. aus Wipos Gesta zurückgeht, und zwar bringen Otto und S dieses Excerpt ausführlicher als H. Vgl. die dahin gehörigen Ausführungen in dem folgenden Abschnitte.

I.

S 1025.
... simul regi rebellare ausi sunt.

Otto. Fris. chr. VI, 28.
... regi cum aliis rebellare attemptant.

Wi c. 10.
... cum aliis plerisque contra regem ... consenserunt.

H 1025.
Rebellio et discordia multa contra regem ... facta.

II.

S 1030.
Herimannus, frater eius, eundem ducatum promeruit.

Otto. Fris. chr. VI, 29.
... eiusque ducatum Herimannus, frater suus, accepit.

Wi c. 25.
Imperator vero ducatum Alamanniae Herimanno, iuniori fratri eiusdem Ernesti, dedit.

H 1030.
... et frater eius Herimannus dux Suevorum efficitur.

III.

S 1032.
Rege Roudolfo defuncto, Uoto, filius sororis suae, regnum Burgundiae tamquam haereditatem patrum suorum valida manu affectavit.

Otto. Fris. chr. VI, 31.
Igitur cum Roudolfus Galliam Lugduni Heinrico traderet, Odo, Celticae comes, eo quod sororius eius esset, praefatum regnum iure haereditatis ad se pertinere calumpnians armata manu ingreditur.

Wi c. 29.
A. D. 1032 Roudolfus, rex Burgundiae, obiit, cuius regnum Oudo Francigena, filius sororis suae, invasit.

H 1032.
Roudolfus, ignavus Burgundiae regulus, ... Odo, sororis eiusdem Roudolfi filius, princeps Gallicae Campaniae, regnum Burgundiae invasit.

IV.

S 1032.
Idem imperator secum copiam militum fere media hyeme in Burgundiam adduxit ... sed nimia vi algoris praepeditus, infecto negotio rediit. Deinde vero proxima aestate Uotoni bellum intulit, urbes eius rapina et incendio funditus evertit ipsumque hac necessitate ad se supplicem venire coegit etc.

Wi c. 30.
(Imperator) collecto exercitu ... Burgundiam intravit, sed propter nimiam asperitatem hiemis ... valde impediebatur ... Eiusdem anni aestate imperator cum exercitu suo in Gallias Francorum venit ... tantas devastationes et incendia fecit, ut ipse Oudo, necessitate compulsus, humiliter veniens quaereret veniam etc.

Otto. Fris. chr. VI, 31.	H 1033.
Augustus ergo ... in Burgundiam iturus circa natale Domini militem instaurat, sed dum propter nimium frigus proficisci non posset, proxima aestate rursum Gallias ingressus vastataque ... ferro et flamma Odonis terra, ille supplex venire compellitur etc.	Imperator ... Burgundiam petiit ... sed impediente hiemis algore, nihil inibi se dignum potuit efficere. Unde rursum aestate ipsam Odonis provinciam Gallicam invadens Campaniam, praediis et incendiis devastavit, donec ipse Odo supplex ad eum veniret etc.

Da eine direkte Entlehnung der durch besonderen Druck hervorgehobenen Stellen aus den Ann. Sangall. mai. schon aus denselben Gründen, die oben gegen eine Benutzung der Chronik Hermanns geltend gemacht wurden, ausgeschlossen erscheint, so läge jetzt ausser der oben gegebenen Erklärung nur noch eine einzige Möglichkeit vor: Ottos Chronik sowohl als auch Wi, HE und S gehen insgesamt auf eine gemeinsame Quelle zurück, die nur die sogenannte schwäbische Reichschronik Bresslaus sein könnte. Die Existenz dieser Chronik oder, um den gebräuchlicheren Namen zu nennen, der schwäbischen Reichsannalen für die Zeit von Christi Geburt bis auf die Hermanns von Reichenau, denke ich in dem ersten Abschnitte dieses Buches durch den Nachweis, dass HE und das Chron. Wirzib. nicht auf sie, sondern auf den ersten Entwurf der Chronik Hermanns des Lahmen zurückgehen, mehr als in Frage gestellt zu haben. Dass für die Epoche 1024 bis 1039 die Annahme einer gemeinsamen Vorlage von Wi, HE und S ausgeschlossen ist, soll in dem folgenden Abschnitte dargethan werden.

Nehmen wir einmal trotzdem an, es hätten schwäbische Reichsannalen existiert und bei der Entstehung der Weltgeschichte Ottos von Freising irgendwie eine Rolle gespielt, so liessen sich allerdings mit Leichtigkeit auf sie alle Übereinstimmungen zwischen Ottos Chronik und HES zurückleiten. Wie steht es jedoch mit Wipo? Die Verse aus dessen Gedichten — 'Quando post' und 'Qui habet vocem', der Rhythmus vom Ungarnsiege König Heinrichs III., die wir in des Freisingers Chronik finden, können doch unmöglich schon in den schwäbischen Reichsannalen gestanden haben! Wipos Gesta Chuonradi, denen die Ersteren entstammen, müssten mithin in irgend einer Form und neben den Reichsannalen von Otto direkt benutzt worden sein oder vielmehr die letzteren und zwar nur sporadisch neben jenen. Die Bedenken, die wir vorhin gegen eine so ausgedehnte Mosaikarbeit aus der sonstigen Darstellungsweise Ottos von Freising glaubten folgern zu dürfen, behalten natürlich auch dieser Hypothese gegenüber ihre volle Geltung. Sollte der gelehrte Bischof in der That an dem reichen Mehr an reichsgeschichtlichen Nachrichten, die nach Ausweis der Chroniken Hermanns und der Sanctgaller Jahrbücher auch in den schwäbischen Reichsannalen gestanden haben müssten, achtlos vorübergegangen sein, um nur einzelne Worte und Wendungen der Vorlage seinem Wipoauszuge einzuflicken?

Diesen berechtigten Zweifeln gegenüber bliebe uns allerdings noch ein Ausweg, der aber der seitherigen Ansicht über das Quellenverhältnis schnurstracks zuwiderlaufen würde. Otto könnte allerdings eine zu HE und S in engen Beziehungen stehende Vorlage, wenn man so will, eine schwäbische Reichschronik benutzt haben. Diese aber hätte dann nicht dem Kaplan Wipo als Quelle für seine Gesta gedient, sondern umgekehrt jene Reichschronik hätte in ihrem Abschnitte von 1024—1039 im Wesentlichen nichts Anderes geboten als einen stilistisch überarbeiteten und mit Zusätzen versehenen Auszug aus Wipo. Hätte dann die Reichschronik, wie Bresslau will, über 1024 hinabgereicht, hätte sie gar schon wie so viele ihresgleichen mit Christi Geburt begonnen, so würde sich die neue Frage oder vielmehr eine alte in neuerem Gewande erheben: Weshalb hat Otto von Freising ganz gegen seine sonstigen Gewohnheiten diese sicherlich sehr umfangreiche Quelle nur für den kurzen Zeitraum von 1024 bis 1039 (bezw. 1044) benutzt und gerade hier die Ausbeutung des im übrigen fortlaufend benutzten Ekkehard von Aura ausgesetzt? Oder haben etwa die schwäbischen Reichsannalen — und dazu würde der im ersten Teile des Buches erbrachte Nachweis auf's

Beste stimmen — nur die Epoche 1024—1044, nur zwanzig Jahre der Regierungen Konrads II. und Heinrichs III. behandelt? Dann würde ja auch der von Berthold von Reichenau für ein verlorenes Werk seines gefeierten Lehrers, Hermanns des Lahmen, überlieferte Titel: Gesta Chuonradi et Heinrici (imperatorum) für die sogenannten Reichsannalen zutreffen, und wir wären jetzt, nachdem wir in den früheren Abschnitten die seither diesen Annalen zugewiesenen Teile von H und E für Hermann in Anspruch genommen haben, in der Lage, gestützt auf die Äusserung Ottos von Freising am Schlusse des 33. Kapitels des 6. Buches der Chronik, auch den von 1024 bis 1039 reichenden Teil der Reichschronik nebst ihrer Fortsetzung bis 1044 für den berühmten Mönch von Reichenau zurückzufordern. Nach Zeit und Umständen, darüber wurde schon gesprochen, könnte Hermann der Lahme recht wohl ein Werk über die beiden ersten Salier verfasst haben, das dann freilich auch die mit Wipos Gesta Chuonradi so eng verwandten Stellen der Chronik Ottos bereits in sich aufgenommen haben müsste. —

3 Die Spuren der Gesta Chuonradi et Heinrici imperatorum in dem Inhalte der Chronik Ottos von Freising.

Dass Ottos Chronik auch gewisse Anklänge an Hermanns Epitome aufweist, wurde bemerkt. Die erste Hälfte des Kapitels 32, welche die sechs ersten Regierungsjahre Heinrichs III. begreift, zeigt fast ebensoviele Übereinstimmungen mit H wie mit E. Für die Regierungszeit Konrads II. dagegen, die in der Epitome stiefmütterlich bedacht ist, vermögen wir nur eine einzige und dazu eine Stelle aufzuführen, von der es zweifelhaft ist, ob sie nicht aus dem hier mit E gleichlautenden Ekkehard stammt.

Otto. Fris. chr. VI, 30.	*H a. 1032.*	*E (= Ekkeh.) a. 1032.*
Ea tempestate Roudolfus, Burgundiae *rex*, *moriens* Heinrico, filio regis, nepoti suo, regnum cum diademate aliisque insignibus cum testamento reliquit.	Roudolfus, ignavus Burgundiae regulus, obiit et diadema eius regnique insignia Counrado imperatori ... allata sunt.	Roudolfus, *rex* Burgundiae, *moriens* diadema suum Chuonrado imperatori misit.

Wie kommt Otto hier und im Anfange des 31. Kapitels[1]) dazu, an Stelle Kaiser Konrads den jungen König Heinrich zu setzen, und diese völlig neue Behauptung dahin zu ergänzen, dass dem Sohne Konrads Burgund testamentarisch zugefallen sei?

Heinrich, der Enkel einer burgundischen Prinzessin, der Grossneffe König Rudolfs III., hatte allerdings nach dessen Ableben gewisse Erbansprüche auf Burgund. Sein Vater, Kaiser Konrad, freilich gründete seine Rechte nicht auf die Verwandtschaft seiner Frau mit dem burgundischen Königshause, sondern auf den vorzeiten von Kaiser Heinrich II. mit Rudolf IV. abgeschlossenen Erbvertrag[2]), der unter Mitwirkung seiner Gemahlin Gisela, zugleich aber auch unter Umgehung seiner Stiefsöhne Ernst und Hermann und der übrigen Erbberechtigten im August 1027 zu Muttenz zwischen ihm und dem Burgunderkönige erneuert worden war[3]). Auf grund dieses Vertrags fiel 1032 Burgund an das deutsche Reich[4]), nicht etwa an Konrad II. persönlich.

Der nächste deutsche Erbberechtigte war damals, nachdem Herzog Ernst von Schwaben gestorben war, dessen Bruder Hermann. Er hat im Gegensatze zu Ernst, den die Verkümmerung seiner Ansprüche auf die Krone Burgunds nicht zum Wenigsten immer wieder in den Aufstand getrieben haben mag, seine Rechte ebensowenig

---

[1]) Igitur cum Roudolfus Galliam Lugduni Heinrico traderet etc.
[2]) Vgl. Hirsch, Jahrbb. Heinr. II., III, 36 ff., 78 ff.; zum Folgenden Bresslau Jahrbb. Konrads II., II, 82 ff. [3]) Vgl. Bresslau a. a. O. I, 221. 222; Wipo c. 8. [4]) Wipo c. 29.

geltend gemacht wie anscheinend sein Vetter Herzog Konrad von Worms. Wohl aber that dies mit nachhaltiger Energie ein dritter Prätendent, der Schwestersohn Rudolfs, Graf Odo von der Champagne. 1037 ist Odo im Kampfe gegen den Kaiser gefallen. 1038 starb Herzog Hermann von Schwaben, 1039 Herzog Konrad d. J. von Worms. Burgund war die ganze Zeit über nicht zur Ruhe gekommen. Es unterliegt wohl keinem Zweifel, dass die burgundischen Gegner Konrads II. die Gesetzmässigkeit seiner Herrschaft bestritten. Nicht ganz mit Unrecht, da der Vertrag von 1027, ohne die Zustimmung der Erbberechtigten abgeschlossen, immer ein Akt der Willkür blieb.

Es ist deshalb sicher kein Zufall, dass Kaiser Konrad II. im Jahre 1038, unmittelbar nach dem Tode seines Stiefsohnes, Herzog Hermanns von Schwaben, in der Begleitung seines Sohnes Heinrich, des damals 'bestberechtigten Erben'[5]), den er inzwischen auch mit dem Herzogtum Hermanns belehnt hatte, nach Burgund zog und ihm auf einer grossen Reichsversammlung das Königreich übergab. Et convocatis cunctis, erzählt Wipo[6]), principibus regni (Burgundiae), generale colloquium habuit cum eis, et diu desuetam atque pene deletam legem tunc primum Burgundiam praelibare fecerat. Transactis tribus diebus generalis colloquii, quarta die primatibus regni cum universo populo laudantibus atque rogantibus, imperator filio suo, Heinrico regi, regnum Burgundiae tradidit eique fidelitatem denuo iurare fecit ... populo clamante et dicente, quod pax pacem generaret, si rex cum caesare regnaret. Dem Principe der Legitimität war damit genug geschehen, Burgund den Saliern definitiv anheimgefallen[7]).

---

[5]) 'Nach dem Tode seiner beiden Stiefbrüder und des Grafen Odo, dessen Söhne, soweit man erkennen kann, niemals burgundische Erbansprüche geltend gemacht haben, war Heinrich als der einzige überlebende Sohn der ältesten Schwester Rudolfs IV. in der That der bestberechtigte Erbe der Krone, die der letztere getragen hatte'; Bresslau a. a. O. II, 325. [6]) c. 28. [7]) Dieser Thatsache gibt Wipo

Ein Versehen Ottos von Freising ist so gut wie ausgeschlossen; der Umstand, dass nach dem Tode der übrigen Erbberechtigten der Anspruch König Heinrichs in den Vordergrund gestellt und durch ihn die Besitzergreifung Burgunds durch Konrad II. nachträglich gewissermaassen legalisiert wurde, so gut wie ausgemacht. Wie ist nun Otto auf die auffällige, wenn auch nicht ganz richtige, so doch dem Gange der Ereignisse so ziemlich entsprechende Vertauschung der Namen Konrad und Heinrich verfallen? Dass er selbst mehr als hundert Jahre nach dem Heimfalle Burgunds noch genau über die rechtliche Grundlage der deutschen Herrschaft über das Königreich unterrichtet war, ist nicht gerade wahrscheinlich. Wir werden deshalb nicht irre gehen, wenn wir diese Änderung der Namen auf eine ältere, vielleicht gleichzeitige Quelle zurückführen. In Wipos Gesta, in HE oder S, die der Freisinger Bischof nach Wilmans benutzt haben müsste, in Ekkehards Chronik, die er sicher ausgeschrieben hat, findet sich nicht einmal eine Anspielung, die man daraufhin hätte deuten können. Wir werden so wieder auf das geschlossene Werk über die Thaten Konrads II. und Heinrichs III. geführt, dessen Benutzung durch Otto von Freising oben wahrscheinlich gemacht wurde. In einem Buche, das Heinrich III., der sich so oft in bewusstem Gegensatze zu der energischen Realpolitik seines grösseren Vaters bewegt hat, gewidmet war, ist eine derartige Verschleierung des Thatbestandes*),

---

an noch einer anderen Stelle seiner Gesta (c. 1) Ausdruck, an der er davon spricht, dass Heinrich II. die Besitznahme Burgunds glücklich eingeleitet, Konrad sie mit den Waffen behauptet, Heinrich III. sie vollendet habe: Ad extremum rex Henricus tertius, pius, pacificus, linea iusticiae, bello et pace eandem Burgundiam temperavit cum magnificentia. *) War es in der That eine solche? Hermann von Reichenau konnte durch seinen Abt Bern recht gut in die Politik jener Zeit eingeweiht sein. Hat etwa König Rudolf wirklich sein Reich direkt cum testamento auf König Heinrich vererbt? In dem Vertrag von Muttenz war dieser neben Kaiser Konrad genannt (Wipo c. 29: licet regnum Burgundiae Chuonrado imperatori et filio eius Heinrico regi a Roudolfo rege ... per iusiurandum iam dudum confirmatum esset). Sollte nicht vielleicht doch Heinrich in dem Vertrage an erster Stelle und Konrad nur als dessen Stellvertreter genannt gewesen sein?

selbst wenn sie auf einen Hermann den Lahmen zurückgehen sollte, der in seinen beiden Chroniken die burgundische Angelegenheit richtiger dargestellt hat, einigermaassen erklärlich, ja, in Anbetracht der späteren Entwickelung, fast entschuldbar.

Für die Geschichte Konrads II., soviel dürfte aus der vorstehenden Erörterung erhellen, ist der Auszug bei Otto von Freising nicht ohne Interesse. Eine eingehende Betrachtung der eingeschalteten Begebenheiten und der beiläufigen Bemerkungen, die wir vergebens in Wipos Gesta oder in HES suchen, wird uns belehren, dass die bisher so wenig berücksichtigte Quelle des Beachtenswerten noch mehr bietet.

Consilio antecessoris sui, cuius tamen, dum viveret, gratia carebat, ab omnibus electus, wird Konrad II. König, meldet uns die Chronik am Eingange des 28. Kapitels [9]). Eine, sofern sie gleichzeitig ist, für die Vorgeschichte der Wahl hochwichtige Bemerkung! Dass sie durchaus den damals obwaltenden Verhältnissen entspricht und deshalb wohl kaum von Otto von Freising eigenmächtig und aus unklarem Wissen hinzugesetzt ist, wie Bresslau annimmt [10]), werde ich anderen Ortes erweisen.

Weder auf HES, wie ich künftig die gemeinsame Quelle der Chroniken Hermanns von Reichenau und der Sanctgaller Jahrbücher benennen werde, noch auf Wipo oder Ekkehard zurückzuführen, aber gleichfalls durchaus den Thatsachen entsprechend ist ferner die Nachricht von der Abstammung König Konrads II. von jenem Herzog Konrad dem Roten von Worms, qui in praelio cum Ungariis sub Ottone habito occubuerat. Einem Zeitgenossen der Wahl Konrads II., dem Klosterbruder des für die Königskur und für den ersten Salier besonders interessierten Abtes Bern von Reichenau, konnte die Genealogie der Wahlkandidaten recht wohl vertraut sein. Ob aber auch dem über hundert Jahre später schreibenden Bischof von

---

[9]) Octavausg. S 280. [10]) Hirsch, Jahrbb. Heinr. III., III, 356 ff, vgl. aber Scheffer-Brichorst, Mitt. des öster. Inst. VI, 53, 3.

Freising? Auch der Titel 'Herzog von Worms' — ob er nun zu Recht besteht oder nicht [11]), ist für uns nebensächlich — für jenen Konrad den Roten dürfte einem Zeitgenossen des letzten Herzogs von Worms, des jüngeren Konrad, geläufiger gewesen sein als einem Schriftsteller, der ein Jahrhundert nach dem Erlöschen dieses Zweiges der Salier gelebt hat.

Selbständig ist weiter die genealogische Bemerkung über Giselas zweiten Gemahl, Herzog Ernst d. Ä. von Schwaben, den Otto den Bruder Alberti superioris Pannoniae marchionis nennt. Woher hat Otto diesen nicht minder als die vorigen richtigen Zusatz? Dass der Ehe Ernsts mit Gisela zwei Söhne, Ernst und Hermann, entsprossen sind: geminosque ex ea filios, Ernustum et Herimannum, suscepit, konnte Otto vielleicht aus dem Zusammenhange seiner Quellen folgern. Die zweite Vermutung, dass er diese Notiz schon in seiner Vorlage fand, scheint mir aber ebenso nahe zu liegen. Auf sie möchte ich auch die nur wenig an Wipos Darstellung anklingende Charakteristik König Konrads II.[12]) zurückführen, wenn Otto von Freising nicht öfter seine Quellen auf's freieste umgestaltet hätte.

Den Grundstock des folgenden Abschnittes, den Wilmans[13]) unbegreiflicherweise zum Teil auf die Quedlinburger Jahrbücher zurückgeleitet hat[14]), bilden ausser allem Zweifel Wipos Gesta, mögen sie nun direkt oder indirekt benutzt sein. Der Zusatz zu dem Namen des Herzogs Boleslav von Polen aber: qui ab antecessore suo (sc. Chuonradi) Heinrico noviter subactus fuerat, findet sich weder bei Wipo noch in HES, während die Thatsache des letzten polnischen Feldzuges Kaiser Heinrichs II. anderweit ausreichend bezeugt ist[15]). Auf seiner Flucht nach Polen soll der Sohn Boleslavs, Herzog-König Mesko, einige Reichsinsignien vernichtet haben: fractis quibusdam regni insignibus. Die Führung der Königsinsignien, die sich

---

[11]) Vgl. Dümmler, Jahrbb. Ottos I., 102, 1. [12]) Octavausg. S. 281. [13]) Ebda. [14]) S. o. S. 81. [15]) Z. B. Ann. Hildesh. 1017, Thietm. VIII, 57 ff. und H a. 1017; vgl. Hirsch, Jahrbb. Heinr. III., III, 87.

zuerst Herzog Boleslav angemasst hatte, wurde den polnischen Herzögen durch den deutschen Kaiser bestritten [16]). Als Meskos Bruder Otto Bezbriem sich 1031 Konrad II. unterwarf, war die Auslieferung der Königskrone cum aliis regalibus eine Hauptbedingung des Friedenschlusses [17]). Coronae scilicet ac tocius regalis ornamenti oblitus, demütigte sich 1032 Herzog Mesko vor dem Deutschen [18]). Passt nicht unsere Notiz auf's Beste zu den eben angeführten Stellen der Hildesheimer Jahrbücher? Sie bildet ein weiteres, nicht uninteressantes Glied in der Schilderung des offenbar zu Konrads II. Zeit vielbesprochenen Streites, um den Anspruch der polnischen Herzöge, den Königstitel und die Königsabzeichen zu führen. Bekanntlich wurde ihnen dieses Recht erst durch Heinrich IV. gewährt. Wie sollte da Otto von Freising, wenn er nicht gar die fragliche Notiz selbst erdichtet hat, auf jenen Nebenumstand der Flucht Meskos nach Polen gekommen sein? Auch hier dürfte wieder die Annahme einer gleichzeitigen Quelle den besten Ausweg bilden.

Durch die Ann. Hildesh. [19]) belegt, aber sicherlich nicht aus ihnen entlehnt ist ferner die neue, von Otto beigebrachte Thatsache, dass Otto Bezbriem, welcher nach Herzog Meskos Flucht die Herrschaft über Polen übernahm, der von seinem Vater Boleslav rechtswidrig angenommenen Königswürde entsagte: Otto vero libere ducatu potitus, diadema, quod pater eius ad ignominiam regni illicite fecerat, regi misit seque per omnia ditioni eius subiecit.

An Stelle des familiaris quidam, der nach Wipo [20]) Herzog Otto Bezbriem ermordete (a suis *A. Hildesh.* [21])), ist in der Chronik des Freisinger Bischofs die genauere Bezeichnung armiger suus getreten. Liegt hier wieder eine blosse Willkür Ottos vor? Auch der Schlusssatz des Abschnittes: Exhinc provincia illa (scilicet Polonia) regibus

---

[16]) Vgl. Bresslau, Jahrbb. I, 53. [17]) Ann. Hildesh. 1031: Sed idem Bezbrimo imperatori coronam cum aliis regalibus, quae sibi frater eius (Misako sc.) iniuste usurpaverat, transmisit ac semet ... subditurum promisit. [18]) A. a. O. a. 1032. [19]) S. Anmerkung 17. [20]) c. 29. [21]) a. 1032.

nostris sub tributo servire cognoscitur ist hinsichtlich des Tributes genauer als der Schlusssatz von Wipos Darstellung der polnischen Wirren: Defuncto Misicone, Gazmerus, filius eius, fideliter serviebat hucusque imperatoribus nostris.

Wir können zwar mit Bresslau[22]) aus den letzten Sätzen der Kapitel 10 und 11 der Gesta Chuonradi schliessen, dass die Anteilnahme Herzog Ernsts von Schwaben an dem Romzuge König Konrads im Frühjahre 1026 eine Bedingung seiner Aussöhnung mit dem Stiefvater gewesen sei, direkt spricht dies von allen unseren Quellen einzig und allein die Chronik Ottos von Freising aus[23]). Rex vero Italiam ingreditur; ad quem Ernustus dux consilio matris suae, reginae, venit gratiamque suam eius auxilio, promittens, se in Italiam cum rege profecturum, obtinuit. Stammt diese fast unzweifelhaft richtige Kombination, stammt die wohl ebenso richtige Nachricht, dass die Königin Gisela Ernst zur Unterwerfung geraten habe, von dem Freisinger Bischofe her? Viel eher dürfen wir hier an einen mit den schwäbischen Verhältnissen vertrauten Gewährsmann denken, der Wipos Gesta überarbeitet und durch kleine, aber keineswegs unwichtige Züge erweitert hat. Hätten aber Otto die angeblichen schwäbischen Reichsannalen vorgelegen, so müssten wir hier und in allen übrigen schon besprochenen und noch zu besprechenden Fällen den Kaplan Wipo der Fahrlässigkeit und der Unterschlagung wichtiger Einzelheiten zeihen. In dem letzten Falle hätte er dann ausserdem noch einen logisch wohlbegründeten Satz, den er schon um einen wichtigen Zug gemindert hatte, in zwei zusammenhangslose Hälften zerrissen und diese Hälften auf zwei verschiedene Kapitel verteilt.

Die nächste neue Nachricht[24]) bezieht sich auf Konrads Römerzug: Rex vero castra movens sanctum pascha Vercellis celebravit. Ibi Reginherum marchionem cum civibus Lucensibus obviam habuit, susceptisque ad

---

[22]) A. a. O. S. 116. [23]) c. 28 am Schlusse, Octavausgabe S. 281.
[24]) c. 28, S. 282.

deditionem omnibus, ad Urbem iter tendit. Sie ist direkt falsch. Doch trifft den fleissigen Freisinger Bischof nur sehr geringe Schuld an dem hier obwaltenden Missverständnisse, zu dessen Erklärung ich ein Resultat der im nächsten Abschnitte folgenden Untersuchung vorwegzunehmen gezwungen bin.

Von dem Reichenauer Auszuge aus Wipos Gesta Chuonradi, auf den meines Erachtens hier HES und die von Otto benutzten Gesta Chuonradi et Heinrici imperatorum Hermanns des Lahmen zurückzuleiten sind, war schon im Vorbeigehen die Rede. An unserer Stelle hatte der Reichenauer Excerptor die Kapitel 11 bis 18 der Gesta Wipos fast bis zur Unkenntlichkeit gekürzt, indem er den Abmarsch nach Italien, die Osterfeier zu Vercelli und die Unterwerfung Luccas und Reginhers heraushebend und verknüpfend, die ganze Romfahrt König Konrads in einem kurzen Satz zusammendrängte und diesen zu 1026, dem Jahre des Aufbruchs der Deutschen, stellte. Zu dieser bei H [25]), E [26]) und S [27]) noch merkbaren Verschiebung hat sich bei Otto von Freising noch ein weiterer Irrtum gesellt, den wir dem gelehrten Bischof selbst in Rechnung stellen, aber auch verzeihen dürfen: von der engen Verknüpfung der Osterfeier zu Vercelli mit der Unterwerfung Luccas bis zu der Annahme, dass diese Unterwerfung schon in Vercelli selbst erfolgt sei, ist nur ein kleiner Schritt.

Noch ein zweites Missverständnis, wenn es ein solches und nicht vielmehr eine Korrektur ist, dürfte jenem oberflächlichen Auszuge aus Wipos Gesta zur Last zu legen sein. Im 16. Kapitel der Gesta lesen wir nämlich, dass die Könige Rudolf von Burgund und Kanut von Dänemark

---

[25]) Hermann spricht schon zu 1026 von dem erst 1027 erfolgten Zusammenstosse mit Lucca und von der Unterwerfung von ganz Italien diesseits Rom, von der zu 1026 noch keine Rede sein konnte. S nennt ausser Lucca noch den Markgrafen Reginher.
[26]) Der Epitomator, also wiederum Hermann von Reichenau, stellt in dem kurzen Satze: Et ipse (Counradus sc.) Romam pergens, imperator efficitur sogar noch die Krönung Konrads in's Jahr 1026.
[27]) a. 1026.

und England dem neugekrönten Kaiser das feierliche Geleit von der Peterskirche bis zu seiner Wohnung (cubiculum) gegeben hätten. Otto von Freising dagegen [28]) lässt beide Könige ihrem Lehensherren schon auf dem Wege zur Krönungskirche diese Ehre erweisen: Inter duos Cnutonem Anglorum, et reginae Gisilae avunculum, Rudolfum Burgundiae reges honorifice procedens, a summo pontifice Johanne coronatus . . . imperatoris et augusti nomen sortitur.

Mit den schwäbischen Angelegenheiten scheint Ottos Vorlage, wie wir sie annehmen, ziemlich vertraut gewesen zu sein. Auf sie führe ich eine fernere neue Nachricht über die Händel zwischen Herzog Ernst von Schwaben und seinem Stiefvater zurück. Auf Anstiften des Grafen Werner von Kiburg (consilio comitis Werenharii), schreibt Ottos Chronik [29]), habe Ernst zum zweitenmale die Fahne des Aufstandes gegen Kaiser Konrad erhoben. Für diese Anstiftung ist bis heute so ziemlich allgemein Werner verantwortlich gemacht worden [30]), trotzdem genauere Quellennachweise für sein Verschulden fehlten. Wieder einmal hat Otto Wipo (consilio quorundam militum suorum) und diesmal auch Hermann (pravo aversus consilio) gegenüber die prägnantere Nachricht. Wir ersehen daraus, dass Otto, wenn er nicht in kühnster Weise die Thatsachen kombiniert hat, einer über Schwaben gut unterrichteten Quelle gefolgt sein muss. Wäre dies Bresslaus schwäbische Reichschronik gewesen, aus der auch Wipo geschöpft haben soll, dann hätte dieser hier, wie er schon oben den armiger des Polenherzogs Otto Bezbriem in einen farblosen familiaris quidam verwandelt hätte, den unbestimmten Ausdruck milites quidam an die Stelle des Namens Werners von Kiburg, des eigentlichen Streitrufers, gesetzt. In beiden Fällen wäre uns die Abschwächung der Vorlage unerklärlich. Hat aber umgekehrt Wipos Leben Konrads II. dem Verfasser der Vorlage Ottos von Freising als Hauptquelle

---

[28]) c. 29, S. 282. Von einem weiteren Missverständnisse in c. 31 wird S. 109 ff. die Rede sein. [29]) Ebda. [30]) Vgl. Bresslau a. a. O. S. 200.

gedient, so hat er, vielleicht ein jüngerer Zeitgenosse Wipos, aus eigener Kenntnis die etwas verschwommene Erinnerung seines Gewährsmannes mit neuen Farben aufgefrischt.

Erinnern wir uns jetzt eines ähnlichen Falles aus Hermanns des Lahmen Chronik! In seinem Jahresberichte 1024 nennt Hermann den Ort, an dem die Wahl Konrads II. vollzogen wurde, apud villam Kambam. Wipo spricht im Eingange des 2. Kapitels des Längeren und Breiteren von diesem Orte, weiss aber offenbar den Namen nicht mehr, trotzdem er seine Ausführung mit den hochtrabenden Worten schliesst: Sed de vocabulo et situ loci plenius dicere topographis relinquo, ego autem ad inceptum redeo³¹). Wipo und Hermann sollen auf die gleiche reichsgeschichtliche Quelle zurückgehen. Sie haben auch an dieser Stelle manche Berührungspunkte. Hat nun etwa Hermann den Namen Kamba der gemeinsamen Vorlage entnommen, Wipo ihn aus irgend einer Schrulle weggelassen? Das ist wohl kaum anzunehmen. Wipo wird ihn so wenig gewusst haben wie den Stand des familiaris, der Herzog Otto ermordet hat, und wie den Hauptanstifter zu Herzog Ernsts zweitem Aufstande. Hermann hat seine Vorlage, wenn er an der betreffenden Stelle überhaupt eine nötig hatte, vielleicht aufgrund des Briefes Abt Berns³²) an die lombardischen Bischöfe durch die Hinzufügung des Namens Kamba ergänzt. Der Analogieschluss auf die Vorlage Ottos liegt nahe. Der Bericht des Bischofs von Freising scheint allerdings, darauf deutet fast jedes Wort hin, in der Hauptsache auf Wipos Gesta zu beruhen. Drängt sich da nicht fast von selbst die Annahme auf, dass Otto diese Gesta erst aus zweiter Hand erhielt, und dass ein jüngerer Bearbeiter Wipos bereits einzelne Teile der Gesta aufgrund eigener Kenntnis umgestaltet, sie mit neuen Zügen ausgestattet hatte?

In dieser Annahme einer zeitgenössischen, auf Wipo beruhenden Quelle darf uns auch der Umstand

---

³¹) Vgl. Bresslau a. a. O. I, 17/18. ³²) Abgedruckt bei Giesebrecht, Gesch. der deutschen Kaiserzeit II, 696.

nicht stören, dass Otto gerade an der eben besprochenen Stelle den Bericht über die Aufstände von 1027 und 1030 bis zur Unverständlichkeit gekürzt hat. Ich werde weiter unten noch öfter auf den Umstand zurückkommen müssen, dass wir selbst von den besten mittelalterlichen Chronisten, denen unsere heutigen, die Zeitfolgen bis in's Einzelne festlegenden Handbücher abgingen, chronologisch zuverlässige Auszüge aus pragmatischen Geschichtswerken, wie es die Gesta Chuonradi Wipos sind, und die Gesta Chuonradi et Heinrici imperatorum Hermanns sicherlich waren, überhaupt nicht erwarten dürfen.

Von der zweifellos absichtlichen und nicht erst durch den Kompilator des 12. Jahrhunderts in's Werk gesetzten Verwechselung Heinrichs III. mit Konrad II. aus Anlass der burgundischen Erbschaft war schon die Rede [33]). Der Umstand, dass Graf Odo von der Champagne Burgund iure hereditario beanspruchte, oder, wie sich der Jahrbuchschreiber von Sanctgallen ausdrückt [34]), tamquam hereditatem patrum suorum, stand vielleicht schon in einer Otto mit S gemeinsamen Vorlage, könnte aber auch von ihm aus den im Wortlaute abweichenden Angaben Wipos oder Hermanns gefolgert sein.

Die Nachricht hingegen [35]), dass der Sommerfeldzug von 1033 gegen Graf Odo von der Champagne drei volle Wochen (per tres continuas ebdomadas) gedauert habe, steht wieder ganz vereinzelt da. Sie ist so speziell und lässt sich so gut in das Itinerar Kaiser Konrads einfügen [36]), dass sie Otto von Freising unmöglich aus eigenem Wissen geschöpft oder gar erdichtet haben kann. Man wird sie künftig, wie die meisten übrigen neuen Nachrichten der Chronik des Freisingers unbedenklich den Jahrbüchern Konrads II. einverleiben dürfen.

Nicht eben viel Neues bringt eine zweite Mitteilung [37]) aus Burgund, für die uns ebenfalls bei Wipo und Hermann die Gegenstücke fehlen. Dum haec aguntur in Italia, meldet

---

[33]) S. o. S. 93 ff. [34]) a. 1032. [35]) c. 31, S. 284. [36]) Vgl. Bresslau a. a. O. II, 87 ff. [37]) c. 31, S. 284/85.

Ottos 31. Kapitel, Odo comes, sacramento rupto, denuo imperatori in Gallia rebellat. Cumque ad ignominiam eius castrum quoddam, Barum nomine, obsidione cinxisset etc. Der Rest stammt aus Wipo [38]). Die Richtigkeit der Meldung wird in der Hauptsache durch den Jahresbericht 1037 der Hildesheimer Jahrbücher verbürgt, auf die wir sie vielleicht einschliesslich der Nachrichten über die Polenkriege zurückzuführen geneigt sein könnten, wenn dies nicht der so ganz anders geartete, auch nicht im Geringsten an den der Ann. Hild. anklingende Wortlaut, die zahlreichen abweichenden Einzelheiten und vor allem die Gewissheit verböten, dass von einer anderweitigen Benutzung des Hildesheimer Jahrbuchs weder bei Otto von Freising noch in den mit ihm verwandten Quellen — trotz der entgegengesetzten Angaben des Herausgebers der Chronik [39]), Bresslaus u. a. [40]) — die leiseste Spur zu entdecken ist.

Dass Kaiser Konrad II. in der Marienkirche zu Speier begraben liegt [41]) — er ist der erste in der Reihe der deutschen Kaiser, die dort bestattet wurden —, konnte Otto von Freising möglicherweise aus eigenem Wissen hinzufügen. Das Wahrscheinlichste ist aber auch hier, dass er wieder aus derselben Quelle geschöpft hat, aus der auch die übrigen Zusätze geflossen sind.

Überschauen wir zum Schlusse noch einmal Ottos Originalberichte insgesamt, so ist zweierlei hervorzuheben. Einmal sind seine Zusätze und Änderungen mit Ausnahme weniger, die in der starken Kürzung einer pragmatischen und nicht ängstlich chronologisch berichtenden Vorlage ihre Erklärung und Entschuldigung fanden, so genau und richtig, so unmittelbar und original, dass sie der Freisinger Bischof unmöglich alle aus dem Gedächtnisse hinzugefügt, aus dem Zusammenhange seiner Quellen gefolgert oder gar

---

[38]) c. 35. [39]) S. XXVIII, vgl. o. S. 81. [40]) N. A. II, 579 ff., 583 ff. Über die angebliche Verwandtschaft der Chroniken Hermanns mit den Ann. Hersf.-Hildesh. wird in einem besonderen Abschnitt gehandelt werden. [41]) c. 31, S. 285.

frei erfunden haben kann. Im Gegenteil! Wir dürfen jetzt mit voller Gewissheit behaupten, dass die besprochenen Zusätze unbedingt auf einen zeitgenössischen Berichterstatter zurückgeführt werden müssen.

Zweitens sind aber die meisten Zusätze, so wichtige Einzelheiten sie auch berichten, so kurz und beiläufig und dabei mit der Hauptquelle, Wipos Gesta, so fest zusammengeschweisst, dass bei der oben geschilderten Eigenart der Ottonischen Chronik ein Einschalten derselben durch Otto von Freising selbst von vornehcrein ausgeschlossen erscheint. Ja, wir können jetzt getrost einen Schritt weiter gehen und kühnlich behaupten, dass von einer Verschmelzung von zwei oder gar mehreren Quellen weder in dem entsprechenden Abschnitte der Chronik, abgesehen natürlich von den leicht kenntlichen Zuthaten des Verfassers, noch auch in deren Vorlage die Rede sein kann. Ein und derselbe Historiker und Gewährsmann Ottos von Freising hat Wipos Gesta überarbeitet, ihnen das Gepräge seines Stiles aufgedrückt und im Laufe dieser Überarbeitung gelegentlich durch eine oder die andere ihm im Gedächtnisse haftende Einzelheit oder eine ihm aus dem Reichenauer Auszuge Wipos bekannte Thatsache erweitert und so unsere Kenntnis des von Wipo geschilderten Zeitraumes vertieft.

Hätte Otto von Freising neben Wipos Gesta noch eine reichhaltige zweite Quelle, der er jene sechzehn, oben besprochenen neuen Thatsachen verdankte, und zwar die bekannten schwäbischen Reichsannalen benutzt, wie käme es dann, dass er aus dem reichen Mehr dieser Annalen, das aus ihnen in Hermanns Chroniken und in die grösseren Sanctgaller Jahrbücher übergegangen sein müsste, nur zwei kurze mit HE und S gemeinsame Mitteilungen entnommen hat? Mag auch durch die energische Kürzung der Vorlage durch den Freisinger Bischof manche Einzelheit unter den Tisch gefallen sein, das geschilderte Missverhältnis ist so schreiend, dass es mit der Hypothese, Otto habe Wipos Gesta mit der schwäbischen Reichschronik zusammengeschweisst, einfach unvereinbar ist.

Wohl aber können wir uns vorstellen, dass ein und derselbe Verfasser zweier Werke über denselben Gegenstand, einer Geschichte der beiden ersten Salier in chronikalischer und einer in der pragmatischen Form der Lebensbeschreibung, nicht nur öfters die gleichen Zustände und Ereignisse mit den gleichen oder mit ähnlichen Worten zu erzählen versucht war, sondern auch in dem einen diese, in dem anderen jene Seite seines Vorwurfs betonte und so in beiden Gelegenheit fand und nahm, dieselbe Sache mit verschiedenen Zügen auszustatten. Wir werden uns deshalb nicht länger dem Schlusse, auf den uns unsere Untersuchung immer und immer wieder hingeführt hat, entziehen können, der Feststellung nämlich, **dass Hermann der Lahme von Reichenau Wipos Gesta bearbeitet und fortgesetzt und so, wie Berthold,** sein Schüler, behauptet und Otto von Freising, der einzige uns bekannte Benutzer, bestätigt, **in der That Gesta Chuonradi et Heinrici imperatorum geschrieben hat.**

Die genaueren Nachrichten über die Wahlvorgänge in Kamba verdankte Hermann von Reichenau[42]) wahrscheinlich seinem mit der Reichspolitik wohlvertrauten Abte Bern[43]). Sollte nicht auch aus derselben Quelle die Kunde von der Empfehlung der Kandidatur Konrads d. Ä. durch den sterbenden Heinrich II. geflossen sein?

Hermann ist Schwabe von Geburt. Seine Berichte über Herzog Ernst ergänzen auf's Willkommenste die Darstellung der Gesta Wipos. Seine Verwandten, sein Vater, seine Brüder, sind höchstwahrscheinlich, sein Kloster ist zweifellos tief in die schwäbischen Händel verwickelt gewesen. Bei Hermann wäre deshalb auch die Kenntnis der Familienverhältnisse Herzog Ernsts d. Ä. von Schwaben und der näheren Umstände der Erhebungen des jüngeren Ernst, wie wir sie in Ottos von Freising Chronik antreffen, vorauszusetzen.

---

[42]) Chron. a. 1024. [43]) Vgl. dessen Brief an die lombardischen Bischöfe bei Giesebrecht II, 696; Bresslau, Jahrbb. I, 17 ff.

Ottos Vorlage haben treffliche Nachrichten über die Verhältnisse an der slavischen Ostgrenze ausgezeichnet. Auch Hermanns Chronik⁴⁴) zeigt sich über die Vorgänge im Slavenlande auf's Beste und nicht nur aufgrund von Wipos Gesta unterrichtet.

Wir werden endlich in der Folge sehen, dass die verlorenen Reichenauer Jahrbücher, deren Spuren wir in HES nachzuweisen vermögen, und denen Hermanns Chronik wohl die meisten, wenn nicht alle Nachrichten aus und über Burgund verdanken dürfte, den Angelegenheiten dieses Nachbarlandes besondere Aufmerksamkeit schenkten. Ist es da zu gewagt, auf den gleichen Ursprung die ausgezeichneten Einzelheiten über die burgundischen Erbschaftshändel, auf die wir in Ottos Chronik stossen, zurückzuführen? —

Im Kapitel 32 des sechsten Buches bringt der Freisinger Bischof als Fortsetzung des besprochenen Abschnittes eine Darstellung der ersten sechs Regierungsjahre Heinrichs III., die fast Wort für Wort mit H oder E übereinstimmt. Sollen wir, nachdem wir oben, wie mir dünkt, aus den triftigsten Gründen, die Annahme, Otto habe Wipo mit Hermanns Chronik oder mit den schwäbischen Reichsannalen kompiliert, verworfen haben, auf eine Verschmelzung der beiden Chroniken Hermanns, von denen doch eine genügt hätte, verfallen und so Otto wieder eine völlig zwecklose Mosaikarbeit zumuten? Der eingefügte Vers aus dem Gedichte Wipos über den Ungarnsieg Heinrichs III., das Hermann wohl in seiner Handschrift der Gesta Chuonradi imperatoris vorfand, weist uns den Weg: der Abschnitt 1039—1044 bei Otto von Freising ist ein Auszug aus einem und demselben Werke, aus dem auch der mit Versen Wipos durchsetzte Abschnitt 1024—1039 geflossen ist, aus einem Werke, das, in seiner ersten Hälfte auf Wipo fussend, die Thaten Konrads und Heinrichs im Zusammenhange behandelte, nämlich aus den Gesta Chuonradi et Heinrici imperatorum Hermanns des Lahmen von Reichenau.

---

⁴⁴) a. 1032, 1034, 1035, 1036; E a. 1034—36.

Der Charakter dieses Buches wird aus den vorstehenden Erörterungen mit einiger Deutlichkeit hervorgehen. Hier seien nur noch einige Punkte besonders behandelt! Da Otto von Freising — darauf deuten schon die durch die Kürzungen entstandenen Missverständnisse hin — offenbar, wie dies ja auch sonst in seiner Gewohnheit lag, sehr energisch gestrichen und den Rest im Interesse der Gleichmässigkeit seines Geschichtswerkes eng zusammengedrängt hat, lässt sich über den Umfang des verlorenen Buches nur schätzungsweise urteilen. Aus einigen breiter angelegten Abschnitten — es sei hier nur an den zweiten Romzug Konrads II. erinnert — lässt sich nur die Vermutung herleiten, dass die Gesta Chuonradi et Heinrici imperatorum ungefähr den gleichen, wenn nicht bedeutenderen Umfang gehabt haben mögen, als das zugrunde liegende Werk des Kaplans Wipo.

Den Hauptstock bildeten ohne Frage die Gesta Chuonradi imperatoris und zwar in einem solchen Grade, dass wir für grosse Teile Hermanns Buch im Wesentlichen als eine stilistisch überarbeitete, mit kleinen Zusätzen versehene, hier und da vielleicht gekürzte, jedenfalls aber mit einer Fortsetzung bis 1044 versehene zweite, vermehrte und verbesserte Auflage Wipos betrachten dürfen. Die vielfachen Änderungen im Wortlaute, die häufigen Umstellungen werden wir nicht alle auf die Rechnung des in dieser Hinsicht allerdings sehr eigenmächtigen Freisinger Epitomators setzen dürfen. Gelegentlich mag Hermann in den Reichenauer Wipoauszug der verlorenen Jahrbücher seines Klosters Einsicht genommen haben, wenn ihm nicht die in Frage kommenden Stellen von früherem Gebrauche dieses Buches her im Gedächtnisse hafteten. Von einer Kompilation jener Quelle mit Wipo kann aber nach Allem keine Rede sein.

Dass Hermann, wie schon der Titel seines Buches andeutet, der pragmatischen Darstellungsweise seines Vorbildes treu geblieben ist, wäre fast selbstverständlich, auch wenn es uns nicht durch die Form des Auszuges bei Otto bestätigt würde. Ja, er scheint in dieser Hinsicht gelegentlich noch über seinen Vorgänger hinausgegangen zu sein.

Im Eingange seiner Gesta gab er genauere Nachricht über die Herkunft Konrads II., als wir sie bei Wipo finden. Das erste Auftreten der Königin Gisela bewog ihn zu einem Exkurs über die Familienverhältnisse des schwäbischen Herzogshauses. Die Charakteristik Konrads II. am Schlusse des ersten Abschnittes bei Otto ist gleichfalls neu.

Wipo hatte in seinem 9. Kapitel eine Darstellung der polnischen Verhältnisse verheissen, diese Verheissung aber erst im 29. Kapitel und zwar recht notdürftig erfüllt. Hermann dagegen muss, wenn wir hier nicht eine willkürliche Umstellung durch Otto von Freising annehmen wollen, die polnische Angelegenheit, vielleicht dazu angeregt durch den Schluss von Wipos 9. Kapitel, schon im Anschluss an den Tod Herzog Boleslavs von Polen behandelt haben. Dass er hier ausführlicher war als sein Vorgänger, geht aus der oben gegebenen Besprechung der Zusätze zu dem Berichte der Gesta Chuonradi hervor. Hermann hat dann seine Darstellung der polnischen Wirren im Zusammenhange und ohne Rücksicht auf die Zeitfolge bis zum Abschlusse durch den Frieden zu Merseburg (1032) durchgeführt, um dann erst wieder auf die Ereignisse des ersten Regierungsjahres Konrads II. (1025) zurückzugreifen.

Ob die Schilderung des dritten Aufstandes Ernsts von Schwaben mit der des zweiten auch schon in Hermanns Gesta verbunden war, wie der bis zur Unkenntlichkeit kurze Auszug bei Otto den Anschein erweckt, wage ich nicht zu entscheiden, wohl aber scheint mir Hermann den Tod Herzog Konrads von Kärnthen und Worms, der erst am 20. Juli 1039 erfolgte, im Anschlusse an den Herzog Hermanns von Schwaben und den der Königin Kunigunde erzählt und dem Berichte über das Ableben des sechs Wochen v o r dem Kärnthnerherzog verstorbenen Kaisers Konrads II., voraufgestellt zu haben. Wie sollte sonst Otto von Freising auf den Gedanken gekommen sein, Herzog Konrad sei gleich seinen Verwandten auf dem unheilvollen Rückzuge des Kaisers aus Italien an der Pest gestorben?

Das dem Gedächtnisse Kaiser Konrads gewidmete Gedicht Wipos 'Versus pro obitu Chuonradi imperatoris' beklagt nicht nur den Verlust des Herrschers, sondern auch den seiner nächsten Anverwandten Kunigunde, Konrad und Hermann, die in jenem Jahre des Jammers (annus lamentabilis) von dem Tode dahingerafft wurden:
Eodem vero tempore occasus fuit gloriae:
Ruit stella matutina, Chunelinda regina,
Heu! quantum crudelis annus! corruerat Herimannus,
Filius imperatricis, dux timendus inimicis,
Ruit Chuono, dux Francorum, et pars magna seniorum.
Rex Deus, vivos tuere et defunctis miserere!
Die übrigen acht Strophen beschäftigen sich ausschliesslich mit dem Leben des Kaisers. Hätte Otto von Freising Wipos Gesta, deren Schluss dieses Gedicht bildet, im Originale vor sich gehabt, so wäre es nahezu unbegreiflich, wie er dazu gekommen sein sollte, es nicht auf Kaiser Konrad, sondern, wie er es offenbar thut, nur auf die drei fast zu gleicher Zeit mit dem Kaiser verstorbenen Mitglieder des kaiserlichen Hauses, Kunigunde, Hermann, Konrad, zu beziehen [45]). In seiner Vorlage, so werden wir daraus schliessen, hat nicht das ganze Gedicht, das Otto unmöglich hätte missverstehen können, sondern nur dessen Anfangsvers 'Qui habet vocem serenam, proferat hanc cantilenam', den er citiert, und die oben angeführte Strophe oder wahrscheinlicher noch eine Paraphrase derselben gestanden. Der Verfasser der Vorlage Ottos, Hermann von Reichenau, hat also hier auf's Freieste mit dem Texte Wipos geschaltet. Dass er selbst etwas Falsches berichtet haben sollte, ist nicht anzunehmen; aber er wird die einzelnen Glieder der Darstellung seines

---

[45]) c. 31 am Schlusse: Mortui sunt ibi inter alios Hermannus dux, reginae filius, Chunigunda, filii regis sponsa, Cono, Francorum dux, et alii quam plures. Unde quidam ex nostris ... rhitmum composuit, qui sic incipit:
Qui habet vocem serenam,
Proferat hanc cantilenam.
Non multo post reverso ab Italia imperatore ... diem ultimum clausit.

Vorgängers, der hier gar nicht misszuverstehen ist, neu geordnet, vielleicht auch so gekürzt haben, dass sie ein in die Verhältnisse jener Zeit nicht Eingeweihter, wie Otto von Freising, leicht missverstehen konnte, ja unter Umständen missverstehen musste.

Wipos Gesta Chuonradi imperatoris, das können wir schon aus diesen wenigen Fällen ersehen, sind unter Hermanns Händen zu einem völlig neuen Buche geworden. Beispiele derartiger Überarbeitungen und Erweiterungen bekannter historischer Werke bietet die mittelalterliche Biographik, die Heiligenlebenliteratur, in Fülle.

Dass auch die Fortsetzung der Gesta Wipos pragmatisch, nicht annalistisch oder chronikalisch gestaltet war, scheint mir das folgende Beispiel zu beweisen. Der Tod des Markgrafen Liutpold von Österreich, mit dem der aus Hermanns Gesta Heinrici stammende Teil der Chronik des Freisingers abschliesst, gehört ebenso wie die unmittelbar vorhergehende Erzählung von der Hochzeit König Heinrichs III. mit Agnes von Poitou in's Jahr 1043, also zeitlich vor den Ungarnkrieg von 1044, über den vorher in einem durch quoque vermittelten Anschluss an die Böhmerkriege berichtet wird. Von diesen handeln zwei Sätze, von jenem spricht gar nur einer. Die Kürze der Berichte scheint auszuschliessen, dass etwa Otto selbst hier den Versuch einer pragmatischen Darstellung gemacht haben sollte. Vielmehr wird er in seiner Vorlage bereits eine zusammenhängende Schilderung der von 1039 bis 1041 währenden Böhmenkriege und, damit verbunden, eine solche der vielfach an die böhmischen Händel anknüpfenden und sich über den Zeitraum 1039 bis 1044 ausdehnenden Kämpfe der Deutschen und Ungarn vorgefunden haben, die mit dem Gedichte Wipos auf den Ungarnsieg von 1044 schloss. Also auch in diesem letzten Teile der Gesta wird sich Hermann der Lahme einer pragmatischen Darstellung befleissigt haben. —

Die Übereinstimmung zwischen HES und Otto von Freising geht bis 1044. Das Jahr 1044, das wir somit für das Endjahr der Gesta Chuonradi et Heinrici imperatorum nehmen dürfen, bedeutet einen tiefen Einschnitt in Hermanns historiographischer Thätigkeit, denn HE und die Epitome enden ebenfalls mit diesem Jahre. Auch der Würzburger Auszug und die Ann. Sangall. mai. reichen nur bis zu dem gleichen Zeitpunkte. 1044 hat Hermann der Lahme sein Mönchsgelübde abgelegt. Es liegt deshalb nahe, diese wichtige Begebenheit mit dem Abschlusse der biographischen und chronikalischen Thätigkeit in Verbindung zu bringen. Der neue Stand wird den Verfasser der Gesta und der Chroniken, die beide übrigens mit der Beendigung der Böhmen- und Ungarnkriege und mit dem grossen Siege über König Ovo recht glücklich abschlossen, auf längere Zeit hinaus der gewohnten historiographischen Thätigkeit entfremdet haben. Trifft diese Annahme zu, so kann Hermann das noch unfertige Buch dem Kaiser, als er 1048 Reichenau besuchte, überreicht haben.

Als der fleissige Mönch dann gegen Ende seines reichen Lebens den Griffel wieder aufnahm, ging er zuerst an eine gründliche Umarbeitung und Fortsetzung seines Hauptwerkes, der Chronik, die er auch bis in sein Todesjahr 1054 fortführte. Die Gesta Chuonradi et Heinrici aber haben, soviel wir sehen können, nie über 1044 hinabgereicht. —

An diese Feststellungen sei mir zum Schlusse, eine Vermutung zu knüpfen, gestattet. Der letzte Satz des Kapitels 33 der Chronik Ottos von Freising zeigt, wie folgende Parallele vor Augen stellen möge, eine entfernte Verwandtschaft mit einem Satze der Chronik Bertholds von Reichenau.

Ott. Fris. Chr. VI, 33.

Ipse vero (Heinricus III.) non multo post in termino Saxoniae et Turingiae, in loco, qui dicitur Botfelt, infirmatus, publice culpas suas recognoscens, 17. regni sui, imperii vero 11. anno diem ultimum clausit ac iuxta patrem humatus est.

Berth. Chr. S. S. XIII, 733 (V, 270).

Heinricus imperator .. cum in Saxonia in Bothfeldino commoraretur, morbo ingravescente, infirmatus ... et bona conversatione poenitentiae et confessione purissima praemunitus .. obiit anno regni 18., imperii autem 10. (alii codices 15). Qui inde asportatus ... iuxta patrem sepultus.

Woher hat Otto den Namen des Ortes, an dem
Heinrich III. starb? Nur Berthold, den er an dieser
einzigen Stelle benutzt haben könnte, aber, wie ein genauer Vergleich lehrt, sicher nicht benutzt hat, nennt von
den etwa als Vorlagen Ottos in Betracht kommenden
Quellen den Namen Bodfeld, nicht aber Ekkehard, dem
Otto in diesem Abschnitte fast durchweg gefolgt ist.
Wegen dieser einzigen Stelle eine neue, Otto mit Berthold
gemeinsame Quelle anzunehmen, geht nicht an.

Erinnern wir uns jetzt, dass Hermann der Lahme
auf dem Totenbette seinem vertrauten Schüler die Vollendung und Fortführung seiner noch nicht abgeschlossenen
Werke übertrug: Accipe, quaeso, tabulas meas, et quae-
cunque adhuc scribenda restant in eis, inprimis tu diligenter
emenda, demum scripta eis, qui ea dignentur, commenda.
Sollte da Berthold, der Fortsetzer der Chronik, nicht auch
den Schlusssatz des unvollendeten Lebensbildes Heinrichs III.
niedergeschrieben haben, der mit der entsprechenden Stelle
seiner eigenen Chronik einige Ähnlichkeit zeigt? In Ottos
von Freising Chronik folgt auf die oben wiedergegebene
Mitteilung über den Tod Heinrichs unmittelbar der eingehend besprochene Satz, in dem er seine Vorlage und
deren Verfasser nennt. Die Vermutung liegt da doch
nahe, dass jene Mitteilung aus eben dieser Vorlage stammt.
Ist sie richtig und, haben wir den Schlusssatz mit Recht
mit Berthold von Reichenau in Verbindung gebracht, dann
fände durch diese, wenn auch noch so kurze Fortsetzung
der 'Thaten Heinrichs' über das Kaiserkrönungsjahr 1046
hinaus der für ein nur bis 1044 reichendes Werk unerklär-
liche Titel Gesta Chuonradi et Heinrici imperatorum
bei Berthold eine einigermaassen ausreichende Erklärung.

III.
Die Beziehungen der Gesta Chuonradi imperatoris Wipos zu den historischen Werken Hermanns des Lahmen und zu den Ann. Sangall. mai.

Die Ansichten über Wipos Leben Kaiser Konrads II. haben sich im Laufe der letzten Jahrzehnte gewaltig zum Schaden des vordem so günstig beurteilten Schriftstellers geändert. Vor fünfzig Jahren noch sah G. Waitz[1]) in den Gesta Chuonradi imperatoris die Blüte mittelalterlicher Biographik. Mit ihm stimmten im Lobe der zuverlässigen Berichterstattung Wipos, der für die Mitte des elften Jahrhunderts ungewöhnlich geschmackvollen und gewandten Darstellung, seiner feinsinnigen Charakterisierung des ersten Saliers die hervorragendsten Forscher wie G. H. Pertz[2]), W. von Giesebrecht[3]) und W. Wattenbach[4]) u. a. völlig überein.

Von diesem Ruhme ist dem Kaplan Kaiser Konrads II. nur ein kärglicher Rest verblieben, seitdem E. Steindorff in zwei Aufsätzen[5]) die Abhängigkeit eines grossen Teils der Kaiserbiographie von Jahrbüchern zu erweisen versucht hat, die er zuerst für die Ann. Sangallenses maiores hielt, dann aber als eine diesen Annalen und Wipos Gesta

---

[1]) Über die Entwickelung der deutschen Historiographie im M. A., in Schmidts Zeitschrift für Geschichtswissenschaft II, 104. [2]) Vgl. die Vorrede zur Ausgabe der M. G. S. S. XI, 244 und Abhandl. der Kgl. Akad. d. Wissensch. z. Berlin 1851, 215 ff. [3]) Geschichte d. deutschen Kaiserzeit II⁵, 560 ff. [4]) In den älteren Auflagen der DGQ. [5]) Forsch. z. deutschen Gesch. VI, 477 ff., VII, 559 ff.; vgl. Jahrbb. Heinr. III., I, 418 ff.

gemeinsame, verlorene Quelle schwäbischen Ursprungs bestimmen zu können glaubte. J. von Pflugk-Harttung⁶) unternahm es darauf, auch Hermanns des Reichenauers Chronik in dem Abschnitte von 1024—1039, den man bis dahin für eine Compilation aus Wipo und den Ann. Sangall. mai. hielt, auf die verlorenen Jahrbücher zurückzuführen, und sprach zugleich in seiner Abhandlung die Überzeugung aus, dass sich die verlorene Quelle, die er als 'Reichsgeschichte' bezeichnete, durch die Ann. Alam., Aug., Heremi, Hildesh. und Hersfeld. bis auf die Lorscher Annalen zurückführen liesse. Als letzter hat dann H. Bresslau⁷) in einem öfters zu citierenden Aufsatze des 'Neuen Archivs d. Gesellsch. f. ältere deutsche Geschichtskunde' seine Autorität für die von Steindorff und von Pflugk-Harttung aufgestellten Hypothesen und für die im ersten Abschnitte bereits eingehend besprochene schwäbische Reichschronik in die Wagschale geworfen. Damit war Wipo das Urteil gesprochen. Denn seitdem auch die berühmtesten Vertreter historischer Quellenkritik, ein G. Waitz und W. Wattenbach⁸), die Existenz der neuentdeckten Quelle als völlig gesichert erachtet haben, dürfen wir die Annahme, dass Wi, S, H und E — mit diesen Buchstaben werde ich künftig Wipos Gesta Chuonradi imperatoris, die Ann. Sangall. mai., Hermanns des Reichenauers Chronik und die von Bresslau zuerst herangezogene sogenannte Epitome Sangallensis Hermanns bezeichnen — in der Hauptsache aus dieser inzwischen in der historischen Literatur fest eingebürgerten Reichschronik geflossen seien, als allgemein gültig betrachten.

Die Scheidung des geistigen Eigentums Wipos von dem des Verfassers der verlorenen Quelle ist nicht leicht.

---

⁶) Studien zur Gesch. Konr. II., S. 1 ff. ⁷) Beiträge zur Kritik deutscher Geschichtsquellen des 11. Jahrhunderts, N. A. II, 580 ff. ⁸) Über den Gang der Untersuchungen und die Wandlung der Ansichten von Steindorff bis auf seine vorläufig abschliessende Abhandlung berichtet Bresslau a. a. O. S. 587 ff.; vgl. auch W. Pflüger, Wipos Vita Chuonradi imperatoris, N. A. II, 134 ff. und die Zusammenstellung der einschlägigen Literatur bei Wattenbach, DGQ II⁶, 11.

Jedenfalls machen wir uns durch die Behauptung, dass nach der heute landläufigen Annahme, wenn nicht der grösste, so doch sicher der weitaus wichtigste Teil der Gesta Chuonradi imperatoris aus den sogenannten schwäbischen Reichsannalen geschöpft sei, keiner Übertreibung schuldig. Da nämlich H, S und E, wie sich aus der häufigen Differenz in Auswahl und Form ergibt, ihre gemeinsame Unterlage bedeutend gekürzt haben, so ist der Rest, der sich nach Abzug der sicher entlehnten Stellen ergibt, noch lange nicht als unanfechtbares Eigentum Wipos zu betrachten. Mit voller Sicherheit können wir ihm nur die Teile zueignen, in denen er sich ausdrücklich auf eigene Erlebnisse oder auf den Bericht von Augen- oder Ohrenzeugen beruft*). Sonderbarerweise haben sich aber gerade diese Abschnitte, wie z. B. der Bericht über die Königswahl Konrads II., in mehr als einer Hinsicht als unzuverlässig erwiesen, während gegen die auf die Reichsannalen zurückgeführten Bestandteile nur vereinzelte Einwendungen erhoben worden sind, die im Laufe der Untersuchung ihre Erledigung finden sollen. Nicht nur in den Berichten wichtiger Thatsachen, sondern auch in der Gewissenhaftigkeit, mit der er diese Thatsachen behandelt und vorbringt, müsste demnach der 'Reichsannalist', wahrscheinlich ein den Ereignissen ziemlich ferne stehender Reichenauer oder Sanctgaller Mönch, Wipo, den Vertrauten der kaiserlichen Familie, bei weitem übertroffen haben.

Fällt so der Löwenanteil des Verdienstes einer reichen und zuverlässigen Berichterstattung dem unbekannten Annalisten zu, so wird der Ruhm Wipos des Stilisten bedenklich durch die Thatsache geschmälert, dass er, wie die vielfach wörtliche Übereinstimmung mit HE oder S oder beiden beweist, seiner nicht immer mustergültigen Vorlage an vielen Stellen sklavisch gefolgt sein muss.

Dabei hat er, der schon in den eigenen Berichten der Zuverlässigkeit ermangelt, seine Quelle keineswegs immer mit der nötigen Gewissenhaftigkeit benutzt, so dass

---

*) Vgl. die von Pflüger a. a. O. S. 137/38 aufgeführten Stellen.

ihm Bresslau [10]) in seinen Jahrbüchern Kaiser Konrads II. eine Reihe von Versehen und Flüchtigkeiten, um nicht zu sagen Entstellungen, nachzuweisen vermochte. So soll er öfters die besser unterrichtete Vorlage gröblich missverstanden, so die im Allgemeinen durchaus zuverlässige Chronologie derselben an einigen Stellen heillos verwirrt haben. Nicht nur dies! Der Biograph Konrads II., dem doch jede auch geringfügige Einzelheit aus dem Leben seines Helden von grösster Wichtigkeit sein musste, hat nicht einmal den Reichtum seiner annalistischen Quelle an biographischem Material und an reichsgeschichtlichen Nachrichten erschöpft, so dass wir fast Schritt für Schritt gezwungen sind, die Gesta Chuonradi imperatoris aus den übrigen Ableitungen der Reichschronik zu ergänzen und zu berichtigen.

Erschwerend fällt in's Gewicht, dass es dem Hofmann Wipo, dem Kaplan und Begleiter des Kaisers, dem Erzieher Heinrichs III. [11]), ein Leichtes gewesen wäre, alle diese Fehler und Unterlassungen zu vermeiden. Beruft er sich doch selbst auf das von ihm gesammelte Material [12]), auf seine eigenen Erinnerungen und auf die mündliche Überlieferung erfahrener Hofleute [13]).

Dass er seiner Hauptquelle, der schwäbischen Reichschronik, nicht gedenkt, würde nicht weiter auffallen. Die Historiker des Mittelalters kannten die Sitte wenig, die von ihnen benutzten Schriften, wie es etwa Hermann von Reichenau an so vielen Stellen thut, nach Titel und Verfasser anzuführen. Die Urheber der Jahrbücher haben sie wohl auch in den seltensten Fällen gekannt. Wipo hat aber seine Vorlage nicht nur verschwiegen, er hat sie in der Widmung an Kaiser Heinrich III. [14]) sogar direkt abgeleugnet. Mit den Worten: Licet inde nondum aliquid scriptum vidissem erklärt er ausdrücklich, dass er schrift-

---

[10]) Vgl. die unten folgende Besprechung der einzelnen Fälle.
[11]) Vgl. Bresslaus Vorrede zur Octavausgabe (S. S. rer. Germ.) S. I.
[12]) das wohl zum Teil aus der kaiserlichen Kanzlei stammen wird, also geradezu officiellen Charakter trägt.   [13]) Vgl. Anmerkung 9.
[14]) Octavausgabe S. 3.

liche Quellen über das Leben Konrads II. und Heinrichs III. überhaupt nicht gekannt und benutzt habe. An diesen Worten ist nichts zu bezweifeln und zu deuteln. Sie mit Steindorff[15]) ausschliesslich auf 'Werke über die Thaten Konrads II. und Heinrichs III.', also auf Biographieen, nicht aber auf andere 'schriftliche Aufzeichnungen über Zeitereignisse', also Annalen und Chroniken, speziell auf unsere Reichschronik zu beziehen, geht schon deswegen nicht an, weil diese Chronik von 1024—1039 nichts weiter als eine Geschichte Konrads II. geboten haben könnte.

Verhältnissmässig häufig beruft sich der Verfasser der Gesta auf die Berichte von Zeitgenossen oder auf eigene Anschauung, auf ein geschriebenes Werk dagegen nicht einmal. Die beiden folgenden Stellen[16]): Omnia regis itinera, et in quibus locis summas festivitates natalis Domini et paschae annuatim celebraret, non nimis necessarium narrare putavi, excepto quod id dicendum est, sicubi fuerat, si quid insigne et clarum acciderat. Si enim omnia observare vellem, ante me desererent vires quam materies und[17]): Si autem aliquid strictius, quam rerum magnitudo se extenderet, dictum est, illud propter commoditatem legentis factum esse, veraciter attestabimur, in denen nach Steindorff[18]) Wipo die vielen Kürzungen seiner reichhaltigen Vorlage (materies) entschuldigt haben soll, lassen sich nur mit Hülfe einiger Sophistik auf eine annalistische Vorlage beziehen. Wipo hat hier nur seine von der gewöhnlichen biographischen und annalistischen Darstellungsweise abweichende Schreibart nicht entschuldigt, sondern glücklich begründet. Gegen die oben angeführte Stelle, an der er jede schriftliche Vorlage verleugnet, beweisen diese Citate auch nicht einen Deut.

Sehen wir ab von den häufigen wörtlichen Übereinstimmungen mit HES, so hat Wipo die Spuren seiner Quelle, wenn er ja eine solche gehabt hat, so ziemlich verwischt. Aus der Thatsache, dass einige Abschnitte

---

[15]) Forsch. VI, 450; vgl. hierzu die trefflichen Ausführungen Pflügers a. a. O. S. 135. [16]) c. 6, Octavausgabe S. 21. [17]) c. 39, S. 45. [18]) Forsch. VII, 561.

mit Anno Domini, Anno incarnationis u. s. f. beginnen, lässt sich mit nichten auf eine annalistische Vorlage schliessen [19]). Wie viele mittelalterliche Biographieen könnten dann ebenfalls auf Annalen zurückgeführt werden! Wie sollte auch Wipo seine Zeitbestimmungen anders geben? Entscheidend ist dem gegenüber die Thatsache, die W. Pflüger [20]), dem ich im Voraufgehenden zum Teil gefolgt bin, eingehend erörtert hat, dass nämlich der Stoff im Grossen und Ganzen nicht annalistisch, sondern sachlich, pragmatisch geordnet ist.

Ganz abgesehen von der schroffen Verleugnung der Hauptquelle, hat die Annahme, dass Wipo zur Darstellung der ihm wohlbekannten Lebensereignisse Konrads II. einer Anlehnung an einen mönchischen Jahrbuchschreiber bedurft hätte, wenig Wahrscheinlichkeit. Auch heute noch und trotz der gegenteiligen Ausführungen Steindorffs, v. Pflugk-Harttungs und Bresslaus wird Niemand, der das frische Büchlein von den Thaten Kaiser Konrads II. im Zusammenhange liest, sich dem Gedanken verschliessen können, dass es aus unmittelbarster Kenntnis der Dinge und sozusagen aus einem Gusse geschrieben sei. Aus diesem Grunde vor allem sind W. von Giesebrecht und W. Pflüger in seiner bereits angeführten, trefflichen Abhandlung Steindorff gegenüber energisch für das Anrecht Wipos auf das ganze Buch eingetreten. Giesebrecht hat seine Ansicht nicht weiter begründet und ist auch in seiner Kaisergeschichte von ihr zu gunsten der Anschauungen der oben genannten Forscher abgewichen. Pflüger, an dem zunächst die Reihe gewesen wäre, hat, seitdem auch Bresslau für Steindorff eingetreten ist, geschwiegen. Die inneren Gründe, die für Wipos Anrecht sprechen, hat er

---

[19]) Vgl. die Zusammenstellung bei Pflüger a. a. O. S. 140 ff.
[20]) Ebda.: 'Dagegen geht aus dem Inhalte und Zusammenhange der einzelnen Kapitel zur Genüge hervor, dass dem Verfasser eine Einteilung und ein Fortschritt der Erzählung nach Jahren fern gelegen hat'. Diesen Satz möchte ich nicht unterschreiben. — Man merkt den Gesta Chuonradi, besonders in ihrem letzten Drittel, fast auf Schritt und Tritt an, wie ihr Verfasser noch im Banne der hergebrachten annalistischen Darstellungsart steht.

in seiner, wie ich finde, viel zu wenig beachteten Abhandlung sehr geschickt zusammengestellt. Der Fehler, an dem seine Aufstellungen kranken, ist ein völliges Verkennen des Quellenzusammenhangs. An diesem Punkte muss eine erneute Untersuchung einsetzen, die sich im Übrigen völlig das glänzende Plaidoyer Pflügers für Wipos Unabhängigkeit, dem die Gegner nur äussere, formale Gründe entgegenzusetzen imstande waren, zu eigen machen kann. Hinsichtlich der inneren Gründe, die alle für Wipo als den selbständigen Urheber der Gesta Chuonradi sprechen, muss jede neue Hypothese, die mit ihnen im Einklange steht, einen gewaltigen Vorsprung vor derjenigen Steindorffs, v. Pflugk-Harttungs und Bresslaus haben. Sehen wir jetzt zu, ob eine neue Lösung des Räthsels möglich ist!

1. Der Zusammenhang zwischen Wi, HE und S und die Zeit ihrer Abfassung.

Die nahe Verwandtschaft zwischen Wi, HE[1]) und S, was Auswahl und Anordnung des Stoffes, vornehmlich aber die Form und den Wortlaut anlangt, ist nicht zu verkennen. Sie bedarf auch keines näheren Nachweises, da dieser schon in den eingehenden und erschöpfenden Zusammenstellungen Steindorffs, von Pflugk-Harttungs und Bresslaus vorliegt. Auch ist bereits von anderer Seite bemerkt worden, dass jede der drei Quellen den beiden anderen gegenüber ein reiches Mehr an reichsgeschichtlichen Nachrichten aufzuweisen hat, deren Herkunft nicht mehr mit voller Sicherheit zu ermitteln ist. Die Schwierigkeit einer befriedigenden Lösung unserer Frage nach dem Zusammenhange der Überlieferung wird ausserdem noch wesentlich durch den Umstand erhöht, dass Wi manchmal mit H näher als mit S[2]), H an vielen Stellen enger mit

---

[1]) Wie ich im Folgenden das Handexemplar benennen werde.
[2]) Z. B. Wi c. 19 (Ernestus — nominatus), HS 1025; Wi c. 30 (Imperator — adiit), HS 1033; Wi c. 35 (Heinricus — duxit), HS 1036.

S als mit Wi[a]), S wiederum näher mit Wi als mit H verwandt zu sein[b]) scheint, und zwischen H und S ein ganz besonders nahes Verhältnis obwalten dürfte[c]).

Schon aus diesen Gründen ist es einfach unmöglich, eine der Quellen, wie dies z. B. Pflüger versucht hat, direkt und ohne Berücksichtigung der dritten aus einer der übrigen herzuleiten. Es liesse sich freilich denken, dass der Excerptor seinen aus der reichhaltigeren Vorlage entnommenen Bericht gelegentlich aus einer zweiten Vorlage ergänzt hätte[d]), so dass je zwei Quellen gemeinsam

---

[a]) Z. B. H 1027 (Rex — perveniens), S 1027, Wi c. 6; H 1027 (ibique — accipiens), S 1027, Wi c. 20; HS 1028, Wi c. 29; H 1032 (Imperator — ductante), S 1032, Wi c. 29; H 1037 (Celebrato — Domini), S. 1037, Wi c. 35; H 1039 (Et filius — suscepit), S 1039, Wi c. 39. [b]) Z. B. S 1026 (Rex — ingressus), Wi c. 12, H 1026; S 1027 (Imperator — indixit), Wi c. 20, H 1027; S 1030 (Gratiam — amisit), Wi c. 25, H 1030; S 1030; (matre obtinente), vgl. Wi c. 10, fehlt in H; S 1030 (Imperator — invasit), Wi c. 26, H 1030. [c]) In welchem Grade sich die Texte der drei Quellen mitunter unter einander kreuzen, mögen die folgenden Stellen, die weitere Beweise für die vorstehenden Behauptungen enthalten, darthun: Wi c. 3, HS 1024; Wi c. 23 (Imperator — coronatus), HS 1028; Wi c. 29 (Cuius regnum — ceperat), HS 1032; Wi c. 30 (Propter nimiam — impediebatur), HS 1033; Wi c. 31 (Ut ipse Oudo — satisfacere), HS 1033; Wi c. 32 (Imperator — ad imperatricem), HS 1034; Wi c. 35 (Deinde — Aquilegiensi — archiepiscopus — praetermisit), HS 1037 u. s. f. [d]) Es ist freilich schwer, an eine so sonderbare Mosaikarbeit zu glauben. Man stelle sich vor: H schreibt Wi aus, wirft aber gelegentlich einen Blick in sein Exemplar von S, um hier ein Wörtchen, dort eine Wendung, hier einen Satz, da gar ein nebensächliches Ereignis in sein Wipoexcerpt einzufügen. Trotz der Unwahrscheinlichkeit dieser Annahme seien hier kurz die sechs vorhandenen Möglichkeiten aufgeführt: Wi könnte aus S oder H (1. 2), S aus Wi oder H (3. 4), H aus Wi oder S (5. 6) stets unter gelegentlicher Hinzuziehung der jedesmal übrig bleibenden dritten Quelle ausgeschrieben sein. Die erste Annahme fand in Steindorff ihren Verteidiger, die dritte in Giesebrecht und Pflüger; 5 wurde vor Bresslaus Feststellung der schwäbischen Reichschronik so ziemlich allgemein angenommen; 2 und 4 sind durch die spätere Abfassungszeit von Hermanns Chronik von vornherein unmöglich. Gegen 6 spricht schon der Umstand, dass H die angeblich aus S entlehnten Thatsachen durchweg viel genauer und ausführlicher gibt als seine Vorlage. Steindorff (1) hat seine ursprüngliche Ansicht unter Beibringung der

das Material zu der dritten, aus ihnen kompilierten geliefert hätten. S ist höchstwahrscheinlich ebenso wie Hermanns Epitome 1044 oder wenigstens kurz nachher, Wi zweifellos vor 1050 abgeschlossen worden, während H bis 1054 reicht. Folglich könnte nur Hermann von Reichenau als Kompilator, Wi und S als seine Quellen in Betracht kommen. Denn Wi kann unmöglich aus S und E kompiliert sein, wie dies schon ein Blick auf ihren Wortlaut zeigt. Die Unmöglichkeit einer Kompilation von Wi und S in H ist zuerst von J. v. Pflugk-Harttung dargethan worden. Sie wird im Verlaufe dieser Untersuchung von Neuem erhärtet werden. Hier sei nur soviel vorweggenommen, dass auch E, Hermanns ältere Chronik, Spuren der Verwandtschaft mit Wi zeigt[7]). Sie ist gleich S gegen 1044 verfasst

---

triftigsten Gründe widerrufen, Giesebrecht und Pflüger (3) sind von Bresslau des Irrtums überführt worden. Der direkten Herleitung Hermanns aus Wi oder S (5. 6) widersetzte sich J. v. Pflugk-Harttung mit vollem Rechte. Da 2 und 4 ausgeschlossen sind, bleibt uns keine der aufgezählten Möglichkeiten übrig. Der näheren Beweise für die Kritik und Antikritik der einzelnen auf diesem Wege gefundenen Vorschläge zur Lösung des Räthsels überheben mich die eingehenden Untersuchungen der genannten Forscher. [7]) Diese Spuren sind freilich gering. Doch darf man dabei nicht vergessen, dass E kaum mehr als eine Geschichtstabelle ist, in der die wichtigsten, bei Wi oft Kapitel füllenden Thatsachen mit zwei, drei Worten abgethan werden, z. B. 1036: Italia civium discordia laborat oder Nuptiae Heinrici regis. Kleinere Übereinstimmungen (z. B.: pagani, qui Liutizi dicuntur, imperator cum exercitu petit, cum copiis intravit) könnten zufällig sein. Auffallender ist schon der Jahresbericht 1027 (E: Bruno, episcopus Augustensis, et Welf comes praedas et incendia inter se faciunt; Wi c. 19: Quidam comes, Welf nominatus, et Bruno, episcopus Augustensis, invicem confligentes multa mala in praedis et incendiis fecerunt). Man beachte auch die weitgehende Übereinstimmung in Auswahl und Anordnung des Stoffes! Wenn man in E alle die Stellen ausgeschieden hat, die Hermann anderen Quellen verdankt, so bleibt noch ein Rest von Jahresberichten, die, abgesehen von den auch in H und S nicht berücksichtigten Kapiteln 4 bis 9 den gesamten Stoff der Gesta Chuonradi so gut und lückenlos registrieren, dass sie ebenso gut, ja viel besser als die überlieferten, wahrscheinlich apokryphen (vgl. J. Mai, Forsch. XVIII. 623 ff.) als Kapitelüberschriften der Gesta dienen könnten. Auch Bresslau hat die Verwandtschaft zwischen

worden, also etwa zwei Jahre vor dem seither als feststehend angenommenen frühesten Termin der Veröffentlichung der Gesta Chuonradi imperatoris Wipos.*) Wie ist nun dieser Zusammenhang zu erklären?

Eine völlig befriedigende Lösung der Frage nach der Art und dem Grade der Verwandtschaft von HE, S und Wi schien erst gefunden zu sein, als man über verschiedene Zwischenstufen hinweg zur Annahme einer unseren Quellen gemeinsamen, reichhaltigen Vorlage und damit zur Aufstellung der Hypothese von den schwäbischen Reichsannalen gelangte.

Durch diese Aufstellung liess sich allerdings, solange man nicht über eine oberflächliche Vergleichung der Form und des Wortlauts hinausging, der Zusammenhang sehr einfach erklären. Auch das beträchtliche Plus an reichsgeschichtlichen Nachrichten bei HE und S im Gegensatze zu Wi, vielleicht auch ein gewisses Plus bei Letzterem HE und S gegenüber war leicht aus dieser gemeinsamen Fundgrube herzuleiten, die der eine mehr, der andere minder genau und ausgiebig ausgeschachtet hätte.

Es ist bereits oben nachgewiesen worden, dass die sogenannten Reichsannalen vor 1024 unmöglich existiert haben können. Da der Zusammenhang zwischen S und HE nur bis 1039, höchstens bis 1041 reicht, so könnte im Grunde nur von einer Lebensbeschreibung Konrads II. als der Vorlage von HES und Wi die Rede sein. Das Argument Steindorffs, der in dem licet inde nondum aliquid scriptum vidissem Wipos nur die Benutzung einer Biographie Konrads II. und Heinrichs III., nicht aber die eines Jahrbuches bestritten sah, wäre damit hinfällig geworden.

Die allgemeine Anerkennung, welche die Hypothese von der schwäbischen Reichschronik trotz der gewichtigen Gründe, die W. Pflüger gegen sie vorbringt, gefunden hat, dürfte im Grunde auf der Einsicht beruhen, dass eben keine bessere Erklärung des verwickelten Quellen-

---

Wi und E dadurch anerkannt, dass er beide auf die gleiche Quelle, seine schwäbische Reichschronik, zurückgeführt hat. *) S. u. S. 129.

verhältnisses zu finden sei. Giebt es aber wirklich keinen
anderen Weg als den von Bresslau, von Pflugk-Harttung
und Steindorff beschrittenen, um die mannigfachen Übereinstimmungen in Inhalt und Wortlaut zwischen HE, S
und Wi, ihr verwickeltes Verwandtschaftsverhältnis, den
Überschuss an reichsgeschichtlichen Nachrichten und biographischem Material für Kaiser Konrad II., den jede der
drei Quellen den beiden anderen gegenüber aufzuweisen
hat, befriedigend zu erklären? Ich denke ja! Mit den oben
besprochenen und zurückgewiesenen ist noch lange nicht
die Zahl der möglichen Lösungen erschöpft. Durch die
Einführung eines neuen Faktors lässt sich, wie ich im
Folgenden zu erweisen gedenke, aus dem anscheinend so
glatt gelösten Rechenexempel ein völlig neues und rich-
tigeres Resultat herausrechnen.

HE und S, in welchem Verhältnisse immer sie zu
Wi stehen mögen, sind offenbar Zwillingsgeschwister.
Das lehrt schon ein erster Blick auf ihren Text, das ergibt sich aus den bereits gegebenen Zusammenstellungen,
das wird sich im Verlaufe dieser Untersuchungen immer
deutlicher herausstellen. Die einfachste Erklärung dafür
wäre die: HE und S haben uns Wortlaut und Inhalt der
Vorlage am treuesten bewahrt, Wi dagegen hat sich einer
freieren Behandlung seiner Quellen befleissigt. Gelingt es
uns aber — und der Beweis soll weiter unten unternommen
werden —, festzustellen, dass HE und S auch da übereinstimmen, wo Wi offenbar das Richtige, Ursprüngliche
hat, dann bleibt uns nichts Anderes übrig, als zwischen
HE und S und ihre Urquelle eine Mittelstufe einzuschieben,
auf der bereits diese Entstellungen und Missdeutungen
der Vorlage vorgenommen waren. Das Bild, das wir
uns so von dem Quellenverhältnisse entwerfen könnten,
wäre dann folgendes:

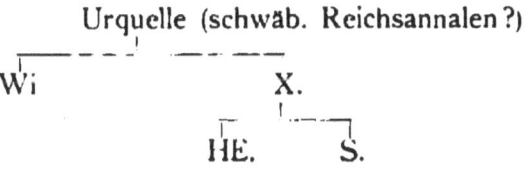

Die gemeinsame Vorlage von Wi und X müsste bis mindestens 1039 gereicht haben. Um 1044 ist S und E, um 1046 nach der seitherigen Annahme Wi, um 1054 H entstanden. Wir müssten also in die Zeit zwischen 1039 und 1044 noch eine sechste Quelle X setzen, deren Ursprung wahrscheinlich in Reichenau zu suchen wäre[9]. Das Quellenverhältnis ändert sich aber mit einem Schlage, sobald wir der völlig glaubhaften Versicherung Wipos[10], er habe keine schriftliche Vorlage benutzt, vertrauen und an Stelle der von Steindorff, Harttung und Bresslau geforderten Urquelle einfach Wipos Gesta Chuonradi imperatoris setzen, aus denen dann HE und S durch Vermittelung eines noch näher zu bestimmenden Mittelgliedes geflossen wären. Für diese Hypothese, gegen die einzig und allein die seitherigen Festsetzungen über die Entstehungszeit der einzelnen Quellen in's Feld geführt werden könnten, liessen sich alle die ansprechenden, bereits von W. Pflüger vorgebrachten inneren Gründe, denen die Gegner keinen einzigen, durchschlagenden Gegenbeweis entgegenzusetzen haben, in Anspruch nehmen. Gelingt es uns ausserdem den einzigen Einwand, der aus der Abfassungszeit der Quellen hergeleitet werden könnte, zu entkräften, so wäre schon allein damit für unsere Hypothese eine stärkere Stellung erobert, als sie die Gegner derselben je eingenommen haben und je einnehmen können.

H kann erst 1054 abgeschlossen sein und demnach recht gut aus den, wie man annimmt, 1046 publizierten Gesta Chuonradi Wipos geschöpft sein. Anders liegt die Sache mit E und S. E und der aus Hermanns Handexemplar abgeleitete Teil des Chron. Wirziburgense, nicht minder auch der mit HE verwandte, aus Hermanns des Lahmen Gesta Chuonradi et Heinrici imperatorum geschöpfte Teil von Ottos von Freising Chronik schliessen mit dem Jahre 1044, also zwei Jahre vor dem seither angenommenen Publikationstermin der Gesta Chuonradi imperatoris Wipos ab. Mit dem gleichen Jahre enden

---

[9] S. u. Kapitel III. [10] S. o. S. 117/18.

die Ann. Sangall. mai. Hat Hermann der Lahme wirklich den letzten Teil seiner ältesten Chronik und seiner Gesta Chuonradi et Heinrici imperatorum, so könnte man einwerfen, auf Wipos 'Thaten Kaiser Konrads' basiert, wie kommt er dazu, nachdem er einmal dem Auszuge aus diesem Werke die Jahresberichte 1040—1044 hinzugefügt hatte, seine Arbeiten nicht auch über den Publikationstermin des von ihm benutzten Werkes (1046) hinaus bis auf die Zeit, in der er schrieb, hinabzuführen? Die Berechtigung dieser Frage ist nicht zu bestreiten. Mit voller Sicherheit lässt sie sich nicht mehr beantworten. Dass ein blosser Zufall Hermann an der Weiterführung gehindert habe, ist unwahrscheinlich, da beide Werke, E wie die Gesta, mit dem gleichen Ereignisse abschliessen.

Etwas anders liegt die Sache mit S. Aus der Handschrift lässt sich für die genauere Feststellung der Abfassungszeit nichts entnehmen. 'Von 1025 bis zum Schlusse', schreibt Ildefons von Arx, 'sind die Annalen von einer Hand und mit derselben Tinte geschrieben'[11]. 'Vom J. 1025 an', äussert sich ein erster Kenner der Sanctgaller Handschriften, H. Wartmann[12], 'bis zum Schlusse ist auch nach meiner Ansicht eine und dieselbe Hand anzunehmen, wenn auch die Schrift nach und nach etwas grösser und abgerundeter wird.' C. Henking, der neueste Herausgeber der Ann. Sangall. mai.[13], entscheidet sich ebenfalls dafür, dass die Jahre 1025 bis 1044 von einer Hand geschrieben sind, 'und zwar die Notizen zu 1025 bis 1026 etwas früher, währenddem die Notizen zu 1027 bis 1044 in einem Gusse wohl noch im Jahre 1044 oder kurz nachher eingetragen wurden.' Bresslau, der hier auf den unten noch zu besprechenden Beobachtungen Steindorffs[14] fusst, kombiniert diese mit dem Handschriftenbefund dahin, dass 'die Jahre 1025 bis 1040 dabei offenbar in einem Zuge, also nicht gleichzeitig, geschrieben sind, während

---

[11] M. G. S. I, 83: Ab hoc anno usque ad finem annales hi una manu et stylo ac eodem atramento scripti sunt. [12] In einem Briefe an Steindorff, angeführt in dessen Jahrbb. Heinrichs II. I., 443. [13] Sanctgaller Mitteilungen XIX., 358 ff. [14] a. a. O. S. 443/44.

die Jahre 1040 bis 1044 von einem gleichzeitigen Berichterstatter herrühren, also spätestens 1044 oder 1045 verfasst sind [15]).' Folglich, so schliesst er, kann der Verfasser von S die erst 1046 publizierten Gesta Wipos nicht mehr benutzt haben. 'Sind dann', so äussert er sich an einer anderen Stelle [16]), 'die Ann. Sangall. 1040-1044 gleichzeitig geschrieben, so können sie in den früheren, also vor 1040 geschriebenen Partieen, Wipo nicht benutzt haben.'

Aus dem Handschriftenbefund können diese Thesen Bresslaus nicht gefolgert sein. Im Gegenteil! Denn dieser Befund, der doch für die Frage nach der Gleichzeitigkeit einzig entscheidend ist, widerspricht ihnen auf's Schärfste. Wenn wirklich, wie alle Forscher, die unsere Sanctgaller Handschrift eingehend geprüft haben, übereinstimmend behaupten, der Teil von 1025 (bezw. 1027) bis 1044 in einem Zuge, aus einem Gusse geschrieben worden ist, so ist es völlig ausgeschlossen, von 'vor 1040 geschriebenen Partieen' oder auch nur für die Jahresberichte 1040—44 von 'gleichzeitiger' Niederschrift zu reden.

Henking vermutet, dass die Jahre 1027—1044 'wohl noch im Jahre 1044 oder kurz nachher eingetragen wurden', Bresslau stellt fest, dass sie 'spätestens 1044 oder 1045' verfasst worden sind. Auf den Handschriftenbefund können aber — darüber kann kein Zweifel herrschen — solche Behauptungen unmöglich gegründet werden. Wir können höchstens ganz allgemein davon reden, dass die Hand, die den letzten Teil der Ann. Sangall. mai. geschrieben hat, eine Hand aus der Mitte des 11. Jahrhunderts sei, die aber ebenso gut 1044 oder 45, wie meinethalben 1054 oder 55 oder gar erst 1064 oder 1065 geschrieben haben kann.

Steindorff [17]) hat ausser dem Handschriftenbefunde, der ihm sonach nur einen ungefähren Anhalt bieten konnte, noch innere Gründe für die Abfassung um 1044 herum in's Feld geführt. Er hat nämlich aus einigen Stellen [18]), an denen der Schreiber 'in den Jahren 1040

---

[15]) N. A. II, 588. [16]) Ebda. S. 591. [17]) a. a. O. S. 444. [18]) 1040: heu proh dolor! 1043: adulterinum et suppositicium regulum pecuniam

bis 1044 ein ungemein lebhaftes Interesse bekundet, seine Sympathie und Antipathie mit einer Energie zum Ausdruck bringt, welche allgemein als Kennzeichen gleichzeitiger Entstehung gilt', gefolgert, dass diese Stellen, **direkt 1044 oder kurz nachher** niedergeschrieben sein müssten. Mit Recht hat da W. Pflüger [19]) eingeworfen, 'dass der Annalist, der diese Ereignisse selbst erlebt haben mag, auch noch wenige Jahre nach ihnen durch solchen Ausruf (heu pro dolor!) zeigen kann, wie ihm jenes Unglück (des Böhmenfeldzugs 1040) noch gegenwärtig ist, welches Schmerzgefühl bei der Erinnerung daran in ihm rege wird. Es kann derselbe also seine Arbeit deshalb doch erst **nach 1047** begonnen haben, so dass Wipos Schrift ihm zur Benutzung zu Gebote stand'.

Wie man aus vorstehenden Erwägungen entnehmen kann, sind wir durchaus nicht gezwungen, an der seitherigen Ansicht über die Abfassungszeit der Ann. Sangall. mai. und der Epitome festzuhalten. Dass beide mit demselben Jahre aufhören, kann nur ein Zufall sein, da von 1039, spätestens von 1041 ab jeder Zusammenhang zwischen beiden Quellen schwindet. Sind wir imstande, starke

---

iniuste possessam ... credo Dei nutu praepeditus. 1044. princeps noster ... divina favente gratia. Bresslau merkt dazu an, Steindorff 'hätte hinzufügen können, dass sich vor 1040 nichts derartiges findet'. Das ist nicht richtig. Zu 1025 urteilt der Annalist durchaus nach persönlicher Antipathie über den Aufstand Herzog Ernsts: Sed hoc temere inceptum, Deo prohibente, non habuit effectum. So gut er etwa 1044 eine subjective Meinung über beinahe 20 Jahre zurückliegende Ereignisse äussern konnte, konnte er auch noch nach 1046 seinem Schmerz und seiner Freude über Niederlagen und Siege König Heinrichs in den Jahren 1040, 1043 und 1044 Ausdruck geben. Bei Hermann von Reichenau finden sich bereits 1007 und 1009 Äusserungen der Antipathie und Sympathie, die erst gegen Mitte des Jahrhunderts niedergeschrieben worden sind. Die Ann. Hildesh. wimmeln von Ausdrücken wie proh dolor! peccatis nostris exigentibus, Deo gratias, ah! ah! u. s. f., die zum Teil, selbst wenn wir sie auf die Urquellen, die Vita Bernwardi und die Vitae Godehardi zurückführen können, oft erst Jahrzehnte nach den bejammerten oder bestaunten Ereignissen niedergeschrieben worden sind. [19]) N. A. II, 147.

Gründe für die Abhängigkeit dieser Quellen von Wi und somit vielleicht auch für eine spätere Abfassung beider in's Feld zu führen, so brauchen wir uns nicht länger an die seitherigen Anschauungen gebunden zu halten.

Alle Schlüsse, die über den Zusammenhang unserer Quellen aus den Abfassungszeiten gezogen worden sind, gehen, wie auch die vorstehenden, von dem als feststehend angenommenen Satze aus, dass Wipos 'Gesta **vor Weihnachten 1046**, der Kaiserkrönung **Heinrichs III.**, verfasst, aber erst **nach diesem Tage** publiciert und dem Kaiser überreicht sind'[20].

Worauf beruht diese Anschauung? Bresslau[21] hat ganz richtig bemerkt, dass Heinrich III. in dem der Biographie Konrads II. voraufgeschickten Widmungsbriefe und ausserdem noch an zwei Stellen der Biographie selbst (c. 8: Heinricus, qui postea rex et **augustus** effectus est; c. 29: Gazmerus ... fideliter serviebat huc usque **imperatoribus** nostris, d. h. Konrad II. und Heinrich III.) bereits Kaiser genannt wird. Diese beiden Stellen hat Bresslau als spätere Einschiebsel und Zeichen der unten zu besprechenden zweiten Bearbeitung ausgeschieden[22]. 'In der ersten ist das qui postea rex et augustus effectus est ohnehin so trivial und nichtssagend', bemerkt er[23], 'dass man sogar geneigt sein könnte, es als späteres Glossem ganz aus dem Texte hinauszuwerfen'. Der zusammenfassende Ausdruck 'imperatoribus nostris' für Konrad und Heinrich könnte m. E. auch schon vor der Kaiserkrönung Heinrichs, vielleicht gar schon vor dem Tode Konrads geschrieben sein. Der Titel des Jüngeren ist darin vor dem des Älteren zurückgetreten.

In dem Prologe und dem Texte der Gesta selbst wird Heinrich auch da, wo offenbar auf spätere Zustände Bezug genommen wird, durchweg als König bezeichnet. Auf diese Beobachtung und auf den Widmungsbrief gründet sich Bresslaus Äusserung über die Abfassung der Gesta **vor** und ihre Veröffentlichung **nach** der Kaiserkrönung Heinrichs III., Weihnachten 1046.

---

[20] Bresslau N. A. II, 591. [21] S. 588. [22] S. 590/91. [23] S. 591.

Bresslau [24]) ist aber noch einen Schritt weiter gegangen. Einer Vermutung W. v. Giesebrechts [25]) folgend, hat er festgestellt, 'dass sich der vorliegende Text Wipos als ein nachträglich überarbeiteter' erweist. Er selbst und Paul Hasse sind den Spuren dieser Überarbeitung nachgegangen und haben ausser der Zueignung an Kaiser Heinrich III. und den oben [26]) erwähnten eine Anzahl weiterer Stellen, deren Abfassung jüngeren Datums ist als die des übrigen Buchs, als interpoliert ausgeschieden. Als späteres Einschiebsel ist unter anderen mit Sicherheit der Satz über die Unterwerfung Ungarns im Jahre 1044 [27]) erkannt worden. Sein höfischer Charakter ist unverkennbar. 'Vielleicht ist noch an einigen anderen Stellen eine ähnliche Einschaltung anzunehmen', fährt Bresslau fort. Wenn wir aber einmal berechtigt sind, die Stellen, an denen in lobender Weise Heinrichs gedacht wird, mit einigem Misstrauen anzusehen, so werden wir noch eine zweite Notiz, die auf eine spätere Zeit geht und ebenfalls eine höfische Schmeichelei für Heinrich III., einen versteckten Tadel für seinen Vater enthält, mit einigem Rechte ausschalten dürfen. Nam cives Mediolanenses, berichtet Wipo im 36. Kapitel, quicquid habuit idem Ambrosius in illorum territorio, demoliebantur et suum archiepiscopum Heribertum usque ad obitum eius cum honore retinuerunt, sed tamen cum gratia Heinrici regis, filii imperatoris, quod plenius in gestis regis, si Deus voluerit, exequar. Heribert von Mailand ist am 15. Jan. 1045 gestorben.

Ist die Vermutung, dass auch diese Stelle spätere Einschaltung sei, richtig, so könnte die Abfassungszeit der zweiten Bearbeitung genauer auf die Zeit nach dem Ungarnsiege 1044 und dem Tode Heriberts 1045 also etwa auf das Jahr 1045/46 fixiert werden. Zu beachten ist dabei auch, dass Wipo in der soeben angezogenen Stelle noch von Gesta regis spricht, die er zu schreiben im Sinne habe. Etwa im Frühjahre 1047 hätte er dann,

---

[24]) S. 590 ff. [25]) Kaiserzeit II, 562. [26]) S. 129. [27]) c. 1.

als der nunmehrige Kaiser auf dem Rückwege von Italien in Südwestdeutschland [28]) weilte, Gelegenheit genommen, diesem die Neubearbeitung der Gesta zu überreichen, und zu diesem Behufe den Widmungsbrief dem neuen Titel seines Herren angepasst.

Denn dass dieser Brief, auf den Bresslau sich vorzugsweise stützt, bereits vor der Kaiserkrönung geschrieben wurde, kann aus den folgenden Umständen geschlossen werden. Die Überschrift, die ja freilich Zusatz eines Abschreibers sein könnte [29]), wenn nicht die in ihr vorkommende Benennung ad regem Heinricum, Chuonradi imperatoris filium, — man beachte das Heinrici regis, imperatoris filii, in der oben wiedergegebenen Stelle aus Kapitel 36 der Gesta — für einen Späteren denn doch mehr als ungewöhnlich wäre [30]), richtet sich noch an den König Heinrich, den Sohn Kaiser Konrads. Ausserdem können die Stellen des Briefes, die auf Kaisertitel und Kaiserreich Bezug nehmen, aus dem Texte getilgt werden, ohne dass der Sinn des Ganzen auch nur im Geringsten Not litte: [Gloriosissimo imperatori,] Heinrico tertio regi [31]) ... Wipo ... quod servus regalium [32]) servorum huius orbis domino dominantium. Vitam .. Chuonradi imperatoris [33]), patris tui, [domne imperator,] scribere opportunum existimavi ... Mihi autem ... is animus est .. utriusque acta referre ... ita inter vos distinguendo, ut alterum rem publicam [utpote Romanum imperium] salubriter incidisse, alterum ... sanavisse, veraciter dicam. Tibi [summe imperator] hoc opus devoveo ... regnum [et imperium] tuum diuturnius ... merearis obtinere.

Deshalb mag auch dieser Widmungsbrief bereits vor Weihnachten niedergeschrieben und erst, als die Neube-

---

[28]) Er zog über Augsburg (25./26. Mai) nach Speier (7. Juni); vgl. Steindorff, Jahrbb. II, 7 ff. [29]) Wie Bresslau a. a. O. S. 588, 2 annimmt. [30]) Besonders wenn er derselbe Abschreiber sein sollte, dem wir den falschen Gesamttitel 'Gesta quorundam imperatorum Chuonradi et Heinrici' verdanken. [31]) Man beachte den Doppeltitel imperator — rex. [32]) Warum nicht imperialium? [33]) Liegt hierin nicht ein Gegensatz zu dem rex Heinricus wie in der Überschrift?

arbeitung der Gesta dem neuen Kaiser überreicht werden sollte, in aller Eile und notdürftig mit einigen auf das junge Kaisertum Bezug nehmenden Zusätzen versehen worden sein.

Die Existenz einer von dieser Heinrich III. gewidmeten Sonderausgabe verschiedenen älteren Redaction haben die trefflichen Ausführungen Bresslaus und Hasses ausser Frage gestellt. Ein unglücklicher Zufall hat es gefügt, dass uns nur eine sehr späte Handschrift der jüngeren, höfischen Bearbeitung erhalten ist. Wipo kann unmöglich sein mit Korrekturen und Zusätzen versehenes Handexemplar dem Kaiser überreicht oder übersandt haben. Es muss demnach eine zweite, frühere Niederschrift vorhanden gewesen sein, die Wipo schon bald nach dem Tode seines kaiserlichen Herren vollendet haben kann.

Dass im Mittelalter ein Werk in zwei Auflagen erschien, ist doch nichts Ungewöhnliches. Ich erinnere an die Lebensbeschreibungen der Heiligen Bernward und Godehard. Zwischen H und E liegt die Sache ähnlich. Auch Otto von Freising hat, nachdem er bereits um 1146 seine Chronik abgeschlossen und dem Abte Isingrim gewidmet hatte, zehn Jahre später das gleiche, nur mit neuer Vorrede versehene Werk dem Kaiser übersandt, so dass auch diese Chronik ähnlich wie Wipos Gesta zwei Prologe aufweist.

Es fragt sich nun für uns, ob man nicht schon vor 1044 oder kurz nachher in einem schwäbischen Kloster, in dem die von uns postulierte gemeinsame, auf Wi fussende Vorlage für HE und S verfasst sein mag, Kenntnis von jener ersten Niederschrift der Gesta Chuonradi imperatoris gehabt haben kann. Meines Erachtens steht dieser Annahme wenig im Wege. Aus der geringen Verbreitung der Gesta — ausser in der Zwettler Fortsetzung der Melker Chronik[31]) und in den von uns auf Wi zurückgeführten Werken finden sich keine weiteren Spuren ihrer

---

[31]) Pez, S. S. rer. Austr. I, 550 ff.; die Abschnitte aus Wipo sind ferner veröffentlicht von Frast, Arch. f. Kunde österreich. Geschichtsquellen II, 414 ff., und von Bresslau in seiner Ausgabe Wipos benutzt worden.

Benutzung — oder gar aus dem Umstande, dass nur ein Exemplar der Sonderausgabe für Heinrich III. auf uns gekommen ist, zu schliessen, dass nur diese und zwar erst nach Weihnachten 1046 an's Licht getreten sei, geht doch nicht an.

Beachtenswert dünkt mir vor Allem die Thatsache, dass weder der Zwettler Chronist, der lange Abschnitte Wipos in extenso gibt, noch HE, S und Ottos Chronik, die zum Teil in längeren Partieen fast wörtlich mit Wi übereinstimmen, auch nur eine einzige der von Hasse und Bresslau als spätere Zuthaten ausgeschiedenen Stellen aufbewahrt haben. Es wurde bereits oben die eine Stelle angeführt, an der in Wipos Gesta von Heinrich III. als imperator die Rede ist: Defuncto Misicone, Gazmerus, filius eius, fideliter serviebat huc usque imperatoribus nostris, heisst es dort am Schlusse des 29. Kapitels. Ex hinc provincia illa regibus nostris sub tributo servire cognoscitur, lautet die dieser entsprechende Stelle der Chronik Ottos von Freising (VI, 28). Geht dieser Satz, und daran ist wohl kaum zu zweifeln, auf Hermanns Gesta Chuonradi et Heinrici imperatorum zurück, dann hat die Annahme, dass Hermann hier ein Exemplar Wipos benutzt hat, in dem von Königen anstatt von Kaisern die Rede war, ein Exemplar, das mithin vor Weihnachten 1046 geschrieben und veröffentlicht war, alle Wahrscheinlichkeit für sich. Mit Reichenau und Sanctgallen, die er in seinen Gesta besonders hervorhebt, konnte Wipo, der, wenn er nicht schwäbischer Herkunft war, um jene Zeit ziemlich sicher in Schwaben weilte, doch leicht in literarischem Austausch stehen. Weshalb sollte da eine erste Bearbeitung seiner Gesta nicht schon vor 1044 in einem dieser beiden Klöster oder in beiden bekannt geworden sein?

Jedenfalls dürfen wir uns, sobald weitere Gründe für ein früheres Bekanntwerden der Gesta vorliegen, nicht länger durch die von Bresslau aufgerichtete Schranke beirren lassen.

Soweit steht Behauptung gegen Behauptung. Die Lage ändert sich aber sofort zu Gunsten der unseren, sobald wir neben dem äusseren Beweismittel der Quellenvergleichung auch die inneren der Urheberschaft, des Stils, der Anlage, die bereits W. Pflüger abgehandelt hat, und vor allem die des Inhalts heranziehen, mit denen wir uns in dem folgenden Abschnitte näher befassen werden.

2. Kritische Untersuchung der Wi, HE und S gemeinsamen Nachrichten.

Sind H, S und E, wie wir annehmen, Ableitungen zweiten Grades aus Wi, so ist zunächst die nähere Verwandtschaft, in der sie untereinander und im Gegensatze zu Wi stehen, besonderer Beachtung wert. Bei näherem Zusehen entdecken wir nämlich gewisse, den drei Tochterquellen gemeinsame Abweichungen von Wi. Nicht nur dies! Eine Reihe von Widersprüchen Wi gegenüber ist geeignet, einiges Licht auf die Beschaffenheit der von uns geforderten Zwischenstufe zu werfen.

Untersuchen wir einmal die Jahresberichte 1026 und 1027 bei H und S! Ihre Verwandtschaft ist nicht zu leugnen. 'König Konrad', so etwa melden sie zu 1026, 'zieht im Frühjahr nach Süden und unterwirft sich fast ganz Italien diesseits Rom mit Ausnahme Luccas, das ihm', setzt S hinzu, 'mit Markgraf Reginher allein widerstrebt'. Die letzte Hälfte dieses Satzes steht im Widerspruche zu den Thatsachen: von einer Unterwerfung Italiens 'diesseits Rom' kann zu 1026 unter keinen Umständen die Rede sein, da der König in diesem Jahre nicht über Ravenna hinaus[1]), geschweige denn über den Apennin gekommen ist. Mit Lucca und Reginher ist er ebensowenig in feindliche Berührung gekommen. Dem gegenüber ist Wipo, darüber belehren uns andere Quellen und in erster Linie das Itinerar Kon-

---

[1]) Dass Konrads Zug nach Pescara, den Bresslau seinen Jahrbüchern (I, 423) einfügt, auf falschen Voraussetzungen beruht, ist bereits anderwärts hinreichend dargethan worden; vgl. J. v. Pflugk-Harttung, Untersuchungen z. Gesch. Kaiser Konrads II., S. 78 ff.

rads II., vollkommen im Rechte, wenn er den König nur die lombardische Ebene²) durchziehen und unterwerfen lässt.

Nun hat aber Konrad thatsächlich im Frühling des folgenden Jahres Italien 'diesseits Rom' unterworfen und den Widerstand Luccas und Reginhers gebrochen. H und S haben also Thatsachen, die einer späteren Zeit zugehören, schon zu 1026 vorweggenommen. Die Worte in Cisromanis partibus (cis Romam) praeter Luccam (sola sibi Lucca resistente), vielleicht auch die Wendung cum Reginhero marchione gehen aber, wie die folgende Zusammenstellung beweisen dürfte, schon auf die H und S gemeinsame Vorlage zurück, auf die Bresslau auch Wipos Bericht zurückzuführen bemüht ist.

H 1026.	*S 1026.*
Rex Counradus ... circa tempus quadragesimae³) cum exercitu Italiam adiit, et pascha Vercellis acto, totam praeter Luccam Italiam in Cisromanis partibus subiugavit.	Rex Chuonradus ... circa vernum tempus Italiam ingressus, eam sibi paene totam cis Romam subiugavit, sola Lucca sibi resistente cum Reginhero marchione.

Wi c. 11 ff.

Ipse cum exercitu Italiam petere coepit ... c. 12: Rex ingressus Italiam, Vercellis sanctum pascha celebravit ... totam paene Italiam planam suae ditioni subiugavit ... c. 15: Veniens autem ad Luccam civitatem, invenit eam sibi adversam cum Reginhero marchione etc.

Ist die H und S gemeinsame Vorlage nicht zugleich die Vorlage von Wi, so kann sie nur die von uns vermutete Zwischenstufe zwischen HSE einer- und Wi andrerseits sein. Sie hat dann hier (ähnlich wie in E der ganze Romzug schon zu 1026 mit den Worten Chuonradus rex

---

²) Gesta c. 11: totam paene Italiam planam suae ditioni subiugavit; c. 14: Italiam iterum planam peragrans regnum pacificavit.
³) Woher diese Zeitbestimmung? Vielleicht benutzte der Verfasser der Vorlage hier neben Wi einen zweiten Bericht? Wahrscheinlicher ist, dass er die ungefähre Zeit (circa) des Aufbruches aus der Thatsache der Osterfeier zu Ravenna bei Wi geschlossen hat.

Romam pergens imperator efficitur summarisch berichtet wird) die c. 12--15 der Gesta Chuonradi in einen kurzen Satz zusammengepresst und diesen im Missverständnis der Worte Wipos totam paene Italiam planam*), vielleicht aber auch aus blosser Gedankenlosigkeit zum Jahre 1026 gesetzt, dem Jahresberichte 1027 nur den eigentlichen Romzug und die Krönung vorbehaltend. Aus der Parallele ergibt sich, wie in diesem Falle der Epitomator seinen Wortlaut aus c. 11 und 15, dem Anfange und Schlusse des excerpierten Abschnittes, ausgelesen haben müsste.

Hätte aber Wi in seiner Beschreibung des Romzugs eine ihm mit HS gemeinsame Vorlage benutzt, wie sonderbar wäre sein Verfahren zu nennen! Er hätte dann den Bericht der Vorlage durch viele der besten und genauesten, vielleicht gar von ihm selbst im Gefolge Kaiser Konrads miterlebten Einzelheiten auf ungefähr den zwanzigfachen Umfang gebracht, eine Reihe wichtiger, chronologisch wohlgeordneter, dem Itinerar auf's Beste entsprechender Ereignisse zwischen den Einmarsch und den Zusammenstoss mit Lucca eingeschaltet, diesen Zusammenstoss selbst und die Eroberung Mittelitaliens (cis Romam) in's richtigere Jahr, 1027, verlegt und füglich den ungenauen Ausdruck in Cisromanis partibus zu 1026 in den genaueren totam paene Italiam planam verbessert. Was hat so der vielgescholtene Wipo, wenn er wirklich die Vorlage von HS benutzt hat, nicht alles aus dieser kurzen, widerspruchsvollen Quelle gemacht! Wenn bei dieser durchgreifenden Umarbeitung, Verbesserung und Erweiterung der annalistischen Notiz durch den literarisch geschulten, an klassischen Vorbildern gebildeten Biographen Konrads II. der keineswegs mustergültige Wortlaut dieser Vorlage verloren gegangen wäre, so dürfte uns das nicht weiter verwundern. Er ist es aber nicht! Ist Bresslaus Annahme gerechtfertigt, dann hat Wi pietätsvoll die erste

---

*) Die Worte praeter Luccam etc. fussen auf der Thatsache, dass Konrad in der That vor seinem Einzuge nach Rom in Lucca (und bei Reginher) Widerstand fand. Den chronologischen Schnitzer müssen wir dem Mönche des Mittelalters zu Gute halten.

Hälfte des von ihm so scharf durchkorrigierten Satzes im Anfange seines c. 11, die zweite am Schlusse des c. 15 fast wörtlich wiedergegeben, — doch wohl kaum, um einem Kritiker des 19. Jahrhunderts, der ihm die Unrichtigkeit seiner ausdrücklichen Versicherung, er habe in den Gesta keine schriftliche Quelle benutzt, nachzuweisen versucht hat, auf die richtige Spur zu helfen.

Für welche von den beiden oben besprochenen Möglichkeiten wir uns zu entscheiden haben, kann kaum noch in Frage kommen: H und S haben eine Quelle ausgeschrieben, in der die c. 11—18 der Gesta Chuonradi nachlässig excerpiert waren.

Wie kommt es aber dann, dass zwar S in seinem Jahresbericht 1027 nur noch den Zug nach Rom und die Kaiserkrönung meldet, die zweite Ableitung H dagegen noch einmal zu 1027 auf den Widerstand Luccas und Reginhers und zwar auch diesmal in ähnlichem Wortlaut wie Wipo in c. 15[a]) zurückkommt? Hermann dem Lahmen, der über den italienischen Feldzug Konrads sicher nichts Genaueres wusste, ist der Widerspruch, der in seinen Berichten über die Romfahrt liegt, entgangen. Warum konnte auch Konrad nicht zweimal, 1026 und 1027, in feindliche Berührung mit Lucca gekommen sein? Wir, die wir über jene Vorgänge besser unterrichtet sind, müssen nach einer Erklärung dieses Widerspruches suchen. Entweder hat die Vorlage von HS — und dagegen spricht die eine Ableitung S — das c. 15 der Gesta Chuonradi zweimal,

---

[a]) *Wi c. 15.*

Rex Chuonradus in Iporegia civitate natalem Domini celebravit ... ipse Padum transiens ad Romam tendere coepit. Veniens autem ad Luccam civitatem, invenit eam sibi adversam cum Reginhero marchione... civitatem et marchionem in deditionem accepit ...... c. 16: Romam ingressus etc.

H 1027.

Counradus rex, acto Yporegiae natale Domini, in ulteriora progressus, Luccam cum Reginhero marchione in deditionem accepit Romamque perveniens etc.

zu 1026 und 1027, excerpiert, oder Hermann hat neben dieser Vorlage auch noch selbständig Wipos Kaiserbiographie ausgeschrieben. Für die letzte Annahme werden sich im Verlaufe der Untersuchung weitere Gründe ergeben.

Wir erinnern uns jetzt, dass auch die Chronik Ottos von Freising die Unterwerfung Luccas und Reginhers an falscher Stelle bringt. Zu Vercelli lässt Otto den König Ostern feiern und fährt dann fort: Ibi Reginherum marchionem cum civibus Lucensibus obvium habuit, susceptisque ad deditionem omnibus, ad urbem iter tendit. In dieses Versehen müssen sich Hermann als der Verfasser der Otto als Vorlage dienenden Gesta und Otto selbst teilen. Nach seiner Wi unglücklich excerpierenden Quelle hat Hermann in seinen Gesta sicherlich ebenso wie in seiner Chronik den Zusammenstoss mit Lucca und Reginher in's Jahr 1026 und neben die Osterfeier zu Ravenna eingerückt. Ebenso sicher hat er, wenn ihm ausser dieser Quelle noch Wi selbst vorlag, auch in den Gesta die Unterwerfung der Rebellen zu Anfang 1027 erzählt und damit den Zug nach Rom (ad urbem iter tendit) verknüpft. Otto hat dann diese beiden Nachrichten unglücklich zusammengeschweisst und den Akt der Unterwerfung nicht nur mit der Osterfeier zu Vercelli in der Darstellung verbunden, sondern ihn sogar direkt auf dieses Fest verlegt.

Ich fahre in meiner Vergleichung des Inhaltes unsrer Quellen fort. Auf den ersten Blick erscheint die Chronologie der Jahresberichte 1026 und 1027 bei Hermann rettungslos verwirrt. An den Abmarsch nach Süden (I. Febr. 1026) und die Unterwerfung Italiens diesseits Rom ausser Lucca (II. 1026/27) schliesst sich die noch vor dem Abmarsche (III. Anfang 1026) erfolgte Aussöhnung Herzog Ernsts mit seinem königlichen Stiefvater, die Belehnung Ernsts mit Kempten (IV. Herbst 1026) und der zweite Aufstand des Herzogs (V. Anfang 1027). Darauf, in den Anfang des Jahres 1026 zurückgreifend, meldet Hermann den Tod des Bischofs von Konstanz (VI. März 1026) und die Erledigung der Abteien Kempten und Rheinau

(VII. Herbst 1026). Den Schluss des Jahresberichtes bildet die Fehde zwischen Bruno von Augsburg und Welf (VIII.), die wahrscheinlich in's Jahr 1027 gehört*). Im Jahresbericht 1027 kommt der Reichenauer dann, nachdem er das Weihnachtsfest zu Jvrea (IX. 1026) und den Übergang nach Tuscien berührt hat (X. Anfang 1027), noch einmal auf Lucca (und Reginher) zurück (XI. Anfang März 1027), um dann zu dem Einzuge in Rom und der Kaiserkrönung (XII. März 1027) überzugehen.

Wie steht es dagegen mit Wi? Er ordnet die Begebenheiten pragmatisch, verfährt aber innerhalb der einzelnen Abschnitte mit der peinlichsten chronologischen Genauigkeit. Die Ereignisse folgen sich bei ihm nach Sonderung der deutschen (c. 11, Anfang 12 und c. 19 ff.) und italienischen Angelegenheiten (die er gelegentlich der Erwähnung Herzog Ernsts als eines Teilnehmers an der Romfahrt durch einen Exkurs über die Belehnung Ernsts mit Kempten und Ernsts Rückkehr nach Deutschland unterbricht) in der völlig richtigen Reihenfolge III., I., II., IX.—XII., V., VIII. Die schwäbischen Lokalnachrichten (VI., VII.) fehlen.

Der H und S gemeinsamen Vorlage, die schon einen Teil der chronologischen Mängel gehabt haben muss, sind mit Sicherheit alle HS gemeinsamen Nachrichten zuzuweisen (I., II., VI., XI.—XII.). Geht Wi auf die gleiche Vorlage zurück, so kommen alle HS und Wi gemeinsamen Meldungen hinzu (III., IV., V., VIII.—X.), also mit Ausnahme der Nachricht vom Abtswechsel in Kempten und Rheinau der ganze Restbestand der Jahresberichte 1026 und 1027 bei H. Wenn wir nicht annehmen wollen, dass S und gar erst H den chronologischen Wirrwarr absichtlich angerichtet haben, so müssen wir uns wohl oder übel zu der Ansicht bequemen, dass auch schon in der gemeinsamen Vorlage das gleiche Durcheinander geherrscht habe.

---

*) Zu dem sie auch von E berichtet wird. Ich behalte mir vor, auf diese und ähnliche Fragen an anderer Stelle zurückzukommen.

Nehmen wir nun mit Bresslau an, auch Wi habe aus jener Quelle geschöpft, so würde diese Annahme das denkbar günstigste Licht auf den geschmähten Biographen Konrads II. werfen: er hätte dann aus dem kunterbunten Berichte seiner Vorlage die zusammengehörigen Stücke ausgesucht, sie unter sich — seinem guten Gedächtnisse oder sonstigen Anhaltspunkten folgend — aufs genaueste chronologisch geordnet und mit seinen eignen Erinnerungen verschmolzen, so jedoch, dass der Wortlaut der kurzen Notizen der Vorlage in seiner breiteren Darstellung nicht verloren ging. Ist eine derartige stilistische Selbstbeschränkung bei Wipo, dem Schüler Suetons und Sallusts, schon einigermaassen verwunderlich, so ist es noch mehr das Maass historischer Kritik, das, wie kühn behauptet werden darf, in diesem Grade bei kaum einem einzigen mittelalterlichen Historiker zu finden ist.

Drehen wir jetzt einmal den Spiess um und lassen H und S aus einer auf Wi beruhenden Quelle schöpfen, so lässt sich die chronologische Verwirrung bei ihnen leichter und einfacher erklären als die musterhafte Ordnung bei Wi. Man stelle sich einmal die Aufgabe eines mittelalterlichen Mönches vor, der ohne die trefflichen Hülfsmittel, welche uns heute zu Gebote stehen, die in der pragmatischen Darstellung Wipos enthaltenen, in deutsche und italienische gesonderten Ereignisse in sein annalistisches Schema einzuordnen gezwungen war! Wendungen wie: in qua expeditione, interea, imperatore in Italia morante und so fort boten doch nur ganz unzulängliche Anhaltspunkte. Hat nun gar Hermann neben der aus Wipo schöpfenden Vorlage noch dessen Gesta Chuonradi selbst benutzt, so kann es uns kein Wunder nehmen, wenn er manches doppelt, vieles an falscher Stelle berichtet hat.

Von diesem Standpunkte aus lernen wir auch die Berichte von H und S über die Aufstände Herzog Ernsts zu 1025 und 1027 mit anderen Augen betrachten. S weiss nur von einer Erhebung, der von 1025, während H an einer, wie wir eben vermuteten, aus Wi direkt geschöpften Stelle des Jahresberichtes 1026 auch von der zweiten zu melden weiss. In der gemeinsamen Vorlage dürfte nur **einmal** und zwar zu 1025 von dem Aufruhr Ernsts die Rede gewesen sein. Auch E berichtet nur zu 1025 davon.

Vergleichen wir einmal die Meldungen aller unserer Quellen über die **erste** Empörung, so fällt uns bei H und S sofort die Nennung des Grafen Welf als eines Mitverschworenen der Herzöge Konrad von Worms und Ernst von Schwaben auf, während beide den Herzog Theodorich von Lothringen — bei Wi heisst er irrtümlich Friedrich — vergessen haben. Wi zählt als Teilnehmer an der **ersten** Verschwörung eben diesen Theodorich (Friedrich), Ernst und Konrad von Worms auf. Im c. 19, in dem er die **zweite** Verschwörung erzählt, scheidet er Herzog Konrad, der sich ruhig verhielt, und den Lothringer aus, den der Tod an der Teilnahme verhindert habe, und nennt als Teilnehmer neben Ernst, der zum zweiten Male das Banner der Empörung erhob, nur noch den Grafen Welf. 'Hat aber Welf', so etwa schliesst Bresslau aus H und S, 'auch schon an der **ersten** Erhebung teilgenommen und war er damals noch im Aufstande, so kann von einer **zweiten Verschwörung, an der im Grunde dann nur Ernst teilgenommen hätte, keine Rede sein.** Folglich hat Wipo geirrt'.

Trotz der Wendung cum aliis plerisque in Wipos c. 10 fällt uns auf, dass der Biograph Kaiser Konrads den Grafen Welf, den er später einmal, 'reich an Gütern, mächtig in Waffen' nennt, bei der Aufzählung der Teilnehmer an der ersten Verschwörung übergangen haben soll. Noch mehr! Bei Gelegenheit des **zweiten** Aufstandes (1027), den er in c. 19 zu erzählen beginnt, bringt er des Grafen Namen an erster Stelle und zwar so, dass der unbefangene Leser der Ansicht wird, Wipo habe von der Anteilnahme Welfs am ersten Aufstande nichts gewusst und lasse dessen Opposition erst mit der zweifellos dem zweiten zuzuweisenden Fehde gegen Bischof Bruno von Augsburg beginnen. Wi müsste aber, wenn er die HS gemeinsame Vorlage, Bresslaus Reichsannalen, benutzt

hätte, davon gewusst haben, da schon in dieser, wie die
Übereinstimmung von H und S ergibt, von der Anteilnahme des Grafen an der ersten Erhebung die Rede war.
Es läge also ein offenbarer Verstoss Wipos gegen die
historische Wahrheit vor.

Über Welfs Verhalten während der ersten Erhebung,
bei der Aussöhnung Herzog Ernsts und der Herzöge von
Lothringen mit König Konrad — von Herzog Konrad
von Worms berichtet Wi, dass er sich zwar nicht unterwarf,
sich aber ruhig verhielt —, über seine kriegerischen
Unternehmungen in der Zeit zwischen den beiden Aufständen Ernsts wissen wir auch nicht das Geringste aus
unseren oder anderen Quellen. Bresslau ist der Meinung,
Welf habe, von Wipo bei der ersten Aufzählung in c. 10
vergessen, gleich dem Wormser auch nach der Aussöhnung
Ernsts mit dem Könige (Frühjahr 1026) den Aufstand
fortgesetzt. Da müsste er sehr lässig in der Kriegführung
gewesen sein! Den Umstand, dass die Bischöfe Bruno
von Augsburg, Werner von Strassburg und Warmann
von Konstanz, die Stützen des Reiches im Südwesten,
September 1026 ihre Diözesen verlassen und der Seligenstädter Synode beiwohnen konnten, sieht Bresslau mit
vollem Rechte als einen Beweis dafür an, dass in Oberdeutschland im September die Ruhe noch nicht ernstlich
gestört war. 'Kann demnach', fährt er fort, 'die Opposition des Grafen Welf, der, wie wir uns erinnern, sich
noch immer nicht unterworfen hatte, sich bis dahin nicht
sehr fühlbar gemacht haben, so scheint der trotzige Graf,
wenn wir recht vermuten, eben diese Zeit, da die schwäbischen Bischöfe aus der Heimat abwesend waren, benutzt
zu haben, um einen Hauptstreich auszuführen'[7]).

Ja, fragen wir uns, war denn Welf damals überhaupt
schon in der Empörung begriffen? Und wenn wirklich,
wie kommt Wi dazu, seine Vorlage, in der doch, wie wir
sahen, Welfs Anteilnahme auch am ersten Aufstande be-

---

[7]) Diesen 'Hauptstreich', den Überfall Augsburgs, rechnet Wipo
aber offenbar schon zum zweiten Aufstande.

richtet war, so zu entstellen? Bresslau führt die Differenz zwischen HS und Wi darauf zurück, dass Wipo 'ungeschickter Weise in zwei Kapiteln (10 und 19) von denselben Dingen, das erste Mal unter der Überschrift 'de inimicitia inter regem et Ernestum ducem', das zweite Mal unter dem Titel 'de coniuratione quorumdam Teutonicorum' gesprochen habe, 'wozu er wiederum . . . dadurch veranlasst wurde, dass in jenen Annalen (den sog. schwäbischen Reichsannalen) zweimal, zu 1025 und zu 1026 oder 1027 davon die Rede war'. Das letztere kann nur eine Vermutung sein. Wir sahen oben im Gegenteil, dass Vieles dafür spricht, dass in der verlorenen Quelle nur einmal und zwar zu 1025 von den Aufständen die Rede war.

Dass ein späterer Excerptor Wipos, dem vielleicht beide Aufstände in der Erinnerung zu einem zusammenflossen, die Kapitel 10 und 19, sei es aus Bequemlichkeit, sei es aus mangelhafter chronologischer Gewissenhaftigkeit in einen kurzen Satz zusammenfassen und diesen dann zu 1025, dem ersten Jahre der Erhebung, stellen konnte, ist halbwegs begreiflich. Unbegreiflich ist es aber geradezu, dass ein Mann wie Wipo, der, vielleicht Welfs Volksgenosse, dem Könige, der Königin und Mutter Ernsts, Gisela, dem jungen König Heinrich so nahe stand und wahrscheinlich Vertrauter der schwäbischen Herzogsfamilie war, Wipo, der ausserdem als kaiserlicher Kaplan so viele und dankenswerte historische Kenntnisse gesammelt und hinterlassen hat: dass ein solcher Mann den klaren Sinn einer annalistischen Notiz hat missverstehen können, in dem Grade missverstehen, dass er die oberdeutsche Bewegung gegen den König-Kaiser in zwei Phasen auseinander riss und an Stelle der einen Verschwörung und des einen ununterbrochenen Aufstandes deren zwei gesetzt hat! Man sehe sich doch einmal die Kapitel 10 und 19 mit ihren genauen Aufzählungen der Verschwörer, mit ihrem Reichtum an wichtigen Einzelheiten an und frage sich, ob der Biograph Konrads, der in die geringsten Details Einblick und Einsicht hatte, selbst durch eine direkt Unwahres berichtende Quelle hätte irre geleitet werden können!

Wir drehen deshalb auch hier den Spiess um und behaupten: der Irrtum rührt nicht von Wipo, sondern von seinem den Ereignissen ferner stehenden Excerptor her, dessen Bericht dann in H und S übergegangen ist. Es erhebt sich damit die Frage: wie verhält sich der Text der Vorlage von HSE zu dem der Gesta Chuonradi?

Mit dem c. 10 hat er nichts zu schaffen. Ganz anders ist sein Verhältnis zu c. 19, in dem Wipo von der zweiten Verschwörung spricht:

Wi c. 19.	*H 1025.*	*S 1025.*
... Quidam comes in Suevia, Welf nominatus, ... Chuono, dux Wormatiensis, patruelis imperatoris ... Ernestus, dux Alamanniae, privignus imperatoris, ... rebellionem moliebatur.	Rebellio et discordia contra Counradum regem a patruele suo Counrado et Ernusto, duce Alamanniae, privigno eius, Welf quoque, Suevigena comite, et aliis pluribus facta.	Saeve contentionis fomes exarsit .. inter Chuonradum regem et patruelem eius Chuonradum. Cui etiam Ernustus, consobrinus eius, dux Alamanniae, et Welfhardus comes, postea confoederati, rebellare ausi sunt.

H beruht hier anscheinend ganz auf Wi. S hat den Wortlaut wie gewöhnlich stark geändert, bringt aber selbständige Nachrichten aus mündlicher oder schriftlicher Quelle, der er die Nennung Augsburgs, als des Ortes, an dem der Zwist zum Ausbruch kam, die Bezeichnung consobrinus eius (sc. Chuonradi ducis), wohl auch die Namensform Welfhardus und die Wendung postea confoederati verdanken dürfte. Der Tag zu Augsburg war für Sanctgallen insofern bemerkenswert, als dort Konrad dem Kloster ein Privileg erteilte. Die Erinnerung daran, wie an Alles, was mit diesem Tage in Zusammenhang stand, mag sich unter den Mönchen längere Zeit erhalten haben. Sicherlich aber waren die näheren Umstände des schwäbischen Aufstandes in den Tagen der Abfassung des letzten Teiles von S noch unvergessen. Wie der Vergleich mit Wi zeigt, muss H dem Wortlaut der ihm mit S gemeinsamen Vorlage näher stehen als S. Dürfen wir dann die einschränkenden Worte postea confoederati hinter den

Namen Ernsts und Welfs als eine Korrektur des Sanctgallers betrachten, der sich noch entsann, dass Welf erst später in den Aufstand eingetreten war?

Wenn wir uns jetzt noch einmal beide Möglichkeiten — entweder Wipo, der im übrigen so ausgezeichnet Unterrichtete, hat in der Hauptsache seine gar nicht misszuverstehende Vorlage missverstanden oder absichtlich entstellt, dabei aber in seiner breiteren Darstellung einzelne Worte dieser Vorlage ängstlich beibehalten; oder ein ungeschickter, vielleicht auch allzu bequemer Excerptor hat Wipos Darstellung beider Aufstände zusammengezogen und in's erste Jahr der Erhebung gesetzt — vergegenwärtigen, dann werden wir nicht mehr daran zweifeln, dass der zweiten unbedingt der Vorzug zu geben ist. Jetzt können wir uns auch erklären, weshalb der von Wipo bei Gelegenheit des ersten Aufstandes erwähnte Herzog Theodorich (Friedrich) von Lothringen in der Liste der Verschwörer bei H und S fehlt. Soviel Überlegung hatte der Excerptor denn doch, dass er in dem von ihm ausgeschriebenen c. 19 Wipos die Worte nicht übersah: Fridericus (sc. Thidericus), dux Liutharingorum, . . . imperatori inimicando morte propria praeventus est.

Wie kommt es aber, fragen wir uns hier wieder, dass Hermann, während seine Vorlage beide Aufstände in einen Satz zusammenfasste und dessen Wortlaut zum Teil dem c. 19. Wipos entnahm, die zweite Erhebung Ernsts noch einmal mit aus den c. 10, 11 und 19 geschöpften Worten erzählt[a]) und nachträglich noch den Satz über die Fehde

---

[a])   *Wi c. 10 ff.*

Sed dux Ernestus . . interventu matris suae, reginae, . . multum renuente rege, vix in gratiam receptus est etc. c. 11: Ernestus, dux Alamanniae, . . . Campidonensem abbatiam . . . in beneficium accepit . . . c. 19: Ernestus, dux Alamanniae, . . iterum, instigante diabolo, rebellionem moliebatur et consilio quorundam militum suorum etc.

H 1026.

Ernust, dux Alamanniae, cum eo ipso anno, interpellante matre, pacificatus, Campidonensem loco beneficii abbatiam accepit; nec multo post, pravo aversus consilio, iterum rebellavit.

Hat hier etwa Wi wieder den Wortlaut seiner Vorlage auf drei verschiedene Kapitel verteilt?

Welfs mit Bruno von Augsburg*) demselben c. 19 entnahm, aus dem die Vorlage bereits geschöpft hatte? Hat die Vorlage zweimal zu verschiedenen Jahren aus den gleichen Berichten ausgeschrieben? Wohl kaum. Ich sehe vielmehr in dieser Thatsache eine erneute Bestätigung dafür, dass der Reichenauer Mönch neben dem kürzeren Auszuge aus Wi dessen Gesta Chuonradi selbständig herangezogen hat.

An einer weiteren Stelle hat man Wi einen groben Verstoss gegen die geschichtliche Wahrheit vorgeworfen: er soll die zweite Aussöhnung zwischen Ernst und Konrad II. um zwei volle Jahre zu spät angesetzt haben. Der Einwand, der gegen die Glaubwürdigkeit des c. 25 der Gesta auf Grund der Zeugenreihe einer Korveier Kaiserurkunde [10]) von 1028 erhoben wird, beschäftigt uns hier nicht, wohl aber ist für uns die Frage danach von höchstem Interesse, ob an der erwähnten Stelle H und S wirklich, wie Bresslau annimmt, im Gegensatze zu Wi eine bessere Überlieferung haben. Ich stelle zur Erleichterung der Untersuchung die entsprechenden Abschnitte unsrer drei Quellen zusammen.

Wi c. 25.

Anno Domini 1030 imperator Chuonradus apud Ingelenheim pascha celebravit. Ibi Ernestus, supra memoratus dux Alamanniae, a custodia solutus ducatum recipit, eo tenore, ut Wezelonem militem suum . . . quasi hostem rei publicae cum omnibus suis persequeretur idque se facturum cum sacramento confirmaret. Quod cum dux facere nollet, hostis publicus imperatoris diiudicatus est, et penitus ducatu amisso, cum paucis inde recessit.

---

*) *Wi c. 19.*
Quidam comes, Welf nominatus, et Bruno, episcopus Augustensis, invicem confligentes, multa mala in praediis et incendiis fecerunt in regno.

H 1026.
Brun, Augustensis episcopus, et Welph comes praedis et incendiis inter se mutuo debacchantur.

E 1026.
B., ep. A., et W. c. praedas et incendia inter se faciunt.

[10]) Vgl. Bresslau Jahrbb. I, 251; N. A. II, 592. Die Zeugenreihe ist zweifellos apokryph.

H 1030.	S 1030.
Ernustus dux, cum, exilio relaxatus, ducatum suum recepisset, pravorum consilio usus et denuo imperatori refragatus, ducatu privatus est etc.	Ernest, dux Alamannorum, vitrico suo, imperatori, denuo rebellis effectus, gratiam suam cum ducatu amisit etc.

Ernst soll nach Bresslau schon 1028 mit dem Kaiser ausgesöhnt und in sein Herzogtum wieder eingesetzt worden sein. Auf einem Missverständnis der ihm sowie H und S vorliegenden Reichsannalen soll Wipos Nachricht, beides sei erst 1030 geschehen, beruhen. 'Nimmt man an', führt Bresslau aus, 'dass Wipo diese Reichsannalen als chronologischen Rahmen benutzt hat, dass er mit den ihnen entnommenen die zahlreichen Thatsachen, die er mehr wusste — hier das Verhältnis Ernsts zu Werner, den eigentlichen Grund seines neuen Zerwürfnisses mit Konrad —, verknüpft hat, dann, aber auch nur dann, erklärt sich das sonst unbegreifliche Missverständnis. Hätten aber Hermann und die Ann. Sangall. Wipo benutzt, so wäre es ein merkwürdiger Glücksfall, dass beide thatsächlich demselben entgangen sind'.

Auch hier soll der Historiker, der uns im Übrigen in seinem 25. Kapitel ein bis in die Einzelheiten genaues und durchaus zuverlässiges Bild der Vorgänge in Ingelheim zu entwerfen vermag, in der einen Hauptsache, die ihm, dem Hofmann, unbedingt vertraut sein musste, eine völlig falsche Angabe gemacht, sich in der Zeitbestimmung eines für die kaiserliche Familie, den Hof, Wipos Heimat, ja, für das ganze, weite Reich so bedeutsamen Ereignisses um zwei volle Jahre geirrt haben. Könnten wir die falsche Rechnung dem schwachen Gedächtnisse des betagten Biographen Konrads II. schuld geben, könnten wir einen einigermassen stichhaltigen Grund ausfindig machen, der uns eine willkürliche Änderung, eine Fälschung der Geschichte erklärte, so könnten wir die Sache vielleicht begreiflich finden. Geradezu unbegreiflich ist aber die Annahme, zu der wir durch die seitherige Auffassung des Quellenverhältnisses gezwungen würden. Wipo hatte danach eine Vorlage gehabt, die schwäbischen Reichsannalen, in denen die Begnadigung Herzog Ernsts, wenn nicht zu 1028, so doch zu 1030, ähnlich wie in H, beiläufig und zwar als bereits früher geschehen erwähnt wurde. Er hätte dann — wahrlich ein grobes, geradezu unglaubliches Missverständnis! — diese Vorlage dahin missverstanden, dass die Aussöhnung Ernsts mit Konrad erst 1030 erfolgt sei.

H und S wird hier wiederum die bessere Überlieferung zugeschrieben. Meldet H, dessen nur um den Ort der Handlung und einige Einzelheiten gekürzter Bericht sich sonst vollkommen mit dem von Wi deckt, etwa nicht auch die Aussöhnung Konrads mit Ernst zu 1030 anstatt zu 1028? Wie man H zu Wi in Gegensatz bringen kann [11]), ist mir unerfindlich. Noch merkwürdiger ist der 'Glücksfall', der S vor dem angeblichen Missverständnisse Wipos bewahrt haben soll: er hat seine Vorlage um die entscheidende Stelle gekürzt. Der Zusammenhang ist auch hier ein anderer als der von Bresslau angenommene: H und S beruhen offenbar, das zeigt ein Blick auf die Parallele, auch hier auf einer gemeinsamen, aus Wi schöpfenden, ihn aber bis zur Missverständlichkeit kürzenden Quelle. Ob H daneben noch direkt auf Wi zurückging, ist nicht mehr mit Sicherheit zu bestimmen. —

Wir fahren in der Kritik der Berichte fort. 'Während Graf Odo von der Champagne', so ungefähr melden H und S zu 1032, 'in das durch König Rudolfs Tod erledigte Burgund einfiel, lag Kaiser Konrad gegen die Polen zu Felde'. Auf dieser Stelle sowie auf Wi und den Regensburger Jahrbüchern fussend, hat Bresslau [12]) einen sonst

---

[11]) 'Hätten aber Herimann und die Ann. Sangall. Wipo benutzt, so wäre es ein merkwürdiger Glücksfall, dass beide thatsächlich dem unbegreiflichen Missverständnisse entgangen sind', Bresslau N. A. a. a. O.
[12]) Jahrbb. II, 8 ff., 482. An anderer Stelle werde ich Gelegenheit nehmen, mich über die Chronologie der polnischen Wirren eingehend zu äussern. Hier sei nur soviel vorweggenommen, dass der Tag von Merseburg, auf dem sich Mesko von Polen unterwarf, ebensowenig wie die Tagsatzung Konrads II. mit den Liutizen zu Werben, wo Herzog Ulrich die Strafe seines Hochverrats fand, im Jahre 1033, sondern schon 1032 stattgefunden hat.

unbeachteten Feldzug Konrads nach Polen zum Jahre 1032 angesetzt.

Die Regensburger Jahrbücher [13]), ich weiss nicht, wie Bresslau dazu kommt, sie 'gleichzeitig' zu nennen [14]), scheiden als offenbare Ableitung aus Hermanns Chronik von vorneherein aus der Reihe der selbständigen Quellen aus. Führen wir auch H und S auf Wi zurück, ihre Übereinstimmung im Wortlaute fordert eine gemeinsame Vorlage, die direkt oder indirekt nur Wi gewesen sein könnte, so bliebe uns im Grunde nur eine Quelle, ein einziges Zeugnis für den Polenkrieg von 1032 übrig, das Wipos. Dieses Zeugnis würde in Anbetracht der Zuverlässigkeit der übrigen Angaben Wipos auch vollkommen ausreichen, wenn es den Thatbestand klar und unzweideutig festlegte. Das ist keineswegs der Fall. Aus Wipos Bericht über die polnischen Angelegenheiten im 29. Kapitel vermögen wir die Meldung von einem 1032er Feldzuge Kaiser Konrads II. gegen Herzog Mesko von Polen beim besten Willen nicht herauszulesen. Im Gegenteil! Die Angaben Wipos widersprechen der Annahme eines solchen auf's Allerentschiedenste.

Sed dum Oudo consul haec in Burgundia faceret, beginnt der uns hier interessierende Abschnitt [15]), Chuonradus imperator in Sclavonia cum armis fuerat. Nach Wipos Sprachgebrauch würde in Sclavonia am ehesten 'im Gebiete der Elbslaven' bedeuten. Nur an einer Stelle nennt er den Herzog Boleslav von Polen Sclavigena [16]). Die Annahme, dass der Kaiser September 1032, denn in diese Zeit wird der Einfall Odos in Burgund

---

[13]) S. S. XVII, 584; vgl. dazu Wattenbachs Vorrede zur Ausgabe.
[14]) Jahrbb. II, 8, 3. Die Ann. Ratisp. sind nach Wattenbach (vgl. auch DGQ[6] II, 381) um 1130 und zwar nicht zum geringsten Teile aus Hermanns Chronik oder einer ihrer Abteilungen zusammengestoppelt. Nach 1167, also mindestens 135 Jahre nach den Slavenkriegen Konrads II., erhielten sie Zusätze, die wiederum grösstenteils aus Hermann oder einer seiner Ableitungen stammen. Zu diesen Zusätzen gehört auch die angeblich 'gleichzeitige' Nachricht zu 1032: Imperator in Poloniam. [15]) c. 29, S. 36. [16]) c. 9, S. 24.

zu setzen sein, an der Elbe und zwar an der Liutizengrenze weilte, wird uns durch die Ann. Hildesh.[17]) bezeugt, die in den Herbst 1032 einen wendischen Landtag zu Werben setzen. Die Wendung 'cum armis', 'mit bewaffnetem Gefolge', findet ihre Analogie in Kapitel 33[18]). Auch 1034 ist der Kaiser mit reisigem Gefolge, 'collectis copiis de Saxonia' zum Landtag nach Werben gezogen.

Nun ist aber der soeben besprochene Satz mit der späteren Schilderung der polnischen Wirren durch den folgenden: Quid ibi ageret vel qualiter postea Oudonem repulisset de Burgundia, c o n s e q u e n t e r dicam verbunden. Wir müssen also erwarten, dass sich daran eine ausführliche Erklärung der Thatsache, dass Konrad Herbst 1032 'mit den Waffen' im Slavenlande war, anschliessen würde[19]). Was enthält der Rest des Kapitels 29?

Nach dem Tode Boleslavs des Grossen von Polen erzählt uns Wipo, kam es zu Streitigkeiten zwischen dessen Söhnen Mesko und Otto (Bezbriem). Otto wurde (zwischen 1025 und 1027) von seinem Bruder nach Russland verjagt, kehrte aber (1031)[20]) zurück und griff im Verein mit Kaiser Konrad den Usurpator an, der nach Böhmen zu Herzog Ulrich floh. Die von Ulrich angebotene Auslieferung des Flüchtlings wies der Kaiser entrüstet zurück. Otto, der von da an in Polen regierte, wurde (1032)[21]) ermordet. Tunc Misico, wir fahren hier mit Wipos eigenen Worten fort, omnibus modis quaerebat gratiam imperatricis Giselae

---

[17]) a. 1032. [18]) S. 39. Dieser zweite wendische Landtag ist irrtümlich mit dem von 1032 identifiziert worden. [19]) Es könnte mit diesem Satze auch auf eine s p ä t e r e Auseinandersetzung verwiesen werden. Derartige Verweisungen sind in Wi nicht selten; vgl. c. 1, 2, 9 u. s. f. (Pflüger N. A. II, 141). Die Burgunderkriege werden auch wirklich in c. 30 ff. ausführlich behandelt. Deutete man Sclavonia auf das Liutzenland und die Verweisung quid ibi ageret etc. auf c. 33, so wäre damit der hypothetische Polenfeldzug des Jahres 1032 erledigt. Allein in c. 33 findet sich kein Hinweis auf die Vorgänge des Jahres 1032, und die Worte inter Saxones enim et paganos fiebant ea tempestate multae dissensiones dahin zu deuten, wäre gewagt. Ich denke die oben versuchte, näher liegende Erklärung wird genügen. [20]) Ann. Hild. a. 1031. [21]) Ebda. a. 1032.

et reliquorum principum, ut mereretur redire ad gratiam imperatoris. Caesar, misericordia motus, dedit sibi veniam, et divisa provincia Bolanorum in tres partes, Misiconem fecit tetrarcham. Defuncto Misicone, Gazmerus, filius eius, fideliter serviebat huc usque imperatoribus nostris.

Wie man sieht, hat der Kaplan Konrads in seiner ausführlichen Darstellung mit keinem Worte einen im Jahre 1032 unternommenen Feldzug gegen Polen auch nur angedeutet. Wir lesen nur von diplomatischen Verhandlungen. Anscheinend wurde die Angelegenheit Meskos ohne Schwertstreich erledigt. Aus welchem Grunde auch sollte Wipo, der eifrige Lobredner Konrads II., den Sieg der Waffen seines Herrn verschwiegen haben?

Dem Berichte Wipos entspricht bis auf einige, uns hier nicht näher berührenden Einzelheiten auf's Genaueste jener der Hauptquelle über die ostelbischen Verhältnisse, der Ann. Hildesh.[22]). Nach Herzog Ottos Ermordung, melden sie, kehrt Mesko in die Heimat zurück: Qui cognoscens, sibi propter immoderatam sui insolentiam, quam prioribus annis exercuit, omnia, quae perpessus est, merito evenisse, legatos suos ad imperatorem destinavit tempusque semet praesentandi condigneque satisfaciendi postulavit. Et postmodum, imperatore consentiente, Mersburg venit et semet Non. Juli in imperatoriam potestatem ... humiliter dedit. Auch hier, in unserer Hauptquelle, kein Wort von einem polnischen Feldzuge Konrads II.!

Hätte aber ein solcher in der That stattgefunden, mit dem Frieden von Merseburg vom 7. Juli 1032 wäre er zweifellos zum Abschlusse gekommen. Bis zum Jahre 1050 wurde dann, wie Wipo (s. o.) berichtet, das Einverständnis zwischen Polen und dem Reiche nicht mehr gestört. Wenn mit den Worten imperator in Sclavonia cum armis fuerat, woran ich stark zweifle, ein Feldzug angemerkt werden soll, so muss er nach Wipos eigenen Worten gleichzeitig mit dem frühestens im September, nach dem am 6. dieses Monats, also volle zwei Monate

---

[22]) Ebda.

nach dem Merseburger Friedensschlusse, erfolgten Ableben König Rudolfs III. unternommenen Einfall des Grafen Odo von der Champagne in Burgund stattgefunden haben. Folglich war er unter keinen Umständen gegen die damals längst unterworfenen Polen gerichtet. Gegen wen sonst? Vielleicht gegen die Elbslaven, die Liutizen. Im Liutizenland (in Sclavonia) wird Kaiser Konrad mit seinem Heere (cum armis) geweilt haben. Zu einem kriegerischen Zusammenstoss wird es nicht gekommen sein, wohl aber wird er wie 1034 mit dem sächsischen Aufgebote, so auch 1032, um seinen Forderungen den nötigen Nachdruck zu verleihen, mit starkem militärischem Gefolge auf dem Landtage der Slaven erschienen sein.

Wieder wird Wipos unbestimmte Auslassung durch die trefflichen Nachrichten der Hauptquelle, der Ann. Hildesh., bestätigt und ergänzt. Sie berichten zu 1032, dass sich der Kaiser nach dem Tage von Merseburg, also wohl im Spätsommer oder Frühherbst, pacificandi regni causa zu Werben gegen die Liutizen gelagert hatte. Diesen Zug in's Slavenland hat der Biograph Konrads II. durch die Wendung Quid ibi ageret — consequenter dicam mit der zur Zeit des burgundischen Erbstreites (dum Odo consul haec in Burgundia faceret) bereits erledigten Hauptursache des Aufenthaltes Konrads II. im Osten des Reiches, der diesmal ohne Entscheidung der Waffen gelösten Polenfrage, etwas ungeschickt in Zusammenhang gebracht.

Gehen H und S, wie wir annehmen, an dieser Stelle mittelbar auf Wi zurück, dann muss ihre Vorlage Wipos nicht ganz folgerichtig verknüpften Darlegungen missverstanden haben. Das Missverständnis lag aber so nahe, dass selbst noch in neuester Zeit G. H. Pertz in dasselbe verfallen konnte [23]). Wipo berichtet allerdings in Kapitel 29 über einen feindlichen Zusammenstoss zwischen Herzog Mesko von Polen und den Deutschen: Quod dum imperator facere (sc. Ottonem ducem patriae restituere)

---

[12]) S. S. XI, 269.

vellet, decrevit, ut ipse ex una parte, ex altera frater Otto Misiconem aggrederentur. Hunc impetum Misico ferre non valens etc. Dieser Zusammenstoss, der, wie wir wieder aus den Ann. Hildesh.[24] entnehmen, unbedingt im Jahre 1031 stattgefunden haben muss, hat in der pragmatischen Darstellung der Gesta Chuonradi keine bestimmte, ja nicht einmal andeutungsweise eine chronologische Fixierung gefunden. Was lag näher, als dass Wipos Excerptor, ein mit den Verhältnissen im Osten offenbar wenig oder gar nicht vertrauter schwäbischer Mönch, die Beschreibung des Polenfeldzuges des Vorjahres mit dem in den Worten imperator in Sclavonia cum armis fuerat angedeuteten Liutizenzuge von 1032 zusammenwarf und daraus den Polenfeldzug von 1032 machte?

So und nicht anders ist es gekommen, dass H und S, trotzdem sie auf Wi beruhen, in das Jahr 1032 einen Krieg verlegen, von dem Wi nichts weiss und wissen konnte, weil er niemals stattgefunden hat. Wer wird die hohe Wahrscheinlichkeit einer derartigen Verwechselung leugnen wollen, wenn er erfährt, dass selbst noch G. H. Pertz[25] in seiner Ausgabe der Gesta Chuonradi imperatoris den von Wipo geschilderten 1031er Zug irrtümlich und offenbar durch Wipos ungeschickte Verknüpfung der Ereignisse verführt in den Juni 1032 gesetzt hat? —

Vier von den vierzehn Jahresberichten — von einem fünften wird weiter unten die Rede sein —, die H und S ihrer Vorlage entnommen haben, haben sich als ungenau oder geradezu falsch erwiesen, während Wi in allen diesen Fällen als vollkommen zuverlässig erprobt wurde. Mit Unrecht hat ihn Bresslau in den drei ersten Fällen des Irrtums geziehen. Im vierten hat er ihn ebenso unglücklich interpretiert wie der Verfasser der H und S zugrunde liegenden Quelle. Hätte sich Wipo in allen diesen Fällen derselben Vorlage bedient wie H und S, dann müsste er sie nicht nur sehr glücklich und verständig verbessert,

---

[24] a. 1031. [25] S. S. XI, 269.

sondern auch, ohne dabei den Wortlaut ihrer offenbar sehr kurz gefassten Notizen ganz zu verlieren, vertieft und erweitert haben. Unmöglich ist das nicht, und Wipo, der vielgescholtene, müsste dann um manchen Grad in unserer Achtung steigen. Bei dem Begriffe aber, den wir von der kritischen Befähigung mittelalterlicher Historiker haben, ist ein derartiges Verhältnis höchst unwahrscheinlich. Mit einigem Zuvertrauen glaube ich deshalb den schon öfters aufgestellten Satz festhalten zu dürfen, dass die Gesta Chuonradi imperatoris, wie sie selbst behaupten, durchaus unabhängig sind, während wir H und S als Ableitungen zweiten Grades aus ihnen bezeichnen können.

Leider ist uns die zwischen HS und Wi vermittelnde Quelle verloren gegangen. Dass ihr Verfasser, offenbar ein schwäbischer Mönch[26]), seinen Vorgänger an einer Stelle missverstanden, an einer anderen ungeschickt excerpiert, an einer dritten bis zur Missverständlichkeit gekürzt hat, ist viel leichter zu begreifen als die Annahme grober Fehler und Entstellungen einer kürzeren, besser unterrichteten Vorlage, wie man sie Wipo vorgeworfen hat. Eben diese Leichtigkeit der Erklärung ist ein nicht zu unterschätzendes Argument für die Richtigkeit unserer Annahme: die ungekünstelte Erklärung wird in den meisten Fällen den Vorzug vor der gekünstelten verdienen.

Hier könnte man einwerfen: ist die Einführung eines Mittelgliedes zwischen HS und Wi überhaupt nötig? Kann nicht eine der beiden Quellen direkt aus Wi, die andere aus dieser ersten Ableitung geschöpft haben? Die Möglichkeit eines solchen Zusammenhanges — sie wurde oben bereits berührt[27]) — ist schon von anderer Seite erfolgreich bestritten worden. Eine Ableitung von S aus H verbietet schon die Abfassungszeit der Chroniken Hermanns. Der Voraussetzung, H beruhe auf S, sei noch die folgende Überlegung entgegengestellt. Wenn Hermann durch die Sanctgaller Annalen Nachrichten aus Wipos Gesta Chuon-

---

[26]) Vgl. die schwäbischen Lokalnachrichten zu 1026, 1027, 1030, 1034. [27]) S. o. III, 1.

radi überkam, wie kommt es, dass er an allen oben besprochenen Stellen dem Wortlaute von Wi näher steht als S? Hat er etwa Wi nachträglich noch einmal herangezogen, um in seiner Vorlage (S) einzelne Worte und Wendungen aus den Gesta Chuonradi einzuflicken, während er doch in allen vier Fällen den Inhalt und zwar den irrtümlichen, von dem Wipos abweichenden Inhalt pietätsvoll beibehielt? Das widerstritte doch dem Begriffe, den wir im Laufe dieser Untersuchungen von Hermann dem Lahmen als Historiker gewonnen haben müssen, auf's schärfste.

Ganz anders liegt aber die Sache, wenn er gleich S eine Vorlage hatte, die textlich Wi noch näher stand als H und S, inhaltlich aber sich grösstenteils mit S deckte, wenn er ferner die Notizen aus dem Wipoexcerpt öfters unmittelbar neben solche stellte, die er direkt aus Wi geschöpft hat. Denn dass Hermann Wi gekannt hat, zeigte uns oben die Besprechung der Gesta Chuonradi et Heinrici. Auch schon in diesem uns nur in einem kurzen Auszuge Ottos von Freising überlieferten Werke fanden wir aber ausserdem noch Spuren der Benutzung jenes Wipoexcerptes. An dem geforderten Zwischengliede zwischen HS und Wi werden wir sonach festhalten dürfen.

Wie war es beschaffen? Mit einiger Sicherheit können wir ihm Alles das zuweisen, was HE und S gemeinsam ist, also ausser den aus Wi excerpierten Jahresberichten die Nachricht von dem Papstwechsel zu 1024, die von dem Bischofswechsel zu Konstanz zu 1026 und 1034, die von der Unterwerfung des Grafen Welf zu Ulm 1027, von der Belagerung der Kiburg 1027, das richtige Datum des Todes Herzog Ernsts von Schwaben zu 1030, die Nennung von Neuenburg und Murten zu 1032 [28]) die Meldung von den Besatzungen Graf Odos von der Champagne zu demselben Jahre, die von der vergeblichen Belagerung Neuenburgs [29])

---

[28]) Sie findet sich nur in H, vgl. aber den folgenden Jahresbericht bei S, wo beide Kastelle offenbar aufgrund der gleichen Quelle wie zu 1032, genannt werden. [29]) Nur in S; vgl. Anmerkung [27]).

und Murtens zu 1033 [30]), der falsche Bericht von der Eroberung burgundischer Kastelle vor dem Einzug Kaiser Konrads in Genf 1034 [31]), die Nachricht von der Belehnung Herzog Konrads von Worms mit Kärnthen zu 1036.

Unter diesen neun Nachrichten finden sich nicht weniger als fünf, die sich mit Schwaben oder schwäbischen Verhältnissen, vier, die sich mit der burgundischen Angelegenheit befassen. Wir werden deshalb in erster Linie auf Schwaben, in zweiter auf Burgund als Heimat des verlorenen Mittelgliedes raten dürfen. Erinnern wir uns jetzt, dass Hermann, als er seine Gesta Chuonradi et Heinrici schrieb, ausgezeichnete burgundische Nachrichten zur Verfügung standen, dass wir ausserdem bei ihm Spuren eines Wipoexcerptes vorfanden: der Schluss liegt nahe, dass auch jene burgundischen Nachrichten, die wir nur in den Gesta Chuonradi et Heinrici antreffen, Bestandteile des verlorenen Mittelgliedes zwischen HS und Wi waren, dieses demnach ausserordentlich reich an burgundischen Nachrichten gewesen sein muss. Aus diesem Grunde glaube ich kaum fehl zu gehen, wenn ich für die verlorene Quelle ausserdem noch die übrigen entweder nur von HE oder nur von S überlieferten Meldungen dieser Gattung in Anspruch nehme. So aus S die eine über die feierliche Begehung des Festes Petri Kettenfeier durch Kaiser Konrad und König Heinrich in Genf 1034, aus HE die Nachricht von der Übersendung der burgundischen Kroninsignien an Kaiser Konrad 1032, aus H allein die von dem Zusammentreffen Kaiser Konrads mit dem berüchtigten Erzbischof Burkhard von Lyon [32]) 1034 und jene über die Gefangen-

---

[30]) Wi spricht allerdings ebenfalls von der Berennung Murtens, hat aber die Namensform Murat, während HS übereinstimmend Murtena schreiben. [31]) S. S. 157 f. [32]) Er wird hier genannt: homo genere nobilis et strennuus, sed per omnia scelestus et sacrilegus. Hat etwa der Verfasser der Ann. Sangall. sich gescheut, diese kräftigen Worte über einen der mächtigsten Kirchenfürsten seiner Zeit zu wiederholen? Vielleicht ist auch die Benennung Odos von der Champagne als princeps Gallicae Campaniae (bei Wi: comes, consul de Francia u. s. f.) auf das Wipoexcerpt zurückzuführen, vielleicht auch die Einzelheiten über die Schlacht zwischen Odo und Gozbert von Lothringen bei S und E.

nahme dieses in den schwärzesten Farben geschilderten burgundischen Kirchenfürsten zu 1036: Burghardus Lugdunensis archiepiscopus, immo tyrannus et sacrilegus, aecclesiarum depraedator, adulter incestuosus, cum Oudalricum, Seligeri filium, bello peteret, ab ipso victus et captus imperatorique adductus, ferro compeditus et custodia mancipatus, multis annis detinetur in vinculis.

Woher stammen diese Nachrichten? Aus einer burgundischen Quelle, die etwa in Reichenau mit dem Wipoexcerpte verschmolzen wurde? Man könnte auch an Wipos Gedichte über den Burgunderkrieg denken[33]). Bei dem Freunde und Diener Konrads II. würde der Hass gegen Erzbischof Burkhard, die Vorliebe für Seliger, den Gesandten des sterbenden Königs Rudolf, den Überbringer der burgundischen Reichsinsignien, begreiflich sein. Über den Inhalt der Gedichte Wipos können wir nur Vermutungen anstellen. Doch scheinen sie nach den wenigen Andeutungen, die der Verfasser selbst in seinen Gesta über seine Beschreibung des burgundischen Winterfeldzuges von 1032[34]) und über sein Breviarium vom Slavenkriege des Jahres 1035 macht[35]), kaum dazu angethan gewesen zu sein, Grundlage einer offenbar rein annalistischen Darstellung zu werden.

Es kommt hinzu, dass die burgundischen Nachrichten zu 1034 bei H und S, wie bereits Bresslau[36]) nachgewiesen hat, in einem wichtigen Punkte dem ausgezeichneten Berichte in Wipos 32. Kapitel widersprechen. Sie lassen nämlich den Kaiser schon auf seinem Wege nach Genf 'alle Kastelle diesseits der Rhone', darunter Murten, ein-

---

[33]) Vgl. über diese Bresslau Jahrbb. II. 343 und die Einleitung zur Schulausgabe (S. S. rer. Germ.) p. VI. [34]) c. 30, S. 37. [35]) c. 33, S. 39. [36]) II, 108, 6: 'Den beiden letzteren Stellen — bei H und S nämlich — und demgemäss wohl der gemeinsamen Quelle — Bresslau meint hier die schwäbischen Reichsannalen, an deren Stelle wir Reichenauer Annalen setzen — zufolge wäre also auch Murten schon jetzt auf dem Zuge nach Genf eingenommen. Andererseits lässt Wi c. 32, die Quelle berichtigend, Murten ganz bestimmt erst auf dem Rückwege von Genf fallen'.

nehmen und zerstören, während Wi nichts davon weiss. Er lässt Murten, 'die Quelle berichtigend', wie Bresslau ausführt, 'ganz bestimmt erst auf dem Rückwege von Genf, nach der Vereinigung der beiden Heere, fallen'. Mit ihm ist die Nachricht Donizos in dessen Leben Mathildens [37]) völlig im Einklang.

Wieder einmal hat Wi den beiden anderen Quellen und somit auch deren Vorlage gegenüber das Richtige. Hat der Verfasser der H und S gemeinsamen Vorlage auch hier die Gesta Chuonradi ungeschickt excerpiert? Missverstehen konnte er sie sicher nicht. Diesmal scheint seine Schuld geringer zu sein. Hat er wirklich, was kaum zu bezweifeln ist, mit seinem Excerpte burgundische Nachrichten, mögen sie ihm nun mündlich oder schriftlich zugekommen sein, verbunden, so kann er auch seine beiden Quellen ungeschickt miteinander verschmolzen haben. Dies dünkt mir hier das Wahrscheinlichere, da Wipo die romanische Form Murat (heute Morat), Hermann die deutsche Murten hat.

Jedenfalls bürgt uns die irreführende Fassung der Notiz bei H und S dafür, dass beide nicht etwa diese burgundische Meldung zwar aus der gleichen Quelle geschöpft, aber **selbständig** mit den Excerpten aus Wi verknüpft haben. Sie war wie die übrigen Nachrichten aus Burgund bereits mit den Wipoexcerpten verbunden.

Die gemeinsame Vorlage von HE und S könnten aber auch Hermanns verlorene Gesta Chuonradi et Heinrici imperatorum gewesen sein, in denen wir ebenfalls schwäbische und burgundische Nachrichten mit Wipoexcerpten verarbeitet fanden. Wie H und E sich zu den Gesta stellen, wie diese zu jenen, ist nicht mehr mit Sicherheit festzustellen. Es muss uns genügen, sie von einem und demselben Autor verfasst zu wissen. Anders liegt die Sache bei S. Beruhen etwa die Sanctgaller Jahrbücher auf den gleich ihnen mit dem Jahre 1044 schliessenden Kaiserbiographieen des fleissigen Reichenauer Mönches?

---

[37]) Vita Mathild. I, 886 ff., S. S. XII, 399; vgl. Bresslau a. a. O.

Die letzten Übereinstimmungen zwischen Ottos von Freising Chronik und den grösseren Sanctgaller Jahrbüchern finden wir zu 1038. Doch will dies im Hinblick darauf wenig besagen, dass Otto nur einen mageren, stilistisch überarbeiteten Auszug aus Hermanns Gesta bringt, und S mit dem Wortlaute seiner Vorlage ebenso willkürlich geschaltet, wie sie in den letzten Jahresberichten offenbar aus eigener Kunde vermehrt und verbessert hat. Wichtiger ist, dass auch die Beziehungen zwischen H und S mit 1039 aufhören, zwischen E und S nur bis zum Jahre 1041 reichen. Zu diesem Jahre freilich sind sie, wie die nachfolgende Parallele ergeben wird, immer noch evident.

S 1041.	E 1041.
Rex praedictus... Boemiam cautius quam antea intravit, urbes expugnavit, oppida incendio consumpsit; ad ultimum eundem ducem filium suum sibi dare obsidem coëgit ipsumque post se venire Radesponam fecit.	Heinricus rex, cum exercitu Boemiam ingressus, igne predaque cuncta devastat et rebellem ducem obsides dare et ipsum post se Ratisponam ad deditionem humiliter venire ... coartat.

Man beachte besonders die ungewöhnliche Wendung 'post se venire fecit (coartat)'! Haben E und S bis 1041 eine gemeinsame Vorlage, dann wird sie auch H bis zu diesem Zeitpunkte benutzt haben. Mindestens bis 1041 müsste sie also gereicht haben; ob aber auch darüber hinaus, ist sehr zweifelhaft.

Nach 1041 hört jede Verwandtschaft zwischen S einer-, HE und Hermanns Gesta andererseits auf. S, schon vorher an selbständigen Meldungen nicht arm, steht von nun an vollkommen auf eigenen Füssen. Diese Originalarbeit findet ihren Ausdruck in einem eigenartigen, schwülstigen, gesuchten und mit Citaten, Anspielungen und Binnenreimen gespickten Stile, der sich übrigens schon früher, so in den Jahresberichten 1025, 1035 und 1037, vorfindet. Wir werden deshalb für den Abschnitt 1041 bis 1044 keinen andern Verfasser annehmen dürfen, besonders da in dem ganzen Abschnitte von 1024—1044 der Originalhandschrift kein Wechsel der Hände nachzuweisen ist.

Hätte die Vorlage von HE und S über 1041 hinaus, etwa bis 1044, gereicht, so wäre die Thatsache schwer zu erklären, dass S schon 1042 von dieser Quelle abspringt, um die letzten Jahre bis 1044 auf eigene Faust darzustellen. Fast sollte man deswegen glauben, die Vorlage habe nicht über 1041 hinabgereicht. War dies der Fall, dann wird sie kaum mit den bis 1044 reichenden Gesta Chuonradi et Heinrici Hermanns identisch gewesen sein, die ausserdem etwa um dieselbe Zeit entstanden sein mögen wie der letzte Teil des Sanctgaller Jahrbuches.

Gegen eine Ableitung des zuletzt genannten Werkes aus Hermanns Gesta lässt sich des Ferneren geltend machen, dass S von den vielen neuen Thatsachen, die die Gesta HE und Wi gegenüber bringen, auch nicht eine einzige seinen Jahresberichten einverleibt hat. Entscheidend dürfte freilich erst die Überlegung sein, dass S seine chronologisch durchaus zuverlässigen, auf's beste eingeordneten Berichte unmöglich der pragmatischen, von genaueren chronologischen Bestimmungen absehenden Darstellung entnommen haben kann, deren sich, wie wir sahen, Hermann, Wipo nachahmend, in seinen Gesta Chuonradi et Heinrici imperatorum beflissen hat. Da für uns die Existenz eines mit schwäbischen und burgundischen Nachrichten verschmolzenen Wipoexcerptes als Vorlage von HE und Hermanns Gesta feststeht, so werden wir auch jetzt aufgrund vorstehender Erörterungen S mit voller Sicherheit auf dieses Excerpt zurückführen dürfen, mit dem wir uns im Folgenden etwas näher befassen werden.

Die knappen und zusammenhangslosen Notizen, die H und S ihrer gemeinsamen Vorlage entnommen haben, lassen weniger auf eine ausführliche Chronik oder auf Lebensbeschreibungen der Kaiser Konrad und Heinrich, wie sie etwa Wipos und Hermanns Gesta darstellten, als auf eine abgerissene, jeder erläuternder und begründender Anknüpfung bare Fassung der einzelnen Notizen schliessen. Pragmatisch ist die Vorlage sicher nicht gewesen; wohl aber, wenn wir absehen von der oft ungeschickten Einfügung der Wipoexcerpte, chronologisch zuverlässig. Die richtige Verteilung der kurzen burgundischen, schwäbischen und anderer Zusätze auf die einzelnen Jahre bei H und S legt den Gedanken nahe, dass die gemeinsame Vorlage annalistische Form hatte. In diese Annalen, die kaum über 1041 hinabgereicht haben werden, hätte dann ihr Verfasser oder ein Späterer, dem die inzwischen — wahrscheinlich schon längere Zeit vor 1044 — erschienene erste Ausgabe der Gesta Chuonradi imperatoris Wipos in die Hände gefallen sein müsste, dürftige und nachlässige Auszüge aus diesem Werke mit wenig Geschick eingeschoben. Ähnlich hat später der Zwetler Fortsetzer des Chronicon Mellicense seine Jahresberichte durch Excerpte aus Wipo bereichert.

Hat die gemeinsame Vorlage von HES und Hermanns Gesta annalistisches Gefüge gehabt, dann werden wir voraussichtlich ihre Spuren in HES weiter vor- oder rückwärts verfolgen können. Bei S setzt nun 1025 eine neue Hand ein, der wir den Rest des Jahrbuches (—1044) verdanken. Von 956—1024 sind die Ann. Sangall. mai. von verschiedenen, wohl meistens gleichzeitigen Händen fortgesetzt worden. Eine Benutzung der von dem letzten Schreiber herangezogenen annalistischen Quelle vor 1025 ist deshalb so gut wie ausgeschlossen. Anders liegt die Sache bei Hermanns Chroniken. Wenn der Reichenauer Mönch für den Zeitraum 1024—1039 oder vielmehr 1041 Annalen benutzt hat, dann ist zehn gegen eins zu wetten, dass wir die Spuren dieser verlorenen Jahrbücher auch in den Abschnitten vor 1024 entdecken können.

Bis zum Jahre 900 etwa hat G. H. Pertz in seiner Ausgabe Hermanns die einzelnen Bestandteile der Chronik mit geringfügigen Ausnahmen auf die Quellen, die, wie wir sahen, genau dieselben sind, wie die der sogenannten Epitome Sangall., zurückzuführen vermocht. Für die Zeit nach 900 hat er zwar die Ann. Sangall. mai., Alam., Aug., Heremi u. a. am Rande vermerkt, eine Scheidung der verschiedenen Entlehnungen aber nicht mehr unternommen, offenbar, weil von 900 ab Hermanns Bericht mit vielen und reichhaltigen Nachrichten durchschossen ist, die stofflich zwar den genannten Annalen nahestehen, im Wortlaute aber nur leise an sie anklingen oder auch durchaus selbständig sind. Hat sich Hermanns Arbeitsweise, die sich vor 900 durch engen Anschluss — auch im Wortlaute! — an die Vorlagen kennzeichnet, nach 900 so gründlich geändert? Das ist ganz und gar nicht anzunehmen. Vielmehr werden wir mit mehr Recht vermuten dürfen, dass ihm mindestens von 902 ab ein sicher annalistisches Werk vorgelegen hat, das sich mit den von Pertz am Rande vermerkten Quellen inhaltlich vielfach deckte, zumteil aber viel reichhaltiger war als diese. Mit voller Sicherheit werden wir den Ann. Sangall. mai., Aug. u. s. f. nur solche Stellen zuweisen dürfen, die auch im Wortlaute mit ihnen möglichst zusammenstimmen, während der grössere Rest verlorenen Annalen zugehören dürfte. Was liegt näher als der Schluss, dass diese verlorenen Annalen identisch sind mit jenen, die von 1024— 1041 H und E, von 1025—1041 S vorgelegen haben? Haben sie auch die Zeit vor 900 behandelt, dann werden wir sie als Fortsetzung einer der Quellen betrachten müssen, die Hermann nach Pertz bis zu diesem Jahre ausgeschrieben hat. Den Versuch einer Rekonstruction der verlorenen Schrift werde ich in dem folgenden Abschnitte unternehmen.

IV.
Die verlorenen Annales Alamannici Augienses.

Wie reich ein mittelalterliches Kloster an geschichtlichen Aufzeichnungen sein konnte, zeigt uns die Bibliothek des berühmten schwäbischen Stiftes Sanctgallen. Trotzdem sie von verschiedenen Bränden, von den plündernden Ungarn heimgesucht wurde, trotzdem sie Kaiser Otto II. eines wichtigen Teiles ihrer Schätze beraubte [1], hat sich doch, wie ein Vergleich der uns erhaltenen Sanctgaller Bücherverzeichnisse aus dem früheren Mittelalter mit dem der heutigen Bibliothek beweist, ein grosser Teil des ehemaligen Handschriftenbestandes erhalten. Darunter befinden sich nicht wenige Handschriften historischen Inhaltes. Neben den umfassenden Werken eines Ratpert und Ekkehard, neben einer reichen Literatur von historisch wichtigen Heiligenleben, Gedichten und Briefen sind allein acht verschiedene Jahrzeitbücher auf die Neuzeit gekommen, zu denen noch die sicher in Sanctgallen entstandenen Annales Weingartenses und eine Reihe kürzerer annalistischer Aufzeichnungen kommt, wie sie C. Henking im 19. Bande der 'Mitteilungen zur vaterländischen Geschichte' gesammelt und herausgegeben hat. Wieviel uns verloren gegangen ist, wissen wir nicht. Am schmerzlichsten vermissen wir die Klostergeschichte des Abtes Hartmann (922—924) [2] und die den Zeitraum von 1074—1094 umfassenden kaiserfreundlichen Sanctgaller Annalen [3], deren

---

[1] S. o. S. 38. [2] Vgl. Wattenbach DGQ⁶, I, 394. [3] Ebda. II, 59.

Spuren O. Breitenbach [4]), Henking [5]) und Brandi [6]) in der Chronik des Gallus Öhem, den Casus sancti Galli und den Casus monasterii Petrishusen [7]) nachgewiesen haben. Dagegen muss fortan die sogenannte Epitome Sangallensis als Reichenauer Ursprungs aus dem Verzeichnisse der Quellen Sanctgaller Herkunft gestrichen werden.

Immerhin nimmt Sanctgallen, was die Erhaltung der historischen Denkmäler anlangt, unter den Klöstern Deutschlands eine bevorzugte Stellung ein. Wie ganz anders ist es in dieser Hinsicht um das berühmte Nachbarstift Reichenau bestellt! Sein Bücherschatz, der mit jenem Sanctgallens, wie wir sahen [8]), den Vergleich aushalten konnte, ist in alle Winde zerstreut. Nur noch spärliche Reste sind in der Karlsruher und anderen Bibliotheken erhalten. Wir wissen aber aus vereinzelten Notizen bei Hermann dem Lahmen und bei Gallus Öhem, dass auch Reichenau im Mittelalter eine reiche literarische Thätigkeit entfaltet haben muss. Zeugnis davon geben ferner die uns erhaltenen Bücherverzeichnisse. In der Einleitung zu seiner Ausgabe des Gallus Öhem [9]) hat K. Brandi eine Übersicht der auf der Reichenau entstandenen historischen Werke gegeben. Erhalten sind uns neben Denkmälern minderer Bedeutung nur noch die jüngeren Chroniken Hermanns des Lahmen und des Gallus Öhem. Von den annalistischen Aufzeichnungen haben sich nur die gänzlich wertlosen Ann. Augienses brevissimi [10]), die schon öfter

---

[4]) Neues Archiv II, 183 ff. [5]) Mitteilungen z. vaterl. Gesch. XIX, 366. Gebhard von Constanz, S. 106, 108. [6]) Die Chronik des Gallus Öhem, S. 96, 22. [7]) S. S. XX, 621 ff. [8]) S. o. S. 11 und 39 ff. [9]) S IX ff.: 'die Geschichtschreibung der Abtei Reichenau'; vgl. auch O. Breitenbach a. a. O. S. 168 ff. [10]) S. S. III, 136. 137. Noch am Ende des vorigen Jahrhunderts befand sich in der Karlsruher Bibliothek eine aus Reichenau stammende Chronica brevissima von 700—804. Die Handschrift lc. in der sie stand, ist nach einer gütigen Mitteilung der Grossh. Hof- und Landesbibliothek zu Karlsruhe noch heute vorhanden. 'Die 4 Blätter, auf denen die Chronik gestanden hat, sind in den Jahren 1791 (Aug. 5) bis 1805 (Jan. 17) ausgeschnitten worden'. Da die Beraubung in so junger Zeit erfolgt ist, ist es nicht unmöglich, dass die ausgeschnittenen Blätter, die sicher

erwähnte Ann. Augienses [11]) in ihrer Mainzer Überlieferung und die Ann. Alamannici [12]) — diese, deren Reichenauer Ursprung ausser Frage steht, allerdings nur in ihrer Sanctgaller Überlieferung — in die Neuzeit hinüber zu retten vermocht. Ein winziger Bruchteil im Vergleiche zu der reichen historischen Literatur Sanctgallens!

Dass uns aber nicht Alles verloren gegangen ist, was die fleissigen Mönche über die Geschichte ihrer Zeit niedergeschrieben haben, dafür haben in erster Linie Hermann von Reichenau in seinen Chroniken, Gallus Öhem und viele andere Kompilatoren des Mittelalters gesorgt. So lässt u. A. sich das Reichenauer Exemplar der Ann. Alam. aus seinen zahlreichen Abteilungen fast Jahr um Jahr wiederherstellen. Diese Ann. Alam. Aug. sind aber für uns aus dem Grunde ganz besonders interessant, weil, wie schon oben angedeutet wurde, auf ihrer Fortsetzung von 1024—1042 nicht nur Hermanns Gesta nnd Chroniken, sondern auch die Ann. Sangall. mai. jener Epoche beruhen dürften. Ihre Untersuchung wird deshalb den Gegenstand unseres letzten Abschnittes bilden.

1. Die Ann. Alam. Aug. bis zum Jahre 799.

Bereits G. H. Pertz hat in der Vorrede zu der Ausgabe der jüngeren Chronik Hermanns [1]) bemerkt, dass dieser Annalen benutzt haben müsse, die mit den Annales Laureshamemses und Alamannici verwandt, aber nicht identisch und für das Ende des 9. Jahrhunderts reicher als die zuletzt genannten gewesen sein müssten. Er hat dafür einige Beispiele [2]) angeführt, die aber zum Teil nicht zutreffen, da Hermann neben den verlorenen Annalen noch

---

mehr enthalten haben als die kurzen Ann. brevissimi, noch einmal auftauchen. [11]) S. S. I, 67 ff.; Jaffé Bibl. III, 700 ff. [12]) S. S. I, 22 ff., 40 ff. 47 ff.; Henking, Mitt. XIX, 220 ff., vgl. S. 347 ff.

[1]) S. S. V, 69. Annales Laureshamensibus et Alamannicis a nobis editis similes, sed in fine saeculi noni auctiores in usus suos vertit. [2]) Er nennt die Jahresberichte 764, 806, 836, (895), 896, (897), 902, 912, 913, 914, 918.

andere, ebenfalls nicht mehr vorhandene Quellen [3]) ausgeschrieben hat. Ein Vergleich von HE, besonders der durch die sog. Epitome und den Würzburger Auszug vertretenen ersten Fassung, lehrt uns in der That, dass das von Hermann dem Lahmen benutzte Annalenexemplar bald mit der Alam. Sanctgaller Rezension, bald mit der jetzt allgemein als Lauresham.-Mosellani bezeichneten Quelle der Ann. Laureshamenses und Mosellani übereinstimmt.

Der Zusammenhang der verlorenen Annalen mit den Lauresham.-Mosellani (ML) beginnt gleich zu 712 mit einer Nachricht [4]), die wir vergebens in den Alam. Sangall. (AS) suchen. Er reicht bis zum Jahre 789 [5]). Die Beziehungen zu AS eröffnet erst der Jahresbericht 715 [6]). Da dieser wie die in HE folgenden Meldungen bis 735, wo HE wiederum näher mit ML zusammenstimmt als mit AS [7]), keine Abweichungen vor dem durch beide Gruppen überlieferten Wortlaut der Urquelle zeigen, so können wir ein engeres Verhältnis zwischen HE und AS erst zu 736 feststellen, wo beide gleich den unten eingehender zu besprechenden Ann. Augienses, Weingartenses, Sangallenses breves (AWS) Audoinus episcopus obiit schreiben, während ML an Stelle des obiit ein mortuus setzt.

An sich werden derartige kleine Differenzen — zu 746 schreibt z. B. ML hibernus, wo AS und HE hiems haben — keinen allzu grossen Wert beilegen dürfen. Gewicht erhalten sie erst, wenn sie in Masse auftreten. Die Her-

---

[3]) z. B. in den von Pertz angeführten Fällen zu 806 und 913 einen ausführlichen Reichenauer Abtskatalog; die Berichte 895, 896, 897 gehen wahrscheinlich auf eine reiche, noch nicht näher bestimmte Quelle zurück, aus der Alles das stammen dürfte, was Pertz irrtümlich dem Regino zugeschrieben hat. Dass derartige ausführliche Erzählungen kaum in den verlorenen Annalen gestanden haben können, lehren uns die knappen Nachrichten aus diesen, die wir in E und den anderen Ableitungen finden. [4]) E: Mors Heriberti regis (Langobardorum). [5]) Mit den Mosellani bis zu 782. [6]) E: Mors Dagoberti regis. Der Zusatz iunioris in AS fehlt in E sowohl wie in ML und den Ann. Aug., Weingart, Sangall. breves. Er dürfte sonach eine selbständige Erweiterung darstellen. [7]) HE und ML haben Vasconia, wo AS Equitania hat.

zählung solcher Stellen ersparen wir uns daher, um uns auf die zu beschränken, an denen der Zusammenhang zwischen HE und AS handgreiflicher ist. Den Jahresbericht 751 [8]) finden wir nicht in ML. Woher hat ihn HE, wenn nicht aus AS oder einer mit dieser gemeinsamen Vorlage? Zu 791 bringen die Lauresham. sowohl wie die Mosellani ausführlichere Berichte über den Hunnenfeldzug König Karls, die aber — sie sind auch unter einander verschieden — zu dem bei Hermann in keinerlei Verwandtschaft stehen, während die kurze Meldung, die E bringt, fast Wort für Wort mit jener bei AS zusammenstimmt [9]).

Erinnern wir uns jetzt, dass die Fortsetzung der Alam. Sangall. von 801—881 ohne Zweifel in Reichenau geschrieben wurde [10]), also wahrscheinlich dort noch zu Hermanns Zeit vorhanden war, so wird uns der Umstand, dass der Reichenauer Mönch ein mit AS nahe verwandtes Annalenwerk, mit dem er in so mancher Hinsicht näher verwandt ist als mit ML, ausgeschrieben hat, nicht weiter Wunder nehmen.

Hat Hermann etwa neben diesem Exemplare der Alam. auch noch ML benutzt? Die Verwandtschaft mit dieser Quelle ist nämlich unverkennbar in den Jahresberichten 735, 738, 746, 753 (AS 752), 754 (AS 753), 759 782, 783, 787 und 789, in denen der Wortlaut bei HE mehr oder minder mit dem von ML stimmt, während AS diese Stellen in völlig anderer Fassung bringt. Durchschlagend sind auch hier die Jahresberichte, die wir nur in ML und HE, nicht aber auch in AS finden; so zu 712, 763, 764, 765 und 766. Der letzte Teil des Jahresberichtes 766 (E: Corpus sancti Nazarii ad Loresam adlatum est; Lauresham: Advenit preciosum corpus sancti Nazarii in monasterio Laurishaim) fehlt auch in den Mo-

---

[8]) E: Zacharia papa defuncto Stephanus II. annis 6; AS: Zacharias papa defunctus, Stephanus electus. [9]) E: Karolus Pannoniam regnum Hunnorum vastat; AS: Karolus rex Hunnorum regnum vastat. [10]) Vgl. Henking, Mitt. XIX, 356/57. Von zusammen 47 Jahresberichten beziehen sich nicht weniger als 17 auf Reichenau!

sellani, in denen wir ferner noch den in HE und den Lauresham. wiedergegebenen Jahresbericht 746 (Eclipsis etc.) vermissen. Umgekehrt hat HE mit den Mosellani die Meldungen zu 742 und 743 gemein, die wir in den Lauresham. vergebens suchen. Wollen wir also nicht annehmen, dass Hermann neben AS auch noch die beiden mit diesen nahe verwandten Quellen der Lauresham. oder Mosellani ausgeschrieben habe, so werden wir genötigt, als Vorlage ein sechstes Exemplar der aus ML, AS, den Ann. Guelfe, berytani und Nazariani bestehenden Annalengruppe anzunehmen, als dessen vermutliche Heimat wir Reichenau annehmen dürfen. Die ausschliessliche Benutzung der Guelfeb. oder der Nazariani vorauszusetzen, verbietet uns nämlich die Thatsache, dass auch sie zu 743, 744, 764, 765 und 766 versagen.

Die Brücke, die zwischen den beiden Rezensionen der Ann. Alam., der Reichenauer (AA), für deren Existenz im Verlaufe dieser Untersuchung das Beweismaterial ergänzt werden soll, und der uns allein erhaltenen Sanctgaller (AS) einerseits und ML andererseits die Verbindung herstellt, bilden die verlorenen Jahrbücher des elsässischen Klosters Murbach, die mit ML aus einer Quelle schöpfen dürften, während AA und AS auf sie zurückzuleiten sind [11]). Da die Rezension, aus der Hermann der Lahme schöpfte, den Lauresham.-Mos. und somit der Urquelle in so vieler Hinsicht näher steht als das Sanctgaller Exemplar, so dürfen wir mit aller Bestimmtheit behaupten, dass Hermanns Vorlage die ältere Überlieferung enthielt. Da AS, wie seine nahe Verwandtschaft mit HE und AWS beweist, unmöglich direkt aus den Ann. Murbacenses geschöpft haben kann, so muss

---

[11]) Vgl. hierzu die Aufsätze von F. Kurze, Neues Archiv XX, 11 ff., XXI, 9 ff. Die Ausführungen Kurzes werden durch die Annahme eines Reichenauer Exemplars der Ann. Alam. nur wenig modifiziert. Ich bin versucht, dieses Exemplar an Stelle der zweiten Rezension der Ann. Murbac. zu setzen, die nach Kurze gemeinsam mit den Ann. Guelfeb. aus einer älteren Rezension schöpfen und ihrerseits die gemeinsame Vorlage der Ann. Alam. (Sangall.) und Nazariani bilden soll.

es entweder mit AA auf die gleiche aus der Urquelle schöpfende Vorlage zurückgehen oder, was die Sache vereinfacht und dem späteren Befunde durchaus entspricht, zu AA im Abhängigkeitsverhältnisse stehen.

Der Reichenauer Ursprung des älteren Exemplars (AA) ergibt sich einmal, wie schon bemerkt wurde, aus dem Inhalte der Fortsetzung von 801—881, dann aber auch aus der Thatsache, dass es bereits um das Jahr 817 zur Herstellung der Ann. Aug. brevissimi benutzt[12]) und in einer kurzen Reichenauer Aufzeichnung des Jahres 832 mit hinreichender Deutlichkeit gekennzeichnet wurde[13]). Dass AA auch über 881, das Jahr hinaus, mit dem im uns allein erhaltenen Sanctgaller Exemplar (AS) die Sanctgaller Überlieferung einsetzt, in Reichenau fortgeführt wurde, machen die Spuren einer solchen Fortsetzung in den verschiedensten Geschichtswerken wahrscheinlich. Hermann der Lahme hätte also, als er die Excerpte zu seiner Chronik sammelte, nicht nötig gehabt, nach AS oder ML oder vielmehr nach beiden fremden Quellen zu greifen.

AA ist wohl zweifellos direkt aus den Ann. Murbacenses geflossen und wahrscheinlich schon gegen Ende des neunten oder zu Beginne des zehnten Jahrhunderts auf die Reichenau gelangt. Die erste Reichenauer Notiz finden wir zu 802: Egino Veronensis episcopus obiit. Die nahen Beziehungen Eginos zu dem schwäbischen Kloster sind bekannt. Vielleicht sind aber auch schon

---

[12]) Wie die Jahresberichte 712 (714), 730 (732), 739 (741), 746 (747), 767 (768), 769 (771), 771 (773) und 814 (?) beweisen. [13]) Der Verfasser der Notiz S. S. III, 136,1 schrieb: A nativitate Christi usque ad annum 19. Hludowici imperatoris sunt anni 832 ... A morte Gotofredi, duces (!) Alamannorum, sunt anni 123 (vgl. AA 709, AS 710). A grando (!) et duro (!) hieme (vgl. AS 764: Hiems grandis et dura) numerantur anni 68 usque 18. annum Hludowici regis. De subiugatione Italiae regionis computantur anni 58. Da AS nichts von der Unterwerfung Italiens weiss, wohl aber E 774: Carolus Langobardos cum Italia subiecit und AWS: Capta est Italia a Francis, so wird der Verfasser der Notiz seine Berechnungen nicht nach AS, sondern nach AA angestellt haben.

die Nachrichten von Graf Gerold, der nach Hermann auf der Reichenau begraben liegt, und von Imma, seiner Mutter, zu 798 und 799 Reichenauer Ursprungs.

Reichenau und Murbach, die beide vom hl. Pirmin gegründet sind — Hermann lässt Murbach 731 von Reichenau aus besiedeln —, standen von jeher in den engsten Beziehungen. Vielleicht kamen die Ann. Murbacenses zu Zeiten des Abtes Waldo (786—806) nach Reichenau, von dem Gallus Öhem [14]) rühmt, dass er 'zu sinem bruch ettwa menges buoch schriben' liess. Auch kam unter seiner Herrschaft eine grössere Anzahl Mönche und Priester in's Kloster, von denen uns Öhem [15]) offenbar aufgrund eines verlorenen Bücherverzeichnisses mitteilt, dass sie 'vil' oder 'ettliche' Bücher mitbrachten. Warum soll unter ihnen nicht auch ein Murbacher Conventuale gewesen sein, in dessen Besitz eine Abschrift oder gar das Original der Ann. Murbacenses war? Auch unter Waldos Nachfolger Hatto, von dem — er war zugleich Bischof von Basel und somit Oberhirte Murbachs — Otto Seebass [16]) vermutet, er sei der Verfasser der bekannten Statuta Murbacensia, mehrte sich die Reichenauer Bibliothek, wie uns Öhem [17]) berichtet. Offenbar doch auch ausser durch die Vermächtnisse des Abts und einzelner Mönche durch Austausch und durch Abschreiben von aus benachbarten Klöstern entliehenen Büchern.

Jedenfalls befand sich zu Anfang des zehnten Jahrhunderts auf der Reichenau eine in vieler Hinsicht von dem uns heute allein erhaltenen Sanctgaller Exemplare (AS) der Ann. Alam. verschiedene Abschrift (AA) der Ann. Murbac. (bis 798/99). Bereits um 817 wurde sie von dem Schreiber der Ann. Aug. brevissimi excerpiert [18]). Vielleicht schon vorher war sie in die Handschrift des Züricher Staatsarchivs, welche die Sanctgaller Rezension der Alam. enthält, kopiert, ausserdem aber noch in einen Auszug gebracht worden (AWS), der uns in den Ann.

---

[14]) ed. Brandi p. 41 (vgl. S. 8, 13). [15]) S. 42. [16]) Zeitschr. f. Kirchengesch. XII, 322. [17]) S. 47. [18]) Vgl. diese Annalen zu 746/47.

Augienses der Mainzer Fassung, den Ann. Weingartenses und Sangallenses breves erhalten ist. Mit ihm, der zu AA in näheren Beziehungen steht als zu AS, müssen wir uns zunächst einen Augenblick befassen.

C. Henking, der Herausgeber der Sanctgaller annalistischen Aufzeichnungen, hielt[19]) die Weingart. und Sangall. breves 'für Abschriften einer Handschrift, die einen Auszug aus den Alam. (Sanctgaller Rezension) bis 814 bildete, und zwar die Sangall. breves für eine höchst nachlässige, die Weingart. für eine gute'. Die Aug. sollen dann diesen Auszug noch verkürzt haben.

Die Annahme der gemeinsamen, von uns mit AWS bezeichneten Vorlage für die drei genannten Jahrbücher ist zweifellos richtig. Im Übrigen sind neben der von Henking vorgeschlagenen Kombination noch andere möglich. Für uns ist jedoch der Grad der Abhängigkeit der einzelnen, historisch ziemlich bedeutungslosen Annalen von der Urquelle ohne Belang. Weit wichtiger ist uns die Frage danach, aus welchem Exemplare der Alam. die gemeinsame Vorlage (AWS) geschöpft hat.

Dass sie aus einem solchen und nicht aus ML schöpfen, beweisen die oben angezogenen Jahresberichte 736 und 791. Ich füge der Vollständigkeit halber einen dritten hinzu.

AWS 788 (Aug. 790).	E 788 (als Vertreter von AA).	AS, Naz., Guelfeb. 788.
Tassilo(Aug.:dux) venit in Franciam et Baioaria capta est.	Tassilo, dux Baioariae, iubente Karolo, in Franciam venit et Baioaria subicitur Karolo.	Dasilo (Naz.: dux Beiweriorum) venit ad Ingulinhein (Guelfeb.: in Franciam) . . . et Baioaria capta est.

Der Zusammenhang liegt auf der Hand. Nehmen wir aber die Gruppe ML hinzu, so schweigen die Mosellani ganz, während die Lauresham. einen ausführlichen, mit keinem Worte an AWS erinnernden Bericht bieten.

Und doch ist auf der anderen Seite die Übereinstimmung mit ML gegenüber AS nicht minder augenfällig.

---

[19]) Mitt. XIX, 346.

Fünf Jahresberichte von AWS, nämlich 735, 746, 754, 787 und 789, stimmen besser zu ML als zu AS, kommen aber auch zugleich mit den Berichten von AA, wie wir sie aus E kennen, auf's genaueste überein.

Dass AWS nicht direkt aus den Murbac. geflossen sein kann, darüber belehren uns die Jahresberichte 746, 747 und 789, in denen AWS mit AA(E) übereinstimmt, während AS und ML jedesmal einen anderen Wortlaut bringen. In dem Jahresbericht 789 können wir auf's deutlichste drei Gruppen der Überlieferung unterscheiden: die Lorscher, die Reichenauer (AWS, E) und die Santgaller (AS, Naz.), zu denen noch die zwischen AA und ML stehenden Guelfeb. kommen.

AWS 789.	*Ann. Lauresh. 789.*	*AS, Naz., Guelfeb. 789.*
Karolus rex (fehlt Aug.) *pergit* in Sclavos, qui dicuntur Wilzi.	Tunc Carolus rex iterum per Saxoniam pervenit usque ad Sclavos, qui dicuntur Wilzi, et venerunt reges terrae illius ... rex *reversus est in Francia*.	Karolus rex ... *perrexit* (Naz.: ibit) in Sclavos in Wilzia (Guelfeb.: super regem Sclavorum, Naz.: in patriam Wilciorum) ... et *reversus est* cum (Guelfeb.: in) pace (Naz.: *in Franciam*).
E 789. Karolus Sclavos, qui Wilzi dicuntur, bello petit.		

Hier können wir uns darüber vergewissern, wie bald die eine, bald die andere Quelle den Wortlaut der Urquelle, die etwa, wie folgt, gelautet haben mag: Karolus rex perrexit (oder pergit) in Sclavos, qui dicuntur Wilzi ... et reversus est in Francia, bewahrt hat.

Die aufgeführten Beispiele reichen aus, um mit jeder wünschenswerten Sicherheit den Satz zu beweisen: nicht auf die Murbac. direkt, nicht auf ML, noch auch, wie man seither annahm, auf AS ist AWS zurückzuführen, sondern auf AA, die verlorenen Ann. Alam. Aug. **Zugleich aber wird auch die Existenz dieser Reichenauer Rezension wenigstens für die Zeit bis 799 jeglichem Zweifel entzogen.**

Sehen wir jetzt zu, ob es gelingt, weitere Ableitungen der verlorenen Quelle nachzuweisen und ihre Spuren über 800 hinab zu verfolgen.

2. Eine verlorene Ableitung der Ann. Alam. Aug.

G. Waitz[1]) vermutete bereits 'alte Fulder Aufzeichnungen' als Quellen der bis dahin auf die Hersfelder Jahrbücher zurückgeführten Chronik des Marianus Scotus[2]) und der Ann. Hersfeld. selbst. H. Lorenz[3]) erhärtete die Vermutung von Waitz unter Beibringung einer Reihe allerdings nicht immer glücklich gewählter Beispiele. Die Verarbeitung jener 'Fulder Aufzeichnungen' in die Hersf. soll nach O. Holder-Egger[4]) nach der Mitte des zehnten Jahrhunderts vorgenommen worden sein. Als Quellen der Compilatio Fuldensis gelten aber[5]): das Chronicon Laurissense Fulder Rezension[6]), Bedas Kirchengeschichte[7]), ein ML und den Naz. nahestehendes Exemplar der kleinen Reichsannalen, die Ann. Fuld. antiquissimi[8]), die Ann. Fuld. Enhardi und vielleicht Ruodolfi[9]).

Die Wiederherstellung der verlorenen Fulder Quelle aus nur zwei Ableitungen, Marians Chronik und den selbst der Rekonstruktion benötigenden Ann. Hersf., wäre misslich. Zum Glück können wir zwei weitere[10]), allerdings sehr verkürzte Tochterquellen der Comp. Fuld. heranziehen: die Zwillingsjahrbücher von Krakau[11]) und Prag[12]).

---

[1]) Archiv IV, 681. [2]) M. G. S. S. V, 480 ff. [3]) Die Annalen von Hersfeld S. 66 ff. Ich citiere im Folgenden die Ann. Hersf. nach der Rekonstruktion von Lorenz, die im Einzelnen freilich Verbesserungen erheischte. [4]) Lamperti opera ed. Holder-Egger, S. S. rer. Germ., p. XXXVI sq. [5]) Ibid. XXXVI. Das von Lorenz S. 69/70 gegebene Quellenverzeichnis ist unzureichend. [6]) ed. Waitz, S. B. d. Ak. z. Berlin, phil.-hist. Kl. XIX, 399 ff. [7]) ed. Stevenson, London 1841. [8]) ed. Kurze, Annales Fuld., S. S. rer. Germ., p. 136 sq. [9]) Ibid. p. 1 sq. [10]) Die Ann. Fuld. S. Bonif. (S. S. III, 117; vgl. Mariani Scoti Epit. ibid. XIII, 72 ff.), Lobienses (ibid. p. 224 ff.), Elwang. (S. S. X, 15 ff.), Monast. (S. S. III, 152), für die Wattenbach DGQ⁶ I, 340 Benutzung der Comp. Fuld. vermutet, gehören einer anderen Quellengruppe an. [11]) Ann. capituli Cracov. in Ann. Poloniae, S. S. rer. Germ., p. 14 sq. [12]) Font. rer. Boh. II, 376 ff. Die Unterlage der Cracov.-Prag., die ausserdem noch kurze böhmische, meist auf den hl. Adalbert bezügliche Notizen enthielt, mag bis c. 1050 gereicht haben. Sie ist ausserdem noch, wenn wir von den polnischen Ableitungen zweiten Grades absehen, in der Chronik des Cosmas kenntlich.

Die Cracov.-Prag. leitete man vordem ähnlich wie Marians Chronik direkt aus den Hersf. her. Waitz[13]) dagegen hat ihren Grundstock einer verlorenen, anscheinend Mainzer Quelle zugewiesen, neben der allerdings auch noch die Hersf. herangezogen sein sollen. Letzteres ist möglich[14]), aber nicht eben wahrscheinlich. Dagegen lehrt aber schon ein oberflächlicher Vergleich, dass die Cracov.-Prag. mit dem Hersfelder Jahrbuchschreiber und Marian eine gemeinsame Vorlage gehabt haben müssen, mit anderen Worten, **dass die Comp. Fuld. mit der verlorenen Mainzer Quelle identisch ist.**

Mittels der Ableitungen lassen sich jetzt auch die einzelnen Bestandteile der Kompilation leichter aussondern und das oben gegebene Verzeichnis ihrer Quellen in einigen Punkten berichtigen. Neben den Fuld. antiquissimi[15]) und Enhardi[16]), der kleinen Lorscher Frankenchronik in ihrer Fulder Überlieferung[17]), sind es Fulder oder Mainzer Lokalnachrichten, die mainzische Erzbischofsliste[18]) und die Ann. Moselani[19]) in einer Fassung, die von 785 ab eine selbstständige, mit den Fragm. Chesnii, den Ann. Fuld. Enh.,

---

[13]) G. G. N. 1873, S. 388 ff.; vgl. Wattenbach DGQ⁶ II, 111.
[14]) Die Jahresberichte 910, 945, 950 der Ann. Prag. z. B. mögen daher stammen. [15]) 744 Hersf. (H) Cracov. (Cr.), 768 Cr., 779 H, 790/1 H Marian. (M), 791/2 HM, 794 HMCr., 801 HMCr., 816 H, 819 HM. [16]) 744 M, 753 HM, 774 H, 782 H, 783 HM, 785 HM, 803 H, 805 HM, 806 H, 810 H, 813 HMCr., 814 HCr., 818/20 HM, 819/21 HM, 824 H, 825 H, 826 H, 827 H. Die Fuld. Enh. sind nur bis 827 in der Comp. Fuld. benutzt. Nach 827 — bis dahin reicht auch die nähere Verwandtschaft der Ann. Fuld. und Enh. — macht Kurze (N. A. XIX, 318; vgl. XVII, 137) einen Einschnitt: 'Zwar können', führt er N. A. XXI, 69/70 aus, 'die Ann. Fuld. wegen Benutzung einer Hs der Klasse D⁴ erst nach 829 geschrieben sein, doch sind sie wahrscheinlich sehr bald nachher verfasst'. Mit dieser Hypothese stimmt überein, dass mit 827 auch die Verwandtschaft zwischen den Ann. Hersf., Cracov., Marian. einer- und den Ann. Fuld. andererseits aussetzt.
[17]) 747 HMCr., 750 HMCr., 757 (746) HM, 754 HM, 755 HMCr., 772—74 H, 776 H, 778 Cr., 789 HM, 792 HM, 802 HM, 804 HM, 806/7 HM, 815/16 HMCr. [18]) 756/55 HM, 786 M, 813 HMCr., 824/5 HM, 846 HM, 863 HM, 889/90 HMCr., 891/92 HM, 912/3 HM, 927/28 HM Cont. Reg., 936/37 HM Cont. Reg., 954 HCont. Reg. [19]) 748 H, 749 HM, 752 HM, 757 HM, 764/65 HM, 765/66 HM, 781/82 HMCr., 783 HM.

Laur. und Einh. verwandte, in den Jahresberichten 786, 787, 790—93, 794 und 799 bei Marian, den Hersf. und Cracov. kenntliche Fortsetzung bot [20]).

Etwa mit 827, dem letzten mit den Ann. Fuld. Enh. übereinstimmenden Jahresbericht der Hersf., wird die Kompilation ursprünglich geschlossen haben. Von da hat Marian mit den Cracov.-Prag. und den Hersf. nur noch ganz vereinzelte Notizen gemein, von denen unten die Rede sein wird.

Man lasse sich nicht dadurch beirren, dass auch späterhin Marians Chronik streckenweise auffallende Ähnlichkeit mit den beiden genannten Ableitungen zeigt: Marian hat neben der Comp. Fuld. noch das Mainzer Exemplar der Ann. Aug. ausgeschrieben, während die anderen Ableitungen — die Cracov.-Prag. sicher, die Hersf. höchstwahrscheinlich — auf die grösseren Reichenauer Annalen, unser AA, also auf die Quelle der Aug., zurückverweisen.

Die Cracov.-Prag. als Ableitung einer reicheren Fassung der Ann. Aug. (AA) nachzuweisen, ist leicht. Man vergleiche einmal die Jahresberichte 875 bis etwa 900 mit den entsprechenden der Ann. Aug. und der übrigen Ableitungen aus AA, und man wird finden, dass die Crac.-Prag. bald mit diesen, bald mit jenen übereinstimmen. Noch zu 940 und 951 finden sich auffällige Anklänge an H und E.

---

[20]) Kurze, der anfangs die Abfassung der Mosellani für Worms in Anspruch nahm (N. A. XXI, 25/26), ist jetzt der Ansicht, dass sie, die er bis 785 für die Urschrift der Lauresh. hält, in Mainz eine Fortsetzung von 788—798 erhielten. Jedenfalls ist nach 785 ein Einschnitt zu machen. Ein zweites Exemplar der Mos. (— 785) müsste dann, vielleicht in Fulda, eine andere Fortsetzung bis 799 oder darüber hinaus erhalten haben, deren Spuren in den Ann. Fuld., Einh.-Laur.; dem Fragm. Chesnii (S. S. I, 33 ff.) und unserer Comp. Fuld. nachweisbar wären. Ich muss mich auf diese Andeutungen beschränken, da ein Aufrollen der verwickelten, von Kurze keineswegs ausreichend entwirrten Frage der Reichsannalen sich von selbst verbietet. Aus demselben Grunde lasse ich das Verhältniss dieser hypothetischen Fortsetzung zu Kurzes Comp. von 806 unberührt.

Schwieriger ist der Nachweis dafür zu führen, dass AA auch die Quelle der Hersf. oder einer ihrer Vorlagen gewesen sei.

Carolomannus Alamanniam i n g r e d i t u r melden in Übereinstimmung mit HE und AWS und im Gegensatze zu den übrigen Ableitungen der Reichsannalen (ML: Karolomannus i n t r a v i t in Alamannia; AS, Naz., Guelfeb.: K. in Alamannia) die Ann. Quedlinb. [21]), die vornehmste Tochterquelle der Hersf., zu 746. Carolomannus R o m a m p e r g e n s tonsoratur fratri regnum relinquens berichten sie zu 747; Carlomannus R o m a m p e r g e n s fratri regnum relinquit die Ann. Altah. [22]), eine zweite Ableitung des verlorenen Hersfelder Jahrbuches. Beide klingen hier offenbar an das Romam pergens (HE_2) oder Romam pergit (E_1, AWS) in den Alam. Aug. an. Die Naz., Guelfeb. und AS haben hier [23]) i v i t ad Romam, ML dagegen: m i g r a v i t ad Romam.

Der Schluss des Satzes in den Quedlinb. und Altah. (fratri regnum relinquens, Altah.: relinquit) — er stammt aus dem Chron. Laur. (Carlmannus ... fratri regnum ... derelinquit), das doch beide Quellen wohl kaum u n a b h ä n g i g v o n e i n a n d e r ausgeschrieben haben werden, ganz abgesehen davon, dass Spuren einer weiteren s e l b s t s t ä n d i g e n Benutzung des Chron. in den Quedlinb. sowol wie in den Altah. fehlen — der Schluss des Satzes führt uns auf eine g e m e i n s a m e Quelle beider, in der bereits AA oder wenigstens eine ihm nahe verwandte verlorene Rezension der Reichsannalen [24]) n e b e n dem Chron. Laur. ausgeschrieben sein muss. Nach Lage der Umstände könnten dies nur die verlorenen Hersfelder Jahrbücher, der Grundstock der Altaicher und Quedlinburger in ihren früheren Abschnitten, gewesen sein.

Nun wissen wir, dass in den Ann. Hersf. oder vielmehr in ihrer Fulder (oder Mainzer) Vorlage ein Annalen-

---

[21]) S. S. III, 18 ff. [22]) ed. ab Oefele, S. S. rer. Germ. 1891. [23]) Vgl. S. 14/15. [24]) Möglich wäre, dass das Exemplar der Mosell., welches in der Comp. Fuld., wie sie Marian. vorlag, benutzt wurde, Quelle aller mit ML verwandten Stellen der Hersf. war.

werk Verwendung gefunden haben muss, das mit den Ann. Lauresham. und Mosell. zwar vielerorts übereinstimmt, an nicht wenigen Stellen aber so auffallend von ihnen abweicht oder bald mit den einen, bald mit den anderen, bald wieder mit den übrigen Rezensionen der Reichsannalen sich deckt, so dass an eine direkte und aussschliessliche Benutzung einer der Quellen oder auch an eine Verschmelzung beider unter keinen Umständen zu denken ist.

Sollte da etwa, wie aus den oben angeführten Stellen der Quedlinburger und Altaicher Jahrbücher geschlossen werden könnte, das den Hersf. oder ihrer Vorlage zugrunde liegende Exemplar mit dem in HE, AS und AWS benutzten, mit unseren Ann. Alam. Aug., identisch sein?

Die Verwandtschaft der Ann. Hersf. mit den Lauresh. und Mos. bedarf keines Beweises [25]). Sind aber auch Beziehungen zu AS, AWS und HE oder einer anderen Ableitung von AA nachzuweisen? Sie sind allerdings viel weniger deutlich als die zu ML, fehlen aber keineswegs. Zwei Stellen wurden bereits besprochen. Zu 710 melden die Hersf. (Quedlinb., Altah., Weissenb., Lamp.) den Zug Pipins d. Ä. nach Schwaben im Einklange mit AS und Naz. durch die Wendung: Pippinus (rex) pervenit in Alamanniam, während ML hier das ihm eigentümliche Zeitwort migravit gebraucht [26]).

Ähnlich hat ML wieder zu 724 migravit ad Andegavis, wo die Hersf. sowohl als auch AS und Naz. perrexit (ad) Andegavis bieten. Den Tod Grifos, des Halbbruders Pipins d. J., melden die zuletzt genannten Quellen zum falschen, ML zum richtigen Jahre. Gemeinsame Fehler sind aber bekanntlich sehr gute Beweise für direkte Ableitung oder gemeinsame Quellen. Zu 771 haben AS, Naz. und Hersf. obiit, wo ML das ungebräuchliche transiit anwendet.

---

[25]) Nach Abzug der aus der ersten Rezension der Comp. Fuld. (Ann. Mos.) stammenden, bleiben noch folgende Jahresberichte 716/17, 735, 739/40, 746, 755, 760, 777 Nur in ML und nicht in AS finden wir 764, 765, 770. 764 kommt aber auch in den Naz., der Schwesterquelle von AS, vor. [26]) AWS hat Alamanniam ingreditur.

Alle diese Übereinstimmungen, darüber kann kein Zweifel herrschen, reichen nicht aus, die Benutzung von AA in den Hersf. oder ihrer Vorlage auch nur wahrscheinlich zu machen. Sie könnten dem Zufalle ihre Entstehung verdanken oder aus einer weiteren verlorenen Rezension der Reichsannalen stammen. Der Wert derartiger fast verwischter Spuren muss durch neues Beweismaterial erhöht werden.

Nicht geringes Gewicht dürfte hier vor allem dem bemerkenswerten Umstande beizumessen sein, dass Fälle, in denen die Hersf. mit ML, AA dagegen mit AS, HE oder AWS oder umgekehrt die Hersf. mit diesen, AA dagegen mit ML übereinstimmen, nicht nachzuweisen sind, trotzdem sich AA so oft und so weit von ML im Wortlaute und Inhalt entfernt. Hat der Hersfelder, das dürfte daraus wenigstens mit Sicherheit zu folgern sein, AA nicht benutzt, so muss er wenigstens ein dem Reichenauer näher als den übrigen Ableitungen stehendes Exemplar der Reichsannalen herangezogen haben. Wie wir in ML eine Lorscher, in AS und dessen Ableitungen eine Sanctgaller, so werden wir in AA und der Vorlage der Hersf. eine eigene Gruppe der Reichsannalen sehen dürfen, deren Ursprung wenigstens in AA auf das Kloster Reichenau hinweist.

Da ist es denn nicht zu verwundern, dass wir in den Ableitungen der Hersf. Nachrichten antreffen, die wir nicht in ML, wohl aber in den Alam. finden. Schon gleich der erste Jahresbericht 708/9 des Hersfelder Jahrbuches fehlt in ML, hat sich aber in den Tochterquellen von AA, H und E erhalten. Doch könnte diese Stelle recht wohl von dem Hersfelder wie von dem Reichenauer Geschichtsschreiber direkt der auch sonst von ihnen selbständig benutzten Historia ecclesiastica Anglorum des Beda Venerabilis[27]) entnommen sein.

Besser eignet sich nachfolgendes Beispiel.

---

[27]) V, 19, 24.

AS 751.	Ann. Hersf. (Altah., Lamp.) 751.
Zacharias papa *defunctus*, Stephanus electus et percussus, alter Stephanus electus atque consecratus. AA (E Pipin. 10). Zacharia papa *defuncto*, Stephanus II. papa.	Zacharias papa obiit, Stephanus electus est^a atque^a occisus et^a alter Stephanus electus^b atque^a consecratus^a est^a. a) fehlt in Ann. Altah. b) eligitur Altah.

Hier könnte man einwenden: 'Dass die Ann. Altah. die Alam. selbständig ausgeschrieben haben, ist bekannt[28]). Lampert, der einzige Vertreter der Hersf., der ausser ihnen die obige Notiz bringt, geht aber zuweilen auf die sogenannten Ann. Alth. antiqui zurück, die ihrerseits schon die Alam. benutzt haben mögen'.

H. Lorenz[29]) unternahm den Versuch, die ältesten Jahrbücher von Altaich wiederherzustellen. Auch Holder-Egger[30]) hat in seiner ausgezeichneten Einleitung zu seiner Ausgabe der Werke Lamperts alle Berichte, die dieser den Altah. antiqui entlehnt haben mag, zusammengestellt: **der unsere fehlt in beiden Verzeichnissen!** Nicht nur dies! Man wird in allen auf jene verlorenen Altaicher Jahrbücher zurückgeführten Stellen vergebens eine Spur der Ann. Alam. suchen.

Wir werden sonach berechtigt sein, die Meldung zu 751 gleich den übrigen oben besprochenen Notizen den verlorenen Ann. Hersf. zuzuschreiben. Damit finden wir unsere oben ausgesprochene Ansicht bestätigt, dass der Hersfelder oder sein Vorgänger, **wenn nicht AA selbst, so doch eine mit AA näher als mit den übrigen Rezensionen der Reichsannalen verwandte Quelle benutzt haben muss.**

Die Abhängigkeit der umfangreichsten Ableitung der Hersf., des Jahrbuchs von Quedlinburg nämlich, von den schwäbischen Annalen ist bekannt. Hat erst der sächsische Abschreiber des Hersfelder Geschichtswerks die Aug. oder

---

[28]) Vgl. dazu die weiter unten gegebenen Ausführungen.
[29]) A. a. O. S. 48 ff. [30]) S. XXXVIII, 7.

AS oder auch AA [31]) selbständig ausgeschrieben? Oder sind, wenn dies, wie wir annehmen, schon der Hersfelder gethan hatte, in der ausführlicheren Ableitung deutlichere Spuren einer Benutzung jener schwäbischen Quelle zurückgeblieben als in der verlorenen kürzeren redactio II. der Ann. Hersf., auf die die Ann. Weissenburg., Ottenburani und Lamperts zurückgehen? Der Hersfelder Excerptor hätte dann z. B. alle Notizen mit schwäbischem Lokalcharakter wie jene zu 829, 860, 917 ausgelassen. Die Möglichkeit dieser Erklärung wird man schon in Anbetracht des Umstandes zugeben dürfen, dass ausser diesen drei schwäbischen Nachrichten nur noch fünf weitere seither auf die Aug. zurückgeführte Jahresberichte der Quedlinburger Jahrbücher in den übrigen Ableitungen der Hersf. fehlen.

Lassen wir die Richtigkeit dieser Aufstellungen, welche, wenn sie sich beweisen liessen, mit einem Schlage die Frage zugunsten unserer Annahme erledigen würden, dahingestellt, so wird man doch die Möglichkeit, dass AA bis etwa 800 Vorlage der Hersf. gewesen sein könnte, nach dem Vorgebrachten nicht gut leugnen können. Wie stellen sich, fragen wir uns jetzt, die Hersf. zu AA für die Folgezeit?

Von 800—881 haben die schwäbischen Jahrbücher sich einer gedrängten Kürze befleissigt. Von ihren etwa 50 Jahresberichten haben zudem nicht weniger als 18, also mehr als ein Drittel, schwäbischen Lokalcharakter. Von

---

[31]) Vgl. Lorenz S. 27/28. L. spricht sich im Gegensatze zu Pertz (S. S. III, 20) für ausschliessliche Benutzung der Aug. aus. Woher stammt dann aber zu 829 der Name Valentis, zu 917 der Lutfrieds, woher der Zusatz Italiam zu 725? Woher zu 872 die nähere Verwandtschaft der Quedlinb. (Ictu fulminis Wormatia comburitur) mit den Ann. cap. Cracov. (Wormacia ictu fulminis comburitur) und E (W. f. i. crematur) im Gegensatze zu den Aug., die, und zwar zu 873, die aktive Konstruktion: Ictus fulminis Wormatiam conbussit haben? Wahrlich bei nur 8 kurzen Jahresberichten — der zu 939 ist gänzlich unabhängig von den Alam. — eine auffallend grosse Zahl von Abweichungen im Wortlaute! Sollten deshalb nicht auch die Quedlinb. auf AA zurückgehen?

den übrigen zeigen 12 — etwa ein Drittel —, nämlich 814, 816, 840/41, 843, 860, 867/68/69, 873, 875/76, 879, nach Form und Inhalt eine gewisse Verwandtschaft mit den entsprechenden Nachrichten des Hersfelder Jahrbuches. Ein Teil dieser Meldungen, wie die über Thronwechsel im Karolingerreich, Todesnachrichten u. s. f., ist zu farblos, um sichere Schlüsse darauf gründen zu können. Nur an drei Stellen finden wir auffälligere Anklänge an die Hersf.

I.

Ann. Hersf. (Altah., Weissenb.) 860.
Hiems magna et mortalitas animalium.

AS 860.
Hiems magna et mortalitas animalium.

II.

Ann. Hersf. (Hildesh., Quedlinb. Altah., Weissenb., Lamp.) 869 [12]).
Lutheri rex a Benevento reversus ... Romam venit ibique ab Adriano papa dampnatus, domum rediens, cum suis pene omnibus periit.

AS, Weingart. 869.
Hlotarius rex de Benevento veniens, in Placentia obiit.

H 869 [12]).
Lotharius rex cum complicibus suis se apud Adrianum papam excusans ... domumque rediens ... Placentiae periit fautoresque sceleris pene omnes obiter interiere.

III.

Ann. Hersf. (Hildesh., Quedlinb., Altah.) 813.
Incredibilis multitudo locustarum venit.

Ann. Weingart. 813.
Inaudita locustarum multitudo devenit.

Nehmen wir wieder farblose Berichte wie Kaiser- und Erzbischofsfolgen aus, so finden sich auch nach 881 einzelne Meldungen der Hersf., welche mit solchen bei AA auffallende Ähnlichkeit zeigen. So die folgenden:

---

[12]) Den Bericht der Ann. Hersf. hat Lorenz (S. 93) auf die dritte Fortsetzung der Ann. Fuld. zurückgeleitet, jenen Hermanns brachte man seither mit Regino in Verbindung. H hat aber mit Regino genau so wenig zu schaffen wie die Ann. Hersf. mit den Ann. Fuld. cont. III.

I.

Ann. Hersf. (Hildesh., Weissenb., Lamp.) 896.	E 896 ³³).
Arnulfus rex Romam veniens imperator factus est.	A. r. R. v. i. f. est.

II.

Ann.Hersf.(Hildesh.Lamp.) 903³⁴).	Ann. Alam. redact. II. 906 ³⁴).
Ebarhart et Adalhart atque Heinrich ³⁵) occisi sunt.	Adalhart et Heinrich ³⁵)... et Eberhardus bello occisi sunt.

III.

Ann. Hersf. (Hildesh., Weissenb., Lamp.) 907.	HE 907.
Adalbertus comes decollatus est iubente Ludowico rege.	Adalbertus... Ludowico iubente decollatur (H: A. decollari iussus est).

IV.

Ann. Hersf. (Hildesh., Weissenb., Lamp.) 909.	Ann. Alam. red. II. 908.
Burghart, dux Thuringorum, cum plurimis interfectus est ab Ungariis.	Ungarii in Saxones et Burchardus, dux Toringorum, ... aliique quam plurimi occisi sunt.

V.

Ann. Hersf. (Hildesh., Quedlinb., Weissenb., Lamp.) 938.	Ann. Colon. ³⁶) 939.
Eberhart et Gisalperht occisi sunt.	Gisalbertus et Evarhardus occisi sunt.

---

³³) Ich führe nur die im Wortlaute am nächsten mit den Hersf. stimmenden Ableitungen von AA an, bemerke jedoch, dass sich zumeist ähnliche Berichte auch in anderen Tochterquellen finden. ³⁴) Die Chronologie der redactio II. ist hier ebenso verdorben wie die der Ann. Hersf. und der anderen Ableitungen aus AA in diesem Zeitraume. Ist die Fortsetzung von AA, wie wir annehmen, gleichzeitig und von verschiedenen Händen in den engen Rahmen der Ostertafeln eingefügt worden, so ist der Wirrwarr der Zeitbestimmungen einigermassen erklärlich. ³⁵) Man beachte die Namensformen! ³⁶) Über diese s. u.

VI.

Ann. Hersf. (Hildesh., Quedlinb., Weissenb., Lamp.) 948. Sinodus ad Engilenheim congregata est etc.	*E* 948. Synodus apud Engilinginheim ... congregatus.

Diese Ausbeute von Parallelstellen aus einem Zeitraum von nahezu 150 Jahren ist allerdings gering. Doch muss man dabei in Anschlag bringen: einmal, dass der Hersfelder seine Notizen aus AA erst aus zweiter Hand, aus einer Vorlage empfing, die ihrerseits schon manches gekürzt und geändert haben wird; dann aber, dass AA in diesem Abschnitt sicher nur sehr dürftig und kurz war, und dass mit Beginn des 10. Jahrhunderts der Verfasser der Vorlage der Hersf., vielleicht auch schon diese selbst eigene Nachrichten bringen.

Weitere, aber unerhebliche Übereinstimmungen finden sich zu 905 (HE 906, Aug. 905), 908 (HE 908, Alam. red. II. 907), 931 (HE, Aug.), 937 (HE, Aug. 938), 951 (HE), 953 (H 952), 955 (HE), 956—58 (HE). Da aber die Ähnlichkeit meistens nur sehr oberflächlich ist, da die Kongruenz im Wortlaute auch in den oben angeführten Stellen Zufall sein könnte, bedarf es noch anderer Beweismittel, um die Verwandtschaft zwischen AA und den Hersf. darzuthun.

Ich nehme deshalb hier schon ein Resultat einer späteren Erörterung voraus. An vier Stellen: zu 785, 806, 801, 870, zeigen die Ann. Hersf. auffällige, Übereinstimmungen im Wortlaut mit den Ann. Heremi[37] und den Ann. Formoselenses[38], welche ihre einfachste und natürlichste Erklärung nur durch eine gemeinsame Quelle finden können, als die wir mit einigem Recht die Alam. Aug. annehmen dürfen, welche nachweislich auch in den Ann. Heremi und Formos. ausgeschrieben sind.

Von grösster Bedeutung für unseren Beweis sind ferner die Beziehungen zwischen den verlorenen Hersfelder Jahrbüchern und der Fortsetzung der Chronik des Regino

---

[37] S. S. III, 137 ff. [38] S. S. V, 34 ff.

von Prüm. Erstere hat man seither vielfach auf Reginos Werk zurückgeleitet[39], stellenweise auch umgekehrt die Cont. Reg. auf die Ann. Hersf.[40]. Zu Unrecht! Mit der eigentlichen Chronik (— 906) haben die Hersf. auch nicht das Geringste gemein. Anders die Fortsetzung! Dass in ihr das Hersfelder Jahrbuch benutzt worden ist, ist freilich ebenfalls von vorneherein ausgeschlossen. Aber auch der Hersfelder kann kaum der Cont. Reg. als Quelle sich bedient haben. Von Anderem abgesehen, wäre dies schon deshalb auffällig, weil die Cont. handschriftlich nirgends getrennt von der nachweislich in den Hersf. nicht benutzten eigentlichen Chronik des Regino vorkommt. Andere durchschlagende Gründe ergeben sich aus den unten aufzuführenden Beispielen.

Eher wird man an eine gemeinsame Vorlage denken dürfen. F. Kurze hat — sicher mit Recht — auch die Cont. Reg. in den Kreis der Schriften hereingezogen, welche mit den Ann. Hersf., Cracov.-Prag. und Marianus Scotus sich der Comp. Fuld. als Vorlage bedient haben[41]. In den drei zuerst genannten Quellen haben sich neben dieser Comp., wie wir sahen, noch Spuren einer Benutzung der Ann. Alam. Reichenauer Rezension gezeigt. Die Vermutung liegt deshalb nahe, dass sie sich einer Fassung jener Compilatio Fuld. bedient haben, die mit Auszügen aus AA verbunden war. Wie verhält sich die Fortsetzung der Chronik Reginos zu dieser Annahme?

W. Erben[42] hat bereits nachgewiesen, dass sich ihr Verfasser, an dessen Stelle wir hier den Verfasser der ihm mit den Hersf. etc. gemeinsamen Vorlage setzen müssen, eines reicheren Exemplars der Aug., also doch wohl unserer Alam. Aug., bedient haben müsse. Dafür, dass dies in der That der Fall sein müsse, finden sich Spuren auf Schritt und Tritt. So führe ich auf AA die folgenden in den Hersf. und der Cont. ähnlich oder gleich lautenden Jahresberichte zurück: 908, 911

---

[39] Vgl. Lorenz S. 75/76. [40] Ebda. n. 1. [41] N. A. XV, 330 ff. [42] Ebda. XVI, 613 ff.

(Hersf. 912), 936 (935), 938 (937), 939 (938). Man beachte aber, dass die Hersf. zu 908 und 939 AA näher stehen als die Fortsetzung Reginos. Zu 948 haben beide dagegen den in AA fehlenden Zusatz: cui Marinus, legatus apostolicus, praesedit (*Cont.*: praesidente Marino episcopo, Romanae ecclesiae legato). Auch zu 957 setzen sie der Nachricht von dem in Italien erfolgten Ableben Herzog Ludolfs von Schwaben gemeinsam die Bemerkung hinzu: et ad sanctum Albanum sepultus (*Cont.*: cuius corpus ... apud sanctum Albanum honorifice sepultum est). Dürfen wir hierin vielleicht Zusätze einer nach Mainz hinweisenden Zwischenquelle sehen und auch die folgenden Jahresberichte auf den gleichen Ursprung zurückführen?

I.

Ann. Hersf. (Hildesh., Quedlinb., Altah., Weissenb., Lamp., Ottenb.) 912.
Ungarii vastaverunt Franciam atque Thuringiam.

Cont. Reg. 912.
Ungarii ... Franciam et Turingiam vastaverunt.

II.

Ann. Hersf. (Altah., Lamp.) 918.
Cuonradus rex fuit in Herolfesfelde.

Cont. Reg. 918.
Cuonradus rex nativitatem sancti Johannis Herolvesvelt monasterio celebravit.

III.

Ann. Hersf. (Hildesh., Lamp.) 942.
Treveris dedicata est basilica sancti Maximini a Ruotberto archiepiscopo.

Cont. Reg. 942.
Treviris basilica sancti Maximini dedicatur.

IV.

Ann. Hersf. (Hildesh., Quedl., Altah., Ottenb.) 947.
Etheid regina obiit 7. Kal. Febr.

Cont. Reg. 947.
Domna Edgid regina obiit.

V.

Ann. Hersf. (Hildesh., Quedl., Altah., Lamp., Weissenb.) 956.

Ruodbertus, Treverensis ecclesiae archiepiscopus, et Hadamarus, Fuldensis coenobii abbas, obierunt; quibus Heinricus episcopus et Hatto abbas successerunt. In eodem anno Liudolfus, filius regis, perrexit in Italiam eamque subegit imperio suo.

Cont. Reg. 956.

Rodbertus, archiepiscopus Treverensis, et Hadamarus, abbas Fuldensis, obierunt; quibus Heinricus in episcopatu et Hatto in abbatia successerunt. Eodem anno Liudolfus in Italiam .. dirigitur et .. totius pene Italiae possessor efficitur.

VI.

Ann. Hersf. (Hildesh., Altah.) 963.

Et in ipso anno saeva mortalitas invasit exercitum imperatoris et in ea Heinricus, archiepiscopus Trevericae civitatis, et dux Godefridus vitam perdiderunt ceterique non pauci.

Cont. Reg. 964.

Nam tanta exercitum eius .. mortalitas invasit .. ex qua pestilentia obierunt Heinricus, archiepiscopus Treverensis, et Gerricus, abbas Wizenburgensis, et Godefridus, dux Lothariensis, aliorumque innumera multitudo.

VII.

Ann. Hersf. (Hildesh., Altah., Lamp., Weissenb.) 964.

Isto anno Berengarius, rex Langobardorum, obsessus in monte sancti Leonis ibique captus et cum vi deductus una cum regina eius cohabitatrice Willa in Bavariam ad castellum Babenberg ibique novissimum diem praesentis vitae dimisit.

Cont. Reg. 964.

Berengarius... in monte sancti Leonis obsessus, et id ipsum castellum imperatoris ditioni subditur, et Berengarius cum Willa in Bavariam mittitur.

966.

Berengarius quondam Italiae rex exul moritur et in Babenberg ... sepelitur[43]).

Damit ist die Liste der Parallelstellen noch nicht erschöpft. Kleinere Übereinstimmungen finden sich z. B. noch zu 934, 942/3, 954/55, 959, 962. Beachtenswert in der obigen Zusammenstellung ist der Umstand, dass bald die eine, bald die andere Quelle den reichhaltigeren Bericht

---

[43]) Vgl. noch o. S. 15/16 die aus dem Chron. Wirzeb. herausgehobenen Stellen.

bringt. Ein weiterer Beweis für die Annahme, dass weder die Hersf. direkt aus der Cont. Reg., noch auch diese aus jenen geschöpft haben, **sondern dass beide auf gemeinsamer Grundlage aufgebaut sind.**

Die Hersf. sowohl, davon sprachen wir bereits, als auch Reginos Fortsetzer weisen ziemlich vollständige Listen der Mainzer Erzbischöfe auf. AA ist in der Vorlage der Hersf. höchstwahrscheinlich, in jener der Cont. Reg. sicher benutzt worden. Sollte es sich etwa hier um eine Fortsetzung und Erweiterung jener oben behandelten Fulder Kompilation handeln, die dann nicht nur den Hersf. und der Cont. Reg., sondern auch den Cracov.-Prag. und in **ihrer ersten noch nicht mit AA verschmolzenen** Fassung auch der Chronik des Mainzer Schottenmönches Marianus als Vorlage gedient hätte?

Die Nachricht der Hersf. zu 915 z. B.: *Ungarii vastantes* omnia **venerunt usque Fuldam** und jene der Fortsetzung der Chronik Reginos: *Ungarii totam Alamanniam igne et gladio vastaverunt,* sed totam Turingiam et Saxoniam pervaserunt et **usque ad Fuldam** monasterium pervenerunt (vgl. Aug. 915: *Ungarii totam Alemanniam igne et gladio vastaverunt)* finden wir auch in Marians Chronik zu 937/915: *Ungarii totam Alamanniam igne et gladio* et Turingiam *vastant,* **venientes usque ad Fuldam.** Auch die Jahresberichte 965/43: **Otto dux obiit, cui Counradus successit** und 988/66: **Eberhardus comes obiit** in des Schottenmönches Chronik decken sich mit Nachrichten der Cont. Reg. (943: **Otto dux obiit, cui Cuonradus,** filius Wernheri, in ducatu **successit** und 966: Eodem anno **comes Eberhardus obiit**).

Allerdings liegt es hier nahe, an eine Ableitung der Meldungen Marians aus der Fortsetzung der Chronik Reginos zu denken, zumal da diese Chronik selbst ohne allen Zweifel von Marianus ausgeschrieben worden ist[44]). Doch dünkt mir ein engerer Zusammenhang zwischen

---

[44]) Waitz S. S. V, 491.

Marian und der Cont. Reg. sehr wenig wahrscheinlich. Bis zum Jahre 939, dem Endjahre der Ann. Aug., weist Marianus' Chronik kaum eine Lücke auf. Reginos Chronik hat ihr bis zu ihrem Schlusse, 906, als Vorlage gedient. Warum springt Marian, wenn er wirklich die mit 907 anhebende Cont. Reg. vor sich hatte, 907 statt zu dieser zu den viel kürzeren und dürftigeren Ann. Aug. über? Warum lehnt er sich ferner nicht wenigstens von 939 ab an die Fortsetzung Reginos an? Hätte er aber wirklich die Cont. Reg. ausgeschrieben, so wäre es schier unbegreiflich, warum der Mainzer Chronist, der doch sonst seine Quellen in den Abschnitten, die er jeweilig aus ihnen aushob, fast ganz erschöpft hat und sonst immer die Begebenheiten der grossen Politik in den Vordergrund stellt, warum dieser Marianus, der seine Chronik verschiedene Male überarbeitet und fortgesetzt hat [45]), so achtlos an der reichen Quelle der Cont. Reg. vorüberging und ihr nur jene drei dürftigen Lokalnotizen entnahm. Mit Recht hat deshalb G. Waitz jene drei Nachrichten als von der Cont. Reg. unabhängig hingestellt und die Benutzung dieser Cont. durch Marian rundweg geleugnet [46]).

Ein Weiteres kommt hinzu. Ist es auch nicht unwahrscheinlich, dass die Cont. Reg. in oder bei Mainz entstanden ist [47]), so ist doch noch die Frage, ob zu Marians Zeiten eine Abschrift oder das Orginal derselben in einer Mainzer Bibliothek vorhanden war. F. Kurze wenigstens, der neueste Herausgeber Reginos, nimmt an, dass Adalbert, der mutmassliche Verfasser der Cont., als er 968 Erzbischof von Magdeburg ward, sein Handexemplar mit sich nach Sachsen genommen habe [48]). Nicht nur dies! Der Codex Reginos, den Marianus Scotus nach Kurze benutzt hat, ist uns noch heute erhalten, nämlich der in der Handausgabe mit B2g bezeichnete Kölner Codex aus S. Martin zu Köln, aus dem Kloster also, dem Marianus selbst von 1056 ab zwei Jahre lang angehört hatte. Und in dieser

---

[45]) Wattenbach DGQ⁶ II, 116. [46]) A. a. O. n. 95. [47]) Wattenbach DGQ⁶ I, 367/68. [48]) Praef. p. IX.

Handschrift ist wohl Reginos Chronik, nicht aber auch ihre Fortsetzung enthalten [19])!

Die Vermutung, dass Marian die Cont. Reg. ebensowenig wie die Ann. Hersf., wohl aber die diesen beiden und den Cracov.-Prag. gemeinsame Quelle, die nur unsere Comp. Fuld. gewesen sein könnte, benutzt habe, wird sich unter diesen Umständen kaum abweisen lassen. Eine weitere Beobachtung aber verleiht ihr grössere Bestimmtheit: Marianus und die Ann. capituli Cracov. berichten beide den Tod Herzog Liudolfs von Schwaben irrtümlich zum Jahre 955. Auch diesen gemeinsamen Irrtum wird man auf die gemeinsame Quelle, unsere Fulder Kompilation, zurückführen dürfen, in der dann, ähnlich wie in ihr zweimal nach zwei verschiedenen Quellen zu 899 und 901 (vgl. Ann. capituli Cracov. und Ann. Prag.) vom Tode Kaiser Arnulfs die Rede war [50]), auch Ludolfs Tod zweimal, zu 955 und 957, gemeldet gewesen sein müsste. Reginos Fortsetzer und der Hersfelder Jahrbuchschreiber hätten dann durch die Auslassung des Jahresberichtes 955 ihrer Vorlage diesen Irrtum beseitigt, während umgekehrt die Gruppe Cracov.-Prag.-Mar. an dem, ersten, falschen Datum festhielt.

Wir nehmen also im Folgenden als bewiesen an: Marianus Scotus sowohl als auch die Ann. Cracov.-Prag., Ann. Hersf. und die Cont. Reg. **gehen auf eine gemeinsame Vorlage, die sog. Comp. Fuld., zurück.** Sie haben aber, es sei dies hier noch einmal ausdrücklich hervorgehoben, **nicht das gleiche Exemplar** benutzt. Als Grundlage Marians hat ein **älteres Exemplar** (Comp. Fuld. I.) gedient, **das noch nicht mit der reicheren Fassung der Alam. Aug. verschmolzen war,** während die Ann. Cracov.-Prag., Ann. Hersf. und die Cont. Reg. **eine durch AA und,** ich setze dies hier gleich hinzu, **wohl auch durch Auszüge aus den Ann. Corb. erweiterte Rezension** (Comp. Fuld. II.) benutzt haben.

---

[49]) Ibid. p. X. [50]) Oder hat etwa die Vorlage der Cracov.-Prag. zu 901 Zundelbolt bei AA in Arnulfus (Prag. Alnolfus) verlesen?

Nun lässt sich aber eine enge Verwandtschaft Marians mit den schwäbischen Jahrbüchern nicht leugnen. Wie ist sie zu erklären? Ein Blick in Marians Chronik verschafft uns die Lösung des Räthsels: der Schottenmönch hat die Ann. Aug. Mainzer Rezension und zwar nicht erst aus zweiter Hand, sondern selbständig in seine Chronik verarbeitet. Der Beweis dafür ist einmal aus der Masse der entlehnten Stellen selbst, dann aber und vorzüglich aus dem Jahresberichte 976/954 mit Leichtigkeit zu führen, wo es heisst: Willihelmus, filius Ottonis regis, sic: ... Haec ait Willihelmus episcopus, filius Ottonis imperatoris. Marianus hat, wie hieraus hervorgeht, offenbar das Original der Mainzer Rezension, den heutigen Cod. Par. nr. 4860, mit der von Erzbischof Wilhelm eigenhändig hinzugefügten Fortsetzung von 953/54 vor sich gehabt. Mit AA hat die Chronik Marians somit auch nicht das Geringste gemein.

In der ursprünglichen Fassung der sogenannten Comp. Fuld. sind also die Reichenauer Annalen weder in ihrer kürzeren (Ann. Aug.), noch in ihrer weiteren Rezension (AA) benutzt gewesen. In dieser ältesten Fassung hat sie Marianus ausgeschrieben, der dann die aus ihr, Reginos Chronik und anderen kleineren Quellen gewonnenen Nachrichten durch solche aus dem Mainzer Exemplar der Ann. Aug. ergänzte.

Der ausführliche Hauptteil dieser ersten Redaction der Comp. Fuld. mag anfänglich, wie oben bemerkt wurde, kaum über das Jahr 827 hinabgereicht haben. Später wurde er durch die Fortsetzung der Fulder Abts- und Mainzer Erzbischofsliste bis zur Mitte des 10. Jahrhunderts und durch einige wenige auf Franken bezüglichen Notizen, wie jene oben besprochenen zu 937/15, 965/43, 988/66, notdürftig vermehrt.

Wenden wir uns jetzt der zweiten, durch Auszüge aus AA und vielleicht auch den Ann. Corb.[51]) erweiterten Fassung der Comp. Fuld. zu. Sie hat kaum weiter als die

---

[51]) S. S. III, 1 ff.

erste, in der wir zu 966 die letzte Marian und der Cont. Reg. gemeinsame Notiz nachwiesen, gereicht.

Reginos Fortsetzung schliesst schon mit 967. Ist Adalbert, der damalige Abt von Weissenburg i. E., der 968 Erzbischof von Magdeburg ward, ihr Verfasser — die Wahrscheinlichkeit dieser Annahme ist kaum noch zu bestreiten [52]) —, dann hat auch die Ansicht Berechtigung, dass die Cont. bereits 967/68 niedergeschrieben wurde. Ist dem so, dann müsste die Comp. Fuld. erster Rezension unmittelbar vorher (966) durch jene Zusätze aus AA und den Ann. Corb. (?) erweitert worden sein.

Für die Benutzung der zuletzt genannten Jahrbücher in der Comp. Fuld. red. II. bedarf es noch des Beweises. Fast zweifellos stammen dorther die Meldungen der Cracov. zu 855, 869, 907, 933, 934, 936 und vielleicht noch zu 937, ferner jene der Prag. zu 915, 933/34, 939. Wenn wirklich in der Cont. Reg. Spuren der Ann. Corb. vorhanden sind, so sind sie sehr spärlich. Immerhin mögen die Jahresberichte 934 (Corb. 933) und 957 durch die niedersächsische Quelle beeinflusst sein. Wahrscheinlicher noch dünkt mir dies für die Meldung zu 912: Otto dux *Saxonum* obiit (Corb. 912: Oddo comes obiit). Otto comes *Saxonicus* obiit melden auch die Ann. Hersf. (Hildesh., Altah., Weissenb., Lamp., Ottenb.) zu 914. Lassen wir auch hier die farblosen Jahresberichte der Hersf. zu 878, 899, 919, 938 (Corb. 939) und 938 (939) ausser Acht, so könnten doch ihre Meldungen zu 811 (statt 809), 822, 857 (?), 885, 906 aus Korvei stammen [53]).

Ein dürftiges Beweismaterial, das aber sofort namhafte Verstärkung erführe, wäre es uns gestattet, auch alle die Stellen auf die Comp. Fuld. red. II. zurückzuführen, welche die Ann. Quedlinb. mit den Corb. gemein haben, nämlich jene zu 844, 865, 866, 912, 930 und 933 [54]). Die Möglichkeit, dass in einer umfassenderen Ableitung der Ann. Hersf. sich zahlreichere Berichte aus der nieder-

---

[52]) Vgl. Giesebrecht, Kaiserzeit I, 778; Kurze, praef. p. X; Wattenbach DGQ⁶ I, 367/68. [53]) Vgl. Lorenz a. a. O. S. 76. [54]) Ebda. S. 27.

sächsischen Quelle erhalten haben als in den kürzeren Excerpten, wird man hier ebensowenig verwerfen dürfen wie in dem oben ⁵⁵) besprochenen Falle der Benutzung von AA durch den Quedlinburger Jahrbuchschreiber.

Jedenfalls dürfte die Wahrscheinlichkeit dafür sprechen, dass bereits in die Comp. Fuld. red. II. Nachrichten aus den Ann. Corb. übergegangen sind.

Wann dies geschehen sein könnte, ist nicht mehr mit Sicherheit festzustellen. Vielleicht hat der Kompilator, der um 966 AA in den Text der Comp. verwob, auch das niedersächsische Jahrbuch ausgeschrieben.

Das im Vorstehenden gefundene Quellenverhältnis sei der Übersicht halber hier noch einmal graphisch dargestellt:

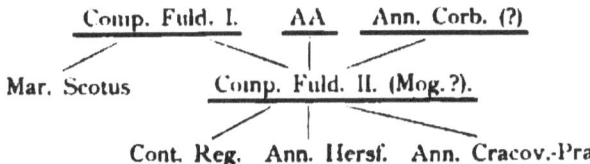

Woher stammen die beiden Quellen, die wir bisher, der Überlieferung folgend, als Comp. Fuld. (red. I., red. II.) bezeichnet haben?

. Die erste Kompilation weist zunächst uns zweifellos nach Fulda. Ihre meisten Quellen sind fuldischen Ursprungs ⁵⁶). Vereinzelte Notizen weisen auf Franken, eine kleine Anzahl auf das Hauptkloster Ostfrankens, Fulda, direkt. Marian, der bis 1069 in Fulda lebte, hat das Sammelwerk zuerst benutzt. Vielleicht noch während seines dortigen Aufenthaltes, vielleicht hat er sich erst später in Mainz, ähnlich wie er sich aus seinem früheren Kloster in Köln die Reginohandschrift verschrieben haben mag, von Fulda eine Abschrift der Comp. beschafft. Freilich ist auch die Möglichkeit nicht zu verwerfen, dass die Comp. Fuld. schon früher, etwa bald nach 827 — ich erinnere daran, dass Erzbischof Rhaban (847—856) vorher (822—847) Abt von Fulda war — nach Mainz gelangt

---

⁵⁵) S. 179 f. ⁵⁶) Die Ann. Fuld. ant., Enh., das Chron. Laur. Fulder Rezension, vielleicht auch ein Abtskatalog.

und dort durch den Erzbischofskatalog und die fränkischen Nachrichten zu 915, 943, 966 und die mainzische zu 957 (et ad sanctum Albanum sepultus est) vermehrt worden ist.

Auch die zweite Bearbeitung könnte noch aus Fulda stammen. Schon frühzeitig, man vergleiche die nahe Verwandschaft der Ann. S. Bonifacii mit den Aug. brevissimi und jene der Fuld. ant. mit den Corb., bestand ein literarischer Austausch zwischen Reichenau und Korvei einer-, Fulda andererseits. Der Meinung, dass AA und die Ann. Corb. ebenso gut nach Fulda wie nach Mainz gelangt sein könnten, steht also nichts im Wege.

Waitz hat bekanntlich den Ursprung der gemeinsamen Grundlage der Cracov. und Prag. zu Mainz gesucht. Die Beziehungen Krakaus und Prags zu Mainz waren sicher viel enger als jene zu Fulda. Mainz und Fulda waren von altersher durch literarische Interessen verbunden. Falls der Fortsetzer Reginos nicht in Mainz geschrieben hat, so hat er doch wahrscheinlich von dort Anregung — warum nicht auch seinen Stoff? — erhalten. Wenn wir also mit Waitz Mainz als Ursprungsort der Comp. in ihrer zweiten Redaction annehmen, so werden wir uns damit keiner allzu gewagten Vermutung unterfangen.

Gewagter ist jedenfalls die Vermutung, deren beiläufige Erörterung man uns jetzt gestatten möge, die nämlich, dass Adalbert, der Mönch von S. Maximin in Trier, der spätere Abt von Weissenburg i. E. und Erzbischof von Magdeburg, der Verfasser jener zweiten Redaction der Comp. Fuld. sei.

Die Gründe, die man für Adalberts Anrecht an die Cont. Reg. geltend gemacht hat, treffen zum Teil auch für unsere Vermutung zu. Von 962—966 weilte Adalbert, der 961/62 Bischof der Russen war, am Hofe Erzbischof Wilhelms von Mainz. Von seiner Mission nach Russland handelt der Jahresbericht der Ann. Hersf. zu 960 [57]).

---

[57]) Venerunt legati Rusciae gentis ad regem Ottonem et deprecati sunt eum, ut aliquem episcoporum suorum transmitteret, qui eis ostenderet viam veritatis; et professi sunt, se velle recedere

Diesen Bericht, der, obwol er die Ereignisse von 4 Jahren zusammenfasst, in Einzelheiten ausführlicher und eingehender als jener der Cont. Reg. zu 959, 960, 961 und 963 und somit höchstwahrscheinlich original ist, werden wir im Hinblick auf die vielen anderen, der Cont. Reg. und den Hersf. gemeinsamen Trierer Nachrichten [58]) getrost der gemeinsamen Vorlage der genannten Quellen, der Comp. Fuld. red. II., zuschreiben dürfen. War deren Verfasser etwa ein in Mainz lebender Trierer Mönch?

Gerade aus dem Berichte über die russische Mission und den zum Teil in den Hersf. wiederkehrenden Trierer Notizen hat man den Schluss auf die Autorschaft des damals am Hofe Wilhelms von Mainz weilenden Bischofs Adalbert für die Cont. Reg. gezogen. Sollte Adalbert nicht auch die Comp. Fuld. red. II. verfasst haben?

Hat er sich wirklich während seines Mainzer Aufenthaltes mit historischen Studien befasst, so kann recht wohl die Erweiterung der wahrscheinlich in Mainz befindlichen [59]) Comp. Fuld. I. die erste Frucht seiner Thätigkeit sein. Erzbischof Wilhelm selbst, der durch seine Eintragungen in die Mainzer Handschrift der Ann. Aug. sein historisches Interesse kund gab, mag ihn dazu veranlasst, mag ihm, da die Ann. Aug. nicht genügten und schon mit 939 in der Hauptsache abbrachen, zu diesem Behufe das reichere, über 939 hinaus bis 958[60]) fortgesetzte Exemplar der Alam. aus der Reichenau verschrieben haben.

Die Cont. Reg., wenn sie wirklich ein Werk Adalberts ist, kann aber erst nach dessen Ernennung zum Abte von Weissenburg entstanden sein, die erst nach dem 9. Februar 966, dem Todestage Abt Erkanberts, erfolgte. Am 10. Mai dieses Jahres ist Graf Eberhard von Franken gestorben, dessen Tod schon in der ersten Redaction der Comp. Fuld. [61]) erwähnt war. Zwischen dem 10. Mai und

---

a paganico ritu et accipere nomen et religionem christianitatis. Et ille consensit deprecationi eorum et transmisit Adalbertum episcopum fide catholicum.". Illique per omnia mentiti sunt, sicut postea rei eventus probavit, quia vix ille predictus episcopus evasit lethale periculum ab insidiis eorum. [58]) S. o. S. 185/6 nr. III, V, VI. [59]) S. o. S. 192/3. [60]) S. u. S. 195 f. [61]) S. o. S. 187; Mar. Chr. a. 988/66.

der Übersiedelung Adalberts nach Weissenburg müsste die 2. Redaction der Comp. vorgenommen sein, die keinenfalls über 966 hinausgereicht hat. Sie wäre also gewissermassen eine Vorarbeit für die kurz darauf unternommene Fortsetzung der Chronik Reginos gewesen.

Ein Vorgänger Abt Adalberts in Weissenburg, Erzbischof Hatto von Mainz, hatte in Beziehungen zu Regino von Prüm gestanden. Ihm hatte der Verfasser der berühmten Chronik seine Schrift 'De harmonica institutione' gewidmet. Durch Hatto könnte Weissenburg in den Besitz eines Exemplars der Chronik gekommen sein, das dann der neugewählte Abt Adalbert in der kurzen Zeit seiner Abtschaft (966—968) **unter Zugrundelegung der von ihm vorher in Mainz verfassten Neubearbeitung der Comp. Fuld.** bis ungefähr zur Zeit seiner Wahl zum Erzbischof von Magdeburg (968) fortgesetzt und ausser durch eine grosse Anzahl trefflicher Reichsnachrichten durch solche aus Weissenburg bereichert haben wird. Durch diese Annahme würde auch der sich gegen Adalberts Gönner, Erzbischof Wilhelm, richtende Satz der Cont. Reg. zu 963: Cui Adalbertus ex coenobitis sancti Maximini... **machinatione et consilio Willihelmi archiepiscopi, licet meliora in eum confisus fuerit et nihil unquam in eum deliquerit** begreiflich, der in einem am Hofe Wilhelms, vielleicht in dessen Auftrage verfassten Werke fast unbegreiflich bliebe. —

Wir haben oben beiläufig erwähnt, dass das in der Mainzer Kompilation zweiter Fassung benutzte Exemplar der Alam. bis 958 gereicht habe. Es erübrigt uns noch der Beweis dafür.

Wenn wir uns, wie wir oben gethan, W. Erben anschliessen, der Reginos Fortsetzer — wir können jetzt die Ann. Hersf. und Cracov.-Prag. hinzusetzen — grössere Reichenauer Jahrbücher ausschreiben lässt, so sind wir nicht länger an das Schlussjahr 939 der Ann. Aug. Mainzer Rezension gebunden und dürfen, wie es oben schon gelegentlich geschah, die Spuren von AA noch weiter hinaus aufsuchen. Und wirklich sind sie bis über die Mitte des 11. Jahrhunderts nachzuweisen!

I.

Ann. Cracov. 940 (vgl. Ann.
Colon.⁶²) 939).
Hyemps valida. Mortalitas iumentorum (animalium Col.).

E 940 (vgl. H 940).
Hiemps valida et mortalitas animalium facta.

II.

Cont. Reg. (vgl. Ann. Heremi⁶²))
942.
Sidus simile cometae per XIV noctes visum (manifestius Heremi) et immensa mortalitas boum secuta est.

HE 942.
Cometa (cometae E) per (fehlt E) noctes XIV visa (apparent E) et immensa animalium pestilentia (mortalitas animalium E) facta.

III.

Cont. Reg. 945 (vgl. Hersf.-Altah. 948).
Bertaldus, dux Bawariensis, obiit, cui Heinricus, frater regis, in ducatu successit.

E 947.
Bertholfus, Baioariorum dux, obiit, cui Heinricus, frater Ottonis, successit. (H: Bertholfo, duce Baioariae, defuncto, Heinricus, frater Ottonis regis, ducatum illum accepit.

IV.

Ann. Colon. 948, Hersf. (Altah.) 950.
(Colon.: Heinricus [sc. Herimannus] dux magnus obiit et) Liudolfo Alimannia committitur.
Cont. Reg. 949/50.
Herimannus dux ... obiit IIII. Idus Decembris ... et filio suo Liudolfo ducatum Alamanniae commisit.

E 948.
Heremannus, Alemannorum dux, obiit, pro quo Liutolfus, Ottonis filius.
H 948.
Herimannus, dux Alamanniae, ... defunctus et Liutolfus, filius regis Ottonis, dux pro eo .. constitutus est.

V.

Cont. Reg. 947.
Liudolfus, filius regis, ... Idam, filiam Herimanni ducis, sibi coniugio copulavit.
Ann. Herem. 943.
Liutolfus duxit uxorem.

H 947.
Liutolfus, filius regis, Idam, laudabilem feminam, duxit uxorem.

---

⁶²) Über den Zusammenhang dieser Annalen mit AA vgl. die folgenden Kapitel.

VI.

Ann. Cracov. 958 = Herem. 958.
Cruces in vestibus apparuerunt.
Ann. Hersf. (Hildesh., Quedlinb., Altah, Weissenb., Lamp., Ottenb.) 958.
Signum crucis in vestimentis hominum apparuit.

E 958.
Cruces in vestibus apparuerunt. (*H:* Nonnullis hominibus signa crucis in vestibus apparent).

Weitere zum Teil schon besprochene Berührungspunkte finden sich zu 943 (Cont. Reg. 944, Altah. 943), 948 (s. o. S. 183), 950—952, 956 (s. o. S. 186) und zu 958 (s. u.). Die Cracov.-Prag. sind auf der Strecke 939—958 sehr knapp und dürftig. Reginos Fortsetzer und der zweite Bearbeiter der Comp. Fuld., wahrscheinlich auch der erste Hersfelder Kompilator haben hier, wo sie doch wohl eine von ihnen selbst miterlebte Zeit behandelten, ihre jedenfalls recht kurz gehaltene Reichenauer Vorlage erweitert und umgestaltet. Bieten sie doch gerade hier eine Fülle trefflicher originaler Nachrichten. Kein Wunder, dass da oft die Form der ursprünglichen Vorlage verloren ging! Auch manches vom Inhalte mag durch anderes ersetzt, Lokalnachrichten mögen weggelassen sein. Nur eine einzige dieser Art ist uns erhalten.

Cont. Reg. 958.
Alewicus, Augiensis coenobii abbas, obiit, cui Ekkihardus successit.

E 958.
Alawicus abba obiit, pro quo Ekkihart. (*A:* Alawico, Augiae abbate, defuncto, Eggehardus abbas 23. praefuit annis 15).

Von 958 ab fehlen alle Beziehungen zwischen der Mainzer Ableitung aus AA und HE. Mit 958 wird also das Exemplar von AA geschlossen haben, mit dem der zweite Bearbeiter der Comp. Fuld. gearbeitet hat. Ein zweites Exemplar, das mutmasslich ebenso weit gereicht hat, soll jetzt besprochen werden.

3. Die Kölner Gruppe.

Im Anhange nr. XIII.[1]) des Kölner Handschriftenverzeichnisses (Ecclesiae metropolitanae Coloniensis codices manuscripti) von Ph. Jaffé und W. Wattenbach hat der Letztere eine vielfach verbesserte Ausgabe der bereits von G. H. Pertz im ersten Bande der S. S.[2]) veröffentlichten Annales Colonienses gegeben.

Die historischen Notizen am Rande des Cod. Colon. nr. CII, die wir unter diesem Namen kennen, sind, wie der Herausgeber in der Einleitung bemerkt, von verschiedenen Händen zu verschiedenen Zeiten eingetragen worden. Die ältesten Eintragungen seien wahrscheinlich die zu 953, 965, 967, 975, Nachrichten über den Wechsel der Erzbischöfe auf dem Kölner Stuhle, und jene 7 Jahresberichte zu 1001—1008, von denen wieder drei[3]) niederrheinische Verhältnisse behandeln. Der Kölner Ursprung dieser Notizen steht deshalb ausser Zweifel. Sie sind zu verschiedenen Zeiten von verschiedenen, vielleicht gleichzeitigen Händen der von 532—1044 reichenden Ostertafel eingefügt worden. Später hat dann ein und derselbe Schreiber die Jahresberichte von 776—957 in einem Zuge, ein zweiter jene von 961—999 eingetragen und damit die grossen Lücken des Jahrbuches ausgefüllt. Der Schreiber des Teils von 961—999 hat dann noch den Jahresbericht zu 1008 ergänzt. Etwa um diese Zeit mag er geschrieben haben[4]). Ob und welche schriftliche Quellen er benutzt hat, ist nicht mehr festzustellen. Von 1011 ab bis zum Schlusse (1028) lösen sich wieder verschiedene, vielleicht gleichzeitige Hände ab.

Für uns kommt hier nur der Teil von 776—957 in Betracht. Genau so weit reicht auch die Übereinstimmung der Annales Colonienses und der Ann. S. Benigni Divionensis[5]). Wie ist das Verhältnis der beiden Quellen? Sind

---

[1]) S. 127 ff. [2]) S. 97 ff. [3]) Zu 1006, 1007, 1008. [4]) Wattenbach S. 131 nimmt an, dass derselbe Schreiber auch den Jahresbericht 1011 durch den Zusatz Mogontinensis ergänzt habe. [5]) M. G. S. S. V, 37 ff.

die letzteren, wie G. Waitz[6]) angenommen zu haben scheint, aus den ersteren, oder umgekehrt diese aus jenen herzuleiten, oder gehen beide Jahrbücher auf eine gemeinsame, bis c. 957 reichende Vorlage, die nur AA oder eine Ableitung daraus sein könnte, zurück?

Dass nicht jedes von ihnen auf eigene Faust aus den Ann. Alam. Aug. oder einer ihrer Ableitungen geschöpft haben kann, lehrt schon ein oberflächlicher Vergleich. Aber die Kölner Jahrbücher können auch nicht aus jenen des Benignusklosters geschöpft haben. Dafür sprechen schon gleich die ersten Jahresberichte 779, 781, 783 u. s. f., die entweder teilweise oder ganz in den Ann. S. Benigni fehlen. Den umgekehrten Fall, Benutzung der Colon. in den Divion., anzunehmen, verbietet der Überschuss von Nachrichten aus der alemannischen Quelle den Ann. Colon. gegenüber, den wir in den Ann. S. Benigni z. B. zu 768, 769, 770, 796 u. s. f. finden. Eine Fülle weiteren Beweismaterials, nach dem die Ann. Divion. zweifellos auf eine reichhaltigere Vorlage zurückgehen, als es die Colon. sind, wird im Verlaufe unserer Detailuntersuchung zusammengestellt werden.

Wir werden also eine Zwischenstufe zwischen den Ann. Colon. und S. Benigni einer-, den Ann. Alam. Aug. andererseits einführen müssen, aus denen der von Wattenbach mit nr. 1 bezeichnete Schreiber der Ann. Colon. den ganzen Abschnitt von 776—957 in einem Zuge und später im 12. Jahrhundert der erste Kompilator der Ann. S. Benigni oder der seiner Touler Vorlage — eine solche nimmt Waitz[7]) an — den grösseren Teil seines Jahrbuches von 708—957 geschöpft haben. Der Ansicht nämlich, dass beide Schreiber selbständig die Urquelle, die Ann. Alam., ausgeschrieben hätten, steht der Umstand entgegen, dass die Colon. und Divion. fast Schritt für Schritt gemeinsame Abweichungen von den Ann. Alam. aufweisen.

Es bleibt uns jetzt nur noch übrig, das Exemplar der

---

[6]) Ebda. Doch widerspricht dieser Annahme anscheinend die Anmerkung nr. 11, S. 38, die eine gemeinsame Unterlage der Colon. und Divion. vorauszusetzen scheint. [7]) S. S. III, 37.

Alam. zu bestimmen, aus dem jenes Excerpt, die Quelle der Colon. und Divion., gefertigt ist.

G. H. Pertz[8]) hat den ersten Teil der Colon. auf die Ann. Aug. und Alam. (Sang.) zurückgeführt. 'Zu den Jahresberichten 910—913 möge man ausserdem die Cont. Reginonis vergleichen'. G. Waitz[9]) hat einmal beiläufig die Ann. Weingart. als Quelle der Colon. genannt, und nicht übel würde dazu die Beobachtung Böhmers[10]) stimmen: Scripturae genus cyclorum et primae annalium (Colon.) partis idem fere ac in annalibus Weingartensibus. Dann müssten aber auch die Annales S. Benigni direkt auf die Weingart. zurückgehen. Dass dies, sowohl was diese Jahrbücher als auch was die Kölner anlangt, einfach unmöglich ist, beweisen, ganz abgesehen von anderen Abweichungen, die weiter unten zur Sprache kommen werden, schon die Meldungen beider zu 823: Visio Wettini[11]) und zu 904: Adalbertus capite plectitur, die wir in verschiedenen Ableitungen der Alam., nicht aber in den Ann. Weingart. finden. Der gleiche Nachweis lässt sich gegen eine ausschliessliche Benutzung der Sangall. breves, Aug. und der Alam. Sangall. mit Leichtigkeit erbringen. Wollen wir deshalb nicht den unwahrscheinlichen Fall annehmen, dass der Verfasser der gemeinsamen Vorlage der Colon. und Divion. verschiedene[12]) Ableitungen der Ann. Alam. mit einander verschmolzen habe, so werden wir auch hier wieder auf AA, die ausführlichere, Reichenauer Rezension der Ann. Alam., geführt. Dieser Ansicht hat bereits W. Wattenbach[13]) Ausdruck verliehen, der die Kölner Jahrbücher bis 939 mit AS, den Ann. Aug. und Sangall. mai. 'auf eine gemeinsame Grundlage' zurückführt.

Wir werden jetzt versuchen den Beweis für diese Behauptung in der Weise anzutreten, dass wir feststellen,

---

[8]) S. S. I, 96. [9]) Schmidts Zeitschrift f. Geschichtswissensch. II, 51, 2. [10]) Dem Pertz die Abschrift der Ann. Colon. verdankte, vgl. S. S. I, 96. [11]) Dafür haben die Ann. Weingart. gemeinsam mit AS die allen übrigen Ableitungen aus AA fehlende Nachricht zu 824: Wettinus monachus obiit. [12]) Mindestens sieben! S. die folgenden Seiten! [13]) Codices manuscripti Colon. p. 127; DGQ[6]I, 363; vgl. ebda. S. 287.

dass die Ann. Colon. und S. Benigni Divionensis bald mit dieser, bald mit jener Ableitung der Ann. Alam. Berührungspunkte aufweisen, ohne jedoch einer oder der anderen fortlaufend zu folgen.

Der Jahresbericht 768 der Ann. S. Benigni stimmt am nächsten mit AS, während die übrigen Tochterquellen der Alam. Aug. gekürzt haben. Das Gleiche ist mit 770 (771) der Fall. Mit Ausnahme des einer fremden Quelle, von der weiter unten die Rede sein wird, entnommenen Jahresberichtes 776 decken sich die diesem folgenden fast Wort für Wort mit AWS (Ann. Aug., Sangall. breves und Weingart). Zu 786 dagegen, zu 796, 814 und 816 (AS 810) könnten wieder nur AS, vielleicht auch die Ann. Sangall. mai., Quellen der Colon. und Divion. gewesen sein. Ein Teil dieser Berichte fehlt in den übrigen Ableitungen aus AA überhaupt. Den Todestag Kaiser Ludwigs des Frommen zu 840 haben ausser den Ann. S. Benigni nur noch H und E und die Jahrbücher von Hersfeld (Ann. Hildesh., Quedlinb.). Doch dürfte von ihnen nur die Epitome auf AA zurückgehen, die ausserdem hier noch gleich den Divion., Weingart., Aug. und AS das genaue Datum der Sonnenfinsternis des Jahres 840 aufbewahrt hat, während die Zeitbestimmung für den Tod Ludwigs und die Sonnenfinsternis in den Ann. Colon. ausgelassen sind. Auch der Zusatz zu dem folgenden Jahresberichte der Divion., den wir in den Colon. vermissen: (Bellum inter tres fratres) scilicet Ludowicum, Lotharium ac Karolum, filios Ludowici imperatoris, dürfte aus AA stammen. Wenigstens hat er sich ausser in den Ann. Divion. noch in der Redactio II. der Alam. Sangall. (Cod. Modoet.[14]) erhalten. Ob die Nachricht der Ann. Div. vom Tode Kaiser Lothars I. zu 855 — in kürzerer Fassung berichten darüber einige andere Ableitungen aus AA — aus der alemannischen Quelle stammt, ist mir fraglich. Die genaueren Zeitbestimmungen der Todesfälle in der kaiserlichen Familie zu 855, 871, 879,

---

[14]) Sanctgaller Mitteilungen XIX, 248.

884, vielleicht auch 840, könnten auch — Waitz scheint dieser Ansicht zu sein [15]) — Touler Zusätze vorstellen. Die Meldung: Fames valida der Divion. zu 868, die Waitz, aus dem Drucke zu schliessen, auf die Alam. zurückzuführen scheint, findet sich in dieser Fassung in keiner der übrigen Ableitungen der alemannischen Quelle. Man müsste denn die Meldung der Ann. Hersf. (Hildesh., Quedlinb.) zum gleichen Jahre (Fames valida et vehemens tam Germaniam quam ceteras Europae provincias nimium afflixit), die sich mit H. Lorenz [16]) nur mühsam auf die dritte Fortsetzung der Ann. Fuld. zurückführen liesse, heranziehen. Dagegen stammt sicher aus AA die folgende Nachricht der Colon. und Divion. zu 869: (Item D) Fames valida, wozu die letzteren in Übereinstimmung mit den Ann. Weingart. und AS: et mortalitas hominum et (pestis D) animalium (animantium AS) beigesetzt haben. Allein in den Ann. Hersf. (Hildesh., Quedlinb., Altah.) und Weingart., den Ann. S. Benigni und den Ann. Formos. (s. u.) hat sich die Meldung von dem Heuschreckenjahr 873 erhalten [17]). Der wichtige Jahresbericht der Colon. und Divion. zu 877/78: (Iterum D) Karolus Italiam ingreditur, et eandem terram Karlomannus per aliam viam intravit; inde Karolus territus fugit; (et in D) eodem itinere mortuus est fehlt in den übrigen Ableitungen aus AA — der Tod Karls wird von AS und E zu 878, von den Ann. Weingart. mit dem Zusatze: III. Nov. Octobr. zum richtigen Jahre 877 gemeldet —, obwohl auch er ziemlich sicher von dorther stammt. Die ausführliche Nachricht von der Sonnenfinsternis des Jahres 878 in den Ann. S. Benigni Divion. findet sich gekürzt nur noch in den Ann. Weingart. und Altah., vielleicht auch in E, die sie irrtümlich zu 879 gestellt haben müsste. In der Epitome allein treffen wir auch den Jahresbericht 879 der Colon. und Divion., der

---

[15]) Wie aus dem gesperrten Drucke geschlossen werden darf.
[16]) a. a. O. S. 93. Ich halte eine Benutzung der Cont. III. der Ann. Fuld. in den Ann. Hersf. für durchaus ausgeschlossen; vgl. Holder-Egger, Lamperti opera, praef. p. XXXVII, 7. [17]) S. o. S. 181. nr. III.

ebenfalls nur auf AA zurückgeleitet werden kann. Wiederum ist er in E um ein volles Jahr verschoben.

Ann. Colon., Div. 879.	*E 880.*
Ludowicus, rex Saxonum, adhuc fratre suo Karlomanno vivente, Bawariam ingreditur.	Ludowicus, vivente fratre suo Karlomanno, Baioariam ingreditur. Karlomannus moritur.

888 bringen die Ann. S. Benigni einen mit anderen Ableitungen aus AA stimmenden Zusatz (Arnolfus rex efficitur). Der Jahresbericht 895, in den Colon. zu den richtigen Jahren 896 und 899 gestellt, deckt sich ganz mit den Ann. Aug. zu 896 und 899. Die Meldung der Colon. zu 899: Gundebolt rex filium Arnolfi occidit und der Divion. zu 900: Zundebandus rex filium Arnolfi occidit — sie allein müsste uns zwingen für beide Quellen, falls nicht eine aus der anderen schöpft, eine gemeinsame Vorlage anzunehmen, eine direkte Benutzung der Alam. durch jede von beiden aber auszuschliessen! — diese Meldung kann nichts Anderes sein als eine durch schlechtes Lesen des ersten Abschreibers entstandene Verstümmelung der Nachricht bei AA (Ann. Aug. und E) zu 900: Zuntiboldus rex, filius Arnolfi, occiditur. Das Missverständnis hat offenbar den Kompilator der Ann. S. Benigni Divion. oder seinen Touler Vorgänger veranlasst, aus einer zweiten, vielleicht Touler Quelle noch einmal zu 901 zu melden: Zentebauldus rex obiit.

Wir halten hier inne. Die Untersuchung der folgenden Jahresberichte der Colon. und Divion., die sicher aus einer alemannischen Quelle stammen, können wir uns ersparen. Wattenbach[1] hat bereits in seiner Ausgabe ihre nahe Verwandtschaft mit der Fortsetzung Reginos, den Ann. Aug., AS und Hermanns des Lahmen Chronik, lauter Ableitungen aus AA, gebührend hervorgehoben. Die bis jetzt besprochenen Jahresberichte der Colon. und Divion. reichen völlig aus, mit aller Sicherheit zu behaupten, dass die gemeinsame Vorlage derselben nicht etwa

---

[1] Cod. manuscr. p. 129.

aus einer der vielen Ableitungen aus AA ausschliesslich geschöpft oder auch ihren dürftigen Text — diese Annahme wäre denn doch zu ungeheuerlich! — aus mehr als einem halben Dutzend dieser Ableitungen kompiliert hat, sondern dass sie mit diesen direkt auf die Urquelle, die reichere Reichenauer Fassung der Alam. selbst, zurückzuleiten ist.

Wie weit reicht aber die Verwandtschaft der niederrheinischen mit den schwäbischen Quellen? Jedenfalls über 939, das Endjahr der Ann. Aug., hinaus. Wattenbach hat in seiner Ausgabe darauf hingewiesen, dass sich die Meldung der Ann. Colon. zu 939: Hiems valida et mortalitas animalium — man vergleiche die fast wörtlich gleichlautenden Berichte der Alam. (AS und Hersf.; s. o. S. 181) zu 860 und 869 (Ann. Weingart., Divion., AS) — auch bei Hermann von Reichenau, wir setzen hinzu: 'und in E und den Ann. Crac.', findet. Dass ferner die schwäbische Nachricht zu 949: Heinricus (verschrieben statt Herimannus) dux magnus obiit et Liudolfo Alimannia committitur des Kölner Jahrbuches gleichfalls auf die verlorene Reichenauer Quelle zurückgeht und nicht, wie Wattenbach[18]) will, die Verwandtschaft der Colon. 'cum Augiensium libris' schon 939 mit eben jenem Bericht über den harten Winter dieses Jahres abbricht, beweist unsere Parallele IV auf Seite 196. Noch zu 951 lässt sich ziemlich sicher die Abhängigkeit der Colon.-Divion. von AA nachweisen:

Ann. Colon. 951	*HE. 950.*
Octo, Italiam *ingressus*, eam sibi subiunxit.	Otto rex Italiam petit eamque sibi subiecit (subiciens sibi etc. *H.*).
Ann. Divion. 951.	*Ann. Cracov. (vgl. Hersf., Cont. Reg.)* 951.
Otto rex, Italiam *ingressus*, eam sibi subiugavit.	Otto primus rex Ytaliam subegit.

Auch die Nachricht der Divionenses zu 953 (Coniuratio Liudolfi et ducis Conradi adversus Ottonem

---

[18]) A. a. O.

regem[19])) kann, jene beider Schwesterquellen zu 957: Liudolfus, Ottonis regis filius, subiugata (subiuncta C) sibi Italia, ibidem obiit (vergl. HE, Ann. Heremi u. s. f.) wird ziemlich zweifellos auf dieselbe Quelle zurückgeführt werden dürfen wie die oben besprochene Nachricht über Liudolf zu 949, nämlich auf AA.

Neben anderen Gründen, wie eine gewisse Uebereinstimmung im Wortlaut, ist mir Beweis dafür der in den Ann. Colon. wieder einmal ausgelassene, in den Divion. aber erhaltene Schluss des Jahresberichtes: Cruces apparuerunt in vestibus, der auch, wie die Parallele VI auf S. 197 ausweist, in einer Reihe anderer Ableitungen aus AA wörtlich (Ann. Cracov., Heremi, E) oder etwas im Wortlaute umgewandelt (Ann. Hersf., H), überall aber statt zu 957 zu 958 vorkommt. Ich erinnere auch hier noch daran, dass zu 786 die gleiche Thatsache in fast allen Ableitungen von AA mit genau denselben Worten erzählt wird.

Kein Zweifel! Das Exemplar der alemannischen Annalen, auf das die Ann. Colon. und S. Benigni zurückgeleitet werden müssen, hat bis 958 hinabgereicht! Es mag schon bald nach diesem Zeitpunkt an den Niederrhein, wahrscheinlich nach Köln, gelangt sein. Von 953 bis 965 hat auf dem Kölner Erzstuhle Bruno, der jüngste Bruder Ottos des Grossen, gesessen. Seine Verdienste um die Wissenschaft und die Schule sind bekannt[20]). Es ist nicht unmöglich, dass er — ähnlich wie sich sein Neffe, Erzbischof Wilhelm von Mainz, als Grundlage jenes Mainzer historischen Werkes die grösseren Reichenauer Jahrbücher verschrieben haben wird[21]), — dass Bruno ebenfalls für eine Abschrift des berühmten Annalenwerkes im Interesse seiner Kölner Kirche gesorgt hat, und dass auf dieser Abschrift, die sich möglicherweise mit der Mainzer, mit der sie das Schlussjahr 958 gemein hat, deckte oder gar auf

---

[19]) Waitz rechnet sie, dem Drucke nach zu schliessen, zu den Touler Zusätzen. [20]) Vgl. darüber Wattenbach DGQ⁶I, 321 ff., 360 ff. [21]) s. o. S. 194.

sie zurückging, die gemeinsame Vorlage der Ann. Colon. und S. Benigni Divion. beruht.

Vielleicht hat der Verfasser dieser Vorlage ausser AA noch andere Quellen benutzt, die aber dann doch nur sehr spärlich herangezogen worden sind. Mit den Ann. Fuld. antiqui haben die Colon.-Divion. die Jahresberichte 776 und 801, mit den Ann. Corb. jene zu 809, 868 (Corb. 866) und 912 gemein. Doch ist es mir sehr zweifelhaft, dass beide Quellen wirklich in den Ann. Colon.-Divion. ausgeschrieben worden sind. Die Meldung zu 776: Conversio Saxonum könnte auch, worauf Wattenbach[22]) aufmerksam gemacht hat, aus den Lauresh. stammen; jene zu 801: Karolus a Romanis appellatus est Augustus ist doch, obwohl sie mit den Ann. Fuld. ant. auf's Wort stimmt, zu farblos, um daraus die Benutzung gerade dieser Quelle zu folgern. Von Bischof Liutger von Münster (809) wissen die Ann. S. Benigni mehr zu erzählen als die Corb. Den Tod Papst Nicolaus' berichten auch AS und E zu 867. Dass die Meldung der Colon.-Divion. zu 912: Cometae visae sunt aus den Corb. stammt, ist ebenso wenig sicher. Ähnliche Meldungen finden sich bei HE und AS. Wir müssen aus diesen Gründen, da unser Material zu einer sicheren Entscheidung nicht ausreicht, die Frage nach der Herkunft jener Notizen in Schwebe halten, können uns aber nicht versagen, darauf hinzuweisen, dass eine etwaige Benutzung der Ann. Fuld. antiqui und der Ann. Corb. — ich füge hinzu, dass zu 913 in den Colon. ein Mainzer Erzbischofswechsel erwähnt wird — darauf hindeuten könnte, dass die Kölner Abschrift, wie wir schon vermuteten, ihren Weg über Mainz genommen hat. Denn auch in der oben besprochenen Mainzer Kompilation fanden wir neben anderen für die Colon.-Divion. sicher nicht ausgebeuteten Quellen Spuren eines Mainzer Erzbischofskatalogs, der Ann. Fuld. antiqui und der Ann. Corbeienses.

---

[14]) Cod. manuscr. p. 127,1.

4. Die süddeutschen Tochterquellen der Ann. Alam. Aug.

Die übrigen, süddeutschen Tochterquellen von AA mögen uns jetzt Näheres über Gestalt und Ausdehnung der verlorenen Quelle kund geben! Die uns erhaltenen jüngsten Reichenauer Ableitungen, Hermanns Chroniken (HE), können wir freilich nur mehr mit der grössten Vorsicht, nur subsidiär heranziehen, da Hermann einmal eine ganze Anzahl von Annalen und Chroniken zusammengearbeitet, dann aber mit dem Wortlaut seiner Vorlage — in H mehr, in E weniger — ziemlich frei geschaltet hat.

Auch AS lässt uns mit dem Jahre 881 im Stiche, da er mit AA nur bis zu diesem Zeitpunkte zusammengeht. Von da ab bis zum Schlusse des Züricher Codex der Alam. ist er gleich seinen Ableitungen — den Ann. Sangall. mai. von Anfang, den Ann. Weingart. von 882 ab — **völlig unabhängig von der Reichenauer Rezension der Ann. Alam.**

Man hat die Ann. Weingart. von 800 ab auf AS zurückgeleitet[1]. Dass dies mit Unrecht geschah, dass die Weingart. vielmehr auf eine reichhaltigere Aufzeichnung als AS zurückgehen, ist leicht zu beweisen. Die Meldung zu 816: Gozbertus abba efficitur — es handelt sich um den Sanctgaller Abt Gozbert (816—837) — fehlt in AS, aber auch in den übrigen Ableitungen von AA. Sie findet sich nur noch und zwar in demselben Wortlaute in den annalistischen Aufzeichnungen des Sanctgaller Cod. nr. 250 (Ann. Sangall. brevissimi), die möglicherweise hier Vorlage der Weingart. gewesen sind, und in den Ann. Sangall. mai. (Gozbertus abba constituitur), die aber fast zweifellos neben AS auch die Ann. Weingart.[2] als Vorlage benutzt haben. Die Nachricht von der Heuschreckennot des Jahres 875 findet sich ausser im

---

[1] S. S. I, 62; Wattenbach DGQ⁴ I, 394. [2] Auf Weingarten als Ursprungsort der Ann. Weingart. könnte höchstens der spätere Aufbewahrungsort der Handschrift hindeuten. Mir scheint es keinem Zweifel zu unterliegen, dass die Weingart. **Sanctgaller Ursprungs** sind. Dafür würde auch ihre Benutzung in den Ann. Sangall. mai. sprechen.

Weingartener Jahrbuch nur noch in denen von Hersfeld³), Dijon³ᵃ) und Vormezeele⁴). Zu 877 bringen die Weingart. zu: Berta filia regis obiit den richtigen Zusatz Hludowici. Woher, wenn nicht aus einer reicheren Quelle? Dem Bericht vom Tod Karls d. K., den AS erst zum folgenden, falschen Jahre 878 setzt, fügt der Weingartener das genaue Datum: Non. Octobr. hinzu. Die 878er Meldung: Papa Johannes in Franciam venit; et 4. Kal. Novembr. eclipsis solis facta est fehlt bei AS, findet sich aber in ihrem ersten Teile in E und in den Sangall. mai., im letzten in den Ann. Aug. Die Nachricht vom Tode Ludwigs von Frankreich zu 879 trägt bei AS und den Weingart. verschiedene Fassung. Diesmal scheint AS, der hier mit E näher übereinkommt, die ursprüngliche Fassung am besten bewahrt zu haben. Doch fehlt ihm wieder der Bericht vom Zuge Karls des Dicken nach Italien, der uns in den Ann. Weingart. und besser in den Aug. aufbehalten blieb. 880 ist AS wieder ausführlicher als die Aug., Weingart. und E. Auch der Jahresbericht 881 zeigt auffallende Verschiedenheit. Hier scheint der Weingartener, der ausserdem den sonst nirgends erhaltenen Zusatz 'Hiems dura' macht, wieder einmal den Wortlaut der Vorlage besser erhalten zu haben als AS. Karolus . . . Romae caesar efficitur meldet er in Uebereinstimmung mit den Ann. Aug. und Formos. und im Gegensatze zu der Fassung bei AS: Karolus imperator a Johanne papa benedicitur.

Bis 881 reicht die Übereinstimmung zwischen den Ann. Weing. und AS einer-, den übrigen Ableitungen von AA andererseits. Nach 881 ist also ein Einschnitt zu machen.

Von 882 ab schliesst sich dann der Weingartner auf's Engste an AS, bei dem mit 882 eine vierte Hand einsetzt, an. Dazu stimmt sehr gut, dass auch in der von mir eingesehenen Stuttgarter Handschrift der Weingart.

---

³) Vgl. o. S. 191 nr. III. ³ᵃ) Vgl. o. S. 202. ⁴) Ann. Formoselenses S. S. V., 34 ff., vgl. o. S. 183; u. S. 215 ff.

nach 882 eine zweite die erste Hand ablöst, die, wie es scheint, bis 879 das Ganze in einem Zuge niedergeschrieben, die Jahresberichte 879 aber, 881, 882 später nachgetragen hat.

Während AS vom Anfange des Reichenauer Exemplars der Alam. dieses und zwar in drei verschiedenen, durch Wechsel der Hände kenntlichen Absätzen, zu 800, 877 und 881, ausgeschrieben hat, folgt der Weingartener bis 800 dem verlorenen Auszuge aus AA, von 800 ab bis 882 diesem reicheren Exemplare der Alam. selbst, von 882, wo die zweite Hand einsetzt, bis 911 AS. Zu 919, 920, 921, 931 hat dann dieselbe Hand zu anderer Zeit mit anderer Tinte selbständige Einträge gemacht. Einer dritten Hand verdanken wir endlich den Eintrag zu 936. —

Wir wenden uns jetzt einer zweiten Redaction der Ann. Alam. Sangall zu.

Mit 882 gabelt sich nämlich der Text der Alam. Sangall in zwei Redactionen: die uns hier nicht weiter interessierende Sanctgaller (AS) und die von ihr von Grund aus verschiedene der cod. cod. Modoet. und Veron., die sogenannte Redactio II. Bei den beiden italienischen Codices findet das umgekehrte Verhältniss zu AS statt wie bei den Weingartner Annalen: bis 881 decken sie sich fast wörtlich mit AS[a]. Mit dem Jahre 882 springen sie von dieser Quelle ab, um sich der Vorlage von AS, den grösseren Jahrbüchern von Reichenau, zuzuwenden: gleich mit dem Jahresbericht 882 schwindet jeder Zusammenhang der cod. cod. Mod. und Veron. mit AS, während der Abschnitt 882—912 die nächste Verwandtschaft mit der Reichenauer und Mainzer Gruppe der Ableitungen aus

---

[a] Von 790 bis 798 haben beide cod. cod. AS stark gekürzt. Ferner hat die Monzaer Handschrift zu 841 anstatt: Bellum trium fratrum den ausführlicheren Bericht: Ad Fontanas bellum crudelissimum inter fratres Illotharium, Hludowicum et Karolum. Die gesperrt gedruckten Worte finden sich auch in den Ann. S. Benigni Divion. Stammen sie aus AA? Ich glaube, wir dürfen diese Frage getrost bejahen; s o. S. 201.

AA zeigt. Wie ist diese auffallende Thatsache am natürlichsten zu erklären? Nach 881 ist in der Reichenauer Annalistik, deren Vertreter bis dahin sind: das Reichenauer Exemplar der Alam. von 709-881 und der Auszug (AWS) daraus von 709 (708)—799 (814), eine Pause eingetreten. Die Eintragungen in AA von 800—881 müssen wir uns als gleichzeitig und von verschiedenen Händen ausgeführt denken. Wie ein solches in den engen Rahmen einer Ostertafel eingepresstes Annalenmanuscript aussieht, kann man jetzt noch an verschiedenen uns erhaltenen Jahrbuchurschriften, z. B. jener der Ann. Corb., sehen. Die Unleserlichkeit und Unübersichtlichkeit des Originals erweckte bald das Bedürfnis nach einer leserlichen und reinlichen Abschrift. So entstand AS, das dann seinerseits wieder als Grundlage der Sanctgaller Fortsetzung der Alam. von 882—926 und der cod. cod. Mod. und Ver. bis 881 diente, die aber, weil später entstanden, noch aus dem inzwischen von 882—912 fortgesetzten Originale ergänzt werden konnten. Dass der Abschreiber dieser cod. cod. von 882—912 auf ein schwer lesbares und unübersichtliches Original zurückging, lehrt uns sein ungemein verderbter Text und vor Allem die ganz verworrene Chronologie. Die späteren Ableitungen der Reichenauer und Mainzer Gruppen führen alle auf das bis 912 und darüber hinaus fortgesetzte Original von AA oder eine Abschrift davon zurück.

Eine weitere Ableitung von AA sind die aus den in derselben Handschrift stehenden Ann. Alam. codicis Modoet. geflossenen Ann. Laubac. in ihrem letzten Teile, der sich wiederum durch eine Reihe originaler Notizen auszeichnet. Für unsere Untersuchung kommen die cod. cod. Modoet. und Veron. nur beiläufig, die Ann. Laubac. überhaupt nicht in Betracht. —

Weit wichtiger ist eine andere Ableitung aus AA, nämlich das grössere Jahrbuch von Altaich. In der Vorrede zu seiner Ausgabe der Altah.[*] hat W. von

---
[*] S. S. XX, 776/77; Octavausgabe, ed. alt., p. XII sq.

Giesebrecht der Ansicht Ausdruck verliehen, die Altaicher Mönche wären im Besitze einer Ausgabe der alemannischen Jahrbücher gewesen, die vielleicht erst mit dem Ende des 10. Jahrhunderts schloss, mindestens aber bis zum Jahre 985 reichte. Da 990 Abt Erkenbert von Reichenau nach Altaich berufen wurde, um hier zu reformieren, vermutet Giesebrecht, dass dieser eine Abschrift der Alam. nach Baiern mitgebracht habe.

Ausserdem hat uns W. von Giesebrecht einen sehr beachtenswerten Fingerzeig gegeben. Er stellte nämlich fest, dass jene alemannischen Annalen nicht nur mit AS, sondern auch bald mit den Ann. Aug., bald mit den Sangall. mai., bald wieder mit dem Jahrbuch von Weingarten sich deckten. Der Grundstock der in den Altaicher Jahrbüchern benutzten Ann. Alam. — ich nenne die Jahre 751, 767, 796, 810, 816(?), 857, 866, 876 — könnte allerdings aus AS; ein weiterer guter Teil der Nachrichten, z. B. jene zu 756, 799, 830, 850, 860 861, 863 (AS, Sangall. mai. 861), 865 (AS, Sangall. mai. 863) könnte ebensogut aus den Ann. Sangall. mai. wie aus AS stammen. Dagegen finden sich nur in den zuerst genannten Jahrbüchern die Berichte der Altah. zu 760, 770 und 973 wieder. Der Weingartner würde, wenn wir die Benutzung der einzelnen Ableitungen aus AA annähmen, nur eine Meldung, die zu 878, beigesteuert haben; die Aug. jene zu 919 (Aug. 917), 926, 939; die Alam. redact. II. jene zu 907, 908. Doch könnte hier auch HE Quelle für die Altah. sein, ebenso zu 919 und 926. Mit E deckt sich der Jahresbericht 819, mit H jener zu 822 (H 821) und 870. Füge ich noch hinzu, dass sich die Altah. zu 949/950 am nächsten mit den Ann. Colon., zu 944, 950, 955 sehr nahe mit Cont. Reg., zu 708 sogar mit den Ann. Naz. berühren: bedarf es da noch eines Beweises, dass jenes nach Giesebrecht bis gegen 1000 fortgesetzte Altaicher Exemplar der Alam. mit unserem AA identisch war?

Die letzte mit Sicherheit AA zuzuweisende Nachricht ist die oben S. 186 nr. V besprochene zu 956, besonders da der in den übrigen Ableitungen der Ann. Hersf. fehlende

Schluss des Satzes: fugatoque Perengario Papiam intravit sich mit den entsprechenden Berichten bei H und in den ebenfalls zur Klientel von AA gehörenden Ann. Heremi[1]) deckt. Es ist deshalb nicht unwahrscheinlich, dass das in den Altah. benutzte Exemplar gleich jenem, dessen Spuren wir in den Mainzer und Kölner Ableitungen bis 958 verfolgten, mit der Nachricht: Cruces apparuerunt in vestibus,' also mit 958 schloss. Möglich ist es, dass die Altaicher Vorlage weiter, vielleicht gar über 966, das Schlussjahr des in den Ann. Heremi benutzten Exemplars, hinabreichte. Doch wer vermag dies mit der nötigen Sicherheit zu erweisen? Nur zwei Jahresberichte nach 956 hat Giesebrecht in seiner Ausgabe durch den Zusatz A. Alam. gekennzeichnet, jene zu 973 und 985, den letzten aber zugleich mit einem Fragezeichen versehen, das ich auch neben den Zusatz zu 973 setzen möchte[*]). Soll die Nachricht: Sanctus Udalricus obiit, die hier unter lauter Originalnachrichten der Altah. steht — der Abschnitt von 970—978 ist fast ganz original, ausführlich und wertvoll — wirklich in Beziehung zu der ganz anders lautenden Notiz der Ann. Sangall. mai. stehen, von denen wir zudem wissen, dass sie mit dem in den Altah. benutzten Exemplar der Alam. seit 882 überhaupt keine und vorher nur durch die Vermittelung von AS und der Ann. Weingart. Gemeinschaft haben? Als ob man nicht auch in Altaich Kunde von dem Todesjahre Ulrichs hätte haben können! Der Stelle zu 985 gar: Chunradus comes Alemaniam sibi vendicat hat offenbar nur ihr schwäbischer Lokalcharakter einen Platz unter den durch A. Alam. gekennzeichneten Jahresberichten verschafft. Wir suchen vergebens nach derselben Nachricht in den schwäbischen

---

[1]) S. u. [*]) Wenn wir freilich jeden Jahresbericht der Altah., der im Inhalt mit Ableitungen aus AA stimmt, vielleicht gar einige ganz allgemeine Worte wie rex, imperator, obiit gemein hat, auf AA zurückführen wollten, dann liesse sich die Verwandtschaft bis zum Schlussjahre von HE mit Leichtigkeit ausdehnen; solcher Übereinstimmungen finden sich welche z. B. zu 978, 983, 992 (HE, Heremi 991), 995, 1012, 1018, 1020 und 1024.

Ableitungen aus AA, wie etwa H, E und den Ann. Heremi.

Bis der Gegenbeweis schlagend geführt wird, werden wir deshalb im Hinblick darauf, dass seit 956 jeder Zusammenhang zwischen den Ann. Altah. und den übrigen Ableitungen aus AA fehlt, annehmen, dass das in Altaich benutzte Exemplar um 956, etwa mit 958, dem Schlussjahre der Mainzer und Kölner Abschrift der Alam., schloss.

Die Ann. Heremi, denen wir uns jetzt zuwenden, bestehen bis zum Jahre 966 aus kurzen, dürftigen, in Ostertafeln eingefügten Bemerkungen, mit ganz geringfügigen Ausnahmen Auszügen aus grösseren, uns bekannten Quellen. Sie sind uns in zwei Einsiedler Handschriften erhalten. Der erste Codex (nr. 29) bringt nach G. H. Pertz[*], der die handschriftliche Ueberlieferung selbst untersucht hat, bis 939 — wir werden unten diesen Termin berichtigen — nichts als knappe Excerpte aus Reginos Chronik und deren Fortsetzung. Nur der letzte Teil dieses unselbständigen Abschnittes, 927—939, hat in der Ausgabe der Mon. Germ. Aufnahme gefunden. Bis 966 sind die Annalen des Codex nr. 29 von einer und derselben Hand des zehnten Jahrhunderts geschrieben.

---

[*] S. S. III, 137. Die von Pertz (S. S. V, 69) den Quellen Hermanns zugezählten Ann. Einsidl. (S. S III, 145 ff.) haben mit diesem genau so wenig gemein wie mit den übrigen Reichenauer Geschichtswerken. Bis etwa 936 sind sie aus Reg. und Cont. Reg. excerpiert. Unsicher ist nur die Herkunft der Notiz zu 768, nach der Pipin der J. zu Paris begraben liegt. Sie beruht vielleicht auf einem Missverständnisse Reginos. Die Meldungen über den hl. Meinrad zu 838 und 862, beide übrigens von fremden Händen eingetragen, können in einem diesem Heiligen geweihten Kloster nicht verwundern. Eher als aus AA, der zu 863 wörtlich die gleiche Meldung bringt, wird die letzte Notiz aus den Ann. Heremi stammen, deren Benutzung wir durch die Jahresberichte 955, 958, 960, 961, 973, 977, 982/83, 987, 1001, 1014, 1021 belegen. Jene zu 934, 945, 949, 951 stammen aus den Ann. S. Meginradi (S. S. III, 138). Von 984 ab sollen nach Pertz die Hände wechseln. Die ersten selbständigen Nachrichten, abgesehen von 838, finden sich zu 996, 1024, 1026 u. s. f. Dass Hermann, wie Pertz a. a. O. will, nur das Todesdatum Heinrichs II. den Einsidl. entnommen habe, ist unglaublich. Diese Wissenschaft stammt vielmehr aus Wipos c. 1.

Der gleichen Zeit soll nach Pertz auch die zweite Hand, der wir den Rest des Jahrbuchs (—997) verdanken, angehören. Wir haben keinen Grund, an den Angaben eines der ersten Kenner des mittelalterlichen Schriftwesens zu zweifeln[10]).

Die Handschrift nr. 356 der Ann. Heremi enthält nach Pertz bis 939 eine Kompilation aus Orosius, Beda, Regino und den Ann. Alam. Die erste Hand reicht hier ebenfalls bis zum Jahre 966. Von 966 bis 972 ist eine Lücke. Von da ab wurde die Fortsetzung von verschiedenen Händen eingetragen, ein Umstand, der die Annahme, dass wir es hier mit Urschriften zu thun haben, von vornherein begünstigt. Leider sind in der Ausgabe die einzelnen Schreiber nicht unterschieden worden. Im Wesentlichen werden wir aber auch hier die Schriftbestimmung des ersten Herausgebers festhalten dürfen. Sie geht dahin, dass der Codex nr. 356 mit Ausnahme der erst im 12. Jahrhundert eingefügten Stellen aus Hermanns des Lahmen Chronik — die Liste derselben: 863, 925, 934, 952, 955, 957, 960, 964 dürfte, wie wir sehen werden, kaum vollständig sein — die Schrift des ausgehenden zehnten und des angehenden elften Jahrhunderts zeige.[11])

Betrachten wir jetzt die einzelnen Bestandteile der Kompilation im ersten Teile des Jahrbuchs, so hat Pertz die Fassung des Codex 356 mit Recht auf die Ann. Alam. und Reginos Chronik zurückgeführt. Die Ausnutzung beider Quellen ist durchaus willkürlich, ohne erkennbaren leitenden Gesichtspunkt erfolgt. Streckenweise folgt der Kompilator ausschliesslich den dürftigen Ann. Alam., ohne sich um den soviel reicheren Inhalt Reginos zu kümmern. Dann wieder legt er sein Exemplar der Ann. Alam. aus der Hand, um für eine grössere Anzahl von Jahren

---

[10]) Nur wäre vielleicht für die zweite Hand, deren Thätigkeit mit 997 schliesst, eher die Bezeichnung 'Hand des beginnenden 11. Jahrhunderts' am Platze gewesen. [11]) Auch hier wird man im Hinblick darauf, dass die letzten Eintragungen aus den Jahren 1039 und 1057 stammen, die Zeitbestimmung etwas modifizieren dürfen.

Regino zu folgen. Nur sehr selten bringt er die Berichte beider Quellen vermischt.

Aus welcher Redaction der Ann. Alam. hat der Verfasser des Jahrbuches von Einsiedeln geschöpft? Bis 880 etwa decken sich die von dort entlehnten Berichte fast ganz mit AS. Die charakteristischen Kennzeichen von AA, wie wir sie im Verlaufe unserer Untersuchung herausgefunden haben, fehlen. Es hat dies seinen Grund zweifellos darin, dass der Einsiedler Annalist vielfach gekürzt und geändert, vor Allem aber gerade an den entscheidenden Stellen sich seiner zweiten Quelle, Reginos Chronik, zugewandt hat. Und doch fehlen Meldungen, die auf die Ausnutzung einer reicheren Vorlage als AS hindeuten, nicht ganz. Wir geben hier zuerst die auffälligsten, in denen zum teil eigentümlicherweise eine nahe Verwandtschaft der Ann. Heremi mit den Ann. Hersf. oder einzelnen ihrer Ableitungen vorliegt, und fügen zugleich die entsprechenden Jahresberichte eines bisher wenig beachteten belgischen Annalenwerkes hinzu, der Annales Formoselenses[12]), welche mit den Ann. Heremi eine so nahe Verwandtschaft zeigen, dass man an die Benutzung der letzteren durch den belgischen Annalisten gedacht hat[13]). Zugleich führen wir mit ihnen eine neue Ableitung der Ann. Alam. ein.

I.

Ann. Formos. 770.	*Ann Hersf (Altah) 770.*	*H 769 (vgl. E 769).*
Sancti Othmari *corpus* ad monasterium sancti Galli *est translatum.*	Sanctus Otmarus ad sanctum Gallum *transfertur.*	*Corpus* sancti Otmari abbatis post x annos in insula, qua obiit, incorruptum repertum ad monasterium sancti Galli *translatum est*
		Ann. Sangall. mai. 770.
		Translatio sancti Otmari de insula Rheni ad monasterium sancti Galli.

---

[12]) S. S. V, 34 ff. [13]) So der Herausgeber der Ann. Formos., L. Bethmann.

II.

Ann. Her. 777 = Formos. 777.	Regino 777.	Ann. Lauresh · Mos 777
Karolus in Saxonia ad Padresprunna placitum habuit, ubi omnes Saxones convenerunt, excepto Widichindis; et ibidem magna multitudo eorum baptizata est.	Rex Saxoniam ingressus placitum tenuit in loco, qui dicitur Padresbrunna, ubi omnes Saxones convenerunt, excepto Widichindis ... ubi etiam multitudo Saxonum baptizati sunt.	Habuit Carlus conventum Francorum, id est Magiscampum, in Saxonia ad Padresbrunnon, et ibi paganorum Saxonum multitudo baptizata est.

III.

Ann. Her. 785.	Ann. Hersf. (Quedlinb. Altah.) 785.	Regino 785.
Karolus in Saxoniam. Widichindus ad eum venit ad Attiniacum villam et ibidem baptizatus est et omnis Saxonia Francis subiecta est.	Saxones subditi. Widukind venit ad Attiniacum villam, ibi baptizatur; omnis Saxonia cum illo Francis subiecta.	Rex ... totam Saxoniam circuivit. Venit autem in Bardengawi et inde misit post Widichindum et Abbionem ... Qui acceptis obsidibus ad Atiniacum ad regem venerunt ibique baptizati sunt et tunc tota Saxonia subiugata est Francis (Vgl. Ann. Alam. 785: Rex Karolus in Eresburg resedit et Saxones in pace conquisiti).
Ann. Formos. 785. Rex Karolus Saxones conquisivit et W. ad c. v. Adtiniacum v. ibique b. est omnisque S. F. s. est.	Ann. Fuld. Einh. 785. Widukind Saxo Attiniaci* ad fidem Karoli venit et baptizatus est. a) Ann. Einh., Laur.: ad (in) Attiniacum (—co) villa.	

IV.

Ann. Her. 806 = Formos. 806.	Ann. Hersf. (Quedlinb., Weissenb.) 806.	Regino 806.
Karolus divisit regnum cum testamento inter filios Ludowicum, (et F.) Pippinum et Karolum.	K. d. r. c. t. i. f. L., P. et K. Chron. Laur. cont. Fuld. 806. Imperator Karlus regnum inter filios suos, id est Karolum, Pippinum, Illudowicum divisit.	At divisione facta .. inter tres filios .. de hac divisione testamentum fecit etc. fehlt in Ann. Alam.

V.

Ann. Formos. 851.	Ann. Hersf. (Weissenb.) 851.	Regino 851.
Irmingard regina obiit.	Irmingard regina obiit.	Obiit Hirmingardis regina etc.

VI.

Ann. Her. 870.	Ann.Hersf.(Altah.)870.	Regino 870.
Dividitur regnum Lotharii inter Ludowicum et Karolum. (Vgl. H 870: Ludowicus rex .. obviam fratri Karolo venturus .. cum fratre regnum Lotharii aequaliter divisit).	D. r. i. L. et K. *Ann. Fuld. 870.* Hludowicus rex ... cum Karolo colloquium habuit et diviso inter se Hlotharii regno etc.	Ludowicus et Carolus .. regnum quondam Lotharii aequis partibus inter se diviserunt. fehlt in *Ann. Alam.*

Wir betrachten zuerst eingehender die Parallele nr. I, da sie geeignet erscheint, die Lösung unserer Aufgabe ganz besonders zu fördern. Sie scheint auf eine Benutzung der Ann. Sangall. mai. in den Ann. Formos. hinzudeuten. Neben diesen müssten aber auch noch die Ann. Alam. Berücksichtigung gefunden haben, wie z. B. gleich die Jahresberichte 783 und 795 beweisen, die beide in den Sangall. mai. fehlen, dagegen in den Alam. gestanden haben müssen. Es kommt hinzu, dass sich der Jahresbericht 770 der Ann. Form. im Wortlaute von den Ann. Sangall. mai. entfernt, um mit HE und den Ann. Altah., also mit Ableitungen von AA, zu gehen. Sollte deshalb etwa die Sanctgaller Lokalnachricht vom hl. Otmar schon in AA gestanden haben? Dann würde eventuell auch der zweite Jahresbericht der Ann. Altah., der vielleicht noch auf die Sangall. mai. zurückzuleiten wäre, jener zu 760: Sanctus Otmarus Warini et Ruothardi potentia oppressus obiit, auf die gleiche, reichere Redaction der Alam. zurückzuführen sein. Gehen wir deshalb hier etwas näher auch auf diese Frage ein, indem wir wiederum HE zum Vergleiche heranziehen!

Ann. Sangall. mai. 760.
Vaiarinus et Ruadhardus ... sanctum virum Otmarum multis iniuriis affligebant. Ipse vero **plenus dierum, plenus etiam sanctitate meritorum,** de angustiis huius vitae eripitur atque in insula Rheni fluminis, quae vocatur Stein, sepultus est.

H 759.
Sanctus Otmarus abbas, a Warino et Rudhardo consensu Sidonii episcopi inique damnatus et in insulam Reni Stein relegatus, migravit ad Dominum etc.

E 759.
Sanctus Otmarus in insulam Rheni Stein relegatus obiit.

Unmöglich können die Nachrichten bei H und E, deren Gruppe wir getrost die Ann. Altah. zugesellen dürfen [14]), aus den Sangall. mai. geschöpft sein. Die durch besonderen Druck hervorgehobenen Worte der Sangall. stammen wörtlich aus Isos Miracula sancti Otmari [15]). Es wäre doch geradezu ein aussergewöhnlicher Zufall, wenn Hermann oder seine Vorlage nur diese aus einer zweiten Quelle eingeführten Worte der Sangall. ausgelassen hätte! Noch mehr! An den beiden anderen Stellen, an denen in den Sangall. von Otmar die Rede ist, hat das gleiche Verhältnis statt! Auch zu 830: Initium basilicae sancti Galli **et translatio sancti Otmari de eadem ecclesia in basilicam sancti Petri apostoli** und zu 864: **Translatio sancti Otmari de ecclesia sancti Petri in basilicam sancti Galli** sind die durch besonderen Druck hervorgehobenen Worte aus Isos Miracula entnommen. Wiederum fehlen sie in H (830: Basilica sancti Galli a Gozperto abbate incepta; 864: Translatio sancti Otmari in basilicam sancti Galli) und E (864: T. s. O. in b. s. G.). Wiederum hat H zu 830 eine neue, ihm eigentümliche Nachricht. Bedarf es da noch eines weiteren Beweises dafür, dass Hermanns Vorlage nicht die Ann. Sangall. mai. gewesen sein können, sondern eine andere Quelle, aus der auch, wie vorstehende Erörterung beweist, die Ann. Altah. und Form. geschöpft haben müssen?

Diese gemeinsame Vorlage aber von HE, den Ann. Altah. (oder Hersf.) und Formos. kann, wenn wir nicht

---

[14]) Man beachte neben dem Wortlaute vor Allem die Satzkonstruktion und den Zusatz 'consensu Sidonii episcopi' bei H. [15]) Sanctgaller Mitteilungen XII, 114 ff.

zu den gewagtesten Kombinationen unsere Zuflucht nehmen wollen, nur das reichhaltigere Reichenauer Exemplar der Ann. Alam. gewesen sein. Diese Ansicht ist, was die Ann. Formos. anlangt, nicht neu. In einer Anmerkung zu L. Bethmanns Ausgabe der Formos. [16]) bemerkt G. Waitz, die von Bethmann auf die Ann. Heremi zurückgeführten Nachrichten könnten ebensogut aus einem verlorenen Exemplare der Alam. stammen. Zum Überflusse seien hier noch zwei Stellen angeführt, an denen die Ann. Formos. im Gegensatze zu AS mit Ableitungen von AA stimmen. Die Sonnenfinsternis des Jahres 878 wird nicht in AS, wol aber in den Ann. Weingart., Aug., Hersf. (Hildesh.), S. Benigni Div., H und E erwähnt. Da sie in der zweiten Quelle des ersten, kompilierten Teiles der Form., den Ann. Blandin., fehlt, wird sie wol in der ersten, den Ann. Alam., gestanden haben. Die Meldung zu 881: Karolus Rome cesar efficitur stimmt wörtlich mit den Jahresberichten der Ann. Aug. und Weingart. zu 881 [17]), während AS die gleiche Nachricht in anderer Form bringt. An einer Benutzung des reicheren Exemplares der Ann. Alam. in den Ann. Formos. wird nach alledem nicht mehr zu zweifeln sein.

Stammen aber die Jahresberichte 770, 878, 881 der Ann. Formos. aus AA, so können wir mit aller Wahrscheinlichkeit Alles das auf die gleiche verlorene Quelle zurückführen, was nach Abzug der Ann. Bland. und der einzigen Lokalnachricht übrig bleibt. Das Gros dieses Restes deckt sich wörtlich mit den Ann. Alam. Wie steht es nun mit den in den Parallelen II bis VI angeführten Stellen? Sollen wir für die wenigen Jahresberichte 777, 785, 806, 851, 870 — es kommen noch hinzu die verstümmelte Berichte über die Finsternisse der Jahre 806 und 807, die sich fast wörtlich mit den Ann. Heremi, aber auch mit Reginos Chronik und den Ann. Laur. decken, und der im folgenden zu besprechende zu 801 — eine besondere Quelle

---

[16]) S. S. V, 34, 1: Fortasse (ex) codice quodam Ann. Alamannicorum deperdito, ex quo haec in Ann. Heremi transierunt. [17]) S. o. S. 208.

annehmen, etwa die Ann. Heremi selbst, mit denen sich die Formos. zu 777, 785, 801, 806, 807 und 870, aber nicht zu 770, 851, 878 und 881 decken? Dann müssten die Formos. daneben noch die grösseren Reichenauer Jahrbücher ausgeschrieben, die Heremi nur an vier Stellen benutzt haben. Das ist doch recht unwahrscheinlich.

Sehen wir uns jetzt diese vier Stellen (Parallele II, III, IV) — die vierte zu 801 wird weiter unten erledigt werden — etwas näher an! Der Jahresbericht 777 der Formos. und Heremi steht in mancher Hinsicht ML näher als Regino, den man seither als Quelle der Heremi annahm, während die Meldung der Alam. Sangall.: Magiscampus ad Paderbrunna recht wol als Auszug aus ML oder **einer diesen Annalen nahestehenden Quelle** gelten könnte. Wir werden somit durch ihn auch hier auf **ein reicheres Exemplar der Reichsannalen** geführt. Genau dasselbe ist bei den Jahresberichten 785 und 806 der Fall. Wir kennen aber bis jetzt nur ein einziges reicheres Exemplar der Reichsannalen, unsere verlorenen Ann. Alam. Aug. (AA). Ich glaube deshalb auch nicht fehl zu gehen, wenn ich die nahe Verwandtschaft der Heremi und Formos. zu 777, 785, 806 durch die gemeinsame Benutzung jener verlorenen Quelle erkläre.

Ein Weiteres kommt hinzu! Die merkwürdige Übereinstimmung der Ann. Heremi und Formos. zu 785 und 806, der Ann. Heremi allein zu 870, der Formos. allein zu 851 mit den Ann. Hersf. (Quedlinb., Weissenb., Altah.), lässt sich, wenn nicht durch eine Benutzung der Hersf. in den Ann. Heremi und Formos. oder auch dieser beiden zuletzt genannten in den Hersf. — und diese Annahmen erscheinen doch sehr gewagt —, nur durch eine gemeinsame Vorlage der Ann. Hersf., Heremi und Formos. erklären. Nun haben wir oben wahrscheinlich gemacht, dass in der Mainzer Vorlage der Hersf. Auszüge aus AA enthalten waren. Was liegt uns da näher als die schon auf anderem Wege gewonnene Meinung, dass auch unsere Jahresberichte der gleichen Quelle AA angehört haben? Gesteht man die Richtigkeit unserer Beweisführung zu, so wird man auch zugeben müssen, dass damit der letzte Zweifel daran schwinden muss, dass die Ann. Hersf. eine Ableitung zweiten Grades aus AA sind.

Dehnen wir jetzt unsre Beweisführung auch auf andere Ableitungen aus AA aus, so kommen zunächst H und E in Betracht, die wir bereits in Parallele I mit den Ann. Formos. verglichen, während wir die Beziehungen dieser Jahrbücher zu den Ann. Weingart., Aug., S. Benigni Div. schon gelegentlich der Besprechung der Jahresberichte 878 und 881 erörtert haben. Leider ist HE in dem von uns zu behandelnden Zeiträume sehr oft anderer Quelle als AA gefolgt. Zumeist den Ann. Fuld. Enh. Nur zu 801 lässt sich deshalb noch eine auffällige Beziehung zwischen H und den Ann. Heremi und Form. konstatieren.

Ann. Heremi-Formos. 801.	*H 801.*	*Ann. Fuld. Enh. 801.*
Karolus imperator electus *primus Francorum* Augusti nomen promeruit. Fehlt in den Ann. Alam.; in Reginos Chronik ausführlicher, aber durchaus abweichender Bericht.	Karolus in die natalis Domini a Leone papa corona imposita *primus regum Francorum* Caesar, Augustus, Romanis laudes succlamantibus, appellatus est (vgl. E 801).	In die natalis Domini .. rex .. Leo papa coronam capiti eius imposuit et a cuncto Romanorum populo acclamatum est: 'Karolo Augusto' etc. Et .. Imperator et Augustus est appellatus.

Ich füge eine zweite Stelle hinzu, an der die Ann. Heremi sich anderen Ableitungen von AA nähern.

Ann. Heremi 876.	*Ann. Alam. 876.*	*Ann. Aug. 876.*
Ludowicus, *filius Ludowici* superioris *imperatoris* et frater Karoli, *Germaniae pius rex*, cum Hemma regina obiit, quae ei tres filios genuit etc. Der Rest aus Regino.	Hemma regina ... et Hludowicus pius rex Germaniae defunctus. *Regino 876.* Ludowicus rex apud Franconofurt diem clausit extremum V. Kal. Septembris et sepultus est etc.	Ludowicus, *filius Ludowici imperatoris,* obiit. *Ann. Cracov. 877.* Lodvicus, *filius Lodvici, obiit.*

Dass der 876 verstorbene Ludwig der Deutsche ein Sohn Ludwigs des Frommen war, wird der um 966 schreibende Kompilator der Ann. Heremi kaum aus eigenem Wissen hinzugefügt haben. Woher sonst, wenn nicht aus seiner Hauptquelle, den Ann. Alam. Aug.?

In den Ann. Formos. endet die Benutzung von AA mit dem Jahre 888. Möglicherweise ist sie weiter gegangen. Von 888 bis 993 ist in der uns überlieferten Fassung eine Lücke. Jenseits des Jahres 993 aber fehlt jede Beziehung zu den schwäbischen Quellen. In den Ann. Heremi dagegen reicht die Benutzung von AA weiter. Bis 909 decken sich die aus AA entnommenen Berichte mit der sogenannten Redactio II. der Ann. Alam. Wir haben aber gesehen, dass AS von 882 ab selbständig ist, während die Reichenauer Gruppe (Ann. Aug., Mainzer Kompilation, Ann. Colon. und S. Benigni Div., HE) sich aufs Engste an die redactio II anschliesst. In dieser wird uns also die einheimische Fortsetzung von AA erhalten sein. Ihre Benutzung in den Ann. Heremi ist uns mithin weiter ein Beweis dafür, dass auch die vor 881 aus den Alam. entnommenen Nachrichten nicht aus AS, sondern aus AA stammen.

Wie weit hat dieses Exemplar von AA gereicht? Welches ist das Verhältnis der Ann. Aug. codicis Reginberti zu den Heremi? Das sind die Fragen, die wir zunächst aufwerfen müssen.

Die Fassung der Ann. Heremi, wie sie uns der cod. nr. 29 bietet, zeigt zweifellos von 929 ab Anklänge, von 931 ab durchgehende Übereinstimmung mit den Ann. Aug. codicis Reginberti, die erst mit 939, dem Schlussjahre der Aug., aufhört und so weit geht, dass man fast von einer wörtlichen Abschrift der Ann. Aug. reden könnte. Die von Pertz nicht abgedruckten Randnotizen vor 927 stammen sämtlich aus Reginos Chronik nebst Fortsetzung. Von 939 ab ist cod. nr. 29 von cod. nr. 356 abhängig. Die Jahresberichte 931, 933, 936—939 dürften deshalb in der That aus den Ann. Aug. Mainzer Rezension stammen.

Die Fassung des cod. 356 aber zeigt zuerst zu 934 Anklänge an die Aug., hat auch zu 938 die Nachricht von der Schlacht zwischen Ungarn und Sachsen, zu 939 den ganzen Jahresbericht anscheinend demselben Reichenauer Jahrbuch entnommen. Doch können diese zwei Jahresberichte ebensogut aus dem grösseren Reichenauer Jahrbuche stammen, was mir auch nach Lage der Sache das Wahrscheinlichere dünkt.

Bevor wir jetzt die Spuren von AA in cod. nr. 356 weiter verfolgen, gilt es zuerst das Verhältnis beider Handschriften zu Regino zu erörtern.

In cod. nr. 29 hört die Verwandtschaft mit Reginos Fortsetzung schon zu 930, in nr. 356 erst zu 938 auf. Mit 939 bricht aber, und zwar mitten im Satze, der noch heute erhaltene Einsiedler Codex Reginos ab [18]). Der cod. Par. nr. 5016 aus dem 11., der cod. Mur. und Engelberg. aus dem 12. Jahrhundert, die alle aus dem cod. Einsidl. hergeleitet werden, hören ebenfalls mitten im Jahresbericht 939 auf. **Im 11. Jahrhundert war also sicher die Einsiedler Handschrift Reginos schon unvollständig**, ja es ist zweifelhaft, ob sie überhaupt jemals vollständig gewesen ist. Jedenfalls hat sie der Kompilator von nr. 356 nur verstümmelt gekannt, da er seine Excerpte aus der Cont. Reg. mit 938, dem letzten vollständigen Berichte des cod. Einsidl., abschliesst. Aus welchen Gründen der Verfasser von nr. 29, dessen Text, soviel wir aus dem kurzen in den Monum. Germ. abgedruckten Stücke sehen können, mindestens bis 938 von dem der Handschrift nr. 356 unabhängig ist — für die Annahme einer reicheren Rezension der Ann. Her., aus der Pertz beide schöpfen lässt, fehlt jeder Anlass —, weshalb nr. 29 schon 931 zu den Ann. Aug. Reg. übersprang, entzieht sich unsrem Urteil.

Wir fragen weiter: hat etwa das Exemplar der Alam. Aug., das nachweislich bis 909 in der Kompilation des cod. nr. 356 Verwendung fand, über 912, das Endjahr der red. II, hinabgereicht?

Die von W. Erben [19]) für die Existenz der grösseren Reichenauer Annalen beigebrachten Stellen können wir

---

[18]) Vgl. zum Folgenden Kurze, Chron. Reg., praef. p. XII unter A², B¹—B¹⁰. [19]) N. A. XVI, 615/16.

hier nicht heranziehen. Sie fehlen entweder ganz in den Ann. Her. oder sind offenbar der Fortsetzung Reginos entnommen. Im Übrigen reichen die wenigen dem Einsiedler Jahrbuch mit den Aug. seit 909 gemeinsamen Berichte nicht aus, die Benutzung eines reicheren Exemplars der letzteren zu konstatieren. Wir müssen deshalb versuchen auf anderem Wege zur Lösung der Fragen zu gelangen.

Das reichere Exemplar der Aug., unser AA, dies dürfte jetzt zur Genüge festgestellt sein, ist auch jenseits des Jahres 939 zu verfolgen. Bis in die fünfziger Jahre, vielleicht noch weiter hinab, reichten die Spuren, die wir in den einzelnen Ableitungen nachweisen konnten. Dass ein Zusammenhang zwischen diesen Ableitungen von AA und den Ann. Her., besonders aber zwischen diesen und den beiden reichsten, H und E, auch jenseits 939 besteht, liegt offen zu Tage. Nur ist dieser Zusammenhang bisher noch nicht befriedigend erklärt worden.

H. Bresslau[20] hat zuletzt die Beziehungen zwischen HE nnd den Ann. Heremi erörtert. Bis dahin war die Abhängigkeit Hermanns von den letzteren als feststehend angenommen worden. Bresslau[21] wurde im Laufe seiner Untersuchung umgekehrt auf den Gedanken geführt, 'dass die Ann. Heremi nicht eine Quelle, sondern vielmehr eine Ableitung, eine Art von Excerpt, aus den Reichsannalen', d. h. nach unseren Feststellungen aus Hermann selbst, 'seien', trug aber doch Bedenken, in dieser Beziehung einen bestimmten Schluss zu ziehen. Einem solchen stünde nämlich der handschriftliche Befund der Ann. entgegen, der aber, da selbst bei Pertz Irrtümer in dieser Hinsicht nicht ausgeschlossen seien, allein nicht entscheiden könne[22]. Vielleicht gelingt es, auch ohne die Altersbestimmungen von Pertz umzustossen[23], eine genügende Erklärung des Sachverhalts zu finden.

Mit 966 hört bei nr. 29 sowol als auch bei nr. 356 die erste Hand zu schreiben auf. Hier müssen wir einen

[20]) Ebda. II, 570 ff. [21]) Ebda. S. 578. [22]) Ebda. S. 579. [23]) Über die sich aus den Grenzjahren der cod. cod. 29 und 356 von selbst ergebenden Modifikationen der Schriftbestimmungen von Pertz s. o. Anm. 10 und 11.

Einschnitt machen. Meines Erachtens reicht bis hierher der erste, rein kompilatorische Teil von nr. 356 Quellen dafür sind aber Regino nebst Fortsetzung bis 938 und die Ann. Alam. Aug. (bis 881) mit der Fortsetzung der redactio II. bis 909 und wieder von 929—966.

Von 940 bis 966 stimmen beide Handschriften der Heremi so gut wie wörtlich überein. Es steht nichts der Annahme entgegen, dass nr. 29 aus nr. 356 geflossen ist. Denn die zuletzt genannte Handschrift dürfte, da sie von 972 ab von wechselnden Händen geschrieben ist, die Urschrift dieses Teiles der Ann. Heremi darstellen. Gegen eine gemeinsame reichere Vorlage der beiden Fassungen, wie sie Pertz[21]) — wenigstens für den Teil von c. 927 bis 936 — vermutet hat, spricht, was namentlich den Teil von 940—966 anlangt, aufs Entschiedenste die Beobachtung, dass dann beide Schreiber überall genau auf dieselben Kürzungen und Aenderungen verfallen sein müssten.

Zur Erklärung des Umstandes, dass HE fast durchweg reichere Nachrichten bringt als die Ann. Heremi, kann demnach die Annahme einer reicheren Fassung der zuletzt genannten Jahrbücher nicht geltend gemacht werden. Man müsste denn gar noch eine vierte Rezension annehmen, eine verlorene Urquelle der gemeinsamen Vorlage der cod. cod. nr. 29 und 356. Wir werden daher die einfachere Lösung vorziehen und die Ann. Heremi aus HE oder vielmehr **aus einer mit HE gemeinsamen Vorlage** ableiten.

Von 710—909 finden sich im cod. 356 Spuren der Ann. Alam., von 929—939 zeigt sich nahe Verwandtschaft mit den Ann. Aug. Ein reicheres Exemplar der Ann. Alam., das über 939 hinaus fortgeführt war, hat ohne jeden

---

[21]) S. S. III, 137: Uterque codex ex antiquiore alio descriptus est, ut annis 927, 928, 933, 935, 936 inter se atque cum fonte suo, Reginonis continuatione, collatis patet. Bis 938 haben meiner Ansicht nach sowol cod. nr. 29 als auch nr. 356 völlig selbständig aus den Quellen (Reg., Cont. Reg., AA, resp. Ann. Aug. Reginb.) geschöpft. Nur eine einzige, belanglose Übereinstimmung zeigen sie der Cont. Reg. gegenüber, indem zu 927 beide obecatur schreiben, wo die Cont. excecatur hat.

Zweifel existiert. Ist da etwa die Folgerung zu gewagt, dass auch der oder die Verfasser der Ann. Heremi in ihrem ganzen ersten Teile bis 966 jene reicheren Ann. Aug. (AA) benutzt haben?

Den exacten Beweis für unsere Annahme würden wir erbringen können, wenn es uns gelänge, Uebereinstimmungen der Ann. Heremi mit anderen Ableitungen von AA und zwar HE gegenüber festzustellen. Leider sind die Spuren von AA in den reicheren Ableitungen der verlorenen Mainzer Quelle so verwischt, die Nachrichten der übrigen so wenig zahlreich und dürftig, dass ein genauer Beweis der Verwandtschaft unmöglich ist. Die einzigen Ann. Altah. zeigen zu 956 (in eodem anno Liutolfus ... perrexit in Italiam ... fugatoque Perengario *Papiam intravit*) einen stärkeren Anklang an die Ann. Heremi (Liutolfus in Italiam hostiliter, fugatoque Peringario et filio eius, *Papiam intravit*) als an HE (H: Liutolfus dux Italiam hostiliter invasit fugatoque Beringario et filio eius, Papia urbe provintiaque potitus est; E: Liutolfus dux hostiliter Italiam invasit). Doch wer möchte aus einer solchen geringfügigen, vielleicht rein zufälligen Uebereinstimmung sichere Schlüsse ziehen?

Hat aber unsere Vermutung, die Ann. Heremi seien bis 966 aus AA geflossen, trotzdem das Richtige getroffen, so dürfte das Verhältnis der zwei Fassungen des Einsiedler Jahrbuches etwa so sein: bis 938 sind beide selbständig, von 940—966 ist nr. 29 aus nr. 356 abgeschrieben, von 977 ab ist nr. 29 bis zum Schlusse unter Benutzung der Fassung von nr. 356, die uns, wie der stete Wechsel der Hände beweisen dürfte, in der Urschrift vorliegt, zu Anfang des 11. Jahrhunderts von einem zweiten Schreiber, der wenig Gewicht auf die Chronologie legte, aber aus nekrologischen Notizen u. s. f. einige wenige neue Nachrichten hinzufügen konnte, in einem Zuge niedergeschrieben worden.

In nr. 29 finden sich von 966 bis zu ihrem Schluss 999, in nr. 356 von 966 ab bis 1003 keine weiteren

Üebereinstimmungen mit HE. Für die Folge aber sind es auch nur drei Jahresberichte, die allerdings eine auffällige Verwandtschaft mit den entsprechenden der Chroniken Hermanns des Lahmen aufweisen.

I.

Ann. Her. 1003.	*H 1003.*	*E 1003.*
Heinricus rex super Heinricum marchionem sibi *resistentem cum exercitu* veniens, omnes civitates illius subvertit. Ernist comprehenditur, Brunone, fratre regis, et eodem Heinrico vix fuga dilapsis.	Heinricus rex Heinricum marchionem sibi rebellantem petens, plurima eius diruit castella. Ernust comprehenditur, Brunone, regis fratre, et Heinrico vix fuga dilapsis.	H. r. H. m. et alios sibi *resistentes cum exercitu* petit.

II.

1004.	*1004.*	*1004.*
Heinricus rex in Italiam per Veronam introiens, omnes Longobardorum civitates cepit Papeiamque sibi reluctantem igne et gladio vastavit; sicque, acceptis obsidibus, reversus est.	Heinricus rex per Veronam Italiam cis Padum petens, omnes sibi partium illarum civitates subiecit, Papiam ipsa, qua coronatus est, die irrumpens, gladio et igne perdomuit. Inde, acceptis obsidibus, in Saxoniam reversus est.	Heinricus rex Italiam . . . subiugavit.

III.

1007.	*1007.*	*1007.*
Episcopium in Pabenberg constructum est, et Eberhardus primus episcopus ibi *ordinatus est.*	Heinricus rex summo studio apud castrum suum, Babenberg dictum, nobilem et divitem episcopatum construxit, primusque ibi hoc anno episcopus promotus est Eberhardus	Episcopium Babenberg a Heinrico rege constituitur, et Eberhardus ibi episcopus *ordinatur.*

Die übrigen Jahresberichte des Zeitraums von 966 ab, welche für die Verwandtschaft der Quellen geltend gemacht worden sind, sind zu farblos, um sichere Schlüsse aus ihnen ableiten zu können. Reichen die unseren aus, um das Quellenverhältnis mit Sicherheit zu klären? Zunächst liegen hier drei Möglichkeiten vor. Stammt der Bericht der Ann. Heremi aus HE? Wenn Pertz in seiner Vorrede die Schrift des letzten Teiles der Einsiedler Jahrbücher dem beginnenden zehnten Jahrhundert zuweist, so zeigt uns schon der Umstand, dass, abgesehen von dem späten Zusatz zu 1357, die letzten Notizen dieses Teiles die Jahre 1039 und 1057 behandeln, wie wir jene Schlussbestimmung auffassen müssen. Es kommt hinzu, dass eine Hand des 12. Jahrhunderts — diese eine Bestimmung werden wir in Anbetracht der Schwierigkeit, mittelalterliche Handschrift genau zu bestimmen, vielleicht in 'ausgehenden 11. Jahrhunderts' ändern dürfen — der Handschrift nr. 356 zu 863, 925, 939, 952, 955, 957, 958, 960 Stellen eingefügt hat, die zweifellos aus Hermanns des Lahmen Chronik stammen. Sollten nicht auch die Meldungen zu 1003, 1004 und 1007 in die gleiche Kategorie einzureihen sein? Sicherheit hierüber könnte nur eine genaue Untersuchung der mir unzugänglichen Einsiedler Handschrift verschaffen.

Können aber die Stellen zu 1003, 1004, 1007 überhaupt aus H geflossen sein? Dagegen sprechen die oben durch besonderen Druck hervorgehobenen Worte, die unsere Annalen H gegenüber mit E gemein haben. Wir müssten also schon auf Hermanns Handexemplar zurückgehen. Oder ist ausser H auch noch E benutzt worden? Unmöglich wäre dies nicht, immerhin aber wenig wahrscheinlich. Unsere Uebereinstimmungen dem Zufall zuzuschreiben, erscheint mir gewagt. Wäre dem aber wirklich so, dann vermöchten wir uns ein ziemlich klares Bild der Vorgänge zu schaffen.

Die weitaus beste, vielleicht auch älteste Handschrift der Chronik Hermanns stammt, wie Pertz [25]) mit einiger

---

[24]) S. S. V, 70.

Gewissheit annimmt, aus Einsiedeln. Sie ist von einer Hand des ausgehenden 11. Jahrhunderts geschrieben. Eine Hand aus der gleichen Zeit hat Glossen hinzugefügt, welche den Ann. Einsidl. entstammen. Eine zweite Hand 'saec. XI. exeuntis et XII. ineuntis' hat andere auf Einsiedeln bezügliche Notizen hinzugefügt. Die Möglichkeit, dass schon bald nach Hermanns Tod — die Ann. Heremi reichen, abgesehen von einem kleinen, viel späteren Zusatz, bis 1057 — ein Exemplar der Chronik nach Einsiedeln gekommen und dort zur Ausfüllung der Lücken der Ann. Heremi benutzt worden ist, lässt sich nicht abstreiten. Und diese Möglichkeit hat vor der zweiten hier zu besprechenden, der nämlich, dass Hermann die Ann. Heremi benutzt habe, entschiedene Vorzüge.

Einmal müsste Hermann die wenigen aus den Ann. Heremi stammenden Nachrichten, wie schon ein Blick auf unsere Parallele lehrt, durch neue, interessante Züge vermehrt haben, während einer Ableitung jener aus H nur die wenigen Übereinstimmungen der Einsiedler Jahrbücher mit E entgegenstehen. Woher könnten die Zusätze bei H stammen? Aus Hermanns Erinnerung, aus der Klostertradition? Das ist bei dem Charakter der Zusätze unglaublich. Aus einer weiteren, uns unbekannten Quelle?

Warum, so fragen wir uns ferner, hat Hermann, der doch sonst seine Quellen ziemlich erschöpft, der hier gerade, wenn wir den Papstkatalog und die Reichenauer Lokalnachrichten abziehen, offenbar oft an Stoffmangel litt, warum hat er die Annalen des benachbarten Klosters so dürftig sie waren, nicht ausgiebiger benutzt? Hat er etwa, der doch einer Menge Sanctgaller und anderer Klosternachrichten Aufnahme vergönnte, die Einsiedler Lokalnachrichten verschmäht [26])? Auch für die Reichs- und Weltgeschichte hätten ihm die Jahresberichte 972, 982, 983, 988, 990, 993, 997, 1001, 1002, 1006, 1009, 1012, 1018, 1021, 1022, 1024 Neues und Wichtiges geboten. Eine Benutzung der Ann. Heremi durch Hermann den

---

[26]) Jene zu 958 stammt sicher nicht aus den Ann. Heremi.

Lahmen scheint mir schon aus diesen Gründen einfach ausgeschlossen.

Die dritte Möglichkeit wäre die, eine gemeinsame Quelle für HE und die Ann. Heremi anzunehmen. Sie könnte, wenn sie nicht etwa eine bis 1007 und darüber hinaus reichende Redaction der reicheren Fassung der Alam. (AA) gewesen wäre, nur dürftig gewesen sein. Zu einer präcisen Erledigung dieser Frage reicht unser Material nicht aus. Mir wenigstens will es scheinen, dass das Exemplar der Alam., das dem Verfasser des ersten Teils der Annalen bis 966 vorgelegen haben mag, auch nur bis 966 gereicht habe. Sonst könnte auch die Bestimmung der ersten Hände der cod. cod. nr. 29 und 356 durch Pertz 'saeculi X. medii' und 'saeculi X. exeuntis' unmöglich richtig sein. Eine zweite Benutzung eines etwa bis 1007 fortgesetzten Exemplars der Alam. in den Ann. Heremi hat nur sehr geringe Wahrscheinlichkeit für sich.

Gleichviel! Hier genügt der Nachweis, dass die Ann. Heremi unmöglich Quelle für HE gewesen sind. Damit erhält aber die oben erwähnte Meinung eine Bekräftigung, laut der das Einsiedler Jahrbuch bis 966 grösstenteils aus fremden Quellen kompiliert, und speziell AA seit Schluss des Einsiedler Reginoexemplares (938) bis 966 die einzige Vorlage des Kompilators gewesen ist. Mit 972 beginnen in cod. 356 die Einträge verschiedener, wol gleichzeitiger Hände. Bald nach 966 wird also eine bis zu diesem Jahre reichende Handschrift des grösseren Reichenauer Jahrbuches in das Nachbarstift Einsiedeln gelangt sein.

Überfliegen wir jetzt noch einmal im Geiste die verschiedenen Fassungen von AA!

Um 800 gelangt eine Abschrift der Ann. Murbac. (— 798/99) nach Reichenau. Aus ihr, die inzwischen schon bis 815 fortgesetzt war, fertigt um 820 der Reichenauer Mönch Reginbert († 846) einen Auszug, den er den Ostertafeln seines berühmten Sammelkodex, des cod. Reginberti, einverleibte. In ungenügender Kopie ist uns dieser Auszug in den einem cyclus decemnovalis des cod. Sangall. nr. 732 eingefügten Ann. Sangall. breves erhalten.

In die Reichenauer Abschrift der Ann. Murbac. aber ward in der Folge eine gegen den Schluss (881) hin ausführlichere, immerhin aber noch recht dürftige Fortsetzung eingetragen. Wol von verschiedenen, gleichzeitigen Berichterstattern. Das Original mag deshalb — Ähnliches können wir bei anderen Jahrbuchurschriften beobachten —, da sich die Eintragungen auf engem Raume, vielleicht ganz oder zum teil auf dem Rande zusammendrängten, und Nachträge eingefügt wurden, zuletzt unübersichtlich und schwer lesbar geworden sein. Das Bedürfnis nach einer klaren, gleichmässigen Abschrift trat auf.

Sie ward in verschiedener Art gefertigt. Die erste wurde dem im cod. Reginberti enthaltenen Auszuge (AWS) angehängt. Sie ist die Grundlage der Ann. Aug. und Weingart. geworden. Der cod. Reginb. verblieb in Reichenau. Eine Abschrift gelangte zunächst nach Sanctgallen, wurde später durch Auszüge aus dem selbständigen Teile der Ann. Alam. Sangall. (882 ff.) ergänzt und über das Schlussjahr (926) derselben — die Übereinstimmung reicht bis 918 (?) — bis 936 fortgesetzt in unseren Ann. Weingart. Diese Fortsetzung ist doch wol in Sanctgallen geschrieben worden. Jedenfalls hat der noch um 955/56 schreibende erste Bearbeiter der Ann. Sangall. mai. unsere Ann. benutzt, die gleich dem grösseren Jahrbuch Sanctgallens für die Ungarn den ungebräuchlichen Namen Akareni anwenden. Auf Weingarten, den späteren Aufbewahrungsort der Handschrift, deutet auch nicht eine Spur des Inhaltes.

Die zweite Abschrift von AA bis 881 ist nicht in einem Zuge gefertigt worden. Zu grunde legte man ihr eine vielleicht schon ältere, unvollständige Kopie der Ann. Murbac. Reichenauer Rezension (—799). Dann haben zwei Hände, die erste reicht bis 877, die zweite bis zum Schlusse, den Abschnitt von 800—881 kopiert, die erste Hand ziemlich wortgetreu und lückenlos, die zweite vielfach kürzend und stilistisch ändernd. Ob beide um dieselbe Zeit schrieben, oder die erste schon bald nach 877 einsetzte, ist nicht mehr festzustellen. Möglich, dass man in dem cod. Tur., in dem uns die Ann. Alam. Sangall. erhalten sind, zu verschiedenen Zeiten die Originaleintragungen von AA kopiert hat. Uns muss die zweifellos erwiesene Thatsache genügen, dass der Inhalt der Züricher Handschrift bis 881 **Abschrift und nicht, wie man seither angenommen hat, die Urschrift der Alam. ist.**

Auch der cod. Tur. wird aus Reichenau stammen. Zwischen 881 und c. 926 ist er nach Sanctgallen gekommen. Dort wurde der letzte Teil von 882—921 von einer und derselben Hand in einem Zuge niedergeschrieben. Er ist sicher Sanctgaller Ursprungs. Ob er aus schriftlichen Quellen geschöpft ist oder auf mündlicher Tradition beruht, ist nicht zu entscheiden. Mir scheint Beides zusammengewirkt zu haben. Die letzte Eintragung, zu 926, ist von einer fünften, wahrscheinlich gleichzeitigen Hand gemacht. Sie betrifft den Tod Herzog Burkards von Schwaben und den Ungarneinfall, dem das Kloster Sanctgallen zum Opfer fiel. Vielleicht ging damals ein Teil der Klosterbibliothek zu grunde, und man machte die Verluste durch Anleihen bei den Nachbarklöstern wett. Sollte auf diese Weise der heutige cod. Turic., die Urschrift der Ann. Alam. Sangall., von Reichenau nach Sanctgallen gekommen sein? Um 955/56, als der erste Teil der Ann. Sangall. mai. niedergeschrieben wurde, befand er sich sicher in der Sanctgaller Bibliothek. Aus ihm und den Ann. Weingart. ist der Eingangsabschnitt des grösseren Jahrbuchs kompiliert, der dann durch mündliche Tradition ergänzt und bis 955 fortgesetzt wurde. Der Rest bis 1024 ist gleichzeitig und von verschiedenen Händen geschrieben. Von 1025 bis 1041 beruhen diese Ann. Sangall. mai. auf einem die Fortsetzung der Ann. Alam. Aug. (AA) bildenden Wipoexcerpt. Die letzten Jahresberichte sind wieder selbständig.

Dass der cod. Tur. mindestens bis 881 zu Reichenau verblieb, dürfte daraus zu folgern sein, dass wir noch das Vorhandensein einer vielleicht nur zum Jahre 841 aus dem Originale ergänzten Abschrift desselben festzustellen vermögen, die bis zum Jahre 912 wieder aus der Urschrift der Annalen ergänzt ward. Vertreter dieser Klasse sind die cod. cod. Modoet. und Veron., von denen ersterer wieder die Unterlage des letzten Teiles der Ann. Laubac. geworden ist.

Inzwischen hatte nämlich — dies geht aus den übrigen Ableitungen der Alam., vor Allem aus den Ann. Heremi, die hier streckenweise mit der sogenannten redactio II der cod. cod. Modoet. und Veron. aufs Wort stimmen, mit aller Sicherheit hervor — die Originalhandschrift einen oder, was wahrscheinlicher ist, mehrere Fortsetzer gefunden. Ihren Zustand können wir ungefähr aus den Ableitungen abmessen, die für jenen Zeitraum ungemein verwirrt in der Chronologie, nachlässig und barbarisch im Ausdrucke sind. Im Allgemeinen, darauf deuten die erwähnten Uebereinstimmungen zwischen den Ann. Heremi und den cod. cod. Modoet. und Veron. hin, dürfte uns in den letzteren eine so ziemlich lückenlose und wörtliche Abschrift dieses Abschnittes des verlorenen Jahrbuchs erhalten sein.

Die italienischen Handschriften brechen mit 912 ab. Schloss mit diesem Jahre etwa das Original? Möglich immerhin. Von 912 ab müssten dann die Ann. Aug. des cod. Reginberti, die inzwischen durch Auszüge aus der Urschrift bis 912 und durch eigene Zusätze ergänzt waren, direkt oder indirekt Vorlage der verschiedenen Ableitungen aus AA geworden sein. Die Kopieen der Reichenauer Annalen, die nach Mainz und an den Niederrhein, nach Altaich und Einsiedeln gelangten, wären dann aus dem Originalcodex von AA bis 912, von da ab aus dem cod. Reginberti gefertigt, von dem die Ann. Aug. Mainzer Rezension eine vielleicht etwas gekürzte Abschrift bis 939 darstellen. Oder stammt umgekehrt diese Rezension nur bis 881 aus dem cod. Reginberti, von da aber aus der ursprünglichen, über 912 hinaus fortgesetzten Handschrift? Im ersten Falle hätte auch Hermann nach dem Schlusse des Originals mit 912 den cod. Reginberti, aus dem er schon vorher hier und da geschöpft haben mag, ausgeschrieben. Die Annalen des cod. Reginberti hätten dann über 939 hinaus bis 957 und 966, vielleicht noch weiter gereicht.

Wahrscheinlicher dünkt mir freilich — und diese Annahme ist oben immer zum Worte gekommen —, dass die Originalhandschrift über 912 hinaus fortgesetzt wurde, dass die Kopieen, auf denen die mittel- und westdeutschen, die Altaicher und Einsiedler Ableitungen beruhen, **aus einer und derselben heute verlorenen Handschrift stammen.** Ob der cod. Reginb. von 912 ab eine Abschrift dieser Handschrift bot, aus der die Ann. Aug. Mainzer Rezension bis 939 schöpften, ob diese in ihrem letzten Teile direkt auf die Originalhandschrift zurückgingen, lasse ich dahingestellt.

Wie dem auch sei, es ist uns gelungen in dem Reichenau des 9. und 10. Jahrhunderts eine verhältnissmässig reiche und ungemein wertvolle Geschichtschreibung, einen weitgehenden Einfluss des berühmten schwäbischen Klosters auf die Annalistik vieler anderer, zum teil weit entfernter Klöster und Kirchen nachzuweisen, den Stammbaum der Ann. Alam. bis in seine kleinsten Verästelungen[27]) zu verfolgen. Vielleicht gelingt es uns, jetzt von dem bis zum Jahre 966 nachgewiesenen Reichenauer Jahrbuche bis zu jenem oben erwähnten, wahrscheinlich zu Reichenau gefertigten Wipoauszuge eine stärkere als die luftige Brücke blosser Vermutungen zu schlagen.

5. Die Ann. Alam. Aug. von 966 bis 1041.

Aus ihren auf den vorstehenden Blättern besprochenen Tochterquellen liessen sich die verlorenen Reichenauer Jahrbücher ungefähr wiederherstellen. Dem Inhalt nach wenigstens! Es wird uns wohl kaum ein wichtiges, in AA berichtetes Ereignis verloren gegangen sein. Der Wortlaut der Urquelle aber hat sich in den Ableitungen

---

[27]) Vollständigkeit in der Aufzählung der Ableitungen ist nicht angestrebt worden. Annalen, die so stark gekürzt sind, dass sie zur Klärung des Quellenverhältnisses nichts austragen, habe ich weggelassen, so die Flav., Juvav., Monast. u. a. m.

mehr oder minder verwischt. Am meisten fraglos in der am ausgiebigsten aus ihr schöpfenden Geschichtsdarstellung der Chroniken Hermanns des Lahmen von Reichenau. Sie sind deshalb oben nur beiläufig herangezogen worden. Die stilistische Willkür ihres Bearbeiters gestattete uns nicht, das Eigentum der verlorenen Vorlage mit der nötigen Schärfe aus dem der anderen Quellen auszusondern. Nachdem wir jetzt aus den übrigen Ableitungen aus AA reicheren Aufschluss über diese gemeinsame Unterlage gewonnen haben, kommen wir auf Hermanns des Lahmen historische Sammlungen und ihre Reichenauer Bestandteile des Näheren zurück.

Die von G. H. Pertz[1]) am Rande der Ausgabe von Hermanns jüngerer Chronik für den Abschnitt 900—1041, mit dem wir uns jetzt beschäftigen wollen, vermerkten Quellen sind entweder wie die Ann. Heremi, Einsidl., Alam. (Sangall.), Laubac., Ruotgeri V. Brunonis, die V. S. Wiboradae, Reginos Chronik nebst Fortsetzung überhaupt nicht oder doch wie die Ann. Sangall. mai. (S), die V. S. Oudalrici, der Catalogus pontificum Roman. bei weitem nicht so oft und so ausgiebig verwertet worden, als man auf grund der Marginalnoten unserer Ausgabe vermuten möchte.

Das Sanctgaller Jahrbuch z. B., das nach Pertz fast Jahr um Jahr ausgeschrieben sein soll, ist nur zu 912, 916, 920, 925, 944, 946, 948, 990, 991 und 1022, möglicherweise ausserdem noch zu 919, 968, 978, 995, 1005 Quelle von Hermanns Chroniken gewesen. In der älteren Rezension, der sogenannten Epitome, freilich stammen aus S noch die Nachrichten von den Abtsfolgen in Sanctgallen zu 921, 924, 933, 976, 990, 1001. Rechnen wir hierzu die Stellen, an denen S vor 900 in HE benutzt worden ist, nämlich in E zu 872, 883, 889, in H und E zu 864 und 871, dann kommen wir im allergünstigsten Falle auf eine Gesammtzahl von 26, im ungünstigsten Falle von 21 Jahresberichten, in denen Hermann der Lahme das Jahr-

---

[1]) S. S. V, 111 ff.

buch des berühmten Nachbarklosters ausgeschrieben hat. Wahrlich, eine sehr geringfügige Ausbeute, wenn man erwägt, wie reich an wichtigen und streckenweise auch recht ausführlichen Reichs- und anderen Nachrichten die Ann. Sangall. mai. sind! —

An manchen Stellen, an denen er in der ersten Redaction seiner Chronik auf S zurückging, und an einigen anderen, an denen er den Wechsel der Äbte des Stiftes anmerkt, hat Hermann der Lahme in der ausführlichen Ausgabe seiner Chronik (H) einen auch sonst wichtige Klosternachrichten enthaltenden Abtskatalog von Sanctgallen ausgeschrieben, der ihm zur Zeit der ersten Bearbeitung der Chronik wohl kaum schon zu Händen war. Hat er etwa selbst inzwischen nach anderen Quellen einen solchen zusammengestellt?

Auch die Abtsfolgen seines eigenen Klosters sind in der ersten Ausgabe recht dürftig und ungenau, in der letzten ausführlich, chronologisch, soviel wir sehen können, richtig und durch genaue Angaben über die einzelnen Regierungszeiten, oft auch über hervorragende Handlungen, Bauwerke u. s. f. des betreffenden Abtes ausgezeichnet. —

Hat der berühmte Reichenauer Mönch neben AA auch noch die daraus abgeleiteten Ann. Aug. codicis Reginberti gekannt und benutzt? Ist er etwa diesen Jahrbüchern, die dann über 939 hinabgereicht haben müssten, von 912 an, dem Jahre, mit dem möglicherweise schon die grösseren Jahrbücher geschlossen haben könnten²), ausschliesslich gefolgt? Wir haben schon oben auf diese Fragen mit einem 'non liquet' geantwortet. Eine gelegentliche Benutzung der Ann. des codex Reginberti, den er ja auch sonst vielfach verwendet hat, scheint mir keineswegs ausgeschlossen³). Auf die Sonderung des Anteils fremder Quellen, wie S, V. S. Oudalr. u. s. f., von jenem der Alam. Aug. würde die Entscheidung der oben aufgeworfenen

---

²) S. o. S. 233/4. ³) In der Aufzählung der Quellen von HE auf S. 40/41 sind die Ann. Aug. cod. Reginb. und die Catalogi abbat. Sang. und Aug. mitgerechnet worden.

Fragen wenig Einfluss haben: sind die Alam. Aug., wie wir annahmen, auch über 912 und 939 hinaus fortgesetzt worden, dann haben sie sich von 912—939 fast Schritt für Schritt mit den uns erhaltenen Ann. Alam. Mainzer Rezension und somit wohl auch mit jenen des cod. Reginberti gedeckt. —

Machen wir uns jetzt an die Analyse des Abschnittes 900—966 der Chroniken Hermanns, vergleichen wir die nach Aussonderung des Anteils der drei Kataloge der Päpste und Äbte von Reichenau und Sanctgallen, der V. S. Oudalrici und der Ann. Sangall. mai. übrig bleibenden Nachrichten mit den verschiedenen Ableitungen aus AA, dann werden wir mit Staunen merken, dass, mit Ausnahme vielleicht einiger von Hermann selbst stammender Zusätze, der reiche und wichtige Rest von Reichs- und anderen Nachrichten **unbedingt aus den verlorenen grösseren Jahrbüchern von Reichenau stammen muss.** Ausser AA für den Zeitraum 900—966 noch eine zweite verlorene Quelle anzunehmen, ist unnötig. Nachdem ihn mit dem Jahre 900 sein bisheriger Leitfaden, das grosse Jahrbuch von Fulda, im Stiche gelassen hatte, hat sich demnach Hermann einer schon vorher sporadisch benutzten einheimischen Quelle, den Ann. Alam. Aug., zugewandt und auf sie vornehmlich die Fortsetzung seines Werkes von 900 ab gegründet, andere Quellen wie S nur beiläufig heranziehend.

Mit 966 hören die Beziehungen der Chroniken Hermanns zu den übrigen Ableitungen aus AA auf. Hat AA etwa mit diesem Jahre geschlossen? Dann müsste der Reichenauer Mönch von 966 ab eine ebenfalls an wichtigen Reichs- und anderen Nachrichten reiche, uns ebenfalls heute verlorene Quelle zu grunde gelegt haben, deren Charakter fast aufs Haar mit jenem des verlorenen grösseren Reichenauer Jahrbuchs stimmt. Auch nach 966 bleiben nämlich nach Aussonderung des Anteils der bekannten Quellen eine Menge Nachrichten übrig, die Hermann unmöglich aus mündlicher Tradition geschöpft haben kann. Denn die mündliche Tradition, besonders wenn sie sich auf Ereignisse erstreckt, die ein halbes Jahrhundert und weiter zurückliegen, pflegt sich nicht durch so treffliche und zweifellos richtige Einzelheiten und durch so genaue und zuverlässige Zeitbestimmungen auszuzeichnen, wie wir sie in jenen Nachrichten bei H und E finden. Die Annahme einer schriftlichen Quelle ist deshalb unumgänglich, die einer zweiten verlorenen aber, die Hermann neben und nach AA benutzt haben müsste, überflüssig: allem Anscheine nach sind die grösseren Reichenauer Jahrbücher auch über 966 hinaus fortgesetzt worden.

Aus dem nebensächlichen Umstande allein, dass wir nach Spuren dieser Annalen in den Geschichtswerken benachbarter und entfernter Klöster und Kirchen nach 966 vergebens suchen, zu folgern, dass AA mit 966 abgebrochen habe, geht doch nicht an. Gerade unter den Äbten Rudmann, Witegowo, Alawicus und Berno, die seit dem letzten Drittel des 10. Jahrhunderts in Reichenau walteten, stand das Kloster in grösster Blüte. In der Politik jener Zeit spielen seine Äbte eine grosse Rolle. Auch die innere Geschichte des Klosters — ich erinnere an die Absetzung Ekkehards und Witegowos, an die Klosterrevolution des Jahres 1006 — war reich an wichtigen Ereignissen. Die Bau- und Kunstthätigkeit stand auf einer hohen Stufe. Die Erkundung der Thatsachen der Reichsgeschichte war in Reichenau durch die Beziehungen seiner Äbte zum Hofe leichter als anderswo. Das Kloster lag, wie Wattenbach[4]) ausführt, dadurch sehr günstig, 'dass es an der Hauptstrasse nach Italien lag. Bischöfe von Verona haben hier Kirchen gestiftet; griechische und italienische Pilger und Reisende werden erwähnt, und auch Irländer und Isländer lassen sich hier nachweisen.' Zu den schwäbischen Herzögen muss Reichenau in engster Beziehung gestanden haben. Durch sie ward das Kloster bereichert. Einige von ihnen[5]) fanden in der Klosterkirche ihre letzte Ruhestatt. Und aus dieser

---

4) DGQ⁴I, 396. 5) Z. B. Hermann I., Burkhart II.

grossen Zeit Reichenaus sollten wir an historischen Werken neben Wundergeschichten nur noch das Carmen Purchardi de gestis Witegowonis [6] überkommen haben? Nein, zehn gegen eins zu wetten: auch nach 966 hat die annalistische Thätigkeit in Reichenau nicht geruht; **das Werk, aus dem Hermann von Reichenau das Gros seiner Nachrichten aus der zweiten Hälfte des 10. und aus dem Anfange des 11. Jahrhunderts schöpfte, ist einheimischen Ursprungs, ist die Fortsetzung der bis zum Jahre 966 nachgewiesenen grösseren Reichenauer Jahrbücher gewesen!** Unter allen Umständen würden diese Annahmen die weitaus wahrscheinlichsten sein, selbst wenn es uns nicht gelänge, weitere Gründe für sie geltend zu machen.

Der Abschnitt der verlorenen Alam. Aug. von 900 bis 966, so wie wir ihn aus den verschiedenen Ableitungen rekonstruieren können, enthielt einen grossen Bruchteil schwäbischer Lokalnachrichten. Von etwa einem halben Hundert Jahresberichte bringen nicht weniger als 28 Meldungen aus oder über Schwaben. Es stehen ihnen etwa 40 auf das Reich bezügliche gegenüber. Auf Reichenau speziell verweisen uns, wenn wir von dem ausserdem noch durch Hermann den Lahmen benutzten Abtskatalog absehen, fünf Jahresberichte, jene zu 902, 908, 922 und 948, während von Sanctgallen nach Abzug der aus S und dem Sanctgaller Abtskatalog in H und E übergegangenen Nachrichten höchstens zwei, von Einsiedeln nur eine Meldung handeln. Die Folge der schwäbischen Herzöge zu 911, 918, 926, 948, 957 ist lückenlos überliefert. Die der Bischöfe von Konstanz, in deren Sprengel Reichenau gelegen ist, gleichfalls. Doch könnte man hier einwenden: 'Die Bischofsliste ist kein Bestandteil von AA gewesen. Erst Hermann der Lahme hat einen Catal. episcop. Constant., den auch G. H. Pertz[7] zu den Quellen der jüngeren Reichenauer Chronik rechnet, herangezogen.'

Den Abtskatalog Reichenaus, also seines eigenen Klosters, nicht nur, auch jenen von Sanctgallen hat Her-

---

[6] S. S. IV, 621 ff. [7] Z. B. zu H 813.

mann ausführlich und lückenlos überliefert. Weshalb, so fragen wir uns, hat er die angebliche Konstanzer Bischofsliste nur streckenweise und nur sehr ungenügend ausgenützt? Der Diözesanbischof musste ihm doch genau so nahe oder noch näher stehen als die Äbte des Nachbarstiftes Sanctgallen. Könnte der Reichenauer Chronist seine lückenhaften Konstanzer Nachrichten nicht anderswoher haben?

Der Tod Bischof Audoins zu 736 stand schon in den Ann. Murbac. Er hat auch nicht, wie die Ableitungen beweisen, in AA gefehlt. Die drei nächsten in der Chronik, zumteil recht ausführlich erwähnten Bischöfe Ernfried, Sidonius, Johannes waren zugleich Äbte von Reichenau und folglich auch in dem von Hermann sicher benutzten Catal. abb. Aug. zu finden. Der Tod des Bischofs Egino, den der Chronist irrtümlich direkt auf Johannes folgen und ebenso irrtümlich — die Regierungsjahre sind hier zweifellos von Hermann selbst aus den Todesjahren des Bischofs Johannes und Eginos selbst berechnet worden — 32 Jahre den Stuhl von Konstanz innehaben lässt, den Tod Bischof Eginos, sage ich, könnte er auch aus AA haben, deren Ableitungen ihn zu 810 melden. Wolfleoz, der auf Egino folgte, stand auch in dem in unsrer Chronik ausgeschriebenen Catal. abb. Sangall.: er ist zugleich Bischof von Konstanz und Abt von Sanctgallen gewesen. Der Tod Bischof Salomos I. († 871), die Gefangennahme Salomos III. (914) hat auch, darüber belehren uns die Ableitungen, in den Alam. Aug. gestanden. Bis zum Tode Salomos III. und Regierungsantritt Notings (919), das können wir mit einiger Sicherheit behaupten, hat Hermann der Lahme keinen Catal. episcop. Constant. benutzt.

Erst von 919 ab erhalten wir eine vollständige Konstanzer Bischofsliste in H und E. In den uns hier zunächst beschäftigenden Zeitraum fallen nur die Daten 919 und 934. In Anbetracht der nahen Beziehungen, in denen Reichenau zu seinem Diözesanbischof stehen musste, ist uns die Anwesenheit dieser Daten auch ohne die Annahme der Benutzung eines Catal. episcop. Constant. durch Hermann verständlich. —

Auf den schwäbischen Ursprungsort der Hauptquelle der Reichenauer Chroniken (HE) verweist uns ausserdem das Überwiegen der auf Rom und Italien bezüglichen Nachrichten, während der Norden und Osten des Reiches stiefmütterlich weggekommen sind. Es wurde schon erwähnt, dass Reichenau an der Hauptstrasse von Deutschland nach Italien lag. Seitdem Bischof Radolf von Verona — er war in seiner Jugend vielleicht Mönch von Reichenau — das Reichenau unterstellte Radolfszell gegründet hatte, sind die Beziehungen des berühmten schwäbischen Klosters, dessen Annalen wir in Monza und Verona finden, zu Italien kaum wieder abgebrochen worden.

Reichenau lag wenige Stunden von der deutschburgundischen Grenze entfernt. Kein Wunder, wenn sich die Klosteraufzeichnungen öfters — ich nenne hier die Jahresberichte 912, 919, 937 und 965 — mit dem Nachbarreiche beschäftigen! Hatten doch burgundische Könige zeitweise Teile des alten Herzogtums Schwaben inne, sind doch so manche Kämpfe zwischen Schwaben und Burgundern auch in jenen Zeiten ausgefochten worden, von der Schlacht bei Winterthur (919) zwischen König Rudolf I. und Herzog Burkhart I. bis zu den Einfällen, die Burkhart II. im Auftrage Ottos I. (965), Graf Welf und Bischof Werner von Strassburg 1020 nach Burgund unternahmen!

Schwäbische Lokalnachrichten, die Folgen der Herzöge von Schwaben und der Bischöfe von Konstanz, Nachrichten über Rom und Italien und über das Nachbarreich Burgund sind es somit gewesen, die den Grundcharakter der verlorenen Ann. Alam. Reichenauer Rezension ausgemacht haben.

Finden wir alle diese Grundzüge, durch die sich die Ann. Alam. Aug. des Abschnittes 900 – 966 charakterisieren, auch in den späteren Teilen der Chroniken Hermanns, als deren Grundlage wir die Fortsetzung jener Annalen erweisen wollen, wieder?

Greifen wir hier zunächst den schon verschiedene Male [*)] eingehend besprochenen Abschnitt von 1024 bis

---

*) S. o. S. 92 ff., 134 ff.

1041 heraus, den Zeitraum, in dem ausser HE auch noch Hermanns des Lahmen Gesta Chuonradi et Heinrici imperatorum und die Ann. Sangall. mai. (S) auf die gleiche schwäbische Quelle zurückgeführt wurden! Vielleicht ist diese gemeinsame Vorlage ebenfalls ein späterer Teil der schwäbischen Jahrbücher von Reichenau gewesen?

Die Fülle trefflicher schwäbischer Nachrichten jener Quelle wurde gebührend hervorgehoben. Sicher war in ihr des Wechsels auf dem Herzogsstuhle Schwabens zu 1030 und 1038 gedacht. Ob wir ihr auch die in dem Teile von 1024 bis 1041 in H und E aufgenommenen Reichenauer Lokalnachrichten zuweisen dürfen? Leider ist es hier nicht mehr möglich, das geistige Eigentum Hermanns von dem seiner Vorlagen zu scheiden. Wie steht es mit der Konstanzer Bischofsliste? Zu 1026 und 1034 melden S und HE das Ableben der Bischöfe Heimo und Warmann, die Nachfolge Warmanns und Eberharts in Konstanz. An und für sich wäre es denkbar, dass auch in dem ebenfalls im Konstanzer Sprengel gelegenen Sanctgallen des jeweiligen Wechsels auf dem dortigen Bischofsstuhle gedacht wurde. Eine Analogie für jene Nachrichten wird man freilich in den früheren Abschnitten von S vergebens suchen.

Auch die vielen neuen burgundischen Nachrichten der Sanctgaller Quelle könnten einheimisch sein. Lag doch auch Sanctgallen nicht weit von der deutsch-burgundischen Grenze. Für einen grossen Teil dieser Nachrichten haben wir aber oben schon nachgewiesen, dass sie schon in der HE und S gemeinsamen Quelle, die auch den Gesta Chuonradi et Heinrici imperatorum Hermanns zu gute gekommen ist, enthalten waren. Wir werden desshalb das Gleiche auch für die Konstanzer Bischofsliste vorausetzen dürfen und für die gemeinsame Vorlage, die dann dieselben charakteristischen Merkmale aufgewiesen haben müsste wie AA in dem Abschnitte von 900 bis 966, denselben Ursprungsort annehmen dürfen, wie für das grössere Reichenauer Jahrbuch, nämlich Reichenau selbst.

Es erhebt sich dann zunächst die Frage: bestand zwischen der gemeinsamen Vorlage von HE, der Gesta und der Ann. Sangall. mai. einer- und den Ann. Alam. Aug. andererseits noch ein näherer Zusammenhang? Eine Betrachtung des Abschnittes 966—1024 der Chroniken Hermanns möge uns darüber Aufschluss geben!

An schwäbischen Nachrichten fehlt es auch hier nicht. Von etwa 40 Jahresberichten bringen nicht weniger als 18 schwäbische Lokalnachrichten, also nahezu die Hälfte. Auf Reichenau selbst bezieht sich freilich nur eine einzige Meldung, jene zu 973, nach der Herzog Burkhart II. von Schwaben allda begraben wurde. Doch, das könnte auch Hermann der Lahme aus eigenem Wissen niedergeschrieben haben! Vielleicht dürfen wir aber andere Meldungen heranziehen. Wie kommt die treffliche, in's Einzelne gehende Nachricht von dem Streit um den Trierer Erzstuhl von 1008 in das schwäbische Jahrbuch? Woher auf einmal das Interesse an dem Wechsel auf dem dortigen Erzstuhl im Jahre 1015? Die letzte Meldung wäre erklärlich, war doch der neue Erzbischof Poppo ein Bruder des damaligen Schwabenherzogs Ernst. Aber die erste Meldung? Wo in Schwaben könnte sie eher und besser aufgezeichnet sein als in Reichenau, das im selben Jahre 1008 aus der Trierer Diözese, aus Prüm in der Eifel, einen neuen Abt, den trefflichen Berno, den Nachfolger des gleichfalls von dort stammenden Immo, erhielt? Zu 1021 berichtet H von dem Ableben und der Neuwahl einer Äbtissin im Nonnenkloster zu Buchau am Federsee. Ich erinnere bei dieser Gelegenheit daran, dass auch AA (vgl. AS, HE 902/903) zu 903 eine ausführliche Schilderung aus jener Gegend bringt: die Nachricht von der Ermordung der Söhne Graf Atos im Erichgau, in der das Nonnenkloster eine grosse Rolle spielt. Weiteres meldet HE zu 1027 und 1032 von demselben Kloster, und Hermann der Lahme selbst spricht zu 1051 von Buchau. Sollte das nicht auf nähere Beziehungen zwischen dem letzteren und Reichenau hindeuten?

Die Folge der Herzöge von Schwaben, die einen wichtigen Bestandteil der Ann. Alam. Aug. bildete, wird in HE zu 973, 997, 1004, 1014, 1015 lückenlos fortgesetzt. Auch hier überwiegen die auf Italien und die Romzüge bezüglichen Nachrichten jene über die Verhältnisse im Osten nnd Norden des Reiches, auch hier findet der Wechsel auf dem Konstanzer Bischofsstuhl lückenlos zu 974, 979, 995, 1018, 1022 Erwähnung. Die burgundischen Meldungen sind durch die trefflichen und zum teil ausführlichen Jahresberichte 994, 995, 1020 vertreten. Wir gehen demnach sicher nicht fehl, wenn wir behaupten: nicht nur die gemeinsame, von 1029 bis 1041 reichende Vorlage von HE, der Gesta Chuonradi et Heinrici imperatorum und der Ann. Sangall. mai., sondern auch die Quelle, die Hermann der Lahme anscheinend dem Abschnitte seiner Chronik von 966 bis 1024 zu grunde gelegt hat, weisen genau dieselben charakteristischen Merkmale auf wie die von dem Reichenauer Mönche dem früheren Teile seines Werkes von 900 bis 966 untergelegten Ann. Alam. Aug. Gründe anderer Art sprechen dafür, dass die Geschichtschreibung in Reichenau auch nach 966 nicht darniedergelegen hat. Unter diesen Umständen dürfte die Annahme kaum als gewagt bezeichnet werden können, der wir oben schon öfters vermutungsweise Ausdruck verliehen haben, die Annahme nämlich, dass AA auch über 966 hinaus und bis in die Mitte des 11. Jahrhunderts hinein in Reichenau fortgesetzt wurde, und dass diese grösseren Jahrbücher von 900 ab bis zu dem Zeitpunkte, mit dem Hermanns eigene Darstellung einsetzt, dessen Chroniken als vornehmste Grundlage gedient haben.

Wir wissen nicht, ob diese Annalen über 1041 hinaus fortgesetzt worden sind. Mit diesem Jahre bricht die Verwandtschaft zwischen HE und S ab. Jedenfalls bedeutet das Jahr 1041 einen Einschnitt in der annalistischen Thätigkeit der Reichenauer Mönche. Vielleicht ist von da ab Hermanns des Lahmen reichhaltigere Chronik an die

Stelle der rohen und unzusammenhängenden Jahrbücher getreten [9].

Wir haben im dritten Teile dieses Werkes nachgewiesen, dass Hermann in seinen Gesta Chuonradi et Heinrici imperatorum und in seinen Chroniken ein nachlässiges und irreführendes Excerpt aus Wipos Gesta Chuonradi imperatoris benutzt habe. Das Gleiche ist bei den Sanctgaller Jahrbüchern der Fall gewesen. Die enge und gleichartige Verbindung der unserer Annahme nach aus AA stammenden schwäbischen und burgundischen Notizen bei HE, S und in Hermanns Gesta mit jenem Wipoexcerpt hat uns auf die Ansicht gebracht, das letztere sei bereits mit jenen schwäbischen und burgundischen Notizen verarbeitet gewesen, als es von Hermann und dem Sanctgaller zu Rate gezogen wurde. Mit 1041 schliesst die Verwandtschaft zwischen HE, Hermanns Gesta einer- und S andererseits. Bald nach diesem Zeitpunkte wird demnach eine Abschrift der ersten Redaction der Gesta Chuonradi imperatoris Wipos nach Reichenau gelangt und dort von einem uns unbekannten Mönche excerpiert worden sein, der dann dieses Excerpt in das in seinem Kloster vorhandene Exemplar der schwäbischen Annalen eintrug. —

In der ersten Hälfte des 10. Jahrhunderts haben diese grösseren Reichenauer Jahrbücher weitreichenden Einfluss geübt. Sollten sich wirklich späterhin ausser in HE keine weiteren Spuren von ihnen erhalten haben? Nur zaghaft ziehe ich hier eine Quelle heran, deren Kürze und Dürftigkeit uns leider keine sichern Schlüsse auf sie zu gründen gestatten, nämlich das Jahrbuch des Klosters S. Blasien im Schwarzwalde [10].

H. Bresslau [11] hat festgestellt, dass dieses Jahrbuch bald mit Bernolds oder Hermanns Chroniken, bald mit Wipos Gesta Chuonradi oder mit der sogenannten Epi-

---

[9] Hat AA auch den Ann. S. Blasii zur Vorlage gedient, dann wird das verlorene Jahrbuch erst mit 1043 geschlossen haben. Näheres darüber s. u. [10] S. S. XVII, 275 ff. [11] Jahrbb. Konrads II., II, 435 ff. (Die Annales S. Blasii eine Ableitung aus der verlorenen schwäbischen Weltchronik [Reichsannalen]).

tome nahe Berührungspunkte aufweist. Freilich müssen die beiden Stellen, wo die Ann. S. Blasii mit Bernold stimmen [12]), von vornherein gestrichen werden. Die Ann. S. Blasii und Bernold, der seine Chronik aus H und E kompilierte, decken sich nämlich hier im Wortlaute mit Hermanns jüngerem Jahrbuch. Es ist deshalb unnötig, mit Bernold eine neue Quelle in die Untersuchung ein zuführen.

Ein Gemeinsames mit den Ann. S. Blasii hat Bernold allerdings: den Papstkatalog. Sehen wir uns die Papstreihe des Jahrbuches etwas näher an, so ist der Zusammenhang derselben mit jenen Bernolds, der Epitome und Hermanns von Reichenau unverkennbar. Der letzte Teil des Papstregisters bis 1054 könnte recht wol aus Hermann abgeleitet sein, jener von 1057 bis 1088 aus Bernold. Doch weicht von 1047 an die Zählung von der in H ab. Auch bringen die Ann. S. Blasii zu 1087 und 1088 die genaue Regierungszeit, deren Angabe wir bei Bernold vermissen. Ferner ist das Papstverzeichnis weit über das Schlussjahr Bernolds hinaus in genau derselben Weise mit Angabe der Nummer und Regierungszeit der einzelnen Päpste fortgesetzt worden. Ist das Sanblasianer Jahrbuch wirklich, wie Pertz und Meyer von Knonau annehmen, zu Abt Frowins von Engelberg Zeiten, um die Mitte des 12. Jahrhunderts, zusammengestellt und von 1147 ab in Engelberg selbständig fortgesetzt worden, liegt da die Annahme nicht nahe, es sei bei dieser Zusammenstellung ein bis 1143 reichender Papstkatalog benutzt worden, der in seinem ersten Teile auch von Hermann von Reichenau, in dem Abschnitte von 1057 bis etwa 1088 von Bernold von S. Blasien ausgeschrieben wurde? Könnte nicht Bernold selbst, der seine Hauptquellen von der Reichenau erhielt, sich die Abschrift des inzwischen fortgesetzten Papstkatalogs eben daher beschafft haben, des Katalogs, an den dann später eine in derselben Form verfasste Fortsetzung bis 1143 gefügt sein könnte?

---

[12]) Zu 962 und 972 (Bern. 966), vgl. HE 962 und 979.

Eine Ableitung der Ann. S. Blasii aus H allein hat Bresslau als unmöglich nachgewiesen. Dagegen spricht auch noch folgender Umstand: von 1043 ab bringt der Annalist bis 1054, dem Schlussjahre der Chronik Hermanns, weiter nichts als den Papstkatalog. Es ist doch schwer glaublich, dass er diesen allein aus dem reichen Inhalte der jüngeren Chronik Hermanns herausgeschält haben sollte. Das gleiche Verfahren müsste er bei Bernolds Chronik in Anwendung gebracht haben. Alle die Notizen des Zeitraums 1054—1100 der Annalen, die andere Gegenstände als die Papstreihe behandeln, stammen nicht aus Bernold, sondern anderswoher [13]). Auch dessen Chronik wird deshalb nicht bei der Kompilation des ersten Teiles der Ann. S. Blasii benutzt worden sein, sondern ein bis 1143 fortgesetzter Papstkatalog des Stiftes S. Blasien, der in seinem ersten Teile eine Abschrift des von Hermann von Reichenau benutzten war und auch Bernold von S. Blasien als Grundlage seiner Chronik diente.

Wichtiger als die Verwandtschaft mit Bernold ist jene mit der Chronik seines Zeitgenossen Berthold von Reichenau, aus der recht wol die Notiz vom Tode Hermanns des Lahmen zu 1054 und die Jahresberichte 1056, 1058, 1059, 1060, 1062, 1069, 1071, 1072, 1073, 1079 stammen könnten. Ich hebe hier nur noch hervor, dass diese Jahresberichte unmöglich aus dem von Sichard benutzten Codex [14]), sondern aus einer der übrigen Handschriften Bertholds, wie sie

---

[13]) Ich kann mich nicht entschliessen, die kurzen Notizen der Ann. S. Blasii zu 1061: Willehelmus, Hirsaugiensis abbas, obiit und zu 1096: Sigefridus, abbas Scafusensis, et Liutfridus, abbas Murensis, obierunt auf die viel ausführlicheren, im Wortlaut verschiedenen Berichte Bernolds über dieselben Todesfälle zurückzuführen. Als ob man in S. Blasien oder Engelberg, wo nur immer der erste Teil der Annalen geschrieben ist, nicht auch sonst die Todesjahre berühmter Äbte aus den befreundeten Nachbarklöstern Muri, Schaffhausen und Hirschau hätte anmerken können! Finden sich doch auch zu 1064 und 1068 (vielleicht auch 1079) Nachrichten aus S. Blasien und Schaffhausen, die wir in Berthold und Bernold vergebens suchen. Abgesehen von der Papstliste hat Bernold mit den Ann. S. Blasii auch nicht das Geringste zu schaffen. [14]) Zuletzt herausgegeben von G. Waitz S. S. XIII, 730 ff.

Pertz in seiner Ausgabe[15]) hernennt, oder aus einem ähnlichen stammen könnten. Möglich wäre es aber auch immerhin, dass wir es in den Ann. S. Blasii mit einem Auszuge aus Annalen[16]) zu thun hätten, die auch Berthold als Vorlage in seiner Chronik gedient haben würden. Die Frage danach könnte nur durch eine erneute Aufnahme des noch immer nicht befriedigend gelösten Berthold-Bernoldstreites beantwortet werden, die ich hier vermeiden muss.

Auf die Ann. Einsidl. werden die Jahresberichte 995, 1075–77 und 1080 zurückgeführt. Doch zeigt die Meldung zu 995 wichtige Abweichungen von jener der Einsidl. Auch scheint mir der Ausdruck der Sympathie im Jahresbericht 1080: Bellum Heinrici regis cum Saxonibus, in quo Roudolfus rex pro dolor occiditur, der in den Einsidl. fehlt, eher auf eine gemeinsame, gleichzeitige Quelle der Ann. Einsidl. und S. Blasii hinzudeuten[16]). Der Jahresbericht 1006, den Pertz[17]) auf die Ann. Heremi zurückgeführt hat, findet sich gleichlautend in E.

Fassen wir die Resultate der seitherigen Untersuchung noch einmal kurz zusammen, so haben weder die Ann. Einsidl. oder Heremi noch die Chronik Bernolds von S. Blasien Verwendung gefunden, während die Verwandtschaft mit Berthold von Reichenau möglicherweise auf einer gemeinsamen, annalistischen Vorlage (Reichenauer Annalen, Fortsetzung von AA?) beruht.

Ich komme, indem ich zur Erörterung der Beziehungen der Sanblasiani zu H und E übergehe, noch einmal auf den Papstkatalog zurück. Er kann weder aus E, mit der er die verworrene Chronologie des Zeitraums 965 bis 987 teilt, noch aus H und Bernold, mit denen er sich sonst im Inhalte so ziemlich deckt, stammen. Denn, abgesehen von kleineren Differenzen, fehlen die Papstnachrichten der Ann. S. Blasii zu 995, 1004 und 1010 in allen drei angeblichen Quellen des Sanblasianer Jahrbuchs.

---

[15]) S. S. V, 264 ff. Der Sanblasianer Annalist hat vielleicht einen Codex benutzt, der wie der verlorene Cod. Gotwic. mit der Biographie Hermanns und dem Jahre 1054 begann. [16]) Reichenauer Annalen? Einer späten Fortsetzung von AA.? [17]) S. S. XVII, 276.

Wie schon Bresslau nachgewiesen hat, decken sich die Ann. S. Blasii bis 1054 bald mit H, bald mit E, haben aber zu 1026 und 1027 Zusätze, die sich nicht in beiden, wol aber in Wipos Gesta finden. Bresslau hat diese auffälligen Zusätze so erklärt, dass er für Wi, H, E und die Ann. S. Blasii eine gemeinsame Quelle, die von uns — und ich denke, aus den triftigsten Gründen — verworfene schwäbische Reichschronik, annahm. Lassen sich nicht noch andere Möglichkeiten denken?

Bis 1044 etwa hat das Handexemplar Hermanns des Lahmen gereicht. Könnte nicht auf dieses, in dem sicher schon der in H, E und Bernold nachzuweisende Papstkatalog benutzt war, der dürftige Auszug der Ann. S. Blasii zurückgehn? Der aus Wipo stammende Überschuss fände hierdurch eine angemessene Erklärung. Dieser Auszug wäre dann später durch den Papstkatalog bis 1143 fortgesetzt und vielleicht schon von 1054 ab durch Excerpte aus Berthold vermehrt worden. Bernold hätte ihn dann, nachdem er vorher eine Kompilation H aus und E geboten, etwa von 1054 ab benutzt, und so liessen sich vielleicht auch die vielen Übereinstimmungen seiner Chronik mit jener Bertholds erklären. Die Möglichkeit einer solchen Lösung wird man nicht abstreiten können. Freilich dürfte eine zweite Annahme — und diese hat uns zur Besprechung der Ann. S. Blasii an dieser Stelle veranlasst — genau soviel, wenn nicht mehr Berechtigung haben als die erste.

Wir vermuteten oben, dass der Papstkatalog bis 1143 gesondert vorlag und um die Mitte des 12. Jahrhunderts zur Herstellung des ersten, grösstenteils unselbständigen Abschnittes der Ann. S. Blasii benutzt worden sei. Für diese Vermutung scheint mir vor allem der Umstand zu sprechen, dass die Nachricht von der Erhebung und Absetzung des Papstes Gratianus (Gregors VI.), die wir bei H zu 1044 und 1046, bei E überhaupt nicht finden, aus dem Zusammenhange herausgerissen und zu dem falschen Jahre 1081/82 gestellt ist. Benutzte der Kompilator hier einen einfachen Papstkatalog und nicht die zusammenhängende Darstellung Hermanns, dann liesse sich dieser Irrtum am leichtesten erklären.

Ziehen wir deshalb einmal die Papstnachrichten bis 1143 und die Einsiedler und Engelberger Notizen ab, bleibt uns da nicht eine Quelle übrig, die mit den von Hermann benutzten Ann. Alam. Aug. eine grosse Ähnlichkeit haben muss? Auch durch diese, wie wir feststellten, am Schlusse durch Wipoexcerpte ergänzte Vorlage liesse sich die wechselnde Übereinstimmung der Ann. S. Blasii mit H, E und Wi ausreichend erklären. Leider reichen die dürftigen und wenig zahlreichen Excerpte des Sanblasianer Jahrbuchs nicht aus, um in dieser Hinsicht zu einem befriedigenden Schlusse zu kommen. Wäre ein solcher möglich, dann könnte auf diesem Wege der schlagendste Beweis für die Existenz der Ann. Alam. Aug. über 939 hinaus geführt werden, an dessen Stelle oben eine wenn auch, wie ich annehme, wolbegründete Hypothese treten musste[18]. —

Wir stehen am Ende eines langen, müheseligen Weges. Mögen wir auch hier und da von der wahren Richtung abgeirrt sein, im Grossen und Ganzen wird, das steht zu erhoffen, der Gang der Reichenauer Geschichtschreibung von den ersten unbeholfenen Versuchen der Ann. Alam. Aug. (AA) bis zu den vollendeten Werken Hermanns des Lahmen (HE) gesichert sein. —

---

[18] Steindorff, Jahrbb. Heinrichs III., II, 438 ff. hat auch Aventins Ann. Boior. lib. V in den Kreis der Ableitungen aus den angeblichen schwäbischen Reichsannalen gezogen. 'Dieses Werk lag ihm', führt Steindorff a. a. O. S. 440 aus, 'wenn ich recht sehe, nicht mehr in der ursprünglichen Gestalt vor, sondern in einer Ableitung, die bereits Abschnitte oder Auszüge aus Hermann von Reichenau in sich aufgenommen hatte und folgeweise weder das eine noch das andere Element, weder die Reichsannalen noch die Chronik Hermanns rein zur Erscheinung brachte'. Ich kann mich hier nicht auf die Untersuchung dieser Hypothese einlassen. Es ist fast unmöglich, die einzelnen Bestandteile der Ann. Boior. genau zu sondern. Auch das von Steindorff ihnen entnommene Beweismaterial ist vollkommen unzureichend. Will man aber einmal eine verlorene Quelle für jenen Abschnitt Aventins annehmen, warum nicht lieber Hermanns des Lahmen Gesta Chuonradi et Heinrici imperatorum, auf welche die von Steindorff gegebene Charakteristik der hypothetischen verlorenen Vorlage Aventins aufs Beste zutreffen würde?

Anhang.

I.
Das Verhältnis von HES zu den Ann. Hildesh. mai.

Der Zusammenhang zwischen den verlorenen Jahrbüchern von Hersfeld und den Chroniken Hermanns von Reichenau bis etwa 958 ist oben erörtert worden. Er ist durch ein nicht mehr vorhandenes Mittelglied, die Ann. Alam. Aug., vermittelt worden. Damit sind alle Stellen des Abschnittes vor 958 erledigt, durch die Bresslau in seinem Aufsatze im 2. Bande des N. A. die Benutzung der vermeintlichen, angeblich aus den Ann. Hersf. schöpfenden 'schwäbischen Reichschronik' durch Hermann stützte.

Aber auch die Fortsetzung der Ann. Hersf., die Ann. Hildesh. mai., lässt Bresslau, wie eine Reihe aus der Zeit von 1026 bis 1040 stammender Beispiele bezeugen soll, indirekt auf Hermanns Chroniken (HE) einwirken. Wenn, wie man annehmen darf, die Ann. Hildesh. um 1043, E um 1044 abgefasst oder abgeschlossen wurden, dann müsste man freilich in Süddeutschland überraschend schnell von dem Hildesheimer Geschichtswerke Kenntnis genommen haben! Da aber immerhin, selbst wenn man mit uns die Existenz einer 'schwäbischen Reichschronik' leugnet, zwischen HE(S) und den Hildesh. mai. Beziehungen obwalten könnten, dürfte es angemessen sein, hier jene von Bresslau beigebrachten Beispiele kurz zu würdigen.

Von vorneherein scheiden folgende Punkte aus: zu 1027 die Nachricht von der Fehde zwischen Welf und Bruno von Augsburg, zu 1030 die vom ungarischen Kriege, jene zu 1035/36 über den Regensburger Bischofswechsel und zu 1040 über die von den Ungarn dem Böhmenherzog geleistete Hülfe. Alle diese Meldungen können der allerdings auch aus den Hildesh. mai. schöpfenden Vorlage der Ann. Magdeb. und des Annalista Saxo, den verlorenen Nienburger Jahrbüchern, durch das Chron. Wirzeb., durch Ekkehards Chronik oder die Ann. S. Albani, Ableitungen aus E, die alle nachweislich in der grossen sächsischen Kompilation Verwendung gefunden haben, zugekommen sein. Solange diese einfachste Erklärung des Zusammenhanges hinreicht, sind alle anderen Erklärungsversuche überflüssig. Auch die Übereinstimmung zwischen dem Annalista Saxo und E zu 1036 — Italia civium discordia laborat — wird trotz der kleinen, wol auf einem Schreibfehler — civium statt civili — beruhenden Abweichung durch das Chron. Wirzeb. vermittelt sein. Auf die gleiche Quelle oder die Ann. S. Albani führe ich die irrtümliche, in E sich in ähnlicher Fassung findende Nachricht der Ann. Magdeb. und des Annalista Saxo zu 1026 zurück, dass Konrad II. damals schon seinen Sohn Heinrich zum Könige gemacht habe (regem fecit). Freilich berichten auch die gleichfalls mit den Hildesh. mai. zusammenhängenden Ann. Altah. zu 1026: Chonradi regis filius Heinricus rex factus est. Der Unterschied zwischen der Designation von 1026 und der erst 1028 erfolgten Krönung wird dem Verfasser des Reichenauer Wipoexcerptes, auf das E hier zurückgeht, ebenso unklar gewesen sein wie dem Altaicher Jahrbuchschreiber. Deswegen oder gar wegen der E und den Altah. gemeinsamen Nachricht von der Sonnenfinsternis des Jahres 1036: Eclipsis solis (*Altah.:* facta est) XI. Kal. Sept. einen näheren Zusammenhang zwischen beiden Quellen anzunehmen, geht kaum an.

Dass Erzbischof Aribo von Mainz 'Betens halber' (*H.:* orandi gratia; *Hild.:* causa orationis) nach Rom zieht und dort 'aus dem Leben' scheidet (*H.:* hac vita decessit;

Hild.: ex hac vita migravit) kann in Reichenau wie in Hildesheim selbständig aufgezeichnet worden sein. Die Wendungen, in denen H hier an die Hildesh. anklingt, könnte er ebensogut wie aus diesen auch aus Wipos Gesta geschöpft haben [1]). Sie sind damals offenbar gang und gäbe gewesen. Zwischen den Berichten über den Frieden mit Ungarn (1031) nun gar und über die Triburer Synode (1035/36) bei HE und den Hildesh. mai. besteht auch nicht der geringste sprachliche Zusammenhang.

Nach von Pflugk-Harttung und Bresslau soll ferner die Chronologie der Liutizenfeldzüge bei Hermann aus den Hildesh. stammen. Er konnte sie ebensogut aus Wipo entnehmen. Nur bliebe dann die Herkunft der Notiz zu 1036: Leutizi Sclavi (*E.:* Pagani supradicti) imperatori (*E.:* Chounrado) vectigales facti dunkel. Könnte sie nicht original sein? Oder sollen wir sie im Ernste aus den Worten des Hildesheimers zu 1036: Aestivo etiam tempore imperator regionem Liutiziorum cum exercitu intravit. Sed Dei gratia omnibus pro suo velle dispositis, acceptis obsidibus et innumerabili pecunia, in pace remeavit herleiten?

Über die 1036 erfolgte Verleihung Kärnthens an Konrad von Worms drücken sich die Ann. Hildesh. und die mit HE, wie wir sahen, auf eine gemeinsame Vorlage zurückgehenden Ann. Sangall. mai. (S) ähnlich aus. Beide schreiben: Patrueli suo ... commisit (*H.:* patruelis imperatoris ... recepit), während umgekehrt H und S in der Bezeichnung 'ducatus in Carentano' gegen die Hildesh. (ducatus Carentanorum) zusammen stimmen.

Dagegen, dass HS hier direkt oder indirekt auf die Hildesh. zurückgeht, spricht m. E. die chronologische Einordnung der Notiz. S bringt sie gleich H im Anschlusse an Heinrichs III. Hochzeit. Der Hildesheimer stellt sie ganz richtig vor die Hochzeit und gibt auch die näheren Umstände, Daten und Orte an, wo Belehnung und Vermählung erfolgte; auch vermerkt er das zwischen beiden

---

[1]) Vgl. c. 22: causa orationis; c. 37: Romam orandi gratia venit; c. 1: hanc vitam excessit; c. 39: ex hac vita migravit.

liegende Itinerar Konrads auf's Sorgfältigste. In dieser Zwischenzeit fand u. a. auch die von ihm genau eingeordnete Triburer Synode statt, die H — übrigens in diesem Abschnitte zumteil ausführlicher und besser unterrichtet als seine angebliche Vorlage — wiederum irrtümlich vor Konrads Belehnung und gar in's Jahr 1035 gesetzt hat. Nimmt man hinzu, dass uns einzelne Anklänge im Wortlaute (rex Danorum et Anglorum ... apud Noviomagum) verleiten könnten, auch die Darstellung der Hochzeit Heinrichs III. bei H auf die Hildesh. zurückzuführen, dann vergegenwärtige man sich einmal, welches Kunststück chronologischer Verwirrung der Verfasser der H, E und S gemeinsamen Vorlage fertig gebracht, wie bodenlos nachlässig er den tadellosen Bericht der Hildesh. excerpiert haben müsste! Empfiehlt es sich da nicht eher, die wenig auffälligen Anklänge an die Hildesh. bei HS dem Zufall zuzuschieben?

Verschiedene, von einander unabhängige Quellen pflegen oft, wenn sie ein und dasselbe Ereignis berichten, ganz unwillkürlich auf denselben Wortlaut zu verfallen. Unter diesem Gesichtspunkte möge man einmal die folgenden Parallelen betrachten, die allerdings auf den ersten Blick des Auffälligen genug bieten.

Ann. Hildesh. 1037.	*H 1037.*
Mediolanensis archiepiscopus, imperatori contrarius, comprehenditur et Popponi, Aquilegiensi patriarchae, *servandus committitur*, a quo fuga lapsus palam rebellare cepit.	Inde Papiam adiens Heribertum, Mediolenensem archiepiscopum, infidelitatis accusatum adprehendi iussit cumque Popponi, patriarchae Aquilegiensi, *custodiendum commendavit.* Qui fuga elapsus cunctis viribus *eidem imperatori* rebellare contendit.
Ann. Altah. 1037.	
Mediolanensis archiepiscopus comprehensus a imperatore et aliquamdiu retentus, eheu! se custodientibus est fuga elapsus ... Sed et Poppo, patriarcha Aquilegiensis, qui custodire suscepit archiepiscopum etc.	*E 1037.* (Imperator) Mediolanensem archiepiscopum in custodiam misit, qui fuga lapsus ... *eidem imperatori* rebellat.

Annalista Saxo (Ann. Magdeb.)	*S 1037.*
1037.	(Imperator) eundem episcopum de improviso captum, quasi reum maiestatis, Aquilegiensi patriarchae *custodiendum* tradidit. Cui ille astute fuga elapsus etc.
Contigit autem Mediolanensem episcopum ... ex parte imperatoris infidelitatis notari et a comprovincialibus multis accusari ... Super hoc imperator commotus ... cumque apprehensum Aquilegiensi patriarchae Popponi *servandum commisit*. A quo liberius debito habitus post aliquot dies fuga lapsus evasit.	
	Wi c. 35.
	(Imperator) comprehenso illo, retinuit in sua potestate. Deinde *commendavit* eum in custodiam Poponi, patriarchae Aquilegiensi ... Archiepiscopus ... fugit.

Vorausgeschickt sei hier, dass der Bericht des sächsischen Annalisten viel eingehender und genauer, an Einzelheiten reicher ist als jener Wipos, von dem wir wieder über andere Punkte selbständige Belehrung empfangen. Eine Sonderstellung nimmt die ebenfalls sehr eingehende Darstellung des Altaicher Jahrbuchschreibers ein. Ausser den Worten comprehenso (*Altah.:* comprehensus) und retinuit (*Altah.:* retentus) und dem Namen und Titel Poppos von Aquileia findet sich bei Wipo aber kein Anklang weiter an die Ann. Hildesh. mai. Nicht nur dies! Man wird in den Gesta Chuonradi des kaiserlichen Kaplans vergebens nach weiteren Anklängen an die Ann. Hildesh. mai. suchen. Aus diesen Gründen werden wir Wipo von vorneherein aus der Klientel des verlorenen sächsischen Jahrbuchs ausscheiden dürfen. Es käme dann nur noch in Frage, ob die gemeinsame Vorlage von HES, nach unserer Annahme das Reichenauer Wipoexcerpt der Ann. Alam. Aug., aus den Ann. Hildesh. mai. geschöpft haben kann.

Namen und Titel des Erzbischofs von Mailand und des Patriarchen von Aquileia scheiden als zu farblos aus dem Beweismaterial aus. Es bleiben dann noch die Wendungen 'infidelitatis accusatum', 'adprehendi iussit', 'custodiendum commendavit' (*S.:* 'c. tradidit'), 'fuga elapsus' ('lapsus') und 'rebellare contendit (*E.:* 'rebellat') als möglicherweise den Ann. Hildesh. mai. entlehnt zu untersuchen.

Die Wendung 'infidelitatis accusatum' hat nicht in dem Reichenauer Wipoexcerpt gestanden. Dies beweisen Otto von Freising oder vielmehr Hermanns von Reichenau Gesta Chuonradi et Heinrici imperatorum, in denen, wie die Parallele auf S. 86 beweisen dürfte, eine ähnliche Wendung wie in S (quasi reus maiestatis) gestanden haben wird. Der Ausdruck 'adprehendi iussit', der an das 'apprehensum' des Annalista Saxo erinnert, wird eine Umschreibung des 'comprehenso illo' Wipos sein. Die Phrase 'custodiendum commendavit' (vergl. *Wi:* 'in custodiam commendavit) klingt doch nur sehr schwach an das 'servandum commisit' der sächsischen Quellen an. Eher könnte man an Beziehungen zwischen dem 'rebellare contendit' (*E.:* rebellat) und dem 'rebellare cepit' der Ann. Hildesh. denken. Hier, wie in allen übrigen Fällen, scheint mir aber doch die Erklärung möglich, dass verschiedene, von einander unabhängige Quellen das gleiche Ereignis mit gleichen oder ähnlichen Worten erzählen. Auffälliger, wenn auch ungezwungen auf dieselbe Weise zu erklären, ist die allen Quellen, den sächsischen wie den schwäbischen, gemeinsame Wendung 'fuga elapsus', resp. 'lapsus'.

Man wird mir einwenden können: der Zusammenhang zwischen verschiedenen Quellen ist schon oft durch ein ebenso geringes, wenn nicht geringeres Beweismaterial erwiesen worden. Gewiss! Und ich gebe zu, dass die Möglichkeit, dass der Reichenauer Wipoexcerptor auch die Ann. Hildesh. mai. zur Hand gehabt hat, nicht ganz zu verwerfen ist, obwol die Wahrscheinlichkeit mir sehr gering dünkt. Ich werde deshalb, um den übrigens selbstverständlichen Satz, dass 'verschiedene, von einander unabhängige Quellen öfters ganz unwillkürlich das gleiche Ereignis mit gleichen oder ähnlichen Worten erzählen', zu stützen, noch eine weitere Quelle über Erzbischof Heriberts Gefangennahme, die Gesta archiepisoporum Mediolanensium Arnulfs von Mailand, heranziehen und mit den schwäbischen Quellen in Parallele stellen.

Arnulf II, 12 (S. S. VIII, 15).	*Wi c. 35, HES 1037.*
Veniens autem Veronam imperator indeque Mediolanum honorabiliter die primo suscipitur, in crastinum tumultuante ... in eum populo, graviter offenditur . . . Quod augustus dissimulans, Papiam adiit. Ubi cum generale statuisset colloquium, concinnato dolo cepit ac tenuit, archiepiscopum, Aquilegensi tradens patriarchae custodiendum.	Inde ad Mediolanum veniens[1] ... susceptus honorifice[2] ... tumultus factus est populi[3] ... unde commotus[4] ... Inde Papiam adiens[5] ... imperator praecepit, ut omnes in urbem Papiensem ad generale colloquium convenirent[6] ... (episcopum) captum[7] retinuit in potestate[8] ... Aquilegensi patriarchae custodiendum tradidit[9].

Es fehlt nur das ominöse 'fuga elapsus', und wir könnten mit gleichem Rechte wie zwischen HES und den Ann. Hildesh. mai., zwischen Arnulf und den schwäbischen und damit auch den sächsischen Quellen einen engeren Zusammenhang konstatieren. Da ein solcher aber ausser dem Bereiche aller Möglichkeit liegt, ergibt sich aus der Analogie der Schluss auf das vermutliche Verhältnis zwischen HES und den Ann. Hildesh. von selbst: weder die Ann. Hildesh. mai. noch die Ann. Hersf. haben in den uns erhaltenen oder auch in den von uns besprochenen verlorenen Reichenauer Quellen Verwendung gefunden.

---

[1] Wi; H: imperator Mediolanum pervenit; S: Mediolanum inde pervenit. [2] S; Wi: magnifice receptus. [3] Wi. [4] H; S: episcopum inde progrediens secum Ticinum adduxit. [5] Wi. [6] S. [7] Wi. [8] S; H: Poponi, patr. Aq., custodiendum commendavit; E: archiepiscopum in custodiam misit; Wi: commendavit eum in custodiam Poponi, patr. Aquil.

II.

Die Anfänge der böhmischen und polnischen Annalistik.

Erst nach Druck des Abschnitts IV, 2[1]) kam mir eine bisher kaum beachtete Schrift W. Regels 'Über die Chronik des Cosmas'[2]) zu Gesicht. Mit Waitz[3]) werden hier[4]) die Ann. Cracov. und Prag. auf 'alte Mainzer Annalen' zurückgeführt. Diese verlorene Quelle hat Regel[5]) mit ebensowenig Glück wiederherzustellen versucht wie eine zweite gemeinsame Quelle der böhmischen und polnischen Jahrbücher, die 'alten Prager Annalen'[6]). Letztere sollen im 11. Jahrhundert in Prag aus einer Verschmelzung der Mainzer Quelle mit alten einheimischen Aufzeichnungen entstanden sein. 'Später finden wir sie auch in der Chronik des Cosmas. Endlich im 13. Jahrhundert bildeten sie einen wichtigen Bestandteil der späteren Ann. Prag'.

Mit den 'alten Prager' kamen um 1050 die 'alten Mainzer Annalen' nach Krakau, um dort als Basis der 'alten Krakauer Annalen', der Grundlage der gesammten polnischen Annalistik, zu dienen. Infolge der 'wechsel-

---

[1]) S. o. S. 173 ff: Eine verlorene Ableitung der Ann. Alam. Aug. [2]) Dorpater Diss., Dorpat 1892. W. Wattenbach hat DGQ⁶ II, 206, 1 nur die 1890 zu Petersburg erschienene russ. Ausgabe citiert. [3]) G. G. N. 1873, S. 588 ff., vgl. o. S. 174 ff. [4]) S. 42 ff. [5]) S. 43 ff. [6]) Vgl. die verunglückte Rekonstruktion auf S. 39 ff.

seitigen Beziehungen zwischen Böhmen und Polen' kamen dann um 1100 die 'alten Krakauer Annalen' nach Prag und wurden hier von Cosmas und in den Ann. Boh. benutzt[7]).

Gibt's keine andere Lösung? Ich gehe bei der Beantwortung dieser Frage von einer beiläufigen Behauptung Regels aus, der die späteren Ann. Prag. für ein 'sehr mangelhaftes und fehlerhaftes Excerpt aus Cosmas und dessen Fortsetzungen erklärt[8]), und zwar soll der in den 20er Jahren des 13. Jahrhunderts schreibende Annalist die durch die Zusätze und die Fortsetzung des Sazawaer Mönchs vermehrte Cosmashandschrift benutzt haben. Beweis dafür seien die Jahresberichte 990 und 1053, von denen sich aber nur der erste, kurze (Nemcis perdita est) wörtlich, der zweite dagegen nur inhaltlich mit den Zusätzen des Sazawaer Mönchs deckt.

Woher, so fragen wir entgegen, stammen denn die Zusätze der Ann. Prag. zu Cosmas, die nicht bei jenem Mönche zu finden sind? So zu 894: (Baptizatus est Borivoi) cum uxore sua Ludmilla, ex qua natus est Wratizlaus, pater sancti Wenceslai und zu 929: (Consecratio ecclesie S. Viti) a Tutone episcopo Ratisponensi per Boleszaum fratricidam. Richtig sind beide[9]). 'Cum uxore sua Ludmilla' setzen auch die von Regel mit Cosmas auf eine gemeinsame Quelle zurückgeführten Ann. Boh.[10]) und das Auct. Mellic.[11]) zu Borivois Taufe hinzu. Zu 981, 987, 990 stimmt ferner das Prager Jahrbuch näher mit den polnischen Annalen als mit Cosmas. Ist 'Lubic perdita est' in der That nur Excerpt aus der langen Erzählung des letzteren zu 994/95? Woher stammt ferner die 1044er Meldung: Brecizlaus fecit plagam super Ungaros? Mit Cosmas und 'alten Mainzer Annalen' allein, soviel ist sicher, als einzigen Quellen der späteren Ann. Prag. reichen wir nicht aus.

Von 1054—1125, das ist nicht zu bestreiten, sind diese Prag. ein schlechter Auszug aus Cosmas. Ist etwa um 1053

---

[7]) S. 42/43. [8]) S. 36. [9]) An anderer Stelle hoffe ich, was die zweite Stelle anlangt, dies eingehender darzuthun. [10]) Font. rer. Boh. II, 380 ff. [11]) M. G. S. S. IX, 536.

ein Einschnitt zu machen? Hat der Prager Annalist bis 1053 die gemeinsame Vorlage des Cosmas und der bis 1039 mit den Ann. Prag. gehenden polnischen Quellen benutzt? Erhebliche Gründe sprechen dafür. Setzen wir einmal unsere Vermutung[13]) als richtig voraus, um eine Hypothese über die Entstehung der 'alten Prager Annalen' vorwegzunehmen.

Um 1038 ward von dem Einsiedler Prokop[14]) Kloster Sazawa gegründet. Prokop und sein Nachfolger Veit waren Anhänger der slawischen Liturgie. Herzog Spitignew aber, der 1054 zur Regierung kam, begünstigte den lateinischen Ritus, verjagte die Altslawen aus Sazawa und berief einen deutschen Abt zur Reformation und Leitung des Klosters.

Die Anhänger des slawischen Ritus haben sicher keine lateinischen Annalen geschrieben. Als deutsche Mönche das Kloster reformierten, brachten sie wol das unentbehrliche Inventarstück einer mittelalterlichen Klosterbibliothek, eine Ostertafel, mit. In dieser mögen die dürftigen landesgeschichtlichen Notizen gestanden haben, die später den Grundstock der böhmisch-polnischen Annalistik bildeten. Die meisten dieser Notizen, z. B. zu 968: Vok comes obiit, 990 Nemcis perdita est u. s. f. tragen in ihrer lakonischen Kürze, in ihrer oft nur dem Eingeweihten, dem Schreiber verständlichen Fassung das Gepräge völliger Gleichzeitigkeit und Zufälligkeit.

Die deutsche Leitung brachte Sazawa neue deutsche Bildungselemente. Sollte hier kurz nach der Klosterreform (1055) die etwa mit 1053 schliessende gemeinsame Vorlage der böhmischen und polnischen Quellen, Regels 'alte Prager Annalen', verfasst sein? Manches spräche dafür.

---

[13]) Weitere Beweise, die aus der selbständigen Benutzung der Ann. Quedl., aus der Heranziehung weiterer fremder Quellen, der Mainzer Kompilation und eines Kaiser- und Papstkatalogs, sich ergeben, s. u. [14]) Den spätere böhmische Kirchenhistoriker aus Braunau, (Brevnov) kommen lassen. Für die nachstehenden Ausführungen zur böhmischen Kirchengeschichte verweise ich auf die 'Kirchengeschichte Böhmens' von A. Frind, Bd. I (Prag 1864).

Nicht nur der dürftige Jahresbericht über den Sazawaer Abt Prokop zu 1053 könnte in's Feld geführt werden. In kirchlicher Hinsicht unterstand Böhmen zunächst dem Bischof von Regensburg. Seit der Ottonenzeit knüpften sich aber engere Beziehungen zu den deutschen Missionsbistümern an Elbe und Saale. Detmar, Prags erster Bischof, war Sachse. Sein Nachfolger Adalbert ward zu Magdeburg erzogen. Thedag und Ekkard, die folgenden Bischöfe, waren wieder Sachsen. Ein Thüringer, der hl. Günther, hat lange in Böhmen gewirkt. Er ist im Kloster Braunau begraben. Aus Braunau kamen die ersten Mönche des lateinischen Ritus nach Sazawa[14]). Um 1172, als die Sazawaer Zusätze zu Cosmas gefertigt wurden, befand sich in diesem Kloster ein Exemplar der Ann. Quedl., die auch eine Grundlage der sogenannten 'alten Prager Annalen' gebildet haben. Dürfen wir in der Thatsache des Vorhandenseins eines sächsischen Jahrbuchs in Sazawa einen Hinweis auf die sächsische Heimat des aus Braunau kommenden Sazawaer Reformabtes, einen Hinweis zugleich auf den Entstehungsort der mit den Ann. Quedlinb. so eng zusammenhängenden gemeinsamen Vorlage der polnisch-böhmischen Annalen, jener 'alten Prager Annalen', erblicken? Die Antwort hierauf werden uns die Ergebnisse der folgenden Untersuchung erleichtern.

Ich nannte die Ann. Quedl. eine Grundlage der 'alten Prager Annalen'. Zum Beweis ziehe ich von deren Ableitungen nur eine einzige polnische heran, welche die meisten Spuren daraus bewahrt hat, die Ann. capituli Cracov[15]). Bis 968 gehen diese zumeist auf die oben besprochene Mainzer Kompilation zurück, deren Spuren sich auch in den späteren Ann. Prag. finden. Nach 968 sind sie sehr dürftig, deshalb verweisen auch nur die Jahresberichte 968 (?), 969, 970, 1002, 1009, 1012 auf das Quedlinburger Jahrbuch zurück[16]).

---

[14]) Vgl. Frind a. a. O. S. 114. Woher diese Notiz stammt, habe ich nicht feststellen können. [15]) Ann. Poloniae, S. S. rer. Germ., p. 14 sq. [16]) Vgl. Abschnitt IV, 2. Ich muss nach erneuter Prüfung die dort S. 174 gemachte Anmerkung, dass eine Benutzung der Ann. Hersf. in den Cracov.-Prag. 'möglich, aber nicht eben wahrscheinlich' sei, dahin berichtigen, dass eine Benutzung der Hersf. überhaupt ausgeschlossen, dagegen eine solche der Ann. Quedlinb. erwiesen ist.

Noch geringer sind die Spuren in einzelnen böhmischen Ableitungen. Der Jahresbericht der Ann. Boh. zu 930: Saxones prosternunt Sclavorum CXX milia geht ohne Zweifel durch die Vermittelung der Ann. Quedl. auf die Ann. Corb. zurück. Den Zusammenhang der Quedl. und Boh. zeigt uns ferner die folgende Parallele:

Ann. Quedlinb. 996.	*Ann. Boh. 998.*	*Cosmas I, 31 (a. 996).*
Adalbertus episcopus de Praga civitate a Prucis glorioso martyrio 9. Kal. Maii coronatur.	Sanctus Adalbertus, *Boemorum secundus* episcopus, martirio coronatus est, *cui Theogadus successit.*	Praesul Adalbertus ... in Brucia vitam terminavit martyrio 6. Kal. Maii, feria 6.
	Auct. Mellic. 998.	*Cosmae Cont. Sax. a. 996.*
	Sanctus Adalbertus, Pragensis episcopus *secundus*, glorioso martyrio a Brucis coronatur.	Sanctus Adalbertus, episcopus *Boemorum secundus* de Praga civitate, a Prucis glorioso martyrio 9. Kal. Maii coronatur, *cui Theogadus successit.*

Der Zusammenhang ist klar. Neben dem Quedlinburger Jahrbuch ist aber in der gemeinsamen Vorlage der böhmischen Quellen — das machen die kursiv gedruckten Stellen ersichtlich — noch eine zweite, wahrscheinlich einheimische Aufzeichnung benutzt worden.

Cosmas hat seine Quellen in seine eigene, schwülstige Sprache umgegossen. So erhielten sich bei ihm nur vereinzelte Anklänge an die Ann. Quedl. In der obigen Zusammenstellung haben beide Quellen z. B. das falsche Jahr (996 statt 997) gemein. Von 962—983 hat die Handschrift der Quedlinb. eine grosse Lücke. Trotzdem erlauben uns die Ann. Altah. und Lamperti und die hier sicher auf die Quedlinb. zurückgehende Cont. Saz.[17], den Jahresbericht des Cosmas zu 972: Sanctus Oudalricus migravit a seculo für das Quedlinburger Jahrbuch in Anspruch zu nehmen.

---

[17] S. S. IX, 148 ff.

Ebenso Cosmas zu 984: Obiit Rome cesar Otto secundus, welcher Jahresbericht durch fast sämtliche Schwesterquellen der Quedlinb. zu 983 belegt wird. Otto imperator (secundus *Weissenb.*, *Lamp.*) Rome periit (obiit *W.*, *L.*, *Hild.*) melden z. B. die Ann. Altah. Die poetische Form, in der Cosmas Ottos III. Tod meldet, vereitelt den Nachweis der Verwandtschaft mit dem Jahresbericht 1002 der Quedlinb. Wahrscheinlich sind auch die Meldungen vom Tode Kaiser Heinrichs II. und Herzog Boleslaws von Polen demselben Jahrbuch entnommen. Das genaue Tagesdatum, das Cosmas hier vor diesem voraus hat, wird aus dem Prager Totenbuche stammen, dem er nachweislich [18]) in zwanzig anderen Fällen gefolgt ist.

Offensichtlicher ist der Zusammenhang des Auct. Mellic. mit den Quedlinb. zu 923: Sanctus Hildewardus Halberstadensis nascitur und zu 996: Sanctus Hildewardus prefatus obiit. Auch die Zusätze des Wischrader Kanonikus zu dem von ihm fortgesetzten Cosmas zeigen zu 1011, 1014, 1015 (verstümmelt) und vielleicht noch 1026 [19]) Verwandtschaft mit den Ann. Quedlinb. Am klarsten aber ist deren Zusammenhang mit den 'späteren' Ann. Prag. zu 910, 911, 912 (?), 933, 945 (?), 950, 973 und 984.

Die nahen Beziehungen der böhmischen und polnischen Quellen zum Quedlinburger Jahrbuch sind demnach nicht zu leugnen. Was folgt daraus? Hat jeder der einzelnen Annalisten die sächsische Vorlage selbständig, auf eigene Faust ausgeschrieben? Das ist unwahrscheinlich. Dagegen scheint mir auch, was die Ann. Boh. und das Auct. Mellic. und die Cont. Saz. anlangt, die Parallele zu sprechen. Hängt eine der Quellen von der anderen, diese wieder von einer dritten u. s. f., oder hängen alle zusammen von einer einzigen, direkt aus den Quedlinburger Annalen schöpfenden Vorlage ab? Dies wäre die einfachste Lösung. Nur ist uns eine gemeinsame, aus den Quedlinb. herzuleitende, aber schon, wie mir die Parallele zu erweisen scheint, mit einheimischen

---

[18]) Regel a. a. O. S. 26 ff. [19]) Die Ann. Quedlinb. sind bekanntlich am Ende verstümmelt.

Notizen durchsetzte Vorlage nicht mehr erhalten. Sie kann nach Lage der Dinge nur mit Regels 'alten Prager Annalen' identisch gewesen sein. Wie waren diese beschaffen?

Einigen Aufschluss geben uns die Zusätze des Sazawaer Mönches zu Cosmas, deren grosse Masse den Ann. Quedlinb. entstammt. Die Jahresberichte 963, 972/3 und 975 finden sich — die Quedlinb. haben hier eine grosse Lücke — wenigstens in deren Schwesterquellen. Nur der Bericht: Tuto episcopus Ratisponensis obiit zu 962, der Zusatz zu 972: (Sanctus Oudalricus obiit,) cuius corpus seplivit sanctus Wolfgangus episcopus Ratisponensis scheinen mir ebenso wie die Nachricht der Ann. Prag. zu 929: Consecratio ecclesie S. Viti a Tutone episcopo Ratisponensi böhmischen Ursprunges und älter als die Kompilation der Quedlinb. und der einheimischen Aufzeichnungen zu sein. Dass Böhmen bis 973/4 zur Diözese Regensburg gehörte, ist bekannt. **Jene Nachrichten werden also schon zu den ältesten böhmischen Annalen gehört haben.**

Welcher Art die Kompilation der Ann. Quedlinb. mit derartigen einheimischen Nachrichten war, zeigt uns deutlich die Parallele auf S. 264. Wenn hier die Ann. Boh. und das Auct. Mellic. nicht auf die Cont. Saz. zurückgehen, deren Abfassungszeit in's letzte Drittel des 12. Jahrhunderts fällt, dann hat letztere den aus den Quedlinb. und den einheimischen Nachrichten zusammengesetzten Wortlaut der verlorenen Vorlage am treuesten bewahrt. Das Gleiche wäre beim Jahresbericht 990 der Fall. Ein Blick in die Ausgaben lehrt uns, dass Nichts unwahrscheinlicher ist als die Annahme, die Ann. Boh. und das Auct. Mellicense, zu denen wir noch für 990 und 1001 die Ann. Cracov. breves fügen könnten, seien Tochterquellen der Sazawaer Cosmashandschrift, neben der sie — und zwar jeder selbständig — noch die Ann. Prag., die Ann. Quedlinb. und Regino benutzt haben müssten. Dieser Fall ist doch zu unwahrscheinlich, um glaubhaft zu sein. Schliessen wir ihn aus, dann ist die verlorene

Quelle der böhmischen Annalen im Grunde nichts weiter gewesen als eine Kompilation der Quedlinburger Jahrbücher mit einheimischen Notizen oder genauer — darauf führt uns die ausführlichste Ableitung, die Cont. Saz., — ein vielleicht am Rande, vielleicht durch Überschreiben und Einschieben aus den ältesten nationalböhmischen Aufzeichnungen ergänztes Exemplar der Ann. Quedlinb. Dass dieses Exemplar dem Kloster Sazawa gehörte, darauf scheint mir ausser den oben angestellten und den noch kommenden Erörterungen vor Allem seine ausführliche Benutzung in der Cont. Sazaw. hinzudeuten.

Übersichtlich pflegen derart interpolierte Handschriften nicht zu sein. Späteren Abschreibern passiert es deshalb nur zu oft, dass sie die eingefügten Notizen falsch einreihen. Ein krasses Beispiel bietet die Cont. Saz. zu 962. Bischof Tuto von Regensburg ist nicht 962, sondern schon 32 Jahre früher gestorben. Nicht ganz so schlimm steht es mit der falschen Chronologie der Eroberung Prags durch Herzog Boleslaw von Polen, die durch einwandfreie deutsche Zeugnisse für das Jahr 1003 festzulegen ist. Dux Mesco Poloniensis obtinuit civitatem Pragam meldet der Sazawaer Mönch zu 1001. Dasselbe berichtet Cosmas mit anderen Worten zu 1000/1001. Hat hier der Sazawaer seinen Zusatz zu Cosmas aus Cosmas selbst geschöpft? Dass dieser absonderliche Fall abzuweisen ist, bezeugen die von beiden sicher unabhängigen polnischen Ann. Cracov. breves zu 1001: Et eodem anno Poloni ceperunt Pragam et ducem Boleslaum in eadem cecaverunt[20].

---

[20]) Die Nachricht der Urquelle lautete etwa wie folgt: Boleslaus cecatur. Praga civitas capta. Sie stand am Rande einer Ostertafel. Ihre Zugehörigkeit zu 1001, 1002 oder 1003 war zweifelhaft. Der Mönch, der um 1055 die Ann. Quedlinb. mit den Notizen dieser Ostertafel kompilierte, setzte sie zu 1001 und änderte den Bericht in: Dux Mesco Poloniensis obtinuit civitatem Pragam. Er erinnerte sich Meskos, mit dem Böhmen so oft zu thun hatte, und verwechselte ihn mit seinem Vater Boleslaw Chabry. Der in der polnischen Geschichte besser bewanderte Krakauer Annalist gab die Notiz in anderem

Auch diese Stelle spricht sonach für das übrigens auch von Niemanden bestrittene Vorhandensein einer gemeinschaftlichen Vorlage der böhmischen und polnischen Annalistik.

Nachdem ich dies vorweggenommen, will ich versuchen ein ungefähres Bild der ältesten böhmischen Historiographie zu entwerfen.

Die frühesten annalistischen Aufzeichnungen werden in Böhmen wie fast überall in den Ostertafeln eines Klosters gestanden haben. Wir können sie ziemlich vollzählig aus den Ableitungen zusammenlesen. Ursprünglich ganz vereinzelt — zu 899, 929, 930, 932 u. s. f. — und mit Hinweisen auf Böhmens Zugehörigkeit zum Stifte Regensburg durchsetzt[1]), werden sie mit dem Auftreten des hl. Adalbert häufiger. Die letzte den böhmischen und polnischen Quellen gemeinsame Notiz betrifft die 1039 erfolgte Übertragung der Reliquien dieses Heiligen von Polen nach Prag. Wo etwa mögen die unzusammenhängenden, oft bis zur Unverständlichkeit lakonischen Aufzeichnungen entstanden sein?

Man hat an den Prager S. Veitsdom gedacht. Der hl. Adalbert hat aber jedenfalls dem von ihm 993 gegründeten Kloster Braunau bei Prag ebenso nahe gestanden wie dem Kapitel von S. Veit. Von letzterem haben die ursprünglichen Annalen anscheinend nur einmal, zu 929, gehandelt. Auf Braunau bezieht sich die doch wol den ältesten Aufzeichnungen zuzuweisende Nachricht der Ann.

Wortlaute und anderer Zusammenstellung wieder. Cosmas stellte dagegen die verunechtete Notiz des Kompilators zu 1000 und 1001. Er wusste nämlich einmal, dass die Polen zwei Jahre im Besitze von Prag waren, und dass 1002 ein Herzog — es war dies Boleslaus III. von Böhmen — aus Prag vertrieben worden war. Seine ausführliche Erzählung von der Wiedereroberung Prags durch Herzog Ulrich stammt aus einem historischen Volksliede, das aber nicht die Eroberung von 1004 durch Jaroslaw und König Heinrich II., sondern jene von 1034 besang. Nähere Nachweise dafür muss ich mir für eine andere Gelegenheit versparen. Hier nur soviel, dass die durch Cosmas in's Jahr 1002 verlegte Blendung Jaroslaws erst im Jahre 1034 vollzogen ward. [1]) S. o. S. 266.

Boh. und des Cosmas zu 1045 (*B.:* Obiit Guntherus monachus et heremita in Brunonia in die beati Dio, nysii; *C.:* Obiit Gunther monachus 7. Jd. Octobr.-) mit der ich jene der Cont. Saz. zu 1045 zusammenbringe: Obiit Guntherus monachus et heremita 7. Jd. Octobr. et sepultus est in monasterio S. Adalberti atque Benedicti (i. e. Brunonia) ante altare S. Stephani prothomartyris. Man darf ihr wol die nur in den Ann. Boh. erhaltene Notiz zu 993 zugesellen: Per S. Adalbertum monasterium in Brevnow fundatum est, die mitten unter den anderen vom hl. Adalbert handelnden und sicher der Urquelle zugehörenden Berichten steht.

Ich vermutete oben, dass das Einfügen der ältesten einheimischen Annalen in das Quedlinburger Jahrbuch um 1055 gelegentlich der durch einen deutschen Abt und durch Mönche des lateinischen Ritus in's Werk gesetzten Klosterreformation zu Sazawa vorgenommen, und so das früheste böhmische Geschichtswerk entstanden sei. Nach jüngeren Nachrichten sind diese Mönche aus Braunau gekommen, eine Annahme, die mir sehr wahrscheinlich dünkt. Neben Braunau bestanden damals in Böhmen nur noch zwei Benedictinerklöster, jenes zu Ostrow und das erst 1054 gegründete Münchengrätz. Für eine Besiedelung Sazawas durch Braunauer Mönche scheint mir aber auch noch der Umstand zu sprechen, dass die Cont. Saz. zweimal, zu 1087 und 1127, den Abtswechsel in Braunau verzeichnet. Es ist begreiflich, dass das Tochterkloster noch durch mehrere Generationen hindurch den Angelegenheiten des Mutterstiftes seine Aufmerksamkeit geschenkt hat.

Trifft unsere Vermutung zu, dann sind um 1055 mit den Mönchen des lateinischen Ritus aus Braunau jene mit historischen Randnoten versehenen Ostertafeln nach Sazawa gekommen und dort zur Interpolierung eines Exemplars der Ann. Quedlinb. benutzt worden, das die zweite Stufe der böhmischen Historiographie darstellen würde. Dann wurden aus diesem Exemplare handliche Abschriften und

Excerpte gefertigt, die ihren Weg in die Nachbarklöster und in die Ferne, nach Polen, fanden.

Unter den mit dem Quedlinburger Jahrbuch verwandten böhmischen Quellen nannte ich auch die Zusätze des Wisehrader Kanonikus zu Cosmas. Stammen diese Zusätze etwa aus Sazawa? Ihre geringe Anzahl und Dürftigkeit verbietet sichere Schlüsse. Jedenfalls lagen dem Kanonikus annalistische Aufzeichnungen, doch wol seiner eigenen Kirche — zu 1089 meldeten sie: Erectio ecclesiae Vissegradensis — vor, deren Herkunft aus Sazawa die Jahresberichte 1032: Initium Sazaviensis ecclesiae und 1053: Sanctus Procopius abba obiit wahrscheinlich machen.

Meine Vermutung geht dahin, dass zur Zeit, als Herzog Wratislaw das Kollegiatstift Wisehrad gründete, (1070 bis 1088) eine Abschrift oder wol eher ein Excerpt der Sazawaer Kompilation der Ann. Quedl. und der Braunauer (?) Annalen nach Wisehrad kam und dort zu 1061, 1082, 1084 und 1089 fortgesetzt wurde. Wäre dem so, dann würden wir auch den Jahresbericht zu 1032: Initium Sazaviensis ecclesiae als Zeugnis für die Sazawaer Herkunft der Kompilation ansprechen dürfen.

Zweifellose Ableitungen aus dieser Kompilation sind mehrere polnische Annalen. Nur ist man bisher über Art und Grad dieser Verwandtschaft noch nicht in's Klare gekommen. Regel, der den durchaus missglückten Versuch gemacht hat, die gemeinschaftliche Vorlage der böhmischen und polnischen Quellen, seine sogenannten 'alten Prager Annalen', zu rekonstruieren, hat nicht bemerkt, dass die polnischen Annalen, wie übrigens schon St. Smolka[22]) hervorgehoben hat, in zwei scharf geschiedene Gruppen zerfallen, die sich u. a. auch durch die Verschiedenheit ihrer Beziehungen zu der böhmischen Urquelle kennzeichnen. Die Verwandtschaft der Ann. cap. Cracov.[23]),

---

[22]) 'Polnische Annalen bis zum Anfange des vierzehnten Jahrhunderts', Göttinger Diss., Lemberg 1883, eine ganz ausgezeichnete, viel zu wenig beachtete Arbeit. [23]) Die meisten dieser polnischen Annalen sind in der in Anm. 15 citierten Octavausgabe abgedruckt. Die von Regel herangezogenen Ann. Sandivogii (S. S. XXIX, 429) lasse ich weg, da sie nichts weiter sind als eine sehr späte Kompilation aus bekannten Quellen.

Cracov. vetusti, Cracov. breves, Mechow., die alle in letzter Linie auf alte Krakauer Kapitelsannalen zurückgehen, mit der Urquelle ist eine andere wie jene der Ann. Polon.[24]), Kamenzenses, Cracov. compilati und S. Crucis[25]), deren Grundstock minoritische Aufzeichnungen bilden. Die genaue Klassifikation dieser Annalen, das Aufstellen eines genauen Stammbaums wird freilich durch den Umstand sehr erschwert, dass die sogenannten alten Krakauer Kapitelsannalen auch auf die zweite, jüngere Gruppe eingewirkt haben. Im Wesentlichen aber wird Smolka in seinem 'Stammbaum polnischer Annalen' das Richtige getroffen haben, nur dass ich auf grund meiner Untersuchungen die Ann. S. Crucis der jüngeren statt der älteren Gruppe zuweisen möchte.

Die ältere Gruppe polnischer Annalen, die ich kurz als Ann. Cracov. bezeichne, bildet wieder mit den 'späteren' Ann. Prag. eine besondere Klasse der Ableitungen aus der Sazawaer Kompilation, wenn es gestattet ist, diesen Namen für die gemeinsame Vorlage einzuführen, während die jüngere, hauptsächlich durch die Ann. Pol. repräsentierte Gruppe in engeren Beziehungen zu den Ann. Boh. und dem Auct. Mellic. steht, die ihrerseits mit der Chronik des Cosmas die zweite Klasse der Ableitungen aus jener Kompilation darstellen. Das Hauptunterscheidungsmerkmal beider Klassen aber ist, wenn wir von den zeitweise recht markanten Abweichungen im Wortlaute absehn, die Benutzung der Mainzer Kompilation auf der einen, die der Chronik des Regino auf der anderen Seite. Wir wenden uns zunächst der ersten, wol auch der ältesten Gruppe, den Ann. Cracov.-Prag. zu.

Die Beziehungen der Mainzer Kompilation zu den Cracov.-Prag. habe ich schon im Abschnitt IV, 2 behandelt. Die Ann. Cracov. geben ihre Vorlage, ohne Zweifel ein mit der Mainzer Quelle verschmolzenes Excerpt aus der Sazawaer Kompilation, — wenigstens für die erste Zeit — am treuesten wieder. Für die Zeit von 730 bis

---

[24]) Citiert nach S. S. XIX, 609 sq. [25]) Ibid. p. 678 sq.

1012 sind sie ihm fast ausschliesslich gefolgt. Der letzte daraus stammende Bericht wird jener zu 1038 sein: Corpus S. Adalberti translatum est.

Die 'späteren' Ann. Prag., bis 1193 offenbar nur eine Kopie älterer Annalen[26]), beginnen erst mit 894 und folgen dem Excerpte aus der Sazawaer Kompilation wahrscheinlich bis zu dem Zeitpunkte, mit dem die Benutzung der Chronik des Cosmas einsetzt (1054). Die Spuren der Mainzer Kompilation in dieser jedenfalls kürzenden Kopie sind nicht mehr so deutlich wie in den Ann. Cracov. Doch stammen aus Mainz sicherlich der erste Teil bis 960, mit Ausnahme der Jahre 894, 929, 931, im ganzen also 14 Jahresberichte.

In den ausführlicheren Ableitungen aus der Sazawaer Kompilation dagegen, in der Chronik des Cosmas, der Cont. Saz., in den Ann. Boh. und dem Auct. Mellic., sowie in der jüngeren, minoritischen Gruppe der Ann. Pol. findet sich auch nicht eine Spur der verlorenen Mainzer Quelle, die demnach nur zu der Gruppe Cracov.- Prag. in Beziehungen stand.

Wann ist die gemeinsame Vorlage der Ann. Cracov.-Prag., die dritte verlorene, frühböhmische Quelle, die wir konstatieren können, entstanden? Jedenfalls nach 1039 — zu diesem Jahre haben die Cracov. und Prag. die letzte gemeinsame Nachricht —, wahrscheinlich auch nach 1055, dem Jahre, in das wir vermutungsweise die Entstehung der Sazawaer Kompilation gesetzt haben, und vor 1120, dem Zeitpunkte, den Smolka[27]) für die Abfassung der Ann. Cracov. vetusti, der ältesten Ableitung aus den sogenannten alten Krakauer Kapitelsannalen, annimmt.

1054 hat Herzog Bretislaw Frieden mit Kasimir von Polen geschlossen. 1063 vermählte sich sein Sohn, Herzog Wratislaw, mit Swatislawa, der Tochter Herzog Kasimirs von Polen. Judith, Wratislaws Tochter, war aber mit Herzog Wladislaw von Polen vermählt. Die guten Beziehungen zwischen Böhmen und Polen scheinen bis zur Zeit Bretislaws II. von Böhmen (1092/93) angedauert zu haben. Möglicherweise ist in der langen Friedensepoche eine Abschrift

---

[26]) S. die nächste S. [27]) A. a. O. S. 10.

des mit der Mainzer Quelle verbundenen Excerpts aus der Sazawaer Kompilation nach Polen gelangt.

Wenden wir uns jetzt der böhmischen Schwesterquelle der Ann. Cracov., den 'späteren' Ann. Prag., zu, so können wir innerhalb derselben vier Abschnitte unterscheiden. Der erste, schon besprochene reicht bis 1053. Der zweite bis 1125 wird durch einen sehr nachlässigen, in der Chronologie besonders schwachen Auszug aus Cosmas gebildet. Von da ab sind die Annalen — vielleicht gleichzeitig, vielleicht in grösseren Zwischenräumen, jedenfalls aber völlig selbständig — zunächst bis 1193 fortgesetzt worden. Die von Regel behauptete Abhängigkeit der Ann. Prag. vom Sazawaer Mönch, von Vincenz und Gerlach existiert nicht.

Noch einmal, zu 1139, stösst uns ein Bericht auf, der möglicherweise auf den Sazawaer Ursprung auch dieses Teiles hindeuten könnte. Er handelt von dem Sazawaer Abt Sylvester, der 1139 zum Bischof von Prag gewählt wurde, aber vor seiner Inthronisation wieder in sein altes Kloster zurückkehrte. Doch scheinen die letzten zehn Jahresberichte — man sehe sich 1183, 1185, 1190, 1192 an — eher auf Prag als Entstehungsort zu verweisen. Aus diesem Grunde werden wir auch den für den ersten Teil des Jahrbuchs nicht zutreffenden Titel Ann. Prag. festhalten dürfen.

Dass diese Ann. Prag. uns nicht in der Urschrift, sondern in einer im zweiten Jahrzehnt des 13. Jahrhunderts entstandenen, gekürzten Abschrift vorliegen, geht aus der Bamberger Handschrift mit Sicherheit hervor. Einzelne Ergänzungen können wir aus der ersten Prager Fortsetzung des Cosmas entnehmen, die offenbar das vollständigere, aber nur bis 1193 reichende Exemplar der Ann. Prag. benutzt hat. Der Urheber der in dem Bamberger Codex erhaltenen, jüngeren Abschrift — vielleicht der darin erwähnte Bischof Andreas oder sein Begleiter, der Kanonikus Vincenz, — wird auch der Verfasser der letzten Jahresberichte zu 1215, 1216, 1217, 1218 und 1222 sein.

Doch zurück zu den Anfängen der böhmischen Annalistik, zu der Sazawaer Kompilation und der zweiten, durch die Ann. Boh., das Auct. Mellic., die Chronik des Cosmas und die Ann. Polon. vertretenen Gruppe von Ableitungen!

Mit Unrecht haben die beiden zuerst genannten Quellen seither als Ableitungen aus Cosmas gegolten. Die Ann. Quedl. müssten sie jedenfalls, das haben wir oben gesehen, neben Cosmas benutzt haben. Hinzu kommt, dass die Boh. und das Auct. an nicht wenigen Stellen, zu 887 (Mell. 890), 894, 901, 906 (M. 915), 920, 990, 997 (M. 998), nicht unerhebliche Selbständigkeit zeigen und hier und da im Wortlaute mit anderen Ableitungen aus der Sazawaer Kompilation näher stimmen als mit ihrer angeblichen Quelle. Streckenweise bieten die 'Ableitungen' eine richtigere Chronologie als die 'Vorlage'. Zur Ergänzung des Beweises führe ich noch den ersten Jahresbericht der Boh. und des Auct. an und stelle ihm den Wortlaut der Chronik des Cosmas und der Urquelle, Reginos, gegenüber.

Regino 890.	*Ann. Boh. 887, Auct.* *890.*	*Cosmas I, 14.*
Arnulfus rex concessit Zuendibolch, Marahensium Sclavorum regi, ducatum Behemensium.	Arnolfus (filius Karolomanni B) rex (Romanorum B) concessit *Zvatopluc*, regi *Moraviae*, *conpatri* suo, ducatum *Boemie*.	*Zuatopulch*, rex *Moraviae*, contra imperatorem et *compatrem* Arnolphum, qui sibi non solum *Boemiam* verum etiam et alias regiones subiugarat etc.

Wie kommen die Boh., wie das Auct. hier zum Wortlaute der von Cosmas auf's freiste umgestalteten Chronik des Regino? Auf demselben Wege, auf dem sie zu den in Cosmas fehlenden Stellen aus den Ann. Quedl. und zu den Ergänzungen und Zusätzen gekommen sind: sie haben auf die von Cosmas ausgeschriebene Quelle zurückgegriffen. Nicht etwa auf ein Exemplar des Regino, das beweisen die stilistischen Änderungen des Wortlauts dieser Urquelle, die sie mit Cosmas gemein haben.

Wie war jene gemeinsame Vorlage der Boh., des Auct., des Cosmas beschaffen? Die Sazawaer Kompilation kann sie nicht gewesen sein. In dieser waren noch keine Spuren des Regino zu finden. Es wäre doch zu sonderbar, wenn sich dann davon keine mehr in den Cracov.-Prag. erhalten hätten. Deshalb ist auch das Excerpt aus der Sazawaer Kompilation, die Quelle der zuletzt genannten Annalen, von der Liste der Bewerbenden ausgeschlossen, ganz abgesehen davon, dass die mit dem Excerpt verschmolzene Mainzer Kompilation weder mit Cosmas noch mit den Boh. oder dem Auct. etwas gemein hat.

Es bleibt nur noch eine Möglichkeit: Cosmas, Boh. und Auct. gehen auf eine vierte verlorene Quelle, eine dritte Redaction der Sazawaer Kompilation zurück, die sich, ähnlich wie die erste an das Quedlinburger Jahrbuch, und die zweite, die gemeinsame Vorlage der Cracov.-Prag., an die Mainzer Kompilation, ihrerseits an die Chronik Reginos angeschlossen hat. Die ältesten böhmischen sind also ausnahmslos bekannten deutschen Quellen an- und eingefügt gewesen.

Auf das interpolierte Reginoexemplar geht bei Cosmas so manche Wendung und für den Zeitraum 933 bis 951 eine Reihe von Jahresberichten zurück. Das Auct. dagegen hat nur drei, die Boh. nur eine, die hierher gehörigen Ann. Polon. haben gar überhaupt keine Nachrichten aus der Chronik des Prümer Mönches geschöpft. Wie kommt das?

Die Ann. Boh. und das Auct., die im Übrigen, das lehrt schon ein oberflächlicher Vergleich, von einander unabhängig sind, und die Ann. Polon. zeigen noch vielfach Übereinstimmungen Cosmas gegenüber. In stilistischer Hinsicht wäre dies nicht weiter verwunderlich: Cosmas hat seine Quellen zumeist sehr willkürlich umgestaltet. Nun weichen aber die Ann. Polon. und Boh. und das Auct. Mellic. an mehreren Stellen ganz auffallend von der Chronologie des Cosmas ab und zwar auch an solchen, wo dieser mit der älteren Gruppe, mit den Ann. Prag.-Cracov., geht.

So bringen die Ann. Pol. II. gleich Auct. und Boh. genaue Jahresziffern für Tod und Thronbesteigung der Nachfolger Herzog Borivois I. bis auf Wenzel d. H. von Böhmen. Cosmas und die Ann. Cracov.-Prag. schweigen, und es kann keinem Zweifel unterliegen, dass jene falschen Datierungen willkürliche, spätere Zuthaten sind. So setzen ferner die Boh. und das Auct. den Tod Boleslaws I. in's Jahr 972, während Cosmas 967 bringt. Auch hier scheint die ältere Überlieferung die bessere zu sein. Umgekehrt steht es in folgendem Falle. In Übereinstimmung mit einigen polnischen Minoritenannalen lassen Boh. und Auct. Mell. Detmar, den ersten Prager Bischof, zu 974 geweiht werden und 982 im hl. Adalbert einen Nachfolger erhalten, während Cosmas gleich den Ann. Prag. die falschen Jahre 966/67 und 968/69 bietet.

Dieses Material dürfte zur Erhärtung der Thatsache ausreichen, dass zwischen die interpolierte Chronik Reginos, aus der Cosmas schöpft, und die Ann. Polon., Boh. und das Auct. Mellic. eine Zwischenstufe einzuschieben ist, die die Chronologie der böhmischen Herzöge verschlechtert, die falschen Ziffern über Adalbert aber und Detmar — wol unter Zuhilfenahme eines Prager Bischofskatalogs — verbessert hatte. Nun können wir uns auch die Seltenheit, bezw. das Fehlen der Stellen aus Regino in den Ann. Boh., dem Auct. und den Ann. Polon. erklären. Ihre gemeinsame Vorlage hat aus der interpolierten Reginohandschrift nur die auf Böhmen bezüglichen Stellen, zu 890, 894, 950 entnommen, die dann das Auct. vollständig wiedergab, während sich die Boh. mit der ersten, ältesten begnügten, und die Ann. Polon., die des Interesses an der böhmischen Geschichte ermangelten, alle drei ausfallen liessen.

Der Zusammenhang der böhmischen und polnischen Quellen lässt sich jetzt folgendermassen graphisch darstellen.

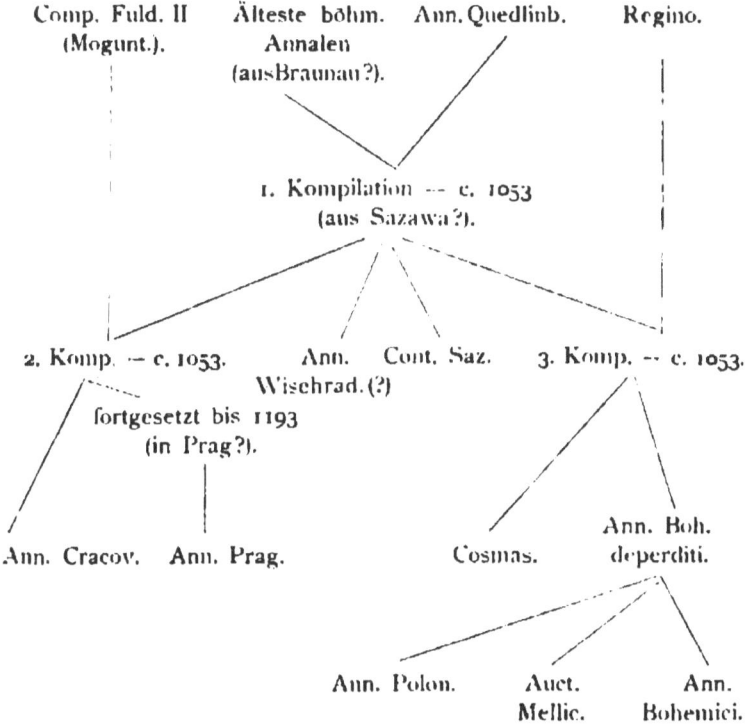

Treten wir jetzt in die Besprechung der einzelnen Glieder der zweiten Gruppe ein, so übergehe ich die polnischen Minoritenannalen. Sie haben durch St. Smolka eine erschöpfende Behandlung gefunden. Das Auct. Mell. mit seiner einzigen selbständigen Nachricht zu 1101: Coniuratio Zuatepluk contra ducem Borivoy bietet keinen Anlass zu besonderen Erörterungen. Ich begnüge mich deshalb, die beiden ausführlichsten Ableitungen der jüngeren Gruppe, die Chronik des Cosmas und die Ann. Bohemici, zu besprechen.

Cosmas hat uns ohne Frage den Bestand der ältesten böhmischen Annalen am vollständigsten erhalten. An einzelnen Stellen hat er sich, stilistisch auf's freieste umgestaltend, die weitgehendste Willkür erlaubt, an anderen wieder hat er die lakonische Kürze seiner annalistischen Vorlage bewahrt, offenbar weil ihm einzelne Notizen unverständlich waren, und er aus anderen Quellen, der mündlichen Tradition, den ihm vorliegenden Heiligenleben u. s. f., nichts hinzuthun konnte. Die übrigen Ableitungen haben diese Notizen — ich rechne hierher z. B. die Nachricht zu 968: Obiit Vok comes und 1003: Hic interfecti sunt Wrissovici — einfach ausgelassen. Andere hat Cosmas auf grund mündlicher Tradition ausführlich umschrieben, nicht ohne stellenweise dieser Paraphrase noch einmal den Wortlaut der annalistischen Vorlage anzufügen. Hierher gehören 995: Interfecti sunt in urbe Lubic quinque fratres S. Adalberti etc., 1004: Passi sunt hi fratres quinque etc., 1021: Rapta est virgo Judith, 1038: Jaromir dux obiit pridie Non. Nov. Auch die Nachricht vom Tode der Herzogin Dubravca von Polen, einer böhmischen Prinzessin, zu 997, jene vom Ableben der Herzogin Emma von Böhmen zu 1006 und eine dritte zu 1022: In Polonia facta est persecutio christianorum möchte ich zum ursprünglichen Bestande der frühböhmischen Annalen rechnen.

Damit setze ich mich zu den Aufstellungen Regels [28]) in Widerspruch, der wenigstens die letzte Nachricht auf seine 'alten Krakauer Annalen' zurückführt, die, eine Kompilation aus 'alten Prager und Mainzer Annalen' mit alten polnischen Aufzeichnungen, gegen Ende des 11. Jahrhunderts nach Prag gekommen und dort von Cosmas und dem Verfasser der Ann. Boh. benutzt worden sein sollen. Regel[28]) hat sogar versucht, diese 'alten Krakauer Annalen' wiederherzustellen. Die Mainzer und, setzen wir hinzu, Quedlinburger Bestandteile seiner Rekonstruktion interessiren uns hier nicht, wol aber die angeblich polnischen.

Von diesen polnischen Bestandteilen sind in die Ann. Boh. nur vier übergegangen, nämlich 968: Polonia cepit habere episcopum, 1004: Quinque fratres in Polonia martirisantur, 1071: S. Stanizlaus Cracoviensis episcopus ordinatur, 1079: S. Stanizlaus martirio coronatur. Von ihnen findet sich bei Cosmas nur eine, jene zu 1004: Benedictus cum sociis suis martirizatus est, oder wenn wir die Fassung am Schlusse des Kapitels vorziehen: Passi sunt fratres quin-

---

[28]) A. a. O. S. 43/44.

que, Benedictus, Matheus, Ysaac, Cristinus atque Johannes, 3. Id. Nov. Dafür soll aber Cosmas noch weitere 5 Stellen der angeblichen polnischen Vorlage entnommen haben, zu 977, 999, 1000, 1001, 1022, 1025.

Die Stücke, die sich auch in den anderen Ableitungen der Sazawaer Kompilation, in den Ann. Prag., der Cont. Saz. u. s. f., finden, jene zu 999 (*Prag.* 1000), zu 1000/1001 (*Cont. Saz.* 1001), zu 1004 (Prag., Cracov. 1003), fallen von vorneherein weg: sie sind schon Bestandteile der ältesten böhmischen Annalen gewesen. Weshalb sollte man von der in Prag erfolgten Ordination des Gaudentius, des Bruders Adalberts, in Böhmen nicht ebensogut Kenntnis gehabt haben wie in Polen? Die Eroberung Prags durch die Polen passt vielleicht noch besser in böhmische als in polnische Annalen. Den Märtyrertod der fünf Brüder in Polen wird man auch in Böhmen erfahren haben. Ihre Gebeine sind 1039 zugleich mit jenen des hl. Adalbert von Polen dorthin verbracht worden. Stammt die Nachricht vom Tode Herzog Boleslaws von Polen zu 1025 wirklich aus 'alten Krakauer Annalen', dann müsste Cosmas diese Nachricht durch das Hinzusetzen des Monatsdatums, das in sämtlichen von Regel angeführten polnischen Annalen fehlt, ergänzt haben. Nimmt man aber einmal eine solche Ergänzung — wahrscheinlich aus einem alten böhmischen Totenbuch — an, dann liegt es doch näher, die Nachricht auf eine er wiesene Quelle des Cosmas, die Ann. Quedlinb. zu 1025: Bolizlawo, dux Poloniae, mortis sententiam subit, zurückzuführen als auf jene sehr fragwürdigen 'alten Krakauer Annalen' Regels.

Was bleibt von diesen nach Abzug der besprochenen Nachrichten und den aus der Mainzer Kompilation stammenden noch übrig? Ganze 5 Jahresberichte, bei Cosmas 2, bei den Ann. Boh. 3! Die Meldung vom Tode der Polenherzogin Dubravca bei Cosmas zu 977 gehört aber offenbar in eine Reihe mit den übrigen Familiennachrichten über das Haus der Premysliden, die der Prager Dekan bringt. Denn Dubravca war, ich sagte es schon, eine böhmische Prinzessin. So bliebe noch an vorgeblichen

Entlehnungen des Cosmas aus den 'alten Krakauer Annalen' eine einzige, wirklich nationalpolnische zu 1022 übrig: In Polonia facta est persecutio christianorum. — Kein Zweifel! Von einer polnischen Vorlage des Cosmas, der er nur diese einzige, in Böhmen wol auch ohnedies bekannte Nachricht entnommen hätte, kann keine Rede mehr sein.

Gehen wir jetzt zu den angeblichen Krakauer Nachrichten der Ann. Boh. über, so könnte in diesen eine etwaige polnische Quelle nicht schon Ende des 11. Jahrhunderts, sondern erst zwei Jahrhunderte später, in der 2. Hälfte des 13. Jahrhunderts benutzt worden sein. Die beiden Nachrichten zu 1071 und 1079 vom heiligen Stanislaus von Krakau können erst nach der 1253 erfolgten Kanonisation des früher durchaus nicht im Geruche der Heiligkeit stehenden Krakauer Bischofs geschrieben sein. Nach der Kanonisation wird man aber auch in weiteren Kreisen, wird man auch in dem Polen benachbarten und so vielfach verwandten Böhmen von dem neuen Heiligen gesprochen und geschrieben haben. Wohin kämen wir, wenn wir für alle deutschen Annalen, in denen beispielsweise vom hl. Thomas von Canterbury, von der hl. Gertrud von Ungarn die Rede ist, eine englische oder ungarische Vorlage annehmen wollten?

Woher, wenn die besprochenen Nachrichten alle nicht aus 'alten Krakauer Annalen' stammen, rührt dann die älteste polnische Nachricht der Boh. zu 968: Polonia cepit habere episcopum? Ist sie identisch mit der Meldung der Ann. Pol. I, III cod. 3 und IV zu 970, der Pol. II zu 971 und der Pol. III cod. 3a zu 968: Prohortus primus episcopus Cracoviensis ordinatur? Inhalt und Wortlaut sprechen dagegen. Prohortus ist eine mythische Persönlichkeit, das Bistum Krakau stammt aus späterer Zeit. Dass es schon vorher Bischöfe ohne festen Sitz, Landesbischöfe, in Polen gab, wissen wir. Dann hätten aber die Ann. Boh., dann hätte die böhmische Quelle allem Anscheine nach in diesem Falle vor den einheimischen, polnischen Annalen die ursprüngliche, bessere Lesart voraus. Der Schluss liegt nahe. Nicht die Ann. Boh. haben die Nachricht zu 968 'alten Krakauer Annalen' entnommen, sondern umgekehrt: die polnischen Annalen haben hier — wahrscheinlich im Anschlusse an die legendäre Krakauer Bischofsliste — die allgemein gehaltene Notiz des Böhmen verunechtet.

Ich scheue mich nicht, einen Schritt weiter zu gehen. Cosmas und die Ann. Prag. beweisen, dass in den ältesten böhmischen Annalen zu 966/67 die Nachricht von der Errichtung des Prager Bistums stand. Wie nun, wenn sich der Schreiber der Ann. Boh. deperditi, der gemeinsamen Vorlage der Ann. Polon., Boh. und des Auct. Mell., verlesen hätte, wenn in seiner Quelle, der 3. Sazawaer Kompilation, die Nachricht zu 966/67 gelautet hätte: Bohemia cepit habere episcopum?

Gleichviel! Von einer 'wechselseitigen' Beeinflussung der böhmischen und polnischen Jahrbücher, von der Existenz 'alter Krakauer Annalen', wenigstens in der Form, in der sie Regel wiederhergestellt hat, wird man künftig absehen müssen. —

Es erübrigt mir noch, in einigen Sätzen die Zusammensetzung und den historischen Wert der Ann. Boh. zu erörtern. Mit Unrecht hat man sie seither als Excerpt aus bekannten Quellen aufgefasst. Freilich ist nicht zu leugnen, dass sie in der Gestalt, in der sie uns vorliegen, eine sehr späte, frühestens, wie gesagt, in die zweite Hälfte des 13. Jahrhunderts fallende Kompilation darstellen. Dies schliesst aber nicht aus, dass sie selbständige, gute Nachrichten enthalten. Dass dies in der That der Fall ist, wird die Analyse des Jahrbuchs ergeben.

Der aus der 3. Sazawaer Kompilation (—1053) stammende Abschnitt ist schon besprochen worden. Ein zweiter Bestandteil ist ein von 974 bis 1148 reichender Bischofskatalog, aus dem wol auch das richtige Datum der Errichtung des Bistums und der Nachfolge des hl. Adalbert stammt; ein dritter sind wahrscheinlich cisterziensische Aufzeichnungen über Ordensgründungen und Ordensgeschichte, bei denen wir noch einen Augenblick verweilen wollen.

In vielen mittelalterlichen Handschriften finden wir derartige ordensgeschichtliche Aufzeichnungen. Ohne andere Zuthaten treffen wir sie z. B. in 2 Pariser cod. cod. an, aus denen sie als Notae Cluniacenses[29]) veröffentlicht worden sind, ferner am Schlusse der Ann. Heinrichow.[30]) und der Chronik von Saar Heinrichs von Heimburg[31]). Heinrichow und Saar sind Cisterzienserklöster. Untermischt mit anderen Nachrichten finden wir die Notae ferner in den Ann. Mogunt.[32]), Boh. brevissimi[33]), die aber nichts weiter sind als die von Loserth[34]) herausgegebenen Ann. Aulae reg., in den Ann. Tiel.[35]), Halesbr.[36]), Burghaus.[37]), Seldental.[38]), in der Cont. Clarimarisc. der Chronik Hugos von S. Victor[39]), in den Ann. terrae Prussic.[40]), Ann. can. Samb.[41]), Dunemund.[42]), Colbac.[43]) und wol noch in einer Reihe anderer Annalen und Chroniken. Die meisten der angeführten Geschichtswerke verweisen uns wieder auf Cisterzienserklöster: Königssaal, Heilsbronn, Burghausen, Seldental, Claromares, Dünamünde und Kolbatz. Wir werden deshalb nicht fehl gehn, wenn wir nicht nur den cisterziensischen Ursprung dieser Notizen annehmen, sondern auch in den Cisterzienserklöstern das Hauptverbreitungsgebiet der Notae sehen[44]). Böhmen ist sehr reich an Cisterzienserstiftern gewesen. In einem derselben dürfen wir wol den Entstehungsort unserer Ann. Bohemici vermuten.

Auf die cisterziensischen Aufzeichnungen führen ohne allen Zweifel zurück die Jahresberichte 1089, 1107, 1113, 1120, 1136, 1151 (vgl. Ann. Aulae reg. 1151) und 1153. Verbunden waren mit diesen Aufzeichnungen gewöhnlich

---

[29]) S. S. XVII, 722. Sie sind so genannt, weil der eine cod. aus Clugny stammt. [30]) S. S. XIX, 547/8. [31]) S. S. XXX, 706. [32]) S. S. XVII, 1. [33]) Ibid. 719. [34]) Font. rer. Austr. I, VIII, 1 ff. [35]) S. S. XXIV, 21. [36]) Ibid. 43. [37]) Ibid. 61. [38]) Böhmer Font. III, 526. [39]) S. S. XXIV, 100. [40]) S. S. XIX, 691. [41]) Ibid. 699/700. [42]) Ibid. 708. [43]) Ibid. 714. [44]) Ähnliche Aufzeichnungen über Ordensgründungen, die aber mit den unseren anscheinend nichts zu thun haben, und die in letzter Linie auf Vincenz von Beauvais zurückführen dürften, finden sich bei Martin von Troppau (S. S. XXII, 431 ff.), in der Chron. minor (S. S. XXIV, 218 ff.) und in der Chron. S. Petri Erf. moderna (S. S. XXX, 354 ff.).

Notizen [15]) über den Tod und die Kanonisation von Heiligen, die zumteil wie der hl. Thomas, die hl. Hedwig, die hl. Kunigunde, die hl. Elisabeth in nahen Beziehungen zu den Cisterziensern gestanden haben. In den Ann. Heinrichow., die, wie wir sahen, mit den Notae Cisterc. verbunden sind, sind diese Notizen am zahlreichsten. Unter ihnen finden sich auch zwei, die unsere besondere Aufmerksamkeit erregen, jene zu 1072: Sanctus Stanizlaus in episcopum Cracoviensium ordinatur, und zu 1079: Sanctus Stanizlaus, episcopus Cracoviensis, passus est tercio Jd. Apr. Sie geben uns einen Fingerzeig für die Herleitung der angeblich aus den 'alten Krakauer Annalen' stammenden Jahresberichte 1071 und 1079 der Ann. Boh.: sie haben offenbar schon in den dem Annalisten vorliegenden Notae Cisterc. gestanden.

Der Jahresbericht 725 der Boh.: Bonifacius episcopus convertit Theutonicos ad fidem findet sein Gegenstück in einem S. S. XXII, 359 veröffentlichten Papst- und Kaiserkatalog [16]), wo es zu Gregor II. heisst: Hic per Bonifacium episcopum gentes Germanorum convertit ad fidem. Daselbst heisst es auch zu Sylvester II.: Hic fuit Gilbertus, cuius tempore completus est millesimus annus ab incarnatione Domini. Merkwürdigerweise stimmt damit der Jahresbericht 999 der Ann. Prag. fast auf's Wort: Silvester II. Iste fuit Gilbertus, tempore cuius impletus est annus millesimus ab incarnatione Domini. Es sind dies die letzten, dürftigen Spuren der Benutzung eines Papst- und Kaiserkatalogs in der gemeinsamen Vorlage der Ann. Prag. und Boh. und somit auch der übrigen böhmischen und polnischen Quellen. Diesem Kataloge dürfen wir wol auch den sonst nirgends unterzubringenden Jahresbericht 853 der Boh. zuweisen: Constantinus imperator post 47 annos imperii sui moritur, et hic finis imperatorum Constantinopolitanorum.

Nach Abzug der bekannten oder wenigstens anderwärts zu belegenden Vorlagen zugewiesenen Stellen der Ann. Boh. bleibt uns immer noch ein ansehnlicher Rest

---

[15]) Vgl. Ann. Aul. regiae (Boh. brev.), Halesbr., Burgh., Seldenal., Cont. Claromar., Ann. Tiel., terrae Pruss., can. Samb., Colbac.
[16]) Catal. pont. et imp. Tiburtinus.

von 15 Nachrichten, der sonst nirgends unterzubringen ist. Sie reichen von 1088 bis 1163 und behandeln zu 1091, 1118, 1119, 1133, 1139 Naturereignisse und Ähnliches, zu 1092 und 1099 den ersten Kreuzzug und die Eroberung Jerusalems, zu 1088, 1133, 1142, 1143, 1147, 1158, 1159 und 1163 Ereignisse aus der böhmischen Geschichte. Diese Jahresberichte berühren sich, wie dies natürlich ist, inhaltlich öfters mit anderen böhmischen Quellen, sind im Übrigen aber völlig unabhängig. Wir besitzen somit in ihnen offenbar die Reste von böhmischen Klosterannalen, über deren Ursprung der allgemein gehaltene Inhalt im Unklaren lässt. Es wird deshalb auch künftig bei der Bezeichnung Ann. Boh. sein Bewenden haben müssen.

Damit glaube ich einer bisher wenig beachteten böhmischen Quelle wieder zu ihrem Rechte verholfen, sie an dem ihr gebührenden Platz im Stammbaume der böhmisch-polnischen Annalen eingegliedert und so die Klärung der verwickelten Verwandtschaftsverhältnisse dieser Annalen unter und zu einander um einige Schritte gefördert zu haben. Dass der von mir aufgestellte Stammbaum auf die Auffassung der frühesten böhmischen Geschichte einen nicht zu unterschätzenden Einfluss ausüben muss, hoffe ich demnächst des Näheren darzuthun Gelegenheit zu haben.

III.
Zu St. 1975 und 1991.

Ich habe[1]) die Zeugenreihe der Korveier Kaiserurkunde vom 1. Juli 1028 (St. 1975) für apokryph erklärt. J. Ficker[2]), H. Bresslau[3]), R. Wilmans[4]) sehen sie als authentisch an, weil Zeugenreihe und Kontext von derselben Hand geschrieben und in beiden die Färbung der Tinte die gleiche sei.

Der letzte Grund ist wenig stichhaltig. Jeder Schriftverständige, mag es sich um mittelalterliche oder moderne Schriften handeln, wird den Satz bestätigen, dass es dem blossen Auge unmöglich ist, die Gleichheit der Tinten in zwei verschiedenen Stücken zu konstatieren. Bekanntlich ist die moderne Kriminalistik erst mittels Chemie und Photographie in dieser Hinsicht zu unantastbaren Ergebnissen gelangt.

Auch die Gleichheit der Schrift in Zeugenreihe und Kontext dürfte schwer zu beweisen sein. Ein Vergleich Buchstabe für Buchstabe ergibt fast genau soviel Abweich-

---

[1]) S. o. S. 146, 10. [2]) Beitr. z. Urkundenlehre I, 231. [3]) Kanzlei Konrads II., S. 48; Jahrbb. Konrads II., I, 251 ff.; N. A. II, 592 ff., v. Sybel u. v. Sickel, Kaiserurkk. i. Abb., Text S. 18/19. [4]) Kaiserurkk. der Provinz Westfalen II, 208/9. W. drückt sich hier vorsichtiger aus: 'Die Zeugenaufführung scheint von derselben Hand, die den Text schrieb', als früher in einem Brief an Bresslau, vergl. dessen Kanzlei Konr. a. a. O.

ungen als Ähnlichkeiten und Gleichheiten der Formen [a]). 'Der Schreiber', wendet man ein, 'hat im Kontext seine Hand verstellt, hat hier die ihm nicht geläufige Urkundenschrift nachgeahmt und zwar, wie Bresslau annimmt [b]), zumteil das von einem kaiserlichen Kanzleischreiber vorausgefertige Protokoll. Zudem hat er sich sichtlich archaistischer Formen befleissigt. In der Zeugenreihe dagegen bedient er sich der ihm geläufigen Bücherschrift'.

Die Möglichkeit dieser Erklärung der Verschiedenheiten in der Schrift gebe ich zu. Zwingend ist sie ebensowenig wie das Argument von der gleichen Färbung der Tinte. Weshalb hat der Schreiber wol mit der Schriftart gewechselt? Aus Bequemlichkeit? Der Bedeutung der Urkunde hätte es sicher eher entsprochen, wenn er auch bei der Niederschrift der Zeugenreihe Zeit und Mühe nicht gespart und auch hier die feierliche Urkundenschrift gewählt hätte. Weshalb ging ferner der Schreiber der Zeugenreihe, wenn er wirklich mit jenem des Kontexts identisch ist, als er Beides, Kontext und Zeugenreihe, in den vom Protokollschreiber freigelassenen Raum einschob, nicht so ökonomisch mit diesem um, dass er auch noch die Zeugen über dem Eschatokoll unterbringen konnte? Es hätte sich etwa um die Aussparung einer einzigen Zeile gehandelt. Weshalb liess er auf der letzten Zeile des Kontexts zwischen dessen Schluss und dem die Zeugenliste eröffnenden Worte 'Testes' einen Zwischenraum, weshalb brach er nach 'Meinwerc eps.', trotzdem noch für einige Namen Raum war, ab? Wie erklären wir uns die formlose Einleitung 'Testes', während doch in den frühesten Kaiserurkunden mit Zeugen eine ausführlichere, die Einführung der Zeugen gewissermassen begründende Phrase beliebt wird? Alles Fragen, auf die schwer eine befriedigende Antwort zu finden ist.

Auffällig sind diese Zustände zum mindesten. Sehen wir jetzt zu, welche Gründe sich noch für und gegen die An-

---

[a]) Die kleinen Buchstaben c h i l r s t u, die grossen A in beiden Schriften ähneln oder gleichen sich, die kleinen a b c g o p x, die grossen G H O sind mehr oder minder verschieden.
[b]) Kaiserurkk., Text S. 18.

nahme der Identität der Schreiber von Kontext und Zeugenreihe oder wenigstens der Gleichzeitigkeit der Niederschrift beider vorbringen lassen!

Ficker und Bresslau differieren in den Ergebnissen ihrer Untersuchung von St. 1975 insofern, als ersterer Protokoll und Eschatokoll nach-, Bresslau beide vorausgefertigt sein lässt. Zur Zeit Konrads II., führt Ficker aus, sei es üblich gewesen, 'auch Teile des Textes in die erste Zeile der Urkunde aufzunehmen'. In St. 1975 sei aber, 'offenbar um die Zeile zu füllen', der Titel im Protokoll ungewöhnlich auseinandergezogen. Folglich liege in Protokoll und Eschatokoll, deren Tinte ausserdem dunkler ist als jene des Kontexts, eine 'Nachtragung zur Reinschrift' vor. Ich füge hinzu: ward den Korveiern in der That, wie Bresslau will, ein Blankett mit Protokoll und Eschatokoll, also doch wol ein bereits besiegeltes Blankett anvertraut, dann ist es doch auffällig, dass die letzte Zeile des angeblich nachgefertigten Kontexts genau die Linie einhält, während doch vorauszusetzen wäre, dass der Siegelwulst den Schreiber erheblich behindert haben müsste.

Bresslau wendet ein: Die Oberlängen der Buchstaben b d h l im Texte seien sichtlich der Protokollschrift nachgeahmt. Ferner könne die von dem Kontextschreiber herrührende Zeugenliste unmöglich vor dem Schlussprotokoll geschrieben sein, da sie zwischen dieses und das Siegel eingeklemmt, und das Wort 'privignus' eingerückt sei, 'um der bereits vorhandenen Interpunktion' des Schlussprotokolls auszuweichen. Mithin habe der Schreiber, dem wir Kontext und Zeugenliste verdanken, erst nach der Niederschrift des Eingangs- und Schlussprotokolls geschrieben. Letztere seien sonach vorausgefertigt.

Ist Eingangs- und Schlussprotokoll dagegen, wie es nach Fickers Ausführungen den Anschein hat, nachgefertigt, so kann die Zeugenreihe, das beweist schon ihre gedrückte Stellung zwischen Rekognition und Siegel, nur nachträglich hinzugefügt sein. Wie steht es aber dann mit der Beobachtung Bresslaus, dass der Kontextschreiber die Buchstaben b d h l und das Abkürzungszeichen des Protokolls nachgeahmt, mithin erst nach dem Protokollschreiber gearbeitet habe?

Konnte der Korveier Schreiber, einem solchen weist Bresslau Kontext und Zeugenreihe zu, nicht ein von Oudalricus H, dem Protokollschreiber von St. 1975, herrührendes Konzept vor sich haben? Oder schrieb Oudalricus H auch den Kontext? Dagegen scheinen die vielen Abweichungen von der ihm sonst geläufigen Schrift zu sprechen. Berücksichtigt man aber den schon öfters hervorgehobenen, aber noch nicht genügend beachteten Umstand, dass der Kontextschreiber, wenn wir Bresslaus Hypothese von der Nachahmung der Protokollschrift annehmen, neben dieser noch eine zweite Vorlage benutzt haben muss, der er gewisse archaistische Formen entnahm, dann erhält die Sache sofort ein anderes Aussehen.

Besonders charakteristisch ist das archaistische gerollte o in den Verbindungen mit m n p r s st u. Das jüngste Stück, in dem wir es in den 'Kaiserurkunden in Abbildungen' vor St. 1975 antreffen, ist Konrads I. Diplom für Fulda vom 12. 4. 912[7]; das nächstjüngste jenes Arnulfs für dasselbe Kloster vom 21. 7. 889[8]. Früher ist es häufiger. Ich erwähne hier nur noch die Urkunde Ludwigs I. für Korvei[9].

Zunächst werden wir an die Vorurkunde von St. 1975, das von Abt Druthmar vorgelegte Diplom Arnulfs für Korvei, denken[10]. Daher könnten etwa das archaistische o und p, das c und e in ct und et, das f und s in fi und st und vielleicht noch einige grosse Buchstaben (G Q S) stammen. o p c e lassen sich in der in St. 1975 gebrauchten Form auch in Diplomen Arnulfs belegen. Ziehen wir diese Formen ab, dann ähnelt oder gleicht die grosse Menge der Buchstaben in St. 1975[11] jenen des Oudalricus

---

[7] Böhmer-Mühlbacher 2017. [8] B.-M. 1775. [9] B.-M. 894. [10] Detulit, heisst es in der Urkunde von Druthmar, Arnolfi divi progenitoris nostri inperiale decretum. [11] a b c e f h i l m n o s u x. Man könnte vielleicht darin, dass dreimal — das letzte Mal korrigiert — neben dem offenen (Urkunden-) a, das geschlossene (Buchschrift-) a in St. 1975 vorkommt, schliessen, dass dem Schreiber die Buchschrift geläufiger

H in der ebenfalls in den 'Kaiserurkunden in Abbildungen' reproducierten Urkunde Konrads II. vom 5. 7. 1027 (St. 1957).

r und q sind freilich hier länger geschwänzt als in St. 1975, d und g in beiden weichen noch stärker von einander ab. Ahmte der Schreiber auch hier Formen der Vorurkunde nach¹²)? Diese Ausnahmen werden uns aber auch sonst nicht ängstlich machen, wenn wir Oudalricus II in einer und derselben Urkunde St. 1957 dieselben Buchstaben und Zeichen, z. B. c s und e, verschieden formen sehen.

Jedenfalls stimmen im Verhältniss viel mehr Buchstaben in St. 1975 und 1957 als in Kontext und Zeugenreihe überein, jedenfalls sind dort, sehen wir einmal ab von den archaistischen Formen, die Abweichungen geringer als hier. Ich sehe deshalb nicht ein, weshalb wir, die Nachahmung dieser archaistischen Formen einmal vorausgesetzt, für Protokoll und Kontext zwei verschiedene Schreiber annehmen müssen. Will man das nicht, nun gut, dann bleibt uns noch immer der Ausweg, dass der Kontextschreiber ein von Oudalricus H gefertigtes Konzept oder auch eine andere von diesem gefertigte Urkunde als Vorlage benutzt hat vorausgesetzt, dass die Ähnlichkeit der Buchstaben b h l d in Kontext und Protokoll nicht zufällig ist. Hat er ausserdem noch, was, wie wir sahen, durchaus nicht unumgänglich notwendig, immerhin aber recht wol möglich ist, die Zeugenreihe geschrieben, dann bleibt uns, wenn wir mit Ficker gehen, nur noch ein Ausweg offen: Kontext und Zeugenreihe sind zwar von demselben Schreiber, aber zu verschiedenen Zeiten geschrieben worden. Der Kontext ist voraus-, die Zeugenreihe nachgefertigt, d. h. sie ist nach

---

war als die Urkundenschrift. Aber auch in dem sicher von Oudalricus II geschriebenen Diplom St. 1957 (Kaiserurkk. i. Abb. IV, 17) kommt das geschlossene neben dem offenen a vor. ¹³) Ob das inperatorem, inperiale für imp., das sich übrigens auch in der Zeugenreihe findet, ebenfalls Nachahmung eines älteren Vorbildes ist, wage ich nicht zu entscheiden.

Beendigung des Rechtsgeschäftes durch Besiegelung und Vollziehungsstrich n a c h t r ä g l i c h eingefügt worden.

Man wird zugeben müssen, dass das Argument Fickers für die N a c h t r a g u n g des Eingangs- und Schlussprotokolls, das Auseinanderziehen des Titels, dem Argumente Bresslaus für die V o r a u s fertigung, der Nachahmung nämlich einzelner Buchstaben des Protokolls im Kontext, bis jetzt die Waage hält, dass im Gegenteil manche Beobachtungen für die Richtigkeit der Ansicht des Ersteren zu sprechen scheinen. Ich hebe von ihnen nur noch die eine hervor, dass sich die Ähnlichkeit der betreffenden Buchstaben in Protokoll und Kontext auch sonst, wie wir sahen, auf's leichteste erklären lässt, während die Thatsache, dass der Schreiber des Protokolls die Buchstaben zuerst enge zusammen drängt, dann immer grössere Zwischenräume lässt und zuletzt nur noch durch die weit gesperrte st-Verbindung die Zeile zu füllen vermag, in jener Zeit durchaus keine andere Erklärung zulassen dürfte als die der N a c h fertigung wenigstens der ersten Zeile.

Die Lage ändert sich aber ausserdem noch zu Fickers gunsten, wenn wir von der Erörterung der äusseren zu jener der inneren Merkmale übergehen.

Wir sahen oben, dass die Nachtragung des Protokolls und Eschatokolls zweifellos die noch spätere Einfügung der Zeugenreihe bedingt. Schon an und für sich ist eine solche in einem Diplome Konrads II. verdächtig. Erst unter Heinrich IV. nämlich, etwa seit 1074, 'bahnt sich' nach Bresslau [18] 'der Übergang von der Intervention zum Zeugnis in Königsurkunden an', erst im 12. Jahrhundert wird die Zeugenaufführung zur Regel. Vorher ist sie so selten, dass ihr Vorhandensein meistens 'ein Merkmal der Unechtheit' oder 'späterer Zuthat' ist. 'Spätere Zuthat' nehme ich auch in unserem Falle mit K. F. Stumpf an.

Aus der Zeugenreihe selbst lässt sich, abgesehen von der Nennung Herzog Ernsts und des Kanzlers Oudal-

---

[18]) Urkundenlehre I, 798 ff. Vgl. Ficker a. a. O. I, 226 ff.

rich, auf die ich noch zurückkomme, nichts gegen ihre Authenticität herleiten. Ficker fand die Anwesenheit so vieler Herren des niederen westfälischen Adels in Magdeburg auffällig. Er verlegt deshalb die beurkundete Handlung, da der Erzbischof von Magdeburg eher in Westfalen, als jene in Magdeburg beim Kaiser sein konnten, nach Westfalen und nimmt Handlungszeugen an.

Bresslau[14]) hat sich unter Vorbehalt dieser Meinung Fickers angeschlossen und so hinsichtlich der Handlungszeugen mit einem Satze seiner Urkundenlehre[15]) in Widerspruch gesetzt: 'Ist die Zeugenliste von derselben Hand und Tinte und in einem Zuge mit dem Kontexte der Urkunde geschrieben — und das nimmt er ja in unserem Falle an —, zeigt sich also keine Spur von nachträglicher Hinzufügung derselben, so wird sie sich auf den Beurkundungsbefehl des Königs beziehen'.

Nach Bresslaus Ansicht wäre der Gang des Beurkundungsgeschäftes etwa folgender gewesen. Die Handlung zwischen Abt Druthmar und Frau Alvered, von der das Diplom redet, ging in Westfalen, vielleicht in Korvei selbst vor sich. Handlungszeugen sind Erzbischof Hunfried von Magdeburg und andere geistliche und weltliche Herren. Die Beurkundung erfolgt in Magdeburg. Oudalricus II schreibt Protokoll und Eschatokoll. Der Kontext und die Zeugenreihe sind aber erst später in Korvei geschrieben worden. 'Man hat dem Korveier Kontextschreiber ein Blankett zur Ausfüllung anvertraut.'

Zur Rechtsgültigkeit des Diploms fehlte aber noch der Vollzug durch den Kaiser. Wo und wann ward er vorgenommen? Der Vollziehungsstrich fehlt nicht. Da aber, darin stimmen Ficker[16]) und Bresslau[17]) überein, vor dem

---

[14]) Jahrbb. Konrads II., I, 250/51. Allerdings lässt Bresslau S. 250, 2 die Frage, ob Handlungs-, ob Beurkundungszeugen, offen; vgl. auch N. A. II, 593. [15]) I, 815. [16]) II, 155. Auf S. 122 ff. werden von Ficker allerdings Fälle erwähnt, in denen an eine Vollziehung der Urkunde vor der Reinschrift des Kontextes gedacht werden kann; vgl. besonders S. 126/27. Doch mahnt Ficker zur äussersten Vorsicht

Vollzuge dem Herrscher die Reinschrift vorgelegen haben muss, kann er erst nach der Ausfüllung des 'Blanketts' erfolgt sein. Zur Fertigung unserer Urkunde müsste also ein ganz seltenes und umständliches Verfahren in's Werk gesetzt sein. Auch dieser Umstand spricht gegen die nachträgliche Einfügung des Kontexts und damit zugleich gegen die Authenticität der Zeugenliste. Entweder hat Oudalricus H in Korvei unter Benutzung und Nachahmung der Vorurkunde Arnulfs den Kontext und später in Magdeburg Protokoll und Eschatokoll geschrieben, oder ein Korveier Mönch hat nach einem Konzepte des Oudalricus H, möglicherweise auch unter Nachahmung der Buchstabenformen einer anderen von diesem Schreiber gefertigten Urkunde die Reinschrift des Kontextes ausgearbeitet, zu der dann später Oudalricus H die fehlenden Teile hinzufügte, bevor durch Besiegelung und Vollziehungsstrich die volle Rechtsgültigkeit des Instruments bewirkt wurde. In beiden Fällen lautet aber das Urteil über unsere Zeugenliste: sie ist apokryph.

Wie kommt sie in die Urkunde? Wir kennen noch eine zweite westfälische Zeugenliste aus jener Zeit, die Ficker[18]) zu dem Diplom Heinrichs II. v. 11. 7. 1017 in Verbindung gesetzt hat. Sie steht auf einem losen Pergamentstreifen. Auch einer Urkunde Arnulfs von 890[19]) ist ein Zeugennamen enthaltendes Blatt angeheftet. In beiden Fällen haben wir es mit Zeugen einer der Beurkundung vorangehenden Handlung zu thun, die nicht unbedingt die Handlung des Königsdiploms gewesen sein muss[20]). Die Zeugen-

---

in der Verwendung dieses Auskunftsmittels, dem 'im Allgemeinen jeder andere Erklärungsversuch vorzuziehen sein dürfte, wenn nicht der Bestand des Originals bestimmter gerade auf diesen hinweist'.
[17]) a. a. O. S. 766 ff. [18]) I, 230; vgl. Wilmans, Kaiserurkk. der Prov. Westfalen II, 176. [19]) B.-M. 1975. [20]) Die Zeugenreihe in St. 1688 nennt nur niederen westfälischen Adel. Es wäre doch anzunehmen gewesen, dass in einer in Anwesenheit des Hofes gefertigten Urkunde auch Fürsten als Zeugen fungiert hätten. Ich beziehe deshalb die Zeugenliste auf eine der in St. 1688 beurkundeten kaiserlichen Handlung (Übergabe der Abtei Helmarshausen an Paderborn) vorausgehende Privathandlung und stimme so mit Ficker a. a. O. S 229

reihen in St. 2643, 2867, 2925 [21]) stammen sicherlich aus Privaturkunden, auf denen sich erst Handlung und Beurkundung der Diplome aufgebaut hat. In Privaturkunden war die Aufführung von Zeugen zur salischen Zeit fast unerlässlich. Aus einer Privathandlung zwischen Abt Druthmar von Korvei und Frau Alvered wird auch die Zeugenliste unserer Urkunde stammen. Vielleicht war sie ursprünglich wie in St. 1688 aus der Privaturkunde ab- und auf einen losen Pergamentstreifen geschrieben, vielleicht ward sie direkt aus jener in das Diplom eingetragen und zwar erst nach dem 1. Juli 1028.

Treten wir jetzt der Frage etwas näher, in welches Jahr jene von Herzog Ernst mitbezeugte Privaturkunde Korveis gehören mag. Ich schicke voraus, dass wir auch in dem Falle, dass wir die Liste für authentisch, die angeführten Herren als Zeugen für die der Magdeburger Beurkundung voraufgehenden Handlung des Kaisers selbst hinnähmen, durchaus nicht an den Sommer 1028 als Zeit der Handlung gebunden wären [22]). Noch weniger sind wir dies natürlich bei der dieser Handlung zu grunde gelegten Privaturkunde.

Ficker und Bresslau lassen die von Erzbischof Hunfried, Herzog Ernst u. a. bezeugte Handlung unmittelbar der in Magdeburg vorgenommenen Beurkundung voraufgehn. Ist dies unumgänglich nötig? Es ist, erklären wir

überein, dass, sobald Zeugenlisten in früheren Kaiserurkunden auftreten, 'dieselben sich überwiegend nicht auf eine Handlung des Königs selbst, sondern auf eine vor ihm vorgenommene oder von ihm bestätigte Handlung beziehen. Lag über das bestätigte Geschäft schon eine Aufzeichnung vor, so kann die vereinzelte Aufführung von Handlungszeugen nicht auffallen'. [21]) Ficker a. a. O. S. 232. [22]) Ich brauche nur darauf zu verweisen, wie oft zwischen Handlung und Beurkundung Monate, Jahre, Jahrzehnte liegen. Gegen die Anwesenheit und Zeugenschaft Herzog Ernsts in Magdeburg spricht ein völlig einwandfreier Bericht Wipos, nach dem Ernst 1028 noch Gefangener zu Giebichenstein war. An sich wird ein mit allen Zeichen der Echtheit ausgestattetes Diplom — und das trifft wenigstens auf die Zeugenliste von St. 1975 nicht zu — an Zeugnisskraft einer chronikalischen Nachricht fast immer überlegen sein. Wäre jetzt auf grund von Wipos auch sonst durchaus einwandfreiem Kapitel 25, nach dem Herzog Ernst Juli 1028 noch Gefangener auf Giebichenstein war, durchaus unwahrscheinlich [23]). Wenn nicht in den Sommer 1028, in welche Zeit könnte die St. 1975 voraufgehende Privathandlung und -urkunde fallen? Vom Sommer 1025 ab ist Ernst entweder im Aufstande oder im Auslande oder in Haft. Nur der westfälische Aufenthalt Konrads II. 1024/25 käme in Frage. Weihnachten war er in Minden, Anfang 1025 in Paderborn. Eine grössere Anzahl von Urkunden aus der Zeit vom 6. bis 12. Januar ist aus Korvei selbst datiert. Von den Zeugen für St. 1975 befanden sich damals am Hoflager Hunfried von Magdeburg, Godehard von Hildesheim, Meinwerk von Paderborn. Warum nicht auch Herzog Ernst?

Ist damals in Korvei oder, worauf mir die Wendung ad palacium nostrum evocari precepimus in St. 1975 hinzudeuten scheint, in einer benachbarten kaiserlichen Pfalz, vielleicht in Goslar, wo Konrad am 22. Jan. für Korvei urkundet, der Vertrag zwischen Abt Druthmar und Frau Alvered vor dem Könige und unter der Zeugenschaft hervorragender Glieder seines Gefolges und des zusammen-

---

die Zeugenliste echt, wären die Zeugen zweifellos Beurkundungszeugen, dann, aber auch nur dann wären wir vielleicht berechtigt, Wipo auf grund von St. 1975 zu korrigieren. Nun aber, da die Zeugenliste späterer Zusatz ist, da die in ihr aufgeführten Zeugen Handlungszeugen — einerlei ob einer kaiserlichen oder privaten Handlung — sind, werden wir umgekehrt die Zeit dieser Handlung mit Hülfe der Angaben Wipos festlegen dürfen. [23]) Nur um zu zeigen, dass Bresslaus Ausgleich des Zwiespalts zwischen der Stelle bei Wipo und der Zeugenschaft Ernsts in St. 1975 keineswegs der einzig mögliche ist, will ich hier einige andere Möglichkeiten in's Auge fassen. Sehen wir einmal ab von der Anwesenheit des niederen westfälischen Adels, von dem Einwand, dass Ernst als Häftling unmöglich Zeuge sein könne, so hätte die Handlung von St. 1975 recht wol im Internierungsorte des Herzogs, Giebichenstein, gelegentlich eines Besuches Konrads II. und Giselas bei Ernst auf der Reise von Westfalen nach Magdeburg vorgenommen sein können. Oder ist Ernst während der Anwesenheit seiner Eltern in Magdeburg dorthin beurlaubt worden? Beide Annahmen haben m. E. genau soviel für sich als jene Bresslaus, der Konrad schon Ostern 1028 nach kaum neunmonatlicher Haft Ernst freigeben lässt. Diese Absetzung auf nur ³/₄

geströmten Landadels abgeschlossen worden²⁴), bei dem auch Herzog Ernst von Schwaben als Zeuge fungierte? Mir scheint dieser Annahme nichts mehr im Wege zu stehn. Setzen wir aber damit das der am 1. Juli 1028 beurkundeten Handlung voraufgegangene private Rechtsgeschäft in den Winter 1024/25, dann fällt von selbst die Anwesenheit Herzog Ernsts in Magdeburg und der letzte Grund zum Anzweifeln der Angaben Wipos in c. 25 weg.

Die Gründe, die Bresslau sonst noch²⁵) gegen Wipos c. 25 vorbringt, kann ich nicht für stichhaltig erachten, Widersprüche und innere Unmöglichkeiten in Wipos Darstellung der Vorgänge in Ingelheim zu Ostern 1030 nicht finden. Hier erhält nach c. 25 der Gesta Herzog Ernst die Freiheit und sein Herzogtum unter der Bedingung zurück, dass er seinen rebellischen Freund Graf Wezel verfolge und den Willen dazu durch einen Schwur bekräftige. Da er sich des Eides weigert, wird er definitiv abgesetzt und geächtet. Wo sind da die 'inneren Widersprüche'²⁶)?

Jahr, diese übereilte Zurücknahme der Strafmassregel, passt sie etwa zum Charakter des zielbewussten, stahlharten Kaisers? Von einer herzoglichen Waltung Ernst finden sich von 1028—1030 keine Spuren. Setzt ferner wirklich der Titel dux, den St. 1975 Ernst gibt, unter allen Umständen die volle Rehabilitation voraus? Wipo hat z. B. Ernst auch noch nach seiner definitiven Absetzung so betitelt. Dem nahen Verwandten des Kaisers, dem Sohne der Kaiserin, dem 'Prinzen' Ernst, wenn ich so sagen darf, hätte der Urkundenschreiber auch vor der offiziellen Wiedereinsetzung in's Herzogtum wol kaum das Beiwort dux verweigert. Konrad von Worms heisst doch auch dux ohne herzogliche Befugnisse auszuüben. Schliesslich: ist denn erwiesen, dass Ernst 1027 seines Herzogtums entsetzt und nicht vielmehr nur für die Dauer seiner Haft suspendiert wurde? In Wipos Bericht von der Unterwerfung Ernsts steht kein Wort von einer Absetzung. Das einzige ducatum recepit in c. 25 kann ebensogut auf eine Wiedereinsetzung als auf eine Wiederaufnahme der herzoglichen Geschäfte gedeutet werden. Darüber vielleicht ein anderes Mal mehr. ²⁴) Dafür, dass man die Anwesenheit des königlichen Hoflagers öfters benutzte, wichtige Privaturkunden abzufassen, bietet uns die V. Meinwerci manches Beispiel. ²⁵) N. A. II, 593 und Jahrbb. I, 251, 5. ²⁶) Die übrigen von Bresslau besprochenen Möglichkeiten anderer Auffassungen sind durch den klaren Wortlaut von Wipos Darstellung ausgeschlossen.

Kaiser Konrad hat den unzuverlässigen Stiefsohn gegen ein blosses Versprechen rehabilitiert. Entspricht das dem Charakter des staatskundigen Herrschers, kann man fragen? Konrad, das stellte in der Folge sich heraus, riskierte dabei sehr wenig. Auch in Ingelheim hatte er Ernst noch in der Hand. Er hätte ihn wol, wenn er gewollt hätte, zurück in die Haft schicken können. Ernsts Flucht, Absetzung und Ächtung haben ihm mehr genützt. Hat der Kaiser deshalb gar den Bruch absichtlich herbeigeführt, hat er etwa die Aussöhnungsbedingungen nachträglich verschärft?

Die nackte Thatsache, dass Ernst auf die Bedingungen zuerst einging und sie dann nicht hielt, muss uns hier genügen. Die wenigen, wol absichtlich so kurz gehaltenen Sätze Wipos lassen uns den intimeren Verlauf der Dinge, den Wechsel der Stimmungen, die äusseren Einflüsse, die sich sicher bei beiden Hauptpersonen geltend gemacht haben, nicht erkennen, sie gestatten uns darum aber auch nicht, die Lücken zwischen den einzelnen Phasen der Vorgänge und Verhandlungen durch Kombinationen, durch Suchen nach den Beweggründen, den treibenden Faktoren auszufüllen, über die vielleicht nur die Nächstbeteiligten sich klar gewesen sind.

Dürfen wir deshalb bei dem Herzog, wenn er, als es zum Schwur kommen soll, von seinem Versprechen zurücktritt, von einem 'zwecklosen' Wortbruch reden? Uns scheint er allerdings heute unsinnig. Erschien er so aber auch dem unerfahrenen, jugendlichen Schwabenherzog? Im höheren Sinne war er sicher nicht zwecklos, wenn Ernst den folgenschweren Schritt wirklich, wie die sentimentale Auffassung will, aus Freundestreue unternahm. Haben sich ferner die Bedingungen, unter denen Ernst freigelassen wurde, — und diese Annahme ist durchaus nicht ausgeschlossen — in den Ostertagen 1030 geändert, und nicht nur, wie man annehmen könnte, der wankelmütige Sinn des Herzogs, dann werden wir auch nicht einen so strengen Massstab an sein Verfahren legen und für dasselbe die rigorose Bezeichnung 'Wortbruch' wählen dürfen [27]). Jedenfalls hat Herzog Ernst, der offenbar auch noch in Ingelheim in der Gewalt seines Stiefvaters war, durch Nichteinhaltung seines Versprechens seine Lage ungemein verschlimmert. Wenn er trotzdem in der That völlig 'zwecklos' sein Wort gebrochen hat, so reichen die wenigen Anhaltspunkte, die uns Wipos Gesta, im grunde die einzige Quelle über ihn, geben, nicht aus, um festzustellen, ob dies nicht etwa durchaus seinem Charakter entsprach. Genug: das Versprechen, Graf Wezel zu verfolgen und sich dazu durch einen Schwur zu verpflichten, hat Ernst vor seiner Rehabilitation gegeben, nach seiner Freilassung nicht gehalten. Leider versagt uns die einzige Quelle über die Ingelheimer Vorgänge, Wipos Leben Konrads II., wenn wir versuchen wollen, beide Thatsachen pragmatisch zu verknüpfen. Wir müssen uns auch hier, wie in so manchen anderen Fällen, mit einem 'non liquet' begnügen.

Bresslau[28]) glaubte die Freilassung Ernsts vor 1030 noch durch eine Urkunde stützen zu können, deren endliche Beseitigung ich jetzt versuchen will. Es handelt sich um das Diplom Konrads II. vom 20. Mai 1029 für die

---

[27]) Bresslau (N. A. II, 593) meint, einen zwecklosen, 'unmittelbar nachher', d. h. nach der Abgabe des Versprechens, begangenen Wortbruch Ernsts bezeugte keine Quelle, ihn könnte Wipo sicher nicht mit einem 'quod cum dux facere nollet' berichten. Im letzteren Falle hätte die Übertragung nicht stattfinden können'. Die Übertragung ist aber, das geht auf's klarste aus Wipo hervor, gegen das blosse Versprechen erfolgt, die Weigerung, das Versprechen zu erfüllen, fällt erst in die Zeit unmittelbar nach der Übertragung. Die Darstellung Wipos ist durchaus folgerichtig. Dieser ist übrigens ausser den Ableitungen unsere einzige Quelle. Wie er sich hier anders hätte ausdrücken sollen, weshalb er anstatt des einfach referierenden 'Quod cum dux facere nollet' etwa eine die Thatsache der Weigerung beoder gar verurteilende Fassung gewählt haben müsste, ist unerfindlich. Vielleicht hat er den 'Wortbruch' Ernsts milder aufgefasst, vielleicht ist ihm des Herzogs Handlungsweise nicht ganz so 'zwecklos' erschienen, wie uns heute, vielleicht hat er seine Leser, die den Ereignissen ja noch näher standen, Dinge zwischen den Zeilen lesen lassen wollen, von denen wir heute keine Ahnung haben können. Über diese 'vielleicht' wird uns kein Scharfsinn, keine Kombinationsgabe hinweghelfen können. [28]) Jahrbb. I, 252, 1.

Ministerialen von Weissenburg, St. 1991. Es ist längst als späte Fälschung erkannt worden, als Fälschung allerdings, wie Bresslau[20]) ausführt, nach echter Vorlage, 'aus welcher das Protokoll, die Promulgatio, der Anfang der Narratio und die Korroboratio entnommen sind'.

Das Formelhafte der meisten gefälschten Urkunden ist echten Vorlagen nachgebildet. In St. 1991 könnten ausserdem noch Datum und Ausstellungsort, die in's Itinerar Konrads II. passen, aus einer echten Vorlage herübergenommen sein. Gegen ein auch noch so vorsichtiges Herausschälen echter Bestandteile aus der Narratio gefälschter Diplome, wie es Bresslau bei 1991 versucht hat, wird man dagegen mit Fug von vorneherein skeptisch sein dürfen.

Es handelt sich um zwei Stellen, um den Anfang der Narratio: Tradicionem Ernesti ducis suscepimus scilicet Wizenburch cum appendiciis suis und um einen Satz aus der Mitte: Hec est tradicio comitis Ernesti, pro qua recompensato sibi honore ducatum Baioaricum tradidimus. Lassen wir die erste Stelle einstweilen ausser Acht, so macht ihre Stellung mitten in und ihre Verknüpfung mit dem unzweifelhaft gefälschten Stücke des Diploms die zweite dringend verdächtig. Hierzu kommt der Titel comes für Ernst, die Hereinbeziehung des baierischen Herzogtums. Dürfen wir dux für comes, Schwaben für Baiern substituieren, um den Rest, dass Ernst für die Wiedereinsetzung in sein Herzogtum (recompensato sibi honore) ein Stück seines Allodialbesitzes (hec est tradicio etc.) geopfert habe, zu retten? Liegt hier eine 'gute Überlieferung zu grunde', dann ist sie allerdings im Laufe der Zeit arg getrübt worden, dann kann sie keinenfalls, was bei der ersten Stelle immerhin möglich wäre, der echten Vorlage der gefälschten Urkunde entnommen sein.

Aber auch der erste Satz ist unbedingt falsch. Die Voraussetzungen, auf die Bresslau die Möglichkeit, ja die

---

[20]) A. a. O.

Wahrscheinlichkeit[30]) des Tauschgeschäftes gegründet hat, sind ohne Ausnahme irrig. Er geht bei seiner Kritik des gefälschten Stückes nämlich davon aus: erstens, dass Weissenburg im Nordgau liege, zweitens, dass es zu den im Nordgau liegenden Allodialbesitzungen Ernsts gehört habe, drittens, dass es sich vor 1029 nicht im Reichsbesitz nachweisen lasse.

Weissenburg führt heute zur Unterscheidung von anderen Ortschaften gleichen Namens die Bezeichnungen 'am Sande', 'am Nordgau', 'im Nordgau'. Nach K. H. v. Lang[31]) ist die Bezeichnung 'am Nordgau' die ursprünglichere. K. H. v. Lang, K. v. Spruner[32]), S. Hirsch[33]) stimmen darin überein, dass Weissenburg im Mittelalter nicht zum Nordgau, sondern zum Sualafeld gehört habe. Von Kaiserurkunden aus frühester Zeit, durch die die Zugehörigkeit Weissenburgs zum Sualafeld, das übrigens — es war ursprünglich alemannisch[34]) — ein ostfränkischer, nicht bairischer Gau ist[35]), ausser allen Zweifel gesetzt wird, führe ich hier an jene Ludwigs d. D. vom 14. Juni 867[36]), jene Arnulfs vom 8. Dez. 889[37]) und vom 1. Mai 899[38]); endlich die Bestätigung der 889er Urkunde durch Konrad I. vom 5. März 912[39]).

Die erste Voraussetzung Bresslaus, dass Weissenburg

---

[30]) 'Nicht ohne Opfer freilich scheint der Herzog die Verzeihung erhalten zu haben; es ist fast als gewiss zu betrachten, dass er zur Sühne seines Abfalles bedeutende Teile seines väterlichen Erbgutes im bairischen Nordgau, darunter Weissenburg, an die Krone hat abtreten müssen'. [31]) Baierns Gaue, Nürnberg 1830, S. 108/109. [32]) Vgl. die Karte 'Ostfranken' im Spruner-Menke'schen Atlas. [33]) Jahrbb. Heinrichs II., I, 11, 6; vgl. 10, 1. [34]) Hirsch a. a. O. [35]) An der Stelle, die Bresslau a. a. O. für die Zugehörigkeit Weissenburgs zu Baiern anführt (Waitz, Forsch. z. d. Gesch. XII, 447), finden wir wol über den Nordgau etwas, nicht aber über unsere zum Sualafeld und Franken gehörige Stadt. Für ein baierisches Weissenburg könnte man das Pfalzverzeichnis aus der Zeit Heinrichs IV. (Böhmer, Font. rer. Germ. III, 397/8; vgl. Matthäi, Klosterpolitik Heinr. II.. S. 96/97) anführen, in dem W. zu Baiern gerechnet wird. Doch finden wir auch die Namen Bamberg und Nürnberg unter derselben Rubrik. [36]) Böhmer-Mühlbacher, Reg. imp. I, 1421; Mon. Boica XI, 426; vgl. XXVIII, 55 nr. 41. [37]) BM 1791. [38]) BM 1902. [39]) BM 2014.

im Nordgau und somit in Baiern gelegen sei, hat sich als unrichtig erwiesen, die zweite, dass Herzog Ernst in oder bei Weissenburg Besitzungen, 'bedeutende Teile seines väterlichen Erbgutes', habe vergeben können, ist ebenso falsch. Über die Familiengüter des jüngeren Babenberger Hauses, zu dem Ernst gehörte, sind wir ziemlich ausführlich unterrichtet [40]. In ihrer grossen Masse lagen sie nördlich des Mains. Südlich des Mains lagen grössere dazu gehörige Güterkomplexe nur in der Babenberger Gegend mit Bamberg selbst als Mittelpunkt und noch südlicher an der Aisch mit Höchstadt, Lonnerstadt und Gremsdorf. Im Nordgau aber, wo Ernsts Geschlecht nach Bresslau 'ansehnliches Eigengut' besessen haben soll, sind Besitzungen des Zweiges der jüngeren Babenberger, dem Ernst angehörte, überhaupt nicht nachzuweisen. Allerdings hat sein Grossoheim Markgraf Berthold, der, wann wissen wir nicht, wahrscheinlich aber schon 938 gelegentlich der Unterwerfung der Söhne Herzog Arnulfs von Baiern, Graf im Nordgau geworden ist, auch Güter in diesem Gaue besessen, so Ammertal bei Amberg [41]. Sein Sohn Markgraf Heinrich war ausserdem in Lindenlohe bei Burglengenfeld begütert [42]. So umfangreich wie die grossen Komplexe nördlich des Maines sind diese Besitzungen sicher nicht gewesen. Wer bürgt uns ferner dafür, dass diese Güter nicht etwa erst durch Berthold erworben wurden [43], dass die von seinem Bruder Markgraf Liutpold abstammende jüngere Linie überhaupt Anteil an ihnen hatte? Lindenlohe und Ammertal liegen übrigens etwa 10 Meilen von Weissenburg ab. Noch weiter entfernt sind die südlichsten ostfränkischen Besitzungen des jüngeren Baben-

---

[40] Besonders durch F. Steins 'Gesch. Ostfrankens' I, passim, und desselben trefflichen Aufsatz Forsch. z. d. Gesch. XII. 132. ff.
[41] Das zugleich mit Ammertal vergabte Isling liegt nicht, wie Dümmler Jahrbb. Ottos I, S. 117, 5, will, bei Regensburg, sondern bei Lichtenfels im Radenzgau, im Herzen der Besitzungen des Hauses. Beide Ortschaften sind übrigens beim Bertholdischen Zweig des jüngeren Babenberger Hauses geblieben. 1150 besitzt sie 'der Graf von Andechs der Gisela, die Enkelin Bertholds geheiratet hatte. [42] Vgl. Hirsch a. a. O. S. 16. [43] Vielleicht durch Heirat.

berger Hauses. Keine derselben hat auch nur an die Grenze des Sualafeldes, geschweige denn an Weissenburg selbst herangereicnt. Auch die zweite Voraussetzung Bresslaus, dass Herzog Ernst Weissenburg besessen und 1029 habe vertauschen können, hat sich demnach als irrig erwiesen.

Ebenso irrig ist die dritte Voraussetzung, dass Weissenburg erst 1029 an's Reich gekommen sei. Am 14. Juni 867 [44]) schenkt Ludwig der Deutsche dem Kloster Metten zum Königshofe Weissenburg gehöriges Grafschaftsgut (quod pertenuerit ad nostram villam, que vocatur Wizenburc); 889 am 8. Dez. schenkt Arnulf einen Teil des Waldes und Forstes vom Hofe Weissenburg an Eichstädt [45]), am 5. März 912 [46]) bestätigt Konrad I. diesen Besitz.

Im 10. Jahrhundert und unter Heinrich II. wird die villa regia Wizenburc zwar nicht mehr als solche erwähnt, noch hat sie auch, wie es scheint, den Königen und Kaisern vor Konrad II., der 1036 hier urkundet, als Aufenthaltsort gedient. Sie wird dieses Schicksal mit gar manchem anderen Königshofe geteilt haben, der, weil er zu abgelegen war, oder weil es an Unterkunftsräumen für den Herrscher und sein Gefolge fehlte, von diesem scheinbar vernachlässigt wurde. Zu der Annahme, dass Weissenburg nach 912 aus dem Reichs- in Privatbesitz übergegangen, dass es dann erst wieder unter Konrad II. dem ursprünglichen Besitzer zugefallen sei, dafür lässt sich auch nicht der Schatten eines Beweises beibringen.

Die 'tradicio Ernesti comitis' von St. 1991, das dürfte aus dem Gesagten unwiderleglich hervorgehen, ist mit der übrigen Narratio als Fälschung über Bord zu werfen, der darin erwähnte Graf-Herzog Ernst und sein Herzogtum Baiern hat mit unserem Herzog Ernst und Schwaben auch nicht das Geringte zu schaffen. Damit ist die letzte, freilich recht morsche Stütze für die Behauptung, Ernst sei schon vor 1030 freigelassen und rehabilitiert worden, gefallen.

Wie sind die Weissenburger Ministerialen auf den

---

[44]) BM 1421. [45]) BM 1791. [46]) BM 2014.

Graf-Herzog Ernst und sein Herzogtum Baiern verfallen? Von 889 ab bis 959 können wir Grafen des Namens Ernst im Sualafeld nachweisen⁴⁷). Keiner von ihnen hat jemals den Titel dux geführt oder einen ducatus Baioaricus besessen. Nun hat allerdings wenige Jahrzehnte vor dem ersten in der Geschichte auftretenden Sualafeldgrafen ein Mann in herzogsähnlicher Stellung namens Ernst in jenen Gegenden gewaltet, ich meine den gelegentlich auch einmal als dux, 'ja geradezu als Herzog von Baiern' betitelten⁴⁸) Markgrafen Ernst von der böhmischen Mark, der 861 abgesetzt wurde und 865 verstorben ist. Sein gleichnamiger Sohn Ernst hat 857 an einem Zuge gegen die Böhmen teilgenommen⁴⁹). Sollte dieser mit dem Grafen Ernst vom Sualafeld in der Urkunde Arnulfs vom Jahre 889 identisch oder dessen Vater sein? Markgraf Ernsts zweiter Nachfolger Liutpold wird abwechselnd comes, marchio, marchensis Baioariorum, dux Boemanorum genannt⁵⁰). Noch unter Markgraf Bertold hat Thietmar von Merseburg ⁵¹) den Nordgau als Baioaria bezeichnet. Den Zusammenhang zwischen Markgraf Ernst und den späteren Sualafeldgrafen gleichen Namens, in deren Gebiet Weissenburg lag, vorausgesetzt, liesse sich dann dem Graf-Herzog Ernst, dem ducatus Baioaricus nicht vielleicht doch ein historischer Kern abgewinnen? Als Heinrich II. dem Grafen Adalbert aus dem jüngeren Babenberger Hause die Markgrafschaft Österreich verlieh, liess er sich von ihm gewissermaassen als Kaufpreis quandam curtem nomine Zilin (Markt Zeuln) abtreten⁵²). Sollte die 'tradicio comitis Ernesti, pro qua recompensato sibi honore ducatum Baioaricum tradidimus' vielleicht doch einen historischen Hintergrund haben? Hat

---

⁴⁷) Vgl. BM 1791, 1902, 2014, 2032, Böhmer-Ottenthal Reg. imp. II, 137, 272; Dümmler Jahrbb. Ottos I, S. 232, 243. Über die hier vorliegende Verwechselung vgl. BO zu nr. 272. Ist der Graf Ernst im Ofigau in BM 2020 identisch mit dem Grafen Ernst von BM 2032? ⁴⁸) Bresslau a. a. O. I. 471. Vgl. Dümmler, Ostfränk. Reich I, passim. ⁴⁹) Ebda. S. 417. ⁵⁰) Vgl. Hirsch a. a. O. S. 14, 3. ⁵¹) Chron. II, 21. ⁵²) Hirsch a. a. O. S. 17, 2.

Ludwig der Deutsche, als er dem auch dux genannten comes Ernustus die auch als ducatus bezeichnete marchia Boemanorum übertrug, sich Weissenburg im Sualafeld als Kaufpreis ausbedungen?

An jene 'tradicio Ernusti comitis' hätten dann die Weissenburger Ministerialen ihre Fälschung angeknüpft, hätten aber, da das 9. Jahrhundert für ihre modernere Einrichtungen voraussetzende Fälschung nicht passte, dieselbe an die Zeit eines ihnen zeitlich näher stehenden Herzogs Ernst angeknüpft, dessen Gedächtnis zu jener Zeit noch lebendig, ja vielleicht schon zur Herzog Ernstsage verdichtet war.

www.ingramcontent.com/pod-product-compliance
Lightning Source LLC
Chambersburg PA
CBHW022027240426
43667CB00042B/1216